KB178631

리영희저작집 5

리영희저작집 5

역설의 변증

지은이 · 리영희
펴낸이 · 김언호
펴낸곳 · (주)도서출판 한길사

등록 · 1976년 12월 24일 제74호
주소 · 413-756 경기도 파주시 교하읍 문발리 520-11
www.hangilsa.co.kr
E-mail: hangilsa@hangilsa.co.kr
전화 · 031-955-2000~3 팩스 · 031-955-2005

상무이사 · 박관순
영업이사 · 곽명호
편집 · 배경진 서상미 김미진
전산 · 한향림 김현정
경영기획 · 김관영
마케팅 및 제작 · 이경호 박유진
관리 · 이중환 문주상 장비연 김선희

출력 · 지에스테크
인쇄 · 현문인쇄
제본 · 광성문화사

제1판 제1쇄 2006년 8월 30일
제1판 제3쇄 2010년 12월 20일

값 22,000원
ISBN 978-89-356-5693-6 04300
ISBN 978-89-356-5701-8 (전12권)

- 커버사진 배병우
- 잘못 만들어진 책은 구입하신 서점에서 바꿔드립니다.

이 도서의 국립중앙도서관 출판시도서목록(CIP)은
e-CIP 홈페이지(http://www.nl.go.kr/cip.php)에서 이용하실 수 있습니다.
(CIP제어번호: CIP2006001663)

리영희저작집은 한국언론재단의 일부 지원을 받아 간행되었습니다.

리영희저작집 5

역설의 변증

한길사

어떤 서사序辭

어둠의 시간에 그가 있었다.
아픔의 시간에 그가 있었다.
거짓에 길들여지는 시간에 그가 있었다.
그러나 이런 시간 속에서
그가 있었다가 아니라 그가 있는 것이다.

리영희!

그는 누구보다 더 이 산하의 아들이다. 그리하여 이 산하의 온갖 곳을 두 발로 걸어온 체험의 영역이 그에게는 유산이 아닌 생명체로 살아 있다. 혹은 38선 이쪽 저쪽 전쟁의 포화 속에서 양심의 꽃으로 피어났으며 혹은 그 전쟁이 휩쓸고 간 초토와 폐허 위에서 시대의 자막을 한 자 한 자 읽기 시작했다. 나아가 냉전과 독재의 지정학이 만들어낸 우상을 타파하는 진실로 자신의 존재이유를 삼아왔다. 언제나 그는 진실로부터 시작해서 진실에서 마쳤다. 그의 정신은 잠들 수 없는 밤에 깨어 있고 한낮에도 자행되는 지상의 숱한 기만들과 맞서 지향의 연대기를 찾아내고자 파도쳤다. 끝내 그는 누구의 사상이었고 누구의 실천이었고 또 누구의 전형이 되지 않을 수 없는 전환의 시간이었다. 그러므로 현재는 쉬지 않고 과거를 들어올리고 미래를 불러들이게 된 것이다.

리영희!

그는 한반도의 상공에 날고 있는 각성의 붕鵬이다. 이와 함께 그는 한반도와 한반도를 에워싼 모든 힘의 논리를 이성의 논리로 이겨내는 물질적 정화精華이다.

리영희!

그는 그 자신의 확인이며 모두의 기념이다. 그렇지 않은가.

2006년 여름
고은

□ 일러두기

- 이 저작집은 리영희 선생의 저작 11권과 새 저작 1권을 포함해 총 12권으로 묶었으며, 편역서는 제외하였다.
- 제12권 『21세기 아침의 사색』은 1999년 이후 단편적으로 발표되거나 공개되지 않은 새 원고로 구성하였다.
- 각 저작에 논문이 중복되어 실린 경우 수정, 보완된 쪽을 선택하였다.
- 본문의 큰 제목, 작은 제목은 본래 책대로 하는 것을 원칙으로 하되 약간 손질을 한 부분도 있다.
- 외래어 표기는 저자의 방식을 존중해 그대로 두었다.
- 저자의 이름은 리영희로 표기하였다.
  단 제3자에 의한 공식적, 법률적 문건 등을 인용할 때는 이영희로 적었다.

역설의 변증

리영희저작집 5
역설의 변증

3

전후세대와의 대화

4

어느 한 시기의 기록

| 머리말 |

이 책에 수록된 30편 가까운 글은, 시기적으로는 필자가 4년간에 걸친 두 번째의 해직에서 풀려 다시 대학에 복직한 1984년 이후에 발표한 논문과 평론들이다. 더 정확히 말하자면 서너 편을 제외하면 86년 한 해 동안 쓴 글이라고 말할 수 있다.

제1부에서는 첫째, 한반도상에서 지속적으로 고조되고 있는 군사적 대결의 위기구조를 다각도로 해부하여 그 진상을 밝혀냄으로써 동족상잔의 전쟁을 회피하고 궁극적으로 통일을 지향하는 길에 가로놓여 있는 문제들의 성격을 드러내보려 했다.

오늘날 우리 사회에는 군사적 대결구조를 촉진하고 강화해 그것을 영구화하면서 '평화'라고 강변하는 사람이 있다. '통일의 노래'를 부르게 하면서 실제로는 '분단'을 고정화·합법화하려는 세력도 있다. 분단된 민족 간에 지속돼온 각종 긴장요소와 요인을 꾸준히 제거·해소해나가야 국내적으로도 불안정과 사회모순을 제거할 수 있음에도 불구하고 개인적 또는 집단적 이해관계 때문에 그에 역행하는 현상이 뚜렷하다.

자기 나라를 어느 한 초핵강대국들 또는 두 핵대국의 핵전쟁의 볼모로 맡겨놓고서도 그것이 '안전을 보장하는 방법'이라고 스스로 착각하거나 남에게 그렇게 믿게 하려는 '이론·학설'을 부끄러운 줄도 모르고 설교하는 지식인이 있다. 그와 같은 허위구조를 파헤치고 허위의식에서 해방되려는 것이 제1부의 글이 목적하는 바다.

다음 제2부는 일본에 대한 또는 일본에 관한 부분이다. 이 사회의 시민이 일본을 대하고 접하는 측면은 각기의 현실적 이해관계에 기초해 있고, 그 개인의 이해(利害)에 따라서 평가와 판단은 한 극에서 다른 극까지의 사이에 천차만별이다. 필자는 일본과의 개인적 이해관계는 아무것도 없다. 필자가 일본을 대하고 접하는 기본관점은 오로지 각종 개인적 이해관계를 초월하여 남·북 민족의 군사적 대결구조를 평화구조로 전환시키고, 그럼으로써 이 민족의 지상과제인 통일을 지향하는 과정에서 일본이 어떤 존재이며 어떤 각도에서 작용할 것인가를 구명하는 것이다. 남쪽 절반의 입장에 서지도 않으며 북쪽 절반의 입장에 서지도 않는다. 분단된 그 두 부분의 대승적 '민족적 입장'에서 일본을 생각하는 것이다. 그 당위적 결론을 전제로 해서 이 민족의 남과 북이 각기 일본에 대해서 취해야 할 태도와 정책의 공과(功過)를 평가하려는 것이, 일본과 관련된 글들이 구상되고 쓰여진 기본입장이다.

제3부는 사회비평적 성격의 글들이다. 이 나라, 이 사회에서 살아가면서 가끔 안타깝게 생각하는 일들에 마주쳤을 때 필자의 주관적 견해를 피력했던 비평적 에세이들이라고 할까. 대부분 필자 자신이 살아온 행적을 되돌아보면서 반성도 하고 웃기도 하고, 때로는 괴로워하고 분노도 하면서 발표했던 사(私)적 기록들이다.

필자는 1977년 말, 필자의 저서들을 '반공법'으로 단죄하려는 유신정권에 의해서 2년의 징역형을 선고받고, 80년 초 박정희 정권이 붕괴한 후에 출옥했다. 이제 악몽 같던 그 체제도 과거로 물러간 지 여러 해를 헤아리게 되었다. 그 사건의 성격과 핵심 그리고 그 법적 과정의 안팎에 얽힌 진실들이 공개되는 것도 무의미한 일이 아닐 것이기에 그와 관련해서 쓴 글과 문서와 기록들의 일부를 제4부에 수록했다. 민주주의 제도하에서는 공(公)적 기록과 자료는 마땅히 공적 지식과 정보로 환원되어서 작으나마 민주주의의 꽃을 키우는 한 방울씩의 물과 밑거름이 되어야 한다고 생각한다. 제4부에 어떤 의미가 있다면 그 같은 간절한 염원의 표현으로서다.

필자가 이 글들을 쓴 목적은 오로지 진실로 통용되고 있는 허위의 진상을 밝혀내고, 허위의 모임으로 이루어진 '허위구조'의 내면을 들여다보려는 것이었다. '허위의식'에서 해방되는 인간적 자유를 갈구하기 때문이다. 그 모든 노력은 민족적 문제를 놓고서 거짓 없는 자기비평으로 이어지고, 나아가 분단요소들을 제거하여 통일을 이룩하려는 좀더 큰 노력에 수렴된다. 해방 이후 반 세기 가까운 시간이 흘렀지만 이 사회에서는 지금도 많은 허위가 진실의 가면을 쓰고 통용되고 있다. 그 허위의 논리는 권력과 법의 후광을 빌려 우리의 사유와 판단을 지배하고 있다. 따라서 이 허위논리의 체계를 바로잡는 말과 글은 당분간 '역설'(逆說)의 지위에 만족해야 한다. 책의 이름을 『역설의 변증』이라고 지어서 독자에게 내놓게 된 까닭이다. 그런 뜻에서 『역설의 변증』은 이미 세상에 나가 있는 필자의 평론집 『전환시대의 논리』 『우상과 이성』 『분단을 넘어서』 『베트남전쟁』을 잇는 것이라고 보아도 무방할 것이다.

원래 이 책은 출판사 '까치'에서 낼 예정이었다. 고난에 처한 동료 출판인을 위해 어려운 결단으로 쾌히 양보해준 '까치'사 박종만(朴鍾萬) 사장, 원고와 교정을 봐준 이혜경 씨, 마지막 교열쇄를 통독하여 귀중한 조언을 해준 정해렴(丁海廉) 씨에게 특별히 사의를 표한다.

마침 이 책의 원고들을 정리하고 있는데 서울대학교 학생 박종철(朴鍾哲) 군이 국가권력 장치의 고문에 의해서 죽음을 당했다는 비보가 들려온다.

두레출판사 사장 신홍범(愼洪範) 선비의 옥중에서의 건강과 박종철 군의 명복을 빌면서.

1987년 1월

리영희

1

남북 긴장완화와 통일논리

40년 만에 해빙하는 한반도의 냉전체제

민족의 분단으로부터 40년, 민족내전으로부터 35년이 지나는 동안 얼어붙은 듯이 꼼짝않던 한반도의 안팎에서 얼음이 녹기 시작하는 소리가 들린다. 한반도를 중심으로 한 동북아시아의 정세는 분명 '해빙시대'로 옮겨가는 조짐을 보이고 있다. 여러 분단민족 중의 마지막 태동이다.

제2차 세계대전은 하나의 민족을 갈라놓는 상처를 지구상의 몇 곳에 남겨놓았다. 그러나 유럽에서는 여러 연합국에 분할 점령되었던 오스트리아가 1947년 중립주의의 통일국가로 재생했고, 독일민족은 주변 국가들의 압력 및 역사와 문화가 크게 다른 동·서부 독일민족 양자의 합의로 1972년 하나의 사회주의 국가와 하나의 자본주의 국가로 공존하는 두 개의 독일의 길을 택했다. 아시아에서는 남·북 베트남이 단속적인 30년간의 내전 끝에 1975년 하나의 사회주의 국가로 통일되었다. 중국의 경우는 대만의 분리가 제2차 대전의 결과는 아니지만, 쌍방의 압도적인 우열관계와 영토·역사적 조건 때문에 본토 대륙 중국이 대만을 흡수하는 형식으로 중국 통일이 장차의 기정 사실로 인정되고 있다. 아직도 분단의 상처에서 피가 흐르고 전쟁 재발의 끊임없는 위험이 상존하는 분단민족으로는 한반도의 이 민족이 남아 있을 뿐이다. 한반도에서는 사태의 진전이나 변화를 이룩하는 시간의 흐름이 40년간 정지해 있었다.

1972년 7월 4일, 세계정세의 일반적 진전 특히 미국과 중공(중국)의 화해와 베트남전쟁의 종식 가능성이 가져온 충격으로 남·북 민족 사이에 긴장완화와 통일의지를 밝히는 역사적인 '7·4남북공동성명'으로, 멈춰 있던 시간이 다시 움직이기 시작하는 듯 보였던 것은 사실이다. 그러나 쌍방의 뿌리 깊은 불신감을 녹여버리지는 못했던 까닭에 그 후 몇 달이 안 가서 시간은 다시 그 흐름을 정지해버렸다.

1980년대 초에 이르러 상황은 비로소 본격적으로 전진하기 시작했다. 그 이전 70년대 후반부터 국제관계의 지표 밑에서 꾸준히 진행해온 변화의 에네르기가 드디어 표면으로 분출했다고 말할 수 있다. 한반도 내에서는 '7·4공동성명'에 의거한 적십자회담과 경제회담이 가냘프게 이어져왔고, 1983년 가을의 남한 홍수 때 북한의 구호물자가 휴전선을 넘어온 뒤로 최초의 남·북간 이산가족의 재회가 제도화되었다. 그러나 그것들은 반도 내부적 상황의 변화로 간주되었다. 일련의 반도 내부적 상황 변화가 동북아시아의 지역정세 변화로 활발한 전개를 시작하게끔 되기까지 1984년 1월을 기다려야 했던 것 같다. 즉 북한의 '3자회담'의 제안이다.

3자회담 제의를 기점으로 해서 한반도의 존재 양식에 깊은 이해관계를 가지고 또 그에 지대한 영향력을 행사해온 주변의 대국들이 종래에 볼 수 없었던 큰 관심을 표명하게 되었다. 한반도 문제를 놓고서 관계 열강들 사이에 이같이 깊은 관심과 적극적이고도 협조적인 활발한 국제정치 및 외교활동이 전개된 일이 일찍이 없었던 것이다. (지난 3, 4년간 열강들 사이에 있었던 이 움직임의 과정은 생략한다.) 한반도 내외 환경에 큰 파동이 일어난 것이다.

먼저 제안 당사자인 북한의 의도는 무엇일까?

북한의 3자회담 제의를 전후해서 한국의 정부 요인들을 폭사시킨 랭군사건이 있었기 때문에 우리는 당연히 북한의 의도에 불신과 회의를 갖게 마련이다. 그것이 설사 광주사태에 대한 이른바 '민족적 보복'을 기도한 것이었든, 최고 지도자의 결정사항이었든, 아니면 하위 서열 책임자의 독단적 행위였든 관계없이 불신은 씻을 수가 없다. 더욱이 랭군사건을 "남한 당국의 조작극"이라고 북쪽이 주장한 데서 남한 측으로서는 문제가 심각할 수밖에 없다. 그런데 우리 측의 반응과는 별도로 객관적으로 보는 외국의 전문가들 중에는 3자회담 제의와 랭군사태를 우연의 일치로 판단하는 견해도 있다.

어쨌든 세계의 여론을 종합해보면 북한이 한반도의 군사위기 구조를 평화구조로 바꾸기를 원한다는 근거는 다음과 같다. 객관적인 제3자의 견해를 듣는 것은 중요하다. 한마디로 결론 내리면, 북한의 3자회담과 그에 따르는 제안들은 남한을 염두에 둔 단순한 평화공세만은 아니라는 것이다. 오히려 미국·일본을 비롯한 자본주의 세계와 정치·경제면에서 접촉면을 넓힘으로써 중국과의 파장을 맞추면서 경제·자본·기술적 현대화를 위한 평화적 환경을 조성하려는 신정책으로 풀이된다. 이 점은 그 후의 여러 가지 사실이 확인해주고 있다. 배후 동맹국인 중·소 사이에서 세심한 등

거리 관계를 유지해야 했던 노선의 어려움, 미국과 일본과의 관계를 거부한 가운데 독자적인 사회주의 건설을 시도한 결과 나타난 경제발전상의 난점…… 등을 타개하기 위한 진정한 '화해의 신호'라는 해석이 유력하다. 필자 자신이 1985년 일본에서 여러 차례 참석한 한반도 관계 국제회의에서 보인 외국 전문가들의 견해가 대체로 이 점에 일치해 있다. 개별적으로 접촉한 저명한 인사들(서방 국가의 학자로서 평양을 방문하고 그쪽의 최고 지도층들과 여러 차례 대화를 나눈 분들)의 결론도 대체로 그러했다. 그들은 지도자 계승의 문제는 부차적 의미로 해석하는 경향이었다.

중국은 등소평을 비롯한 모든 최고 지도자의 거듭된 선언과 언명에서 증명되듯이, 앞으로 30년 안에 중국을 세계 일류 공업화·현대화 국가로 발전시킬 구상이므로, 한반도의 긴장관계 해소를 진심으로 원하고 있다. 남·북한의 군사충돌이 재발할 경우, 6·25 때와 같이 북한을 지원하거나 개입해야 하는 법적 의무는 있다(1961년의 상호원조조약). 그러나 지금의 형편상 한국전쟁에서 국력을 낭비할 여력이 없다는 현실적 딜레마도 큰 원인이다. 그렇다고 만약 북한이 소련에 밀착하는 데 무관심하면 중국의 중공업 및 농업생산 중심 지역인 만주가 소련과 북한에 의해 포위되는 결과를 낳을 것이다. 나아가 소련에 밀착한 베트남을 합쳐 북·동·남면에서 중국이 포위될 위험이 있다. 한반도에서의 군사위기는 필경 남한을 지원할 미국과 중국의 군사대결이라는 결과를 낳을 것이므로 그것은 원치도 않고, 실제로 미국과의 현 관계에서 생각할 수도 없다. 결국 중국의 이익은 한반도 군사위기 구조를 평화구조로 개편하는 것이다. 등소평 자신이 서둘러 북한의 3자회담 제의를 미국에 전하고 양자간 접촉의 중계자적 역할을 적극적으로 맡고 나선 것으로 중국의 자세는 명백하다.

다분히 '수정화'(修正化)된 현재 중국 정책의 지도이념은 국가이익이지 이데올로기가 아니다. 모택동 이후의 중국은 실리주의로 치닫고 있으며 10억 인구의 생활 현실을 단시일 내에 향상하기 위해서는 여타의 선택은 없어 보인다. 혁명 후 70년대 말까지 견지했던 '이데올로기적 순수성'이나 '정치 우위'의 자리에 물질 추구의 현실주의가 들어섰다. 남한에 대한 태도도 지난 4, 5년 사이에 '급변'하고 있다. 국가 관계의 가장 손쉬운 지표가 되는 교역 관계만 보더라도 1985년도의 한국과의 교역액은 제로(零) 상태에서 14억(홍콩) 달러(약 2억 7,000만 미국 달러)에 이르렀다. 싱가포르와 홍콩을 경유하던 교역의 일부는 직접교역의 형태로 진전했다. 한 예로 1985년, 남한이 중국으로부터 수입한 옥수수는 150만 톤에 달했으며, 앞으로 쌍방의 경제 관계는 더욱 증대할 경향이다.

소련은 대(對)한반도 정책을 갖지 않는 나라로 알려졌다. 북한과의 사이는 6·25 이후 사실상 냉담했을 뿐 아니라 적대적이기까지 했다. 소련이 한때 북한에 대해 취했던 패권주의는 북한 지도자들의 강렬한 민족주의·자주노선에 부딪쳤고 끊임없는 갈등관계 속에 있었다. 북한 지도자가 1984년 23년 만에 처음으로 모스크바를 공식 방문한 사실은, 한국과 미국에서 정권이 바뀔 때마다 한국 대통령이 몇 해가 멀다 하고 와싱톤을 방문한 것과 대조된다.

소련 역시 한반도에서 남북 간 군사긴장의 고조를 원치 않는다. 서북태평양 지역에서 미국과, 미국의 압력으로 단시일 내에 군사대국으로 둔갑한 일본의 군사적 압력에 직면하고 있는 소련은 한반도에서의 전쟁 상태가 유럽에 배치된 군사력에 긴장을 초래할 것을 두려워하고 있다. 또 한반도에서의 전화(戰火)는 북한과의 '상호원조조약'에 따르는 무거운 군사적 의무를 지게 만드는데, 그럴 경우 중국과의 마찰을 각오해야 한다. 그 상황은 베트남전쟁을 통해서 북베트남 지원 기간 중에 벌어진 중·소 갈등의 심화를 생각하면 쉽게 이해할 수 있다. 군사적 측면뿐 아니라 소련이 국력을 기울이고 있는 대규모의 동시베리아 개발계획이 치명적인 타격을 받게 될 것이 분명하기 때문이다.

소련과 중국의 관계 및 소련-북한-중국의 관계에서의 최근 변화도 한반도의 군사적 폭발을 억제하는 요소로 작용하고 있다. 원래 소·중 관계는 1970년대 초에는 소련의 대중(對中) 핵선제공격설이 있을 만큼 위급했다. 이 두 강대국의 충돌은 미국의 개입이라는 결과를 낳을 것이며, 그것은 거의 자동적으로 남·북한의 군사적 대결과 한반도의 전장화를 의미하는 것이다. 이제 중·소 관계는 모든 면에서(당 관계까지를 포함해서) 급속히 정상화되는 과정에 있다.

중·소 관계 정상화는 북한의 입장을 돕는 방향으로 작용하고 있다. 북한은 중·소 사이의 고달픈 줄타기를 면했다. 실제로 중·소 사이에서는 북한을 대상으로 하는 경쟁을 정지하는 합의가 이루어진 것이 분명하다. 이 삼각관계 양상은 얼핏 보아 남한에 불리한 것 같지만 사실은 오히려 그 반대일 것으로 해석된다. 그것은 북한에 안정감을 회복시킴으로써 경제면에 주력할 수 있게 하고, 그럼으로써 경제발전을 위한 서방·자본주의 국가들과의 협조관계가 긴요해진다. 북한에 대한 서방국가들의 차관·투자·합작을 위해서는 한반도에서 군사적 모험을 하지 않는다는 확증적 정책과 행동이 요구되기 때문이다. 긴장완화를 위한 3자회담을 제창하게 된 것은 바로 이상과 같은 상황 변화를 배경으로 해서 가능해졌다.

미국은 어떤가? 미국은 레이건 정권의 대소(對蘇) 전면대결의 기본정책과 전략으로 한국(남한)을 동북아시아와 북태평양에서의 미·일·한 3각 군사동맹으로 편입하는 구상이다. 그 목적에서 미국은 미국의 군사기지로서의 남한의 역할과 성격을 약화할 의도는 당분간은 없어 보인다. 슐츠 국무장관이 1984년 서울 방문시에 한국 정부와 협의 끝에 "남·북한 사이에 어떤 평화적 합의가 이루어지더라도 주한미군을 철수할 생각이 없다"고 공언한 것이 그 의도를 입증한다. 그러나 미국으로서도, 닉슨 정권이 그랬고 카터 정권이 그랬듯이, 남한에서의 미국 군사기지화와 군대 주둔의 영속화는 세계적인 정치외교면에서나 군사비면에서 가능하지 않다. 국민여론도 그렇다. 소련과의 관계는 언젠가 개선돼야 하고, 그 조건이 어느 정도 이루어지면 남한을 '전방기지'로 언제까지 움켜쥐고 있어야 할 절실한 군사적 필요성은 감소하게 될 것이다. 중국과의 관계 개선으로 남한에 배치된, 중국을 겨냥한 핵무기를 철거한 조치가 같은 논리에서다.

미국의 대한반도 정책은 주지하는 사실이다. 남북한 관계의 새로운 구조 확립 과정에서 미국이 가장 우려하는 것이 한국의 일관된 정치불안이다. 미국은 1960년대에 북한에 비해서 열세였던 남한의 경제를 65년의 한일국교 정상화를 강행시켜 일본에 그 책임을 부담시킨 결과, 70년대 중반부터는 남·북한 경제의 우열관계는 남한에 유리하게 역전되었다. 미국으로서는 남한의 정치적 안정이 제도적으로 (아울러 실제적으로) 안정된다면 북한을 고려하여 남한에 4만 이상의 병력과 막대한 군사력을 영원히 묶어둘 필요성은 없어질 것이다. 이 시기가 언제일지는 정확히 예측할 수 없지만 고르바초프 소련 당서기장의 출현으로, 그리고 반공·반소주의 외의 철학을 갖지 않는 레이건 대통령 뒤에 협조적 철학과 세계관을 지닌 새 대통령이 등장한다면 그 전망은 반드시 어둡지만도 않다.

한국 국민으로서는 주관적 평가가 따로 있게 마련이지만, 미국의 공정한 한반도 문제 전문가들 가운데는 한반도 분단의 책임과 지속적인 군사적 긴장의 책임이 관련 국가들 중 누구보다도 미국에 있다고 지적하는 사람이 많다.

> (한반도에 관계하는) 모든 대국 가운데 한반도의 평화 그리고 끊임없는 분쟁에 대한 가장 큰 지속적 책임은 미국에 있다. 미국은 남한의 영토에 4만 병력의 군사력을 주둔시키고, 핵무기를 배치해놓고 있으며, 작전상으로는 남한 군대를 지휘하에 두고 있다. 이와는 대조적으로 중국과 소련은 북한 영토에 아무런 직접적인 군사적 개입도 없다. 그런 까닭에 (한반도 평화를 지향하는) 외교행동의 이니셔티브는 미국의 책임이다.[1)]

일본은 여태까지 한반도에서의 미국의 대결노선과 정책의 하청 역할을 담당하고 있었다. 그러나 미국의 요청과 일본 보수정부 및 보수세력의 자체적 이해관계에서 앞으로 상당한 독자적 구상을 추진해 나올 조짐이다. 결론적으로 말해서 한반도 민족 간의 평화

---

1) Bruce Cumings, "Ending the Cold War in Korea," *World Policy Journal*, Summer, 1984.

에서나 전쟁에서 변함없이 이익을 거두는 것은 열강 중에서 일본뿐이라는 지정학적 특수성이 일본을 한국민족의 통일을 가장 바라지 않는 국가로 만들고 있다.

일본이 앞으로 명실공히 군사대국으로 등장할 약 10년 후까지 남·북 민족이 평화적 생존질서와 통일을 위한 기틀을 마련하지 못한다면 일본의 불길한 영향력을 가장 경계해야 하는 상황이 조성될 것으로 예상된다. 일본의 보수정권과 그것을 구성하는 재벌, 실업가, 군부, 국수주의 사상가와 이론가들은 한반도를 일본의 '뒤뜰'로 여기고 있다. 즉 그들의 지배권(최소한 강력한 영향력)이 행사돼야 할 아시아(따라서 세계)에서의 유일한 나라로 당연시하고 있다. 무서운 생각이다. 일본 내 지배세력의 사상 경향은 날로 국수주의, 대국주의, 팽창주의, 아시아 지도자 의식으로 경화되어 가고 있다. 왕년의 아시아 패권시대를 그리워하는 그들이 제일 만만하게 주무를 수 있다고 생각하고 있는 상대가 한국이다.

그들은 올해 초에 일본 군대의 '해외파견'이 평화헌법이나 여태까지의 불파견 공약과 어긋나지 않는다고 언명하기에 이르렀다. 일본 정부는 미국과의 사이에 일본 군사력의 제일차적 행동지역을 한반도(남한)로 하는 소위 '극동유사'(極東有事) 구상을 확정해놓고 있다. 북한과 군사적 대결을 하기 위해서 일본과 군사적 동맹관계를 형성하는 것을 '국가안보' 전략으로 착각하는 사람들이 있다면, 그런 사람들로 말미암아 이 나라와 민족은 다시 쓰라린 경험을 하게 될 것이 분명하다. 일본 군부의 사상·철학·전략을 대표하는 군사잡지 『군사연구』(軍事硏究)는 한반도를 그들의 '생명선'이라고 규정하고 있다. 19세기 말엽의 일본 제국주의 군부의 사상이 그대로 재현되고 있다. 일본의 새로운 군사지배를 거부할 수 있는 길은 다만 그들의 도움이 필요 없는 남·북 민족의 화해뿐이다.

위기구조를 평화구조로 대치할 제도와 장치들

한반도상에 전쟁의 위험이 항존하는 까닭은 6·25를 '전투행위'로서 끝맺은 정전협정이, 전쟁이 끝난 지 33년이 지난 오늘날까지 전쟁 당사자들 사이의 평화적 존재 및 관계를 총체적으로 규정하는 '정치행위'로서의 강화(평화)조약으로 대치되지 않고 있는 데 기인한다. 하나의 전쟁이 끝나고 그 전쟁관계를 정상화하는 강화조약이 이처럼 장구한 기간 동안 체결되지 않은 예는 세계 전쟁사상 전무후무하다. 여기서부터 한반도의 문제는 시작된다.

휴전협정을 강화조약으로 대치하는 문제

3년 1개월간의 전투행위를 매듭지은 정전협정은 1953년 7월 27일 오전 10시에 판문점에서 조인되고, 같은 날 오후 10시를 기해서 발효되었다. 이 협정은 강화조약이 체결될 때까지 유효하다는 조건부인데(제5조 부칙 제62항) 그 규정은 다음과 같이 되어 있다.

제4조 제60항: 조선 문제의 평화적 해결을 보장하기 위하여 쌍방 군사령관은 쌍방의 당사 정부에 정전협정이 조인되고 발효한 후 3개월 이내에, 각기의 대표를 파견하여 쌍방의 한 급 높은 정치회담을 소집하고 조선으로부터의 모든 외국군대의 철수와 조선 문제의 평화적 해결 등의 문제들을 협의할 것을 건의한다." (대한민국은 이 협정문의 조인 당사자가 아니었고, 조인 쌍방 대표는 유엔군(미군) 대표와 북한 대표였으므로 한글본의

Korea는 '한국'이 아니라 '조선'으로 되어 있다. 법적 국제조약문이므로 원문 표기에 따른다.)

이 조항은 유엔총회에서 건의안으로 승인되어(1953.8.28, 총회결의 제711호의 Ⅲ) 1954년 4월 26일부터 제네바에서 한국전쟁에 참전한 유엔 가맹국 16개국(한국 포함)과 북한, 중국(중공), 소련 등 19개국이 참석한 정치회의가 열렸다. 의제의 중심은 정전협정 제60항의 규정대로 한반도의 통일 방식과 외국군대의 철수였다.

'통일 방식'에 대해서 유엔군 국가 측은 유엔 감시하에 남북한 인구비례에 따른 남북한 동시선거를 주장했고, 공산 측은 유엔이 전쟁 당사자이므로 선거감시 자격이 없다 하여 중립국 감시하에 제네바 정치회의 종료 후 6개월 이내에 남북한 인구비례에 따른 비밀보통선거 실시를 주장했다.

'외국군대의 철수' 문제에서는 한국과 유엔군 국가들 측은 통일정부 수립 후에 '유엔군'을 철수하도록 주장했고, 공산 측은 총선거 실시 전에 모든 외국군대의 한반도 철수를 주장했다.

이와 같이 쌍방의 주장이 맞서 타협을 이루지 못한 채 회의는 6월 15일 실패로 막을 내렸다. 북한 측은 그 후 줄곧 이 정치회담의 재개와 평화조약의 체결을 요구하고 있다. 미국과 한국은 북한 측의 협정 위반을 이유로 그것을 거부해왔다. 북한 측은 이에 대해, 미국의 강화조약 체결 거부를, 정전협정이 규정한 한반도에서 외국군대 철수를 거부하기 위한 구실이라고 비난하고 있다.

한반도상의 외국군대 주둔

한국전쟁에 참전했던 외국군대 중 중공군(정전협정상 지위는

'중국인민지원군')은 휴전이 이루어진 5년 후인 1958년 10월 26일까지 북한에서 완전 철수했다. 그 후부터 국제적 관심은 남한에 주둔하는 유엔군(주체는 미국군대)의 존재에 집중되었다. 이것은 북한의 침략에 대항한 유엔의 남한에 대한 보호자적 관계와 관련된 문제다. 그 관계의 변화는 국제사회에서 남·북한의 상대적 지위의 변화와 연결되어 있고, 지금에 와서는 군사적 위기 해소의 방법론과 결부되어서 주요 쟁점으로 부각되고 있다.

유엔총회는 한국전쟁이 발발함과 동시에 '유엔한국통일부흥위원회'(UNCURK)를 창설하여 한국을 지원해왔으나 북한 측은 이 위원회를 주한 유엔군과 한몸으로 간주해 해마다 그 폐지를 요구했다. 해마다 그 요구는 부결되었지만 1973년 총회에서는 한반도와 유엔의 관계를 절연하려는 다수 세력의 요구에 의해 전체 회원국의 찬성으로 폐지 결의가 통과되었다. 다음은 주한미군의 문제다.

미국군대를 압도적 주체로 하는 '주한 유엔군'의 철수안은 중공군의 철수 완료 후부터 해마다 상정되고 해마다 부결되었으나, 1975년 제30차 총회에서는 '주한 유엔군사령부'를 해체하고 유엔의 깃발 아래 남한에 계속 주둔하고 있는 외국군대의 철수를 요구하는 북한 측 지지안이 찬성 54, 반대 43, 기권 42표로 채택되었다. 그와 함께 유엔군의 계속 주둔을 요구하는 남한 측 지지안도 찬성 59, 반대 51, 기권 29표로 가결되는 이변이 일어났다. 이 미국안조차 세계적 여론의 변화를 참작하여 잠정적 조치로서 우선 1976년 1월 1일에 '유엔군사령부'를 해체한다는 것이었다. 이에 따라 주한미군은 78년 11월, 유엔 결의에 근거해서가 아니라 한미상호방위조약을 근거로 하는 '한미 연합군'으로 개편되고, 작전

명령권도 유엔에서 '한미연합사령부'로 이전하게 되었다. 한반도의 군사적 긴장완화와 평화구조 정립 문제와 관련해서 북한 측이 줄곧 외국군대(주한미군) 철수 문제를 제기하는 것은 이런 근거에서다. 이것은 중요한 쟁점인데, 미국은 남·북한 사이에 한반도의 장래에 관해 어떤 합의가 이루어지더라도 주한미군을 철수할 의사가 없음을 밝혔다.[2)]

주한 외국군대(미군)의 존재가 평화구조의 정립과 통일 협의에서 문제로 제기되는 것은 다음과 같은 연관에서다.

① 유엔군으로서의 지위와 성격의 탈색: 이에 관해서는 앞에서 살핀 대로다.

② 비동맹국가군의 태도: 유엔에서는 1975년 제30차 총회의 결의 이후 한반도 문제의 냉전적 성격으로 인한 회원국들의 염증 때문에 거론을 기피하는 분위기다. 이것은 한국으로서는 다행스러운 국제적 경향이라 하겠다. 그렇지만 유엔 밖의 국제적 기류에 적지 않은 영향력을 끼치는 다수의 비동맹권 국가들은 약소 국가의 영토에 강대국의 군대와 군사기지가 존재하는 것을 국가적 예속, 강대국의 패권주의, 군사적 위기 조장의 형태로 인정하고 있다. 비동맹권의 이 원칙은 북한에 유리하게 작용하고 있다.

북한이 남한의 미국군대에 대응하는 6·25 참전국인 중국의 군대와 군사기지를 영토 내에 허용하지 않는 것은 중·소 관계의 미묘함도 있지만. 비동맹 국가 사회의 일원으로서 비동맹 세계의 정치외교적 지지를 확보하는 국제정치적 효과를 위해서이기도 하다.

---

2) 미국 육군참모총장 에드워드 마이어 대장의 서울에서의 기자회견, 1983년 1월 23일.

③ 국가·국민·민족적 자존심과 독립성: 비동맹 원칙의 정신과 외교적 효과 외에도, 전쟁이 끝난 지 30여 년이 지난 긴 세월을 외국군대에 의존해서야만 국가적 존속을 유지할 수 있다는 인상은 국민적 자주성과 국가적 독립성에 의문을 제기하게 할 위험성이 없지 않다. 한국 정부로서는 북한의 공격 가능성을 들어 이를 반박하지만 국제적 이미지는 반드시 그에 상응하는 것만도 아니라는 사실을 인식할 필요가 있다.

④ 미국의 군사전략적 목적: 주한미군은 한국과 미국 양 주권국가 간의 상호방위조약에 근거해서 그 군대와 군사기지를 남한에 두고 있다. 이것은 북한의 공격 가능성을 억제하여 한반도에서의 전쟁 재발을 예방하는 효과의 일면이 있다. 그것은 세계가 바라는 것이기도 했다. 그러나 반면에 북한이 단독적으로 공격 행동을 취할 군사적·경제적 능력도 없고, 중·소 양동맹국도 그 같은 군사행동을 승인하거나 지원할 의사가 전무하다는 것이 세계적으로 인정된 현실에서는, 6·25 이후 얼마 동안 통용되었던 주한미군의 전쟁 억지 역할 이론은 상당히 설득력을 상실하고 있는 것도 사실이다. 한반도상의 외국군대의 존재가 전쟁위기를 조장하는 요인이 되고, 주한미군과 군사기지가 소련에 대한 미국의 군사전략적 목적에서라는 인식이 국제사회에서 널리 받아들여진다면 오히려 한반도와 동북아시아 지역 평화구조 확립의 저해 요인으로 간주될지도 모른다. 소련과 중국은 내밀적으로는 어떻든 공식적·공개적으로 그와 같은 견해를 거듭 밝히고 있다. 앞으로 한반도의 군사위기 완화와 장차 통일문제의 최종 협의 과정에 반드시 참여하게 될 중·소 양국은 주한 미국군대와 미국 군사기지의 정당성 문제를 제기하게 될 것이다. 특히 미국의 핵무기와 휴전선에 배치되어

있는 것으로 공인된 핵지뢰 등이, 북한으로 하여금 대규모 군사행동을 생각지도 못하게 하는 것이라면, 지상군의 장기 주둔 목적에 강력한 이의를 제기하리라는 것은 쉽게 짐작할 수 있다.

한반도의 핵전쟁 위기

한반도는 현재 지구상에서 재래식 군사충돌이 거의 직선적으로 핵전쟁으로 연결 확대될 가장 위험도가 높은 지점으로 인식되고 있다.

미국의 민간 군사연구소인 '국방정보센터'의 라로크 제독(퇴역)은 1976년 현재 미국의 한국 내 기지에 배치한 핵탄두의 수를 661 또는 686개로 추정했다. 그 후 써전트, 어네스트 존, 나이키 허큘리스가 철거되었거나 한국군에 이양되어, 그 탄두도 236개가 감소되어 425~450개가 남아 있는 것으로 보도되었다. 『뉴욕 타임스』는 1983년 11월 15일, 태평양 지역의 지상에 배치된 핵무기는 250발이며, 그 대부분이 남한에 있다고 보도했다. 또 미국 군사 전문가들은 중성자탄의 휴전선상 배치도 시사한 바 있다. 미국의 중성자탄은 유럽의 동맹국가들도 자국 영토 내의 배치를 허용하지 않고 있으므로 그 배치는 한국 외에는 상상할 수 없다. 미국 정부 특히 미국 국방성 내의 정보로 권위 있는 잭 앤더슨은 다음과 같이 쓴 일이 있다. "유럽 동맹국들이 중성자탄을 반대한다면 그것들을 효과적으로 사용할 수 있는 곳이 따로 있다는 것을 국방성 전략가들은 잘 알고 있다. 그곳은 남한이다."

미국의 한국 문제 전문가 브루스 커밍스 교수는 지금 미·소 군축회담의 불씨가 되고 있는 크루즈 미사일이 한국 영토 내에 배치될 가능성이 높다고 썼다. 이로 인한 한반도의 핵전쟁화 위험성은 결코 가상적인 단계가 아니라 실재적인 것임을 알아야 한다.

미국 국방성의 「1983년 국방보고서」는 레이건 정부의 한반도 핵전략을 다음과 같이 밝히고 있다. "소련이 중동 산유지역에 개입할 경우, 미국은 소련의 군사력을 분산시키고 석유자원 지대를 수중에 확보하기 위한 전략으로 동북아의 동맹국 군사력과 함께 북한을 공격하고, 북한에 대한 핵공격을 감행한다."[3] 그리고 해마다 되풀이되는 한미 합동 군사훈련 팀스피리트가 바로 이런 상황을 가상한 것이라고 보도되었다.

이것이 사실이라면 그것은 터무니없는 전략이다. 이 민족은 불행하게도 잠시 분단되어 있기는 하지만, 우리 민족과는 아무런 관계도 없는 중동과 그곳의 석유자원 쟁탈전을 위한 미국과 소련의 패권싸움 때문에 미국에 의해 핵폭탄으로 초토화되어야 할 이유는 없는 것이다.

미국 국방성 보고서에서 "……동북아의 동맹국 군사력과 함께 북한을 공격"한다는 전략의 "동맹국 군대"란 중국도 일본도 아닌, 다름 아닌 한국 군대를 뜻하리라는 것은 초보적인 상식적 논리로도 추측이 가능하다. 이 전략구상은 민족 내부 문제의 평화적 해결을 누누이 정책으로 천명해온 대한민국 정부의 입장과도 어긋난다.

레이건 정부의 이 군사전략은 에드워드 마이어 육군참모총장에 의해서 더욱 구체적으로 확인되었다. 그는 1982년 1월 서울 방문에서 다음과 같이 밝혔다.(요약)

① 한반도에서 한반도 외의 문제해결을 위한 핵무기 사용은 사

---

3) 『동아일보』, 1983년 2월 15일.

실상 기정 사실화되어 있다.

② 한반도에서 핵무기 사용의 실제적 결정권은 주한미군 사령관에게 있다.

③ 유럽에서 핵무기 사용시에는 유럽 동맹국가 정부들과 사전 협의를 해야 하는 것과는 달리, 한국영토 내에서 핵무기 사용시에는 그런 번잡한 제약이 거의 없어서 훨씬 용이하다.

④ 북한에는 남의 나라의 핵무기가 없는 것으로 믿고 있다.[4)]

이 마지막 항목의 사실에서 문제는 더욱 심각해진다. 핵무기가 없는 상대에 대한 핵공격은 미국 정부의 공식적 선언에도 어긋난다.

이에 대한 소련의 반응은 어떠한가? 마이어 대장의 천명을 받아넘기듯이 소련 육군참모총장 니꼴라이 오르가꼬프 대장은 소련의 동시베리아 배치 핵미사일 SS 20이 남한(오끼나와 및 인도양의 미국 핵기지 디에르 가르시아 군도 포함)을 공격 목표로 하고 있다고 강조했다.[5)] 소련 정부도 미국의 남한 배치 핵무기의 사용에 대한 '즉각적 핵보복 공격' 계획을 밝힌 발표에서 이렇게 말하고 있다. "자기가 살고 있는 땅에 미국의 핵미사일을 쉽게 허용하는 것은 미국의 핵무기의 볼모가 되려는 것이다. 그들은 미국 전략의 최종적 결과가 무엇이라는 것을 곰곰이 생각해야 한다.[6)]

1983년 9월 동북아시아의 소련 최고기밀 방위전략 기지망인 캄차카 만 상공을 거쳐 사할린 상공에서 끝난 KAL기 격추사건은 순

4) 서울발 AP, UPI 통신 회견 기사.

5) 1983년 4월 4일 모스크바발 외신, 『중앙일보』.

6) 1983년 3월 17일 모스크바발 AFP 통신, 『중앙일보』, 3월 18일.

간적으로 미·소 양국 동북아 지역 핵군사력을 일촉즉발의 임전 태세로 가동케 했다. 한국 영토 내의 미국 핵전력이 가동했으리라는 것은 초보적 군사 지식에 속한다.

한반도상의 군사적 긴장 해소를 위해 가장 시급한 조치가 반도상에 배치된 외국 핵무기의 철거임은 너무나 명백해진다. 그것은 이 겨레가 미·소 양국의 '국가이기주의'의 발동으로 말미암은 민족적 멸종과 영토적 초토화를 회피할 수 있는 제1보적 조치라고 생각된다. 나아가 그것은 세계적 핵전쟁의 가장 허수룩한 방아쇠를 제거하는 효과가 있다.

우발적 군사충돌을 예방할 '위기관리'

앞에서 예를 들은 KAL기 격추사건과 1983년 여름 버마에서 북한 측이 저지른 이른바 '랭군사건' 같은 것은, 그 자체로 전쟁행위까지 예상했거나 예정한 것은 아닐 것이다. 그렇지만 우리 모두 익히 아는 바와 같이, 두 사건 직후 남·북 쌍방 군사력은 물론 동북아 지역의 소련·미국·중국·일본 군사력이 실제로 전투 태세에 돌입했다. 공개적으로는 시인되지 않았지만 한반도 주변에서는 그보다 차원 낮은 여러 가지 사건으로 군사적 대결 또는 그 일보 직전까지 긴장이 고조된 사례가 수다했던 것을 세상은 알고 있다. 공개적으로 보도된 것만 해도 서해 5도 해역에서의 충돌, 판문점에서의 쌍방간 무력충돌 등 한반도에서 적어도 재래식 군사대결을 유발할지 모를 우발적 충돌은 수시로 발생했다. 따라서 한반도 및 주변에서의 의도적이거나 우발적이거나 또는 유발되는 확전(擴戰)을 예방, 억제하는 장치가 필요하다. 그것은 제도적일 수도 있고 비제도적일 수도 있다. 그와 같은 목적의 제도가 항시적으로 작동하는 메커니즘을 '위기관리'라고 하는데, 한반도만큼 위기관리 체제와 제도의 적절한 가동이 절실히 요구되는 곳은 드물다. 한반도의 분단민족 상호간과 그 각기의 동맹국 간에 존재하는 공식·비공식 위기관리 방식에는 다음과 같은 것이 있다.

상설 메커니즘, 중립국 정전감시위원단

정전협정 제2조 제36, 37항에 근거한 것으로서, 4명의 고급장교로 구성된다. 그중 2명은 유엔군사령관이 지명한 중립국 즉 스웨덴과 스위스 정부가 임명하고, 다른 2명은 조선인민군 최고사령관과 중국인민 지원군사령원(사령관)이 공동으로 지명한 중립국 즉 폴란드와 체코슬로바키아 정부가 임명한다. 위원단은 정전협정이 부여한 권한에 따라 휴전선상뿐만 아니라 남·북한 공항, 항구를 비롯한 모든 필요한 지점을 감시하며 남·북한 쌍방이 규정된 이상 및 이외의 군비증강을 하는 것을 감시하는 임무를 지녔다. 그러나 휴전 후 정전협정 규정대로 엄격히 말하면 쌍방이 다 위반을 계속한 셈이고, 위원단의 현실적 감시 능력도 미흡하여 현재는 명목뿐인 존재가 되어 있다.

군사정전위원회

정전협정 제2조 제19~23항에 근거한 상설기구로서 전쟁 당사자 간의 위기관리 메커니즘이다. 남·북 측이 각기 5명씩 임명한 10명의 장(將)급 및 그 이하의 고급장교로 구성되고, 10개의 공동감시 소조(小組)를 두어 정전협정 위반을 예방하거나 사건 후의 처리 임무를 맡고 있다. 정전 이후 30여 년간에 400여 차례나 회합하고 있다. 강화조약 없는 정전 기간으로서 세계 전쟁사상 유례 없는 것처럼, 법적으로는 '전쟁 상태'에 있는 교전 당사자 쌍방이 이렇게 오랫동안 그처럼 많은 횟수의 입씨름을 계속한 예도 없다. 군사적 충돌의 예방 및 억지 기능에서는 불충분한 점이 많다 하더라도 전쟁 당사자 간의 의도를 판정하는 상설체로서 중요한 역할을 하고 있다. 강화조약이 체결될 때까지는 미흡한 대로 그 기능에 기대할 수밖에 없다. 북 측 수석대표는 북한군 장성이고, 남 측 수석대표는 미군(유엔군) 장성이며, 한국군 대표는 발언권 없이 참석한다.

남·북 각기 군사동맹의 전쟁 억제 기능

남한과 미국 사이에는 휴전 성립 직후 체결된 '대한민국과 미합중국 간의 상호방위조약'(1953.10.1)이 있고, 이에 대항하는 것으로서 북한이 남한에서 '반공을 국시'로 하고 '승공통일'을 목표로 표방하는 5·16군사정권이 수립한 직후 서둘러 소련과 체결한(1961.7.6) 그리고 이어 중국과 체결한(1961.7.11) '우호협력 및 호상(互相)원조에 관한 조약'이 있다.

쌍방의 동맹간 군사조약은 각기 적대방에 대한 방위기능과 함께, 하위(下位) 동맹국의 군사적 도발행위나 전쟁 감행을 억제하는 상위(上位) 동맹국의 위기관리 기능을 아울러 겸하고 있다.

즉 한미 방위조약은 그 제1조에서, "……어떠한 국제적 분쟁이라도 국제적 평화와 안전을 위태롭게 하지 않는 방법으로 평화적 수단에 의하여 해결할 것"과 "……국제관계에서 유엔의 목적이나 당사국이 유엔에 대하여 부담한 의무에 배치되는 방법으로 무력의 위협이나 그 행사를 삼갈 것을 약속"하고 있다. 또 제2조에서는, 이 조약의 발동은 "외부로부터의 무력공격"에 대해서 한정된다고 규정함으로써 이쪽에서 무력공격을 했을 때에는 미국은 의무를 지지 않는다는 뜻이 규정되어 있다. 특히 제2조의 정신은, 이 방위조약을 비준할 때 미국의회가 부칙으로 첨가한 '미합중국의 양해사항'에서 미국의 의도를 선명하게 밝히고 있다. 즉 미국은 "(조약) 타방국(대한민국)에 대한 외부로부터의 무력공격의 경우를 제외하고는 그를 원조할 의무를 지는 것이 아니다"로 못 박았고, 이어서 "또, 이 조약의 어떤 경우도 대한민국의 행정적 관리(통치)하에 합법적으로 존치하기로 된 것과 합중국에 의해 결정(승인)된 영역에 대한 무력공격의 경우를 제외하고는 합중국이 대한민국에 대하여 원조를 공여할 의무를 지는 것으로 해석되어서는 안 된다"라고 못 박고 있는 것이다.

이와 같이 미국 측이 2중 3중의 제한 조항을 조약 본문과 부칙에 규정한 까닭은 휴전 당시 한국 정부(이승만 대통령)가 "무력에 의한 북진통일" 노선을 버리지 않고 있는 데 대해서 그것을 억제하려는 의도에서였다. 또 "대한민국의 행정적 관리하에 합법적으로 존치하기로 된 것"과 합중국에 의해 승인된 영역"에 대한 무력공격의 경우를 제외하고는 한국을 원조하지 않겠다는 규정은, 혹시 휴전 성립 이후 한국 정부가 일방적으로 점령할지도 모를 영토의 일부는 미국으로서는 조약 보호 대상으로 인정하지 않으며, 따라서 추후 그렇게 획득한 영토의 일부에 대해서 북한 측의 공격이 있더라도 그와 관련된 분쟁에는 미국이 관여하지 않겠다는 사전 경고조치인 것이다. 결론적으로 말하면, 정전협정 당시의 영토 변경을 인정하지 않는다는 강력한 위기관리 조치이다.[7] 북한 측과 소련 및 중국과의 방위조약에서도 한미조약의 제1조에 유사한 규정이 설정되어 있다.

상위 동맹국에 의한 정치적 억제

앞에서 이야기한 공식적·상설적 전쟁 억제 장치 외에 정치적 억제 기능도 중요한 위기관리 역할을 수행하고 있다.

강력한 상위 동맹국의 승인과 지원 없이 독자적으로, 단독으로 전쟁행위를 감행할 종합적 능력이 없는 남·북한 각각에 대해서 미국과 중국·소련이 각기 그 하위 동맹국에 행사하는 정치적 억제는 조약상의 기능보다도 더욱 효과적이다. 그 본보기로 남·북한 각각의 예를 들 수 있다.

북한은 1975년 베트남전쟁이 북베트남에 의한 영토 통일로 종결되었을 때 한반도의 베트남 방식 영토 통일 군사행동을 구상했던 것으로 알려져 있다. 북한의 최고 지도자(김일성)가 중국을 방문했을 때 열린 환영회에서(1975.4.18) "남조선에서 혁명이 일어나면 좌시할 수 없다. 적이 전쟁을 일으키면 우리는 단호히 전쟁으로 대응할 것이다. 이 전쟁에서 우리가 잃을 것은 군사분계선이며 얻을 것은 조국통일이다"라고 연설했을 때, 그것은 분명 6·25의 재현을 암시한 것으로 해석됐다. 그의 한반도 전쟁 의도를 알아차린 중국의 지도자(등소평)는 그 같은 행동이 낳을 가공할 참상을 경고하면서 강력하게 억제한 것으로 알려져 있다.

남한의 경우는 랭군사건 후의 한국 정부에 대한 미국의 정치적 억제 역할이 그에 대응한다. 실제로 우리 국민은 분노했고 정부와

---

7) 조약문 인용은 국립도서관 입법조사국 입법자료 제193호『한국외교관계자료집』에서.

특히 군에서는 상당한 군사적 보복을 고려했던 것으로 보도된 바 있다. 그러나 미국은 세계적으로 북한을 고립화하는 정치·경제·외교적 조치는 취하면서도 군사적 보복행위를 제창하지는 않았다. 한국 정부에 대해서도 강력한 억제력을 행사했던 것으로 알려져 있다.

지금까지 이야기한 모든 것은 주로 그 성격이 '제도'적인 것이다. 그러나 제도는 아무리 완벽하더라도 지키려는 마음이 없으면 의미가 없다. 실제로 그런 제도나 합의사항은 완벽하지도 못하다.

분열된 상태이면서도 그리고 처절한 전쟁을 치렀음에도 불구하고, 남북의 민족은 각기 제2차 대전 종결 이후에 탄생한 수많은 신생 독립국가들 중에서 하나는 자본주의 방식으로, 또 하나는 사회주의 방식으로 경제발전을 이룩한 모범 국가라고 포스터 카터(Foster-Carter)는 인정하고 있다. 피 어린 노력으로 이룩한 건설을 다시는 초토화하지 않으려는 민족적 양심이 가장 중요하다. 정치적 방편을 위한 겉치레로서의 평화니 통일의 외침이 아니라 진정한 동포애와 통일의 의지가 앞서야 한다.

그러기 위해서 요구되는 일은 한두 가지가 아니다. 그리고 그것은 이 민족이 정치적 성숙과 민족적 단합을 세계에 과시했던 '7·4 남북공동성명'의 정신과 원칙으로 돌아가는 것이다.

통일 과정에서 해결해야 할 문제들

한반도상에서 전쟁의 발생을 방지하기 위해 필요한 조치는 군사적인 것만으로는 불충분하다. 군사적 요소들을 포함한 더욱 더 고차적인 정치적 평화조치의 확립이 없는 한 군사적 조치는 '위기관리'에 지나지 않기 때문이다. 30여 년이나 계속된 정전협정을 강화조약으로 대치하고, 그 토대 위에서 통일의 조건을 설정하기까지는 많은 어려운 문제들이 가로놓여 있다. 이들에 대한 정확한 지식을 가져야만 일반 시민으로서의 우리는 남·북의 정부가 내세우는 이른바 통일방안을 비판적으로 이해할 수 있다. 그 어느 쪽의 정책이나 제안에 대해서도 편견을 가지지 말고 이론적으로 냉정하게 검토해보자.

통일의 형식과 형태

분열되었던 국가가 통일되는 데는 여러 방식이 있고, 그 방식에 따라 통일국가의 성격과 형태가 다르다. 엄격한 법적 또는 국제법적 이론 적용은 여기서는 제외하고 평이하게 설명하면 다음과 같다.

한 편이 다른 편을 무력이나 기타 방법으로 정복하여 한쪽의 주권하에 통일하는 방식이 병합 형식인데, 우리는 1970년대에 베트남 통일에서 이것을 보았다. 이 방식은 남·북한이 각기 과거에 원했던 바이나 실제로 불가능했고 또 현재는 서로 통일 방식으로서는 포기했을 뿐만 아니라 부정하고 있다. 다음은 흡수 형식인데 이것은 국가적 역량에 차등이 있는 두 주체의 우월한 일방이 열등한 일방을 통합하는 형식으로서, 중국이 대만과의 통합에서 채택하고 있는 통일정책이다. 한반도의 경우 남한은 인구 · 경제력의 우월로 이 방식을, 북한은 대등한 자격으로서의 통합을 각기 주장하고 있다. 위의 두 형식은 이를테면 수직적 통일인데 반해서 수평적 통일의 경우는, 제2차 대전 종결의 결과로 소련 점령지역과

서방 연합국 점령지역으로 분할했던 오스트리아가 1947년에 단일 주권하에 통일한 형식이다.

통일의 과도적 방식 및 형태에 대해서도 여러 가지를 생각할 수 있다. 민족은 하나이되 국가는 두 개라는 '일민족 이국가' 형태는 통일을 거부하는 동독의 입장이다. 동독 헌법은 "독일의 민족은 하나이되 사회주의 독일국가와 자본주의 독일국가"가 존재한다고 규정하고 있다. 이에 대해서 서독 헌법은 '일민족 일국가'로 규정하여 단일민족성을 토대로 장차의 통일에 대비한다.

'일민족 일국가 이체제'론은 하나의 민족으로서 하나의 통일·주권국가를 이룩하되 잠정적으로 체제를 달리하는 두 주체를 인정하는 형식으로서 중국의 대만에 대한 형태이다. 하나의 민족 속에 두 개의 상이하는 체제를 인정하되 국가는 하나로 통합하는 방식이 '일민족 일국가 이체제' 방식인 바, 북한이 제안하는 궁극적 통일까지의 과도적 형식인 이른바 '고려연방제'가 그것이다. 흥미로운 사실은 북한안이 서독안과 유사하고 남한안이 동독안과 유사하다는 것이다.

분단국가 정부의 유일 합법성 문제

긴장완화나 통일노력의 앞날에서 1972년 이전까지 중요한 장애요소였던 남·북한 쌍방의 "한(조선)반도에서의 유일·합법정부" 주장은 이제는 문제가 되지 않는다. 중요한 장애요소가 제거된 셈이다.

북한의 그 주장은 1948년 8월 25일의 정부수립 총선거에 남한지역 출신 대의원들도 선거에 참석했다는 것을 토대로 한 것이었다. 그러나 그 사실은 공개적으로 확인할 수 없었다. 설사 그랬다

하더라도 남한지역에 대한 효과적 행정권, 인민 및 영토의 지배권이 없는 정부가 한반도의 유일 합법정부를 주장할 근거는 처음부터 없었다.

남한 주장의 근거는, 북위 38도선 이남지역에서 실시된 1948년 5월 10일 총선거와 그것으로 수립된 정부(단독정부)를 승인한 유엔총회 결의 제112호의 Ⅱ(1947.11.14), 제583호의 A(1948.2.26), 제195호의 Ⅲ(1948.12.12)에 의거해서였다.

그런데 이 결의(특히 195호의 Ⅲ—'대한민국의 승인 및 외군(外軍) 철수에 관한 결의')는, 그 승인의 대상이 "유엔임시위원단이 감시 및 협의할 수 있었던 한국 국민의 다수(majority)가 거주하고 있는 지역"(즉 선거가 실시된 38도선 이남지역)에서의 '유일·합법정부'로 규정 승인했던 것이다. (그 결의 제2항) 한국 정부의 '상호승인·교차승인·유엔 동시가입'안 역시 그것이다. '한미방위조약'은 그것을 '휴전선 이남'으로 명시했다.

또 1972년 7월 4일, 남·북 국가 최고지도자(박정희·김일성)의 명시적 승인 아래 발표된 '7·4남북공동성명'으로 쌍방은 각기 상대방의 국가적 존재를 승인했다. 그 후 단속적으로 이루어진 남·북 정부간 대화와 교류는 각기가 법적(de jure)으로나 실제적(de facto)으로나 휴전선을 경계선으로 하는 남·북지역의 정부라는 전제하에서 진행되고 있다. 정치적 선언과 법적 근거는 다르다.

이것은 통일작업을 위해 몹시 중요한 진전이라 할 수 있다. 1950년대의 이승만의 이른바 북진통일정책이나 김일성의 6·25전쟁도발도 각기의 법적 자격의 허상을 토대로(통일의지의 발현이라는 차원은 별도로) 했던 것이다. 오랜 허구적 주장·선전 끝에 이제 실상(實像)으로 되돌아온 것이다.

민족문제 해결을 위한 회담 주체

통일이건, 그에 앞서는 긴장완화를 위해서건 협상이 있게 마련이다. 협상주체의 자격 규정은 까다로운 문제를 제기한다. 이 문제는 현재 거론 중인 '3자회담'의 성패를 좌우하는 핵심이 되고 있다. 1979년 7월, 카터 미국 대통령의 서울 방문 결과인 한·미 공동성명에서 제안되고, 그 후 일관되게 남한과 미국의 기조로서 주장되는 '3자'는 '대등한' 자격으로서 남한·북한·미국의 3자다.

이에 대하여 북한 측 제안의 '3자'의 구조는 북한과 미국을 대등한 2자로 하고, 남한을 사실상의 '0.5자'로 하는 형식이다. 이에 관해서는 상세한 배경 설명이 필요하다. 북한은 원래 한반도의 군사적 긴장완화와 평화구조 설정의 전제조건인 1953년 휴전협정을 강화(평화)조약으로 전환 발전시키자는 60년대부터의 제안에서, 휴전협정 조인 주체는 북한·중국·미국(유엔군을 대표한 자격)이므로 중국이 그 군대를 북한에서 완전 철수한 이상, 협상의 당사 주체는 북한과 미국이라는 입장이었다. 중국은 철군을 완료한 현재 한반도의 군사적 위기에는 직접적 관계가 없다는 이유로 정치 협상의 당사자가 되기를 원치 않는다. 그보다도 더 중요한 사실은 법적 해석이다. 한국 휴전협정은 전쟁 당사자로서 "유엔군 총사령관 북미합중국 육군대장 마크 클라크, 조선민주주의인민공화국 인민군 최고사령관 김일성, 중국인민공화국 지원군 사령원(관) 팽덕회"의 3자가 승인한 형식이지만(협정 제5조 부칙 제63항), 협정 서명자는 "유엔군 대표단 수석대표 북미합중국 육군중장 윌리엄 해리슨 2세, 조선민주주의인민공화국 인민군 및 중화인민공화국 지원군 대표단(을 대표하여) 수석대표 조선민주주의 인민공화국 인민군 대장 남일(南日)"로 되어 있다. 이 휴전협정 조인 당사자로서 북한은 그 상대인 미국에게 '2자회담'을 요구해온 것이었다.

'남북회담'의 형성과 내용

20년간에 걸쳐 2자회담을 요구하던 북한이 1984년 1월 11일, 미국 정부와 의회 및 '서울 당국'에 발송한 공식 서한에서 원래 미국 제안인 3자회담 개최를 제창함으로써, 3자회담이 한반도의 군사적 긴장완화와 통일을 향한 회의 방식으로 세계의 관심을 끌게 된 것은 우리가 다 아는 바다.

그런데 우리 정부가 그 방식을 거부한 이유는 그 '3자회담'의 구성 때문이다. 그 제안은 제1단계로, 북한과 미국 사이에 휴전협정을 대치할 평화조약을 체결하고 남한에서의 미국군대 철수문제를 협의한다. 제2단계로, 남·북 민족 사이에 서로 무력을 사용하지 않을 것과 상대를 공격하지 않을 것을 약속하고, 병력과 군비를 축소함으로써 군사적 대결상태를 해소하는 '불가침선언'을 채택한다. 그리고 제3단계로서 미국과는 평화협정 체결, 남한과는 불가침 선언 채택으로 자주적·평화적 통일의 조건이 갖추어진 다음 남북 간의 통일을 위한 대화를 하자는 내용이다.

이 제안서한이 종래의 것과 다른 점은 ① 한반도에서 현재 핵전쟁 위기가 최고조에 달했다는 절박한 위기감의 인식 ② 우발적 재래식 군사충돌도 핵전쟁으로 직결 확대될 무서운 가능성 인식 ③ 핵전쟁의 위험을 회피하는 유일한 길은 군사·정치적 대결이 아니라 대화라는 인식 ④ 한미 양국을 '전쟁 도발자' '제국주의자'로 부르던 종래의 표현이 없다는 사실 ⑤ 전체의 어조와 내용이 타협적이라는 변화 ⑥ 미국과의 우호관계 호소 등이다.

신뢰감 조성과 7·4남북공동성명

그러나 일정한 진전으로 보이는 그 같은 변화도, 그것이 제안된 바로 하루 전날에 북쪽이 랭군사건을 일으킴으로써 그 성실성에 의혹을 불러일으켰다. 문제는 상호 '신뢰감'이다. 랭군사건이 북쪽 최고 지도자의 승인하에 감행된 것인가, 아니면 어느 하위 책임자의 결정인가에 대해 국제적 논란도 있었지만, 랭군사건이 남쪽의 '조작극'이라고 주장한 북쪽 태도는 그들의 신뢰성을 남쪽이 부정할 수 있는 충분한 근거가 되었다. 이에 대해 북쪽은 한미 합동 군사훈련 '팀 스피리트'가 자기들에 대한 협박이라고 비난하고 있다.

남북 간에 조성된 40년간의 불신은 뿌리 깊다. 이것은 동·서독 민족 간에는 없는 불행한 장애물이다. 이 장애물을 제거하기 전에는 화해는 이루어질 수 없다. 민족간 화해는 오직 쌍방이 진정한 민족적 양심으로 돌아가서 이제부터라도 서로가 안으로는 적대심을 고취하는 교육·선전·법률·군사·정치의 구조를 이해와 화해의 정신으로 대치하고, 밖으로는 '7·4남북공동성명'에 입각한 행동양식에 충실하는 것이다. 이것은 오랜 시일에 걸쳐서만 가능한 일이다. 성급한 성과를 기대하는 행동은 오히려 역효과를 초래할 가능성이 크다.

7·4남북공동성명은 민족분단 37년 만에 남·북의 국가원수가 처음으로 민족화해의 정신과 원칙을 굳은 결의로 세계만방에 선포한 민족적 거사였다. 그 선언으로 해서 세계는 '화해할 줄 모르는 민족'이라고 멸시의 눈으로 바라보던 이 민족의 높은 덕성과 정치적 성숙을 재인식했던 것이다. 그런 뜻에서 이 성명을 상기할 필요가 있다.

7·4남북공동성명(요지)

1. 쌍방은 다음과 같은 조국통일 원칙들에 합의를 보았다.

첫째, 통일은 외세에 의존하거나 외세의 간섭을 받음이 없이, 자주적으로 해결하여야 한다.

둘째, 통일은 서로 상대방을 반대하는 무력행사에 의거하지 않고 평화방법으로 실현하여야 한다.

셋째, 사상과 이념, 제도의 차이를 초월하여 우선 하나의 민족으로서 민족적 대단결을 도모하여야 한다.

2. 쌍방은 서로 상대방을 중상하거나 비방하지 않으며, 크고 작은 무력도발을 하지 않으며, 불의의 군사적 충돌을 방지하기 위한 적극적 조치를 취할 것에 합의했다.

3. 쌍방은 단결된 민족적 유대를 회복하고, 상호이해를 증진하며, 자유롭고 평화적인 통일을 촉진하기 위해서 남·북 간의 다각적인 교류를 실시할 것에 합의했다.

4. (적십자회담 개최)

5. (군사적 돌발사태 방지와 문제해결을 위한 상설 직통전화의 가설)

6. 쌍방은 이상과 같은 합의사항을 추진함과 동시에, 합의된 조국통일 원칙에 기초하여 나라의 통일문제를 해결하기 위하여 이후락 부장과 김영주 부장을 공동위원장으로 하는 남북조절위원회를 구성 운영하기로 합의했다.

7. 쌍방은 이들 합의사항을 성실히 이행할 것을 전 민족 앞에 엄숙히 약속한다.

서명

이 원칙에 따라서 상호 중상과 비방을 하지 않고, 크고 작은 무력도발을 하지 않으며, 다방면적 교류를 실시하기로 합의했던 것이다. 지금 이 결정에 따르는 교류는 시도되고 있지만 '상호간 중상·비방의 금지'는 전혀 이행되지 않고 있다. 아무리 교류를 진행하려 하여도 서로 대내외적으로 비방과 중상을 계속하는 한 진정한 대화와 교류는 이루어질 수 없고 그 성과도 기대할 수 없을 것이다.

교차승인 · 유엔 동시가입 문제

남한 측의 현상 타개안은 ① 남·북한이 각기 상대방을 "합법적인 국가로 승인"하여 '독립주권국가' 간의 관계를 수립하고 ② 관계 열강이 두 국가를 모두 외교적으로 승인하고 ③ 남·북이 주권독립국가로 동시에 유엔에 가입한다는 것이다. 즉 '상호승인·교차승인·유엔 동시가입'안이다(1981.1.12, 1981.6.5 제의).

이 방식은, 남·북한의 어느 쪽에 의한 병합 또는 흡수통일도 불가능하다는 상황적 결론이 내려진 1970년대 초부터 미국 정부를 비롯한 세계의 여러 정부 또는 공식·비공식 기관 및 개인들에 의해서 대안으로 제창되기 시작했다. 1972년 남·북한 정부 사이의 7·4남북공동성명이 그 계기가 되었다.

남·북한의 상호 국가 승인안은 앞서 설명했다.

관계 열강에 의한 남·북한의 교차승인은 주로 미국·일본이 북한을, 중국·소련이 남한을 승인하는 형식이다. (그 순서나 방법에는 몇 가지가 있지만, 결과는 마찬가지이므로 설명은 생략한다.) 남·북을 별개 주권국가로 고정 합법화, 제도화하려는 이 방안을 위해서 한국 정부는 북한에 대해 '남북기본관계협정'(통일헌법)

의 체결을 제의하고 있다. 이 한국안(미국안)은 사실상 법적으로 독일의 (반)영구분단을 고정 합법화한 '동서독기본조약'을 본뜬 것이다.

이 '협정'이 목표로 하는 한반도의 구체적 형태는 ① 1953년 체결의 휴전협정을 그대로 유지하며 ② 현 군사분계선을 그대로 정치 분계선으로 고정시키며 ③ 미국과 북한 대표가 운영하는 정전감시위원회의 활동으로 군사적 충돌을 방지한다는 골격이다. 즉 한반도의 '전쟁상태'를 그대로 유지하는 방식이다.

이 제안은 한반도의 현상 변화는 불안정 요소를 증대시킬 것이라는 관점에서 "통일은 멀리 훗날로 미루고 우선 두 나라로 살자"는 발상이다. 이 방식은 독일의 경우는 현실적으로 가능한 유일한 선택이었다. 독일은 통일국가를 형성한 역사가 100년도 못 되는 상태였고, 주변국가들의 독일민족 공포감으로 단일 통일독일국가의 재현을 절대로 허락하지 않았기 때문이다. 독일민족의 분단 고정화·합법화는 독일민족의 자체의지이기보다는 주변 국가들(외세)의 압력의 결과인 것이다.

한반도 문제의 이 방식의 해결안에 대해 북한은 "두 개의 조선을 조작하고 국제적으로 합법화하기 위한 범죄적 음모"라고 반대하고 있다(정무원 부총리 정준기, 1981.8.7).

일본 정부도 정책적으로 이 방식을 지지하면서, 열강의 교차승인에서 일본이 북한에 대한 승인의 선도적 역할을 담당하려는 의사를 밝혔다.(나까소네 수상, 중의원 발언, 1983.2.8) 그러나 이 제안이 처음으로 공식 제기되었던 당시, 일본 외무대신이 다음과 같이 말했던 사실에서 우리는 이 제안의 본질을 알게 된다.

……교차승인 방식 여부는 기본적으로 한반도 전역에 사는 사람의 의사에 따라서 결정돼야 한다. 만일 그런 방식이 관련자들이 바라는 바라면 현재의 한반도 정세는 보다 안정될 것이므로 그것은 일보 전진이라 할 수 있다. 그러나 그와 동시에 그것은 보다 나은 것(한반도의 통일)을 당분간 포기(체념)하는 결과가 될 것이다.[8)]

이 제안은 또 미국이 평화협정을 체결하는 방식으로의 한반도 문제 해결을 반대하고 현재의 휴전협정 고수 방식을 원하는 까닭은 이 방식으로 주한 미국군대의 계속 주둔 권리를 유지하려는 것이다. 슐츠 국무장관이 1983년 2월 8일 서울 방문에서 "남·북한 교차승인은 한반도 긴장완화의 한 방법으로 보지만, ……남·북한 교차승인이 이루어지더라도 미국은 주한미군을 철수할 용의가 없다"라고 언명한 사실에서 우리는 이 제안이 목적하는 바를 알게 된다.

교차승인안을 지지하는 국제법 학자의 논문도 결론으로 다음과 같이 말하고 있는 것은 주목할 만하다.

그것은 한반도의 통일 이론이 아니라 분단의 합법화 이론이라는 점에서 우리는 일단 이에 대한 거부반응을 가진다. ……그러나 그것은 한반도에서 미국군대의 철수 없이 한반도의 안전을 보장하는 방법이다. ……통일을 위한 분단의 합법화, 전진을

8) 중의원 외무위원회 답변, 1974년 12월 24일, 『통일논총』, 4권 2호, 국토통일원, 1984.

위한 후퇴임이 분명하나 잠정적으로 불가피하다.[9)]

정부의 통일정책의 입장에 서서 그것을 이론화하려는 학자 스스로 교차승인이 '분단의 합법화'라고 시인하는 마당에 더 할 말이 무엇이 있겠는가? 확대판 교차승인 방식에 의한 독일민족의 분단 고정·합법화는 독일인 자신보다는 외세의 이익에 따른 결과였다. "미국군대의 철수 없이 한반도의 안정을 보장하는 방법"이라는 논리에도 문제가 있다. 실제 문제로서는 많은 어려움이 있는 것이 사실이지만 그렇다면 외국의 군대를 언제까지 한반도에 머물게 해야 하는가? 유엔총회의 결의(외국군대의 철수)는 무시되는가? 그것이 미국의 의도와 국가이익에서 나온 구상인가, 민족적 자주성을 부르짖는 우리 정부의 이니셔티브인가? 휴전체제를 강화조약으로 대치함으로써 항구적 평화구조를 정립하면 어느 쪽에도 외국군대는 필요가 없게 되는 것이 아닐까? 그렇다면 평화회담 개최나 평화조약 체결이 30년 이상 기피돼온 까닭은 미국군대를 철수시키지 않겠다는 미국 정부의 일관된 정책·전략을 대변하는 것인가? 미국 국무장관은 1983년 서울 방문시에 한국 정부와의 협의를 마치고 돌아가면서 "남·북이 한반도 문제의 해결을 위해서 어떤 합의를 보더라도 미국은 주한미군을 철수할 용의가 없다"고 언명했다. "외세의 간섭 없이 통일을 실현하기로 합의했다"는 7·4공동성명의 합의는 어떻게 되는가? 우리는 언제까지나 미국군대의 주둔 없이는 자기를 방위할(가령 공격이 있다고 가정하여) 능력과 의지가 없는 국가·국민인가? 민족적 자존심과 긍지를

---

9) 김명기, 『통일논총』, 4권 2호, 189쪽.

가진 국민이라면, 남·북 쌍방의 개방과 평화조약으로, 그리고 또 주변 열강들의 교차승인 체제의 효과로 전쟁발생의 가능성을 제거함으로써 한반도의 어느 쪽에도 외국군대와 군사기지가 없는 민족자주적 생존양식을 구축할 수는 없는 것일까? 평화구조가 구축되기까지의 기간은 미국군대의 존재가 설사 필요하다 하더라도 그 이후까지도 계속 주둔해야 할 필요와 목적은 무엇일까?

'제3세계'를 구성하는 많은 국가들 특히 '비동맹국가군'은 초강국의 군대와 군사기지를 허용하고 있는 약소국을 '예속'의 형태로 규정하고 있다. 우리는 앞으로 이들 국가들과의 우호관계와 그들의 지원이 절실히 필요하다. 그 국제정치·외교상의 갈등은 어떻게 처리할 것인가? 미국을 축으로 형성되어 있는 미일 안보조약과 한미 방위조약의 3변(邊)이 연결돼버리는 일본과의 군사동맹 구조가 완성되면 일본군대의 한반도(남한) 진출의 가능성은 커진다. 일본과 소련의 군사적 충돌로 인해 본의 아니게 한국과 소련의 군사적 갈등이 야기될 가능성도 커진다. KAL기의 비운은 그런 측면에서 한·일 군사제휴가 내포하는 소름 끼치는 위험신호로 해석될 수도 있다.

맺는 말

한반도의 내외환경은 해방 이후 그 어느 때보다도 남북민족 간의 평화공존, 평화교류, 평화적 통일을 가능하게 하는 방향으로 전진하고 있다. 레이건 미국 대통령 정부의 무제한 대소 총력전 정책과 전략도 미국 자체의 내부적 이유로 초기단계의 저돌성은 상실해가고 있다. 소련은 경제건설에 힘겨운 현실이며, 군사적 긴장의 지속이 경제력에 가하는 압박을 정치적으로 지탱하기 어렵다. 고르바초프 신정권의 신정책은 단순히 지도자 한 사람의 일시적 의사가 아니라 소련 국민의 희구를 수렴한 것으로 믿어진다. 중국은 방대한 병력을 대폭적으로 감군 축소하면서, 앞으로 적어도 30년간 한반도에서의 분쟁에 개입할 의사도 능력도 없다.

한반도 남·북은 각기 스스로가 이룩한 놀라운 성취를 다시는 잿더미로 만들어버릴 생각이 없음이 분명해졌다. 국면과 부문에 따라 기복은 있게 마련이지만 교류의 확대는 불가피하다. 그에 따라 평화의 의지는 더욱 확고해질 것이다. 이 같은 전망은 결코 남·북의 일부 강경론자·대결주의자들이 주장하는 것처럼 '이상주의'적도 아니고 환상도 아니다. 오히려 냉정한 현실분석에 입각한 판단이다. 민족의 의지가 관건을 쥐게 되었다.

강력하고 참된 의지는 어려움을 극복하는 힘으로 전환된다. 처음부터 어려움을 강조하고, 공존과 평화보다 대결을 앞세운다면 분단 40년에 비로소 갖추어지기 시작한 절호의 기회도 우리를 스치고 지나갈 것이다. 남·북간에 진행되는 모든 접촉과 교류는 분단의 합법화가 아니라 통일의 일점으로 향하게끔 다듬어져야 할 것이다.

'독일식' 한반도 통일방안 비판

• '동서독기본관계조약'과 '남북기본관계에 관한 잠정협정'(제의)의 비교 연구

글의 목적 및 문제에 대한 접근 방법

정부는 1982년 1월 22일, 대한민국 정부 수립 이후 여러 해에 걸쳐서 발표 또는 제의해온 여러 가지 통일방안을 최종적으로 종합한 것으로 해석되는 '남북기본관계잠정협정'의 체결을 북한에 제의했다. (앞으로 이 글에서는 이 협정을 '기본협정' 또는 다만 '협정'으로 약칭한다.)

알려져 있는 바와 같이 이 '기본협정'안은 '독일연방공화국'(서독)과 '독일민주공화국'(동독) 사이에 1972년 11월 8일에 정식 조인된 '독일연방공화국과 독일민주공화국 간 관계의 기본에 관한 조약'(앞으로 이 글에서는 '동서독기본조약' 또는 '조약'으로 약칭한다)을 바탕으로 삼았고 그 내용도 대동소이하다. 결론적으로 말하면 우리 정부는 분열된 코리아(한·조선) 민족 및 그 영토의 통일을 동서독 관계 방식으로 해결하려는 구상이다. 즉 국제정치에서 '독일방식'이라고 불리는 그것이다.

이 글의 목적은 독일방식의 법적 토대가 되는 동서독기본조약

을 구체적으로 비교·검토 및 비판함으로써 과연 그것이 이 반도 민족의 통일 달성을 위한 정형(定型) 또는 준거(準據)가 될 수 있는가를 밝혀보려는 것이다. 그러기 위해서 다음과 같은 방법으로 문제에 접근한다.

① 동서독기본조약과 기본협정 각기 방안의 발상과 전개의 역사적 과정 및 배경.

② '조약'과 '협정'의 유사점 및 차이점을 찾기 위한 축조적 비교 검토.

③ 동서독의 경우와 남북(한)의 경우 그 적용 및 실천상의 문제점 검토.

그리고 종합적으로 또 결론적으로

④ 동서독방식에 의한 남북관계의 해결(해결이라고 한다면)이 결과할 궁극적 형태와 양상, 민족통일의 이념과 목표에 비추어본 그 결과적 형태의 타당성 여부 검토.

이 비판작업의 논리적 순서로는 ①의 동서독기본조약 체결과 남북협정 제의에 이르기까지의 역사적 배경 및 과정을 별개 항목으로 상세히 기술할 필요가 있다. 정확한 역사적 파악 없이는 '조약'이나 '협정'의 정신과 구체적 비교 분석에 충분을 기할 수 없기 때문이다. 그렇지만 역사적 측면의 설명만도 별개의 논문으로 다루어야 할 만큼 복잡하고 많은 분량이다. 따라서 이 글에서는 그것을 축조적 검토 과정에서 관련된 부분과 연결시켜서 기술하기로 한다.

동서독 조약과 남북협정 제안

검토 순서로 '협정' 제안을 먼저 보아야 할 것이나 그것의 발상적 토대로 믿어지는 것이 동서독조약이므로 먼저 '조약'의 정신·구조·내용을 알 필요가 있다. 그것은 다음과 같다.

동서독기본조약(정식 명칭: 독일연방공화국과 독일민주공화국 간 관계의 기본원칙에 관한 조약)

(1972.11.8 조인)

전문(前文)

조약체결 쌍방은 평화유지에 대한 그들의 책임에 유의하여, 유럽의 긴장완화와 안전보장에 기여하려는 노력의 일환으로 현존하는 경계선을 기준으로 한 모든 유럽국가의 국경불가침 및 그들의 영토보전과 주권존중이 평화를 위한 기본적인 전제조건이라는 확신을 가지고 양독은 그들 상호관계에서 무력에 의한 위협이나 그 사용을 마땅히 포기해야 한다는 것을 인식하고, 민족문제를 포함한 여러 가지 기본문제들에 대하여 이해의 차이에 대한 적대감정 없이 역사적 현실에 입각하여, 양독 주민들의 복지향상을 목적으로 독일연방공화국과 독일민주공화국 간의 협조를 위한 전제조건을 충족시키려는 의도로, 다음과 같이 합의한다.

제1조 독일연방공화국과 독일민주공화국은 동등한 권리의 토대 위에서 정상화된 선린관계를 발전시킨다.

제2조 독일연방공화국과 독일민주공화국은 유엔헌장에 명시되어 있는 제반목표와 원칙, 특히 모든 국가의 주권·평등·독립·자주·영토보전의 존중, 인권보호 및 차별대우 금지 등을 지향한다.

제3조 유엔헌장의 정신에 따라 독일연방공화국과 독일민주공화국은 그들의 분쟁문제를 오로지 평화적인 수단을 통해 해결하며 무력위협과 무력사용을 포기한다.

쌍방은 현재 존재하며 또 앞으로도 존속할 쌍방 간의 경계선의 불가침성을 재확인하고 각기 영토보전을 전면적으로 존중할 의무를 지닌다.

제4조 독일연방공화국과 독일민주공화국은 양국의 어느 일방이 상대방을 국제적으로 대표하거나 또는 자국의 명의로 상대방을 대신하여 행동할 수 없다는 데 의견을 같이한다.

제5조 독일연방공화국과 독일민주공화국은 유럽국가들 간의 평화적 관계의 발전을 촉진시키며 유럽의 안전보장 및 협력에 기여한다.

쌍방은 관련 국가의 안전보장을 저해하지 않고 유럽에서 병력 및 군비를 감축하려는 노력을 지지한다.

독일연방공화국과 독일민주공화국은 효과적인 국제통제 아래 전면적이고도 완전한 군비축소를 달성할 목적으로 세계의 안전보장에 기여하는 군비제한과 군비축소의 노력, 특히 핵무기와 기타 대량 살상무기 분야의 군비축소 노력을 지지한다.

제6조 독일연방공화국과 독일민주공화국은 국가권력이 각자의 영토 내에서만 행사될 수 있다는 원칙을 고수한다. 양국은 국내 및 대외문제에서 상대방 국가의 독립과 자주성을 존중한다.

제7조 독일연방공화국과 독일민주공화국은 양국의 관계 정상화 과정에서 현실적인 인도적 문제들을 타결할 용의가 있음을 천명한다. 양국은 이 조약의 원칙에 입각하여 상호이익을 도모하기 위하여 경제·학문·기술·통행·법률 부문의 교류, 우편·전화·보건·스포츠·환경보호 등의 분야에서 협력을 촉진시키고 발전시키는 협정을 체결하기로 한다. 이에 대한 세부사항은 추가의정서에서 정한다.

제8조 독일연방공화국과 독일민주공화국은 상주 대표부를 교환한다. 대표부는 각기 상대방의 정부 소재지에 설치하기로 한다. 대표부 설치와 관련된 실제 문제들은 별도로 해결한다.

제9조 독일연방공화국과 독일민주공화국은 과거 양국이 각기 체결한 조약 또는 양국에 관계되는 양국간 및 다국간의 조약은 이 조약에 저촉을 받지 않는다는 데 합의했다.

제10조 이 조약은 비준절차를 밟아야 하며 비준각서를 교환한 후에 효력을 발생한다.

위의 내용들을 확인하기 위하여 조약체결 쌍방의 전권대표는 이 조약문에 서명한다.

이 조약문에는 '추가의정서'가 붙어, 합하여 '조약'을 구성한다. 의정서에는 본조약의 각 항 합의사항의 구체적 집행방법과 방식이 규정되어 있다.

다음 '남북협정'은 다음과 같다.

먼저 그 '전문' 부분에서,

"……평화통일을 성취하는 가장 합리적인 길은 남북한 간에 민족적 화합을 이룩하여 민족 전체의 통일의지를 한데 모아 통일헌법을 채택하고, 그 헌법에 따라 통일국가를 완성시키는 것."

"통일헌법을 마련하는 데 있어서는 쌍방 주민의 뜻을 대변하는 남북 대표로 가칭 '민족통일협의회의'를 구성케 하여 통일민주공화국을 실현하기 위한 통일헌법을 기초케 하도록" 하고,

"통일헌법안이 마련되면 쌍방은 남북한 전역에 걸쳐 민주방식에 의한 자유로운 국민투표를 실시하여 통일헌법을 확정·공포하고, 그 헌법이 정하는 데 따라서 총선거를 실시, 통일국회와 통일정부를 구성"하고,

"통일조국의 정치이념과 국호(國號), 대내외 정책의 기본 방향, 정부 형태와 국회 구성을 위한 총선거의 방법·시기·절차 등은…… 통일헌법을 기초하는 과정에서 토의·합의할 문제"이며,

"우리가 구상하는 통일헌법 초안은 민족통일협의회의에서 제시될 것"임을 밝힌 다음, 그 회의에서 북측도 통일헌법 초안을 "정정당당하게 내놓고 우리 측의 초안과 비교·검토하는 가운데 하나의 단일안을 만드는 데 동의하여야 할 것"이라고 제의했다.

그리고 그 방식에 따라 통일을 이룩할 때까지의 실천조치로서 다음과 같은 7항목의 '잠정협정' 체결을 제의한 것이다.

첫째, 쌍방은 장차 통일국가가 수립될 때까지는 호혜평등의 원칙에 입각하여 상호관계를 유지해 나간다.

둘째, 쌍방은 쌍방간 분쟁문제 해결에서 모든 형태의 무력 및 폭력의 사용 또는 위협을 완전히 지양하고 모든 문제를 상호 대화와 협상을 통해 평화적 방법으로 해결한다.

셋째, 쌍방은 상호관계에서 현존하는 상이한 정치질서와 사

회제도를 상호 인정하며 서로 상대방의 내부문제에 일절 간섭하지 않는다.

넷째, 쌍방은 한반도에서의 긴장완화와 전쟁방지를 위하여 현존 휴전체제를 유지하면서 군비경쟁의 지양과 군사적 대치상태의 해소조치를 협의한다.

다섯째, 쌍방은 분단으로 인한 민족의 고통과 불편을 해소하며 민족적 신뢰와 화합의 분위기를 조성하기 위해 상호교류와 협력을 통하여 사회적 개방을 추진해 나가기로 한다. 쌍방은 이산가족의 인도적 재회문제를 포함해서 남북 간의 자유로운 인적 왕래와 다각적인 교류를 촉진할 수 있도록 교역·교통·우편·통신·체육·학술·교육·문화·보도·보건·기술·환경보존 등 제분야에서 협력하며 이를 통하여 민족의 이익을 증진시키는 구체적인 노력을 경주하기로 한다.

여섯째, 쌍방은 통일이 이루어질 때까지 사상 · 이념 · 제도의 차이에 구애됨이 없이 전 세계 모든 나라와 각기 체결한 모든 쌍무적 및 다자간 국제조약과 협정을 존중하며 민족의 이익에 관한 문제에서는 서로 협의한다.

일곱째, 쌍방은 각료급 전권대표를 임명하여 각기 서울과 평양에 상주연락대표부를 설치한다. 쌍방은 상호협의에 의하여 연락대표부의 임무를 구체적으로 정하며 자기 측 관할영역에 주재하는 상대편 연락대표부의 임무수행에 지장이 없도록 필요한 편의와 협조를 제공한다.

본인은 북한 측이 하루 속히 남북한 당국 최고책임자 간의 회담에 호응하여 이 자리에서 이상의 모든 문제들에 관하여 허심탄회한 협의가 이루어질 수 있게 되기를 희망합니다.

독일방식과 '잠정협정'의 정신

동서독기본조약은 동서독의 합의의 결과적 내용이고 우리 정부의 제의는 일방적 의사표시이므로 정치적 무게나 법적 구속력의 차원에서 그대로 비교할 성질의 것은 아니다. 그렇더라도 우리 정부의 거듭된 정책이나 구상으로 미루어, 또 남북한 문제 해결에 서독정부 대표들의 자문과 협의가 빈번했던 사실로 미루어 독일방식에 한반도적 특성을 가미하여 수정한 것이 우리 정부의 구상이라는 가정하의 비교·검토는 충분한 가치가 있다.

첫째로 주목되는 것은 두 방식에 전문과 조약문의 일관성·유기적 구성에서 차이가 있다는 사실이다. 동서독기본조약의 전문은 동서독이 다 같이 현존(그 당시)하는 경계선을 그대로 '국경'으로 인정하여, 독일민족의 영토에 '두 개의 국가'가 존재한다는 사실상의 '독일분단의 합법화'를 주축으로 하고 있다. "현존하는 경계선을 기준으로 한 모든 유럽 국가의 국경불가침 및 그들의 영토보전과 주권존중이 평화를 위한 기본적인 전제조건이라는 확신을 가지고……"(전문 제3항)가 그것이다. 여기서 동서독의 경우를 직접적으로 명기하지는 않았지만 '모든 유럽 국가의……'의 일괄적 표현 속에 간접적으로 그러나 충분히 지리적 구체성을 함축시켜 표현했다. '국경불가침' '영토보전' '주권존중'의 합의로 그 기본 합의는 더욱 확고하게 설명되고 있다. 그 같은 정치적·법적 규정은 동서독을 각기 별개의 독립·주권 국가로 상호 인정하는 필요하고도 충분한 합의이다. 그 합의는 바로 그 뒤(제4항)에서 용의주도하게, 그리고 더욱 확실한 표현으로 보완되어 있다. 즉 "양독은 그들 상호관계에서 무력에 의한 위협이나 그 사용을 마땅히 포기해야 한다"가 그것이다.

이 결정은 또 다음(제5항)에서 상호간에 상대방의 '국호'를 사용하는 것으로 완결된다. '두 국가'는 각기 상대방의 체제와 이데올로기를 승인하고 '상이한 견해에 대한 적대감정 없이' 역사적 현실을 승인하는 바탕에서 출발한다는 것이다. 그와 같은 원칙과 정신의 합의는 '민족문제를 포함한' 모든 견해차에 적용된다. 여기서 '민족문제'라 함은 두말할 나위도 없이 '민족통일' 또는 통합문제다. 독일민족의 통일은 상호합의에 의해서 거론될 필요도 없고 또 법적으로도 할 수 없게 되었다.

더욱 중요한 것은, 기본조약에 명기된 것보다도 오히려 명시적 표현에서 빠진(빼버린) 부분의 의미이다. 동서독기본조약의 전문에도 그렇고 본문 어디에도 이것이 '잠정'적이거나 '일시'적이거나, 또는 어떤 조건·상황의 변화에 따라서 '수정'될 수 있다는 등의 단서가 없다. 다시 말하면 한 민족 속에 생긴 두 개의 국가는 자의에 의해서 독일민족의 '항구적 분열의 고정화·합법화·제도화·이념화'가 결정된 것이다. 두 독일국가의 이 같은 의사에 반하여 그들에게 불가항력적 사태변화가 발생하여 독일민족의 재통일을 실현시키기 전에는, 그리고 그 조건 외에는 독일민족의 분열은 이로써 '영구화'된 것이다.

이렇게 된 원인체계와 상황적 조건이 한반도의 경우와 상이한 독일적 요소다. 그것이 집약적으로 표현된 부분이 전문의 첫머리(제1, 2, 3항)에서 기본조약의 대전제로 명시되어 있다. 결론적으로 말해서 제2차 대전 종결 후 유럽대륙을 사회주의와 자본주의로 양분한 소위 '얄타체제 질서'는 그 체제의 지배국인 소련과 미국이 다 같이 수정·변화를 원치 않는 까닭에 현존 경계선은 변경될 수 없다. 그 분계선은 바로 유럽의 '심장부'에 놓인 독일을 양분했다. 대서양에서 우랄산맥까지 대유럽의 중심부를 차지하는 독일의 지정학적 중요성은 독일이 단일국가로서 어느 한쪽 진영에 편입되는 것을 허용치 않는다. 독일은 바로 '유럽의 심장'이다. 유럽의 '얄타질서'적 대립세력의 세력균형은 독일의 분단유지로써만 가능하다. 영토적 차원에서만도 한쪽 독일에 의한 다른 쪽 독일의 병합[1]은 유럽 세력균형의 파괴를 의미한다. 인구 차원에서 8천만의 통합된 독일민족의 정치적 향배는[2] 더욱 결정적 요소가 된다.

제2차 대전 종결 후 분단된 독일민족이 통일을 위해 노력하지 않은 것은 아니다. 소련 지배하에 편입된 동독과 소련은 사회주의적 통합을, 미국 지배체제하의 서독과 미국이 자본주의적 통합을 지향했던 것은 당연한 일이다. 그 어느 형태의 통일이건 어느 한 쪽의 반대로 실현되지 못했다. 서독은 그 영토·인구·경제력 모든 측면에서 우월한 지위를 이용해 소련으로부터 동독의 이탈을 꾀했다. 아데나워 정책이다. 반대로 동독은 비무장 중립화 통일(오스트리아식)을 제창했으나 서독을 북대서양동맹 군사기구에 편입시키려는 미국의 반대로 이루어지지 않았다. '비무장·중립화' 통일을 가능케 할 '라파츠키'안이 있었다. 지리·역사·문화적으로 '중부 유럽'을 구성하는 독일 주변 국가군(현 동서분계선의 동측과 서측의 전통적 유럽 국가들)이 각기 유럽 외 세력인 미국과 소련의 지배(내지는 규제력)에서 벗어나 '유럽독립체'를 이룩하는 구상으로서 1963년 폴란드의 라파츠키 외상이 제창한 안이다. 중부

---

1) 현재 서독 측 면적은 248,630km^2, 동독은 108,177km^{2}로 2.35:1. 「양독비교」, 서독 내독(內獨)관계성 자료, *Facts and Figures*.

2) 서독 6,170만, 동독 1,680만(1981.1, 현재, 위의 자료).

유럽 국가들의 전체적 비무장화·중립체제화 속에서 독일민족의 군사적 위험성을 제거하면 미·소와 주변국가들도 독일의 통일에 위협을 느끼지 않게 될 것이라는 발상이었던 것이다. 그러나 미국과의 협조체제를 중요시한 서독 아데나워 수상의 대결노선으로 라파츠키안은 백지화되었다. 미국이 거부한 것은 제2차 대전 종결 이후에 형성·고정된 현 유럽의 세력구조하에서는 어떤 형식과 형태의 독일통일도 불가능하다는 결론이 동서독기본조약의 전문(前文)이 말하는 독일민족의 '운명'적 현실이다.[3] 그것이 전문에서 '……역사적 현실에 입각하여'로 집약 표현되고 있는 것이다.

그러면 우리 반도민족의 문제를 이것과 비교해보자. 소위 독일방식을 한반도에 적용하려는 정책입안자에게 다음의 사실은 참작할 가치가 있다.

첫째는, 한반도 민족이 통일된 단일 정치단위로서 내정을 관리하고 밖으로 자주독립의 실체와 노선을 효과적으로 유지할 수 있다면 주변 열강은 반드시 통일적 국가를 반대하지 않는다는 역사적 실증이다. 한말 구(歐)·미(美)·청(淸)·노(露)·일(日) 등 제국주의 열강은, 가능하면 한반도의 독점적 지배를 원했지만 열강 간의 세력균형과 이해조정의 '타협적' 방식으로 반도국가의 '완충국가'적 기능을 허용할 수 있었던 것이다. 이론적이고 가정적이기는 하지만(오직 가정으로) 남북 어느 일방적 주도하의 통일국가가 열강의 세력구조와 이해관계 구조 속에서 그 같은 주체적 노선을 견지한다면(이것이 중요한 조건이었지만) 열강들은 적어도 통일독

3) 이른바 독일방식의 발상과 그 전개과정의 상세한 내용은 리영희, 「독일방식의 발상」, 『동서독과 남북한』, 동아일보사, 1973년, 제2장 1, 172~189쪽을 참조할 것.

일에 대한 것과 같은 파국적 결과를 두려워하지는 않을 것이다.

둘째는, 그 같은 자주독립·완충적 기능을 견지하지 못할 경우에 비로소 분할의 발상이 생긴다는 역사적 경험이다. 허약하고 내적 통치력을 상실한 이왕국(李王國)의 사실상의 분할적 지배를 청·일이 획책한 것, '로마노프-야마가다(山縣) 비밀협정'으로 38도선에서의 분할을 합의했던 러·일의 획책이 그것이다. 1945년 8월 미·소에 의한 잠정적 양분정책도 한반도 민족이 '자주적 정치·행정능력을 갖출 때까지'의 신탁통치였지 통일국가를 거부한 것은 아니었던 것이다.

셋째는, 둘째에서 요구된 '자주독립·완충'적 역할과 기능을 국제화하는 중립화 통일이다. 이 방식은 우리 민족사상 아직 실현된 바 없는 형태의 통일국가의 존재양상이다. 그것이 '무장' 중립화일 수도 있고, 더 적극적 형태로는 '비무장' 중립화일 수도 있겠다. 이것은 어디까지나 반도민족의 자주적 판단에 따라야 할 문제다.[4] 그러나 주변 열강으로서는 그것을 반대할 '장기적' 이유는 없어 보인다. 미국 외교정책에 중요한 영향력을 미치고 있던 상원 외교위원회의 마이크 맨스필드 의원은 다음과 같이 오스트리아형 중립화 통일방안을 제시했다.[5]

① 1955년에 이룩된 오스트리아의 통일방식을 따라 미·소·중 3개국에 의해서 보장되는 중립화로 남북을 통일시킨다.

---

4) 북한은 연방제와 관련된 통일방안에서 남북의 군사력을 각기 10만 이하로 축소할 것(1959.10.25, 1960.8.14, 1960.11.24)을 거듭 제의했고, 63년 12월 9일 제안에서는 1만명 이하로의 감축을 제의하고 있다. 이것은 사실상의 '비무장화'안으로 볼 수 있다.

5) 미국 국방성 아시아·태평양지역 정책자문위원장 에드윈 라이샤워 Edwin

② 그 제1단계 조치로 남·북 전역에 걸쳐 자유롭고 공정한 선거를 실시하기 위한 상호 합의의 기초를 형성하기 위해 직접 관계되는 당사자, 즉 남·북 코리아의 관계자들의 회담을 열도록 도울 수 있을 것이다.

1971년 미국 하원 외교위원회 극동분과위원회에서 한반도의 중립화 가능성에 관해 "미국 정부 내에서 가끔 검토된 바 있다"는 증언이 있었고, "남·북한 모두에 적용되는 방식"임이 밝혀졌다.[6] 드골 프랑스 대통령이 한반도 해결방안으로 중립화를 제안한 바 있고(1964.1.31), 아놀드 토인비 교수도 "미국과 중국을 설득하여 그들의 중간지대로서 한반도를 중립국으로 통일하게끔 노력해야 한다"고 제안했다. 로버트 케네디(전 미국 법무장관)는 한국의 통일방안에 대해 언급하면서 "코리아 민중이 원한다면 중립화도 무방하다"는 견해를 표시했다.[7]

일시적으로는 미국의 레이건 정부처럼 대소전략으로서의 전 우주적·무제한 대결정책 때문에 남한의 군사기지를 포기하는 중립화는 원치 않을 것임이 분명하다. 그러나 장기적인 국제정치 환경에서 본다면 그것은 미국의 이익에도 부합될 수 있는 해결방법이다. 이 점은 여하한 형식과 형태이건 독일민족의 통합된 단일국가

Reischauer 씨도 1966년 12월 16일, 한반도 통일 문제에 관한 기자회견에서 '주변 강대국 보장하의 중립화 통일'안을 제시했다. 『민족과 통일』 자료편, 사계절, 1985, 452쪽 참조.

6) 이기탁(李基鐸), 「통일방식의 주관적 조건의 비교」, 앞의 책, 491쪽.

7) 중립화 통일에 관한 제의의 상세한 내용은 「특집·70년대와 한국안보」(자료편), 『합동연감』, 합동통신사, 1971, 87쪽 참조.

화에 반대하는 유럽국가들의 태도와는 다르다. 통일독일은 주변 국가들에 대한 불안과 공포의 대상이 된다. 우리의 경우는 '주로' 우리들 자신의 의지에 달려 있다고 할 수 있다. 우리가 독일문제의 분단 합법화 방식을 따라야 할 이유는 없다. 통일된 이 반도국가가 중립노선을 견지하거나 '중립화' 형식을 택할 때, 이 나라를 공포의 대상으로 여길 약소국가나 민족은 동북아지역에 존재하지 않기 때문이다.

독일의 국가적 존재가 주변 국가들에게 작용하는 관계는 특히 프랑스의 경우가 전형적이다. 두 나라 사이의 전쟁의 역사가 그 배경을 이룬다.

프랑스는 제2차 대전 종결 후의 처리에서 독일의 장기적 분할 점령을 원했다. 그 후 미국의 대소 대결정책의 일환으로서의 서독 재군비에 완강히 반대한다. 통일된 독일은 두말할 것도 없고, 분단된 상태의 서독 하나에 대해서도 프랑스는 그 군사적 존재를 허용할 수 없었다. 미국 주도하의 서유럽 군사동맹 체제인 북대서양 조약기구(NATO)에의 서독 가입을 반대했다. 그 대신 (비유럽 국가인) 미국을 제외한 서방유럽 국가들끼리의 서구동맹(WEU)을 구성하여 제한된 군비의 서독을 그 속에 묶어두려 애썼다. 미국과 서독 정부의 아데나워 대통령의 반대로 서독의 NATO 가입이 결정되었을 때, 프랑스는 '군사화된 서독'의 위협을 제거하는 조치를 강력히 요구했다. 프랑스의 안전보장과 대독 군사우위를 확보하는 것은 몇백 년의 적대적 역사를 가지는 프랑스의 숙원이었다.

1955년 연합국의 독일점령을 공식 종결짓는 파리조약에서 프랑스는 다음의 조치를 조건으로 동의했던 것이다.

① 서독은 독자적 군대를 보유할 수 없으며, 서독군은 NATO에

편입되고 NATO의 지휘하에 둔다.

② 서독은 서구 동맹기구 속에서의 군비제한과 군비통제를 수락한다.

③ 서독은 서방국가(들)에 대한 무력행사의 포기를 명문으로 공개 선언한다.

④ 서독의 통일노력은 오직 평화적 수단으로 추진할 것을 공개적으로 서약한다. 통독은 영·미·불의 공동책임으로 한다.

⑤ 서독의 군사적 위협을 억제하기 위해서 연합국 군대가 계속 서독 영토에 주둔한다.

미·영은 프랑스의 요구에 따랐고 서독은 그 요구를 수락했다. 인접 프랑스의 서독에 대한 역사적인 공포심은 다음의 사실로 더욱 실감난다. 서독군 중 지상군 병력은 1985년 현재 32만 5,200명이다(국경경비대 병력 제외). 그런데 서독 영토 내에 분산 주둔하고 있는 미국·영국·캐나다·벨기에·네덜란드·프랑스 6개국 혼성 지상군 병력은 32만 6,200명이다(서베를린시 주둔 경비병력 제외). 즉 서독 지상군 병력보다 동맹국 지상군 병력이 1,000명 많다.[8] 그리고 줄곧 그렇게 유지되어왔다. 실제 전투능력의 차원에서 보면 1,000명의 병력차는 '상징적' 의미밖에 없다. 그러나 프랑스의 입장에서는 재무장한 인접국 독일민족에 대한 주변국가들의 '의지의 표시'인 것이다.

이상의 모든 사실의 종합적 의미는 다음과 같은 것이다.

---

8) Helga Haftendorn, *Security and Detente:Conflicting Priorities in German Foreign Policy*, Praeger Publisher, 1985, 12쪽(서독 내독관계성 자료, *Facts and Figures*, p.23).

① 여하한 유럽(동과 서) 국가도 동·서독일의 재결합과 통일을 원하지 않는다.

② 서방 측으로서는 NATO의 강화는 필요하지만 어떤 국가도 서독 군사력의 일정 수준 이상의 강화는 주변국가에 대한 위협으로 인식된다.

③ 따라서 평화적 방법이건 무력에 의해서건 독일통일은 유럽의 현존질서와 안정을 파괴한다. 그것은 곧 제3차대전의 원인이 될 수 있다.

④ 따라서 서독을 소련과 동유럽(바르샤바조약 군사동맹)으로부터 보호하는 서방 군사력(기구)은 동시에 서유럽(동유럽까지도)을 서독의 군사적 위협으로부터 보호하는 이중적 임무와 역할을 하는 구조다. 이것이 'Security *for* Germany, Security *from* Germany' 적 유럽체제인 것이다.

마치 주한미군의 역할과 임무가 북한으로부터의 남한 보호이면서 동시에 남한에 의해 가능한 북한에 대한 군사적 공격행위를 억제·저지하는 것과 같다. '대한민국과 미합중국 간의 상호방위조약'(1954.11.17 발효)을 인준한 미국 의회는 이 조건을 남한(대한민국) 정부에 수락하게 했다.[9]

---

9) 한미 방위조약 본문 뒤에 미국 의회의 결의로 첨부하게 된 '미합중국의 양해사항'은 다음과 같다.

"어떤 체약국도 이 조약의 제3조 아래서는 타방국(他方國)에 대한 **외부로부터의 무력공격의 경우를 제외하고는** 그를 원조할 의무를 지는 것이 아니다. 또 이 조약의 어떤 규정도 **대한민국의 행정적 관리 아래 합법적으로 존재하게 된 것과 합중국에 의해 결정(승인)된 영역에 대한 무력공격의 경우를 제외하고는** 합중국이 대한민국에 대하여 협조를 공여할 의무를 지우는 것으로 해석되어서는 안 된다"(진한 글씨 – 필자).

이상에서 본 바와 같이 동서독기본조약의 '전문'은 '독일통일은 불가능하다'는 합의를 천명한 것이다. 그 사실 인식은 바로 '역사적 현실에 입각하여'의 뜻이다. 또 군사적 방법에 의한 것은 물론이려니와 '평화적 방식'의 통일도 전체 유럽의 안전과 안정을 파괴한다는 인식을 토대로 해서 이 전문의 정신(특징)은 국가(정부)적 차원에선 '통일'을 위한 논의는 일절 하지 않기로 한 것이다. 통일의 날을 기약하지도 않았다. 그리고 '완전한 외국'이 될 것을 합의했고, 바로 그 완전한 외국으로서의 관계를 설정한 것이다. 소위 '선화해(先和解)·후통일(後統一)'도 아니다. 그것은 '독일 영구분단 합법화'의 민족 자체적 서약이다. 조약 본문은 다만 그것을 조문화하는 구체적 합의사항에 지나지 않는다. '일민족(一民族)·이체제(二體制)·이국가(二國家)'도 아니다. '이민족(二民族)·이체제·이국가'다. 즉 '하나의 독일민족'은 정치개념으로는 이 기본조약 이후 존재하지 않는다. (이에 관해서는 뒤의 본문 비교·비판 과정에서 상술한다.)

'남북(한)기본관계협정' 전문의 정신

'협정' 제의의 전문(前文)은 '제의 설명'의 성격이다. 따라서 독일조약의 전문처럼 동·서독일 쌍방의 합의와 서약의 성격이 아닌 대한민국 정부(1982.1, 현재)의 일방적 상황인식과 구상일 뿐이다. 그러나 우리 정부 당국자들이 통일에 대해서 어떤 민족관과 역사적·현실적 인식, 그리고 철학을 갖고 있는가를 알기에는 충분하다.

비핵심적이고 비본질적인 수식어를 제외하고 정리하면, 이 제의 설명은 통일까지의 절차와 과정을 제시하고 있다. 골격을 추리면 다음과 같다.

① 통일은 평화적 방법에 의한다.

② 쌍방(남북)이 각기 선출한 대표로 '민족통일협의회의'(가칭)를 설치한다.

③ '민족통일협의회의'가 통일헌법을 기초한다.

④ 이 통일헌법안을 '쌍방은 남북한 전역에 걸쳐'……국민투표로 확정·공표한다. (이 항목은 남북이 '각기'의 영역에서 국민투표를 실시하는 것인지 쌍방이 공동으로 '남북한 전역에 걸쳐' 관리·실시하는 것인지 문장이 애매하다.)

⑤ 이 헌법에 따라 총선거 실시, 통일국회 선출, 통일정부 수립.

⑥ 국가의 이념·국호·정부형태·국회구성·국가정책, 총선거의 방법·시기·절차는 '협의회의'가 헌법기초 과정에서 정한다.

이 제의의 정신은 독일의 그것이 분단의 합법화인 것과는 대조적으로 어디까지나 민족통일 지향적이다. 통일목표 달성까지의 제반과정도 세심한 청사진으로 설계되었다. 남쪽 정부가 이처럼 구체적으로 설계도를 제시한 것이 처음이라는 데서 그 의의는 크다. 이에 앞서는 제의들은 그 실천 가능성 여부는 고사하고 이같은 구체적 내용을 전혀 담지 않은 선전효과적인 성격이 짙었던 것이 사실이다. 그것들은 다만 북쪽의 더 구체적 내용의 제안에 대해서 그때그때 내놓은 것이라는 인상을 부인할 수 없었다. 오직 하나의 예외가 있다면 1954년 5월 22일, 휴전협정의 규정에 따라서 제네바에서 개최된 처음이고 마지막인 한국전쟁 참전국 전체가 참석한 회의에서 변영태(卞榮泰) 외무장관에 의해 제출됐던 14개 항목 통일방안이다.

남쪽의 통일문제에 대한 기본입장과 통일방안의 역사적 변화를 알기 위해서 참고적으로 그 전문을 읽어볼 필요가 있다

1. 통일·독립·민주한국을 수립하기 위하여 여기(에) 관한 UN 결의의 규정에 따라 UN 감시하에 자유선거를 실시한다.

2. 자유선거는 자유선거를 수락하지 아니한 북한에서만 실시하고, 남한에 있어서의 선거는 대한민국의 헌법적 절차에 따라 실시한다.

3. 선거는 이 제안을 채택하고부터 6개월 이내에 실시한다.

4. 선거 전, 선거 중 및 선거 후, 선거감시와 관계 있는 UN 인사는 선거 전 지역을 통하여 자유 분위기 조성을 돕고, 선거관찰을 하도록 활동·연설 등에 충분한 자유를 갖는다. 한국 당국은 UN 인사들에게 가능한 모든 편의를 제공한다.

5. 선거 전·중·후, 제 입후보자, 이들의 운동원 및 이들의 가족들은 민주주의 제국가에서 인정되고 보장된 운동·연설 등의 자유와 기타 인권을 향유한다.

6. 선거는 비밀·보통·성년 투표의 기초 위에 실시된다.

7. 전 한국의 입법원(立法院) 의석은 전 한국의 인구비례에 의한다.

8. 전 선거구의 인구에 대한 정확한 비례로 대의원의 수를 할당할 목적으로 UN 감시하에 조사를 실시한다.

9. 전 한국 입법원은 선거 직후 서울에서 집회한다.

10. 특히 다음과 같은 문제를 전 한국 입법원의 입법사항으로 남겨놓는다.

a. 통일한국의 대통령을 새로이 선출할 것인가 아니할 것

인가 하는 문제.

b. 현 대한민국 헌법의 개정에 관한 문제.

c. 군대의 해산에 관한 문제.

11. 대한민국의 현존하는 헌법은 전 한국 입법원이 개정할 경우를 제외하고 효력을 발생한다.

12. 중공군은 선거일 1개월 전에 한국으로부터 완전히 철수한다.

13. 대한민국으로부터 UN군의 일부 철수는 선거 전에 출발할 수 있으나 한국의 통일정부가 성취되고 UN이 확인한 전 한국의 완전한 통치가 이루어지기 전에 UN군이 완전히 철수해서는 아니된다.

14. 통일·독립·민주한국의 보전과 독립은 UN이 보장한다.[10)]

30년의 세월이 국제정치와 한반도의 현실에 작용한 변화의 흔적이 너무나 뚜렷하다. '남북협정' 제의에는 UN이 차지할 자리가 없으며 그토록 오랫동안 주장해온 환상적인 북반부에 대한 통치권이 언급된 항목이 없다. 이만큼이나마 우리 정부가 현실인식에 접근했다는 증거다. 서독이 동독의 국가적 붕괴를 기대(예상)하여 그 병합 내지 흡수식 통일을 위해서 온갖 국제적 압력을 가해온 30년의 노력 끝에 현실인식에 도달한 과정과 동일하다.

우리 정부의 '잠정협정' 제의의 기본이자 그 실천적 제1단계 조치는 남·북의 대표들로 구성되는 '민족통일협의회의'의 창설이다.

---

10) 국회도서관 입법조사국, 『국제연합 한국통일부흥위원단보고서』(입법참고자료 제23호), 96~97쪽.

이 협의회의로 하여금 통일 실현까지의 전체 과정을 주관하도록 하자는 안이다. 제의문과 본조문 제1항이 남·북 간의 '호혜평등'을 전제로 하고 있으므로 그 대표의 수는 남북의 인구비례가 아니라 '국가단위'로서의 동수구성이 된다. 그 방식의 발상이라면 북쪽이 1969년에 처음으로 제시한 바 있고, 그 후 꾸준히 그것을 제안하고 있다. 북한이 최고통치자의 공개발언으로 '남한의 내부혁명에 의한 조국통일' 정책을 포기한 것으로 믿어지는 기록은 1969년 주석 김일성이 핀란드의 민주청년동맹 대표단의 질문에 답변한 통일방안이 처음이다. 1967년 말(정확히는 11월 16일), 김일성은 최고인민회의 제4기 제1차회의에서의 연설을 통해 10대 정강을 발표했다. 그 속에서 '조국통일문제'에 관한 7항목 방안에서는 여전히 남한 내의 혁명과 그것을 지원하는 북쪽의 '혁명기지'로서의 역할을 강조했던 것이다. 1969년 핀란드 대표단의 질문에 답변하면서 처음으로 '남북협의방식 통일'을 제시했다. 여기서 통일실현을 주관할 '최고민족위원회'의 구상이 나온다. 그것은 "현재 남북조선에 세워진 정치제도는 그대로 두고, 쌍방이 임명하는 동수의 대표들로 최고민족위원회를 구성하여……" 통일과정을 수행하자는 것이다. 그 대표들을 각기 정부가 '임명'한다는 것과 남쪽 잠정 협정안에서 "각기 주민을 대표하는……"이 반드시 선거로 선출된 대표로 규정되는 것이 아니라면 문제될 만한 차이는 없다.

문제는, 대체로 같은 기능을 부여한 그 같은 남북협의기구가 수행할 민족의 최종적 목표가 무엇인가에 있다. 이것이 모든 논의에서 가장 중요한 핵심이며, 쌍방 집권세력의 궁극적 의도가 무엇인가를 말하는 것이다.

'독일방식'과의 비교연구를 위해서 동·서독 쌍방의 민족문제

해결방안의 비교가 선행해야 했듯이 우리의 민족문제 해결의 연구에서도 북쪽의 구상이 무엇인지를 알 필요가 있다.

앞서의 '최고민족위원회' 설치안이 제시된 후인 1973년에 그것은 북쪽의 종합방안으로 제시되었다. 우리가 지금 검토하는 '남북기본관계잠정협정안'이 나오기 9년 전이다. 북은 그것을 종합적으로 성안하여 1980년 10월 10일 '고려민주연방공화국' 방식 통일안을 노동당 제6차 대회에서 제의했다.

1. 북과 남이 서로 상대방에 존재하는 사상과 제도를 그대로 인정하고 용납하는 기초 위에서 북과 남이 동등하게 참가하는 민족통일정부를 수립하고, 그 밑에서 북과 남이 같은 권한과 의무를 지니고, 각각 지방자치제를 실시하는 연방공화국을 창립하여 조국을 통일한다.

2. 북과 남이 같은 수의 대표들과 적당한 수의 해외동포 대표들로 최고 민족연방회의를 구성하고, 거기에서 연방상설위원회를 조직, 북과 남의 지역정부들을 지도하게 한다.

3. 연방국가의 국호는 통일국가의 이름을 살리고 민주주의를 지향하는 정치이념을 반영하여 고려민주연방공화국으로 한다.

또한 연방통일정부가 수립되면 다음과 같은 시정방침에 따라 다음의 10대 정책을 집행한다.

① 국가행동의 모든 분야에서 자주성을 견지하며, 자주적 정책을 실시한다(독립·중립·비동맹정책).

② 나라의 전 지역과 사회의 모든 분야에 걸쳐서 민주주의를

실시하며 민족의 대단결을 도모한다.

③ 북과 남 사이에 경제적 합작과 교류를 실시하며 민족경제의 자립적 발전을 보장한다(공동투자·공동시장).

④ 남과 북 사이의 과학·문화·교육 분야에서 교류와 협조를 실현하여, 통일적으로 발전시킨다.

⑤ 북과 남 사이에 끊어졌던 교통과 체신을 연결하며, 전국적 범위에서 교통·체신 수단의 자유로운 이용을 보장한다.

⑥ 노동자와 농민을 비롯한 근로대중과 전체 인민들의 생활 안정을 도모하며, 그들의 복리를 계통적으로 증진시킨다.

⑦ 북과 남 사이의 군사적 대치상태를 해소하고, 민족연합군을 조직하여 외래침략으로부터 민족을 보호해야 한다.

⑧ 해외에 있는 모든 동포의 민족적 권리와 이익을 옹호하고 보호한다.

⑨ 북과 남의 통일 이전에 다른 나라들과 맺은 해외관계를 올바로 처리하여야 하며, 두 지역정부의 제활동을 통일적으로 조절한다.

⑩ 전 민족을 대표하는 통일국가로서 세계의 모든 나라와 연대관계를 발전시키며 평화애호적 대외정책을 실시한다.[11]

제의의 종합적 형식과 내용의 구성 및 주요항목의 구체성 등으로 미루어 남의 '잠정협정안'은 이 '고려민주연방공화국안'에 대응하는 것으로 해석된다.

11) 노중선 엮음, 『민족과 통일』, 사계절, 1985, 571~572쪽.

'남북기본관계협정' 안 조문

다음으로 독일의 조약과 우리 정부의 협정안을 축조적으로 검토해본다. 이 협정 본문의 규정은 전문(제의 설명)에서 보았듯이 남·북이 각기 선출하는 대표들로 하나의 '민족통일협의회의'를 창설하여 그것에 의해서 '통일정부가 수립될 때까지'의 기간에 걸친 남북 쌍방의 '행동원칙'이다. 협의회의 창설을 언제까지 완료하자는 잠정적 시한의 제시도 없을 뿐더러, 그것이 각 단계의 전진적 조치·결정과정을 통과할 대체적 일정표의 제시도 없으므로 실제적으로는 '무기한'적인 셈이다. 그 많은 단계가 하나의 예외도 없이 입장차로 인한 갈등과 대립을 예상케 하는 것임을 생각할 때 이 제의가 실제로 무기한적 성격임을 쉽게 알 수 있다.

다만 그 대립과 갈등과 이해관계 차를 어느 정도까지 줄이고 좁힐 수 있는가의 문제가 이 본 조문의 실천 여하에 달렸다는 정도밖에 이 협정 제의 전문에는 아무 언급도 없다. 이 협정의 전문에 그토록 간절한 문장으로 표현된 '평화적 민족통일'의 정신과 구상과 조약 본문의 규정이 독일조약처럼 부합일치하면 그 기간은 단축되고 어려움은 감소·극복될 것이다. 만일 그렇지 않고 전문의 정신과 구상과 본문 조약의 규정들이 전후 모순되거나, 상호 갈등하거나, 또는 총체적으로 상이한 목표를 지향하게끔 꾸려져 있다면 통일의 실현은 출발부터 가망 없는 시도일 수밖에 없을 것이다. 혹시 그런 목적으로 전체적 내용이 구성된 것은 아닌가 하는 관점에서도 분석할 수 있다. 어쨌든 그 여러 가지 가능성은 본 조문의 검토에서 검증될 수밖에 없다.

제1항

"쌍방은 장차 동일국가가 수립될 때까지는 호혜평등의 원칙에 입각하여 상호관계를 유지해 나간다."

이 항목의 핵심은 남북의 '호혜평등' 원칙이 천명된 것이다. 국가 간의 호혜평등은 국가의 주권 독립성을 상호 인정하는 바탕 위에서 성립된다. 그것에 정치적·법적 효과를 부여하려면 상대방의 정식 국호를 칭해야 한다. 그러나 '잠정협정'안의 전문에서나 본조문에서 국호 호칭이 없다 하더라도 호혜평등적 관계의 유지를 희망한 것은 그 묵시적 인정이라고 해석된다. '협정'안의 7개 항의 첫머리는 모두 '쌍방'으로 시작되고 있다. 동서독의 경우는 이미 합의된 조약이므로 상호의 국호를 명기함으로써 호혜평등의 법적 근거를 부여하고 있다.

1948년의 건국·정부수립 이후 일관해서 북의 국가적 인정을 거부해온 남의 기본입장은 1972년 7월 4일의 역사적 '남북공동성명'에서 사실상의 호혜평등 관계에 들어갔다. 분단 26년 만에 그리고 남쪽이 북쪽과의 모든 대등한 접촉과 대응을 거부해온 기본입장의 일대 변화였다. 그 성명의 제2항은 "……서로 상대방을 중상·비방하지 않으며……"라고 합의함으로써 그것을 간접적으로 표현했다. 그러다가 바로 이듬해인 1973년 6월 23일 '남북한 UN 동시가입'을 제창한 박정희 대통령의 소위 '6·23선언'에서는 "우리가 북한을 국가로 승인하는 것이 아님을 명백히 해둡니다"라고 단서를 붙였다. 그러나 UN의 산하기구는 독립·주권국가가 아닌 지역이나 단체도 가입할 수 있지만 투표권을 갖는 정식 가입은 주권·독립국가의 자격과 권능이 조건이므로, 동시가입을 제안한 것 자체가 그 전제하의 제안이라 보아야 할 것이다. 사실 국제법상

인격으로서의 '국가의 요건'은 일반적으로 "① 영구적 주민 ② 명확한 영역 ③ 정부 및 ④ 타국과의 관계를 체결할 능력의 소유"로 규정하고 있다.[12] 개별 국가의 개별적 입장 때문에 그 요건을 갖춘 국가를 '국가'로 승인하지 않을 수는 있다. 그래도 국제법상으로는 여전히 그것은 국가인 것이다. 7·4공동성명이나 6·23선언에서 서로가 합의한 내용 또는 상대방에게 요구하는 것도 위에서 본 '국가의 요건'을 갖추었다고 인정하기 때문에 비로소 성립된다. 그렇지 않다면 애당초 합의·공동성명·제안……은 불필요하며 또 성립될 수 없다.

따라서 '잠정협정안'에서 국호가 명시되지 않은 것은 '사실 문제'에서라기보다는 남쪽의 정치적 이유에서라고 해석함이 옳다. 또 본조문 제7항에서 "쌍방은 각료급 전권대표를 임명하여 서울과 평양에 상주대표부를 설치한다"고 제의하고 있다. '대표부'는 형식적으로 정식 국가승인 관계는 아니나 사실상 그 경우의 '대사관'을 말한다. 명칭의 차에 불과하다.

이상과 같은 해석으로 해서 상호의 국가명(국호) 문제가 제기된다. 역시 위에서 본 바와 같은 이유로 이 '잠정협정안'은 그것이 합의되어 성문화될 때에는 '대한민국'과 '조선민주주의인민공화국'으로 표시돼야 할 것이다. 처음부터 그처럼 정식 구호로 명기되는 것이 합리적이라고 해석하는 의견도 있다.[13]

---

12) '국가의 권리와 의무에 관한 조약'(미주조약), 1934년 12월 26일 발효, 제1조 '국가의 요건'.

13) 김명기 교수도 이 문제에 관해 같은 견해를 피력한 바 있다. 김 교수는 "……대한민국과 북한이 그간에 각각 체결한 조약의 효과를 존중하기 위해서는 남한을 '대한민국', 북한을 '조선인민공화국'으로 그대로 표시하는 것이 합리적일 것이다"

제2항

"쌍방간 분쟁문제 해결에서 모든 형태의 무력 및 폭력의 사용 또는 위협을 완전히 지양…… 대화와 협상을 통해 평화적 방법으로 해결"하자고 제의했다.

이것은 남북관계의 중대한 변질을 의미하는 의사표시다. 그러나 동시에 몇 가지 중대한 모순도 내포하고 있는 조항이다.

만약 박정희 대통령(정부)의 1973년 6·23선언을 우리 정부가 부정하지 않아 그것이 그대로 유효하다면 이 제2항과 상충된다. 6·23선언에서 박 대통령이 북한을 국가로 승인하지 않는다는 입장을 명시적으로 강조한 것은 북쪽 영역이 아직도 대한민국의 영토임을 주장하는 것이다. 그렇다면 북쪽의 정권은 다만 '일시적으로 행정권이 공백상태인 지역의 반란집단'에 불과한 것이고, 따라서 국권회복을 위해서는 언제든지 무력행사를 포함하는 행동이 정당화된다. 합법적이기조차 하다. 호혜평등은 대등·평등한 '국가' 사이의 행동양식임이 여기서 확인된다. 따라서 이 '잠정협정안' 제시 이전의, 이에 상반되는 입장이나 주장은 이것으로써 실효됐음을 의미한다. 독일조약의 제2조와 제3조에 해당한다.

이 제2항은 또 현존하는 '휴전협정'(1953.7 체결)의 효과와 저촉된다. 휴전협정은 법적으로는 '전투행위를 일시 정지한 상태'를 규정한 것이다. 그 협정의 규정과 서약에 위배되는 행위가 있을 경우에는 타방은 그 협정의 규정에 구속을 받지 않을 수 있다. 다시 말해서 언제든지 전투행위를 재개할 권리를 보유한다. 이론적

라는 관점에 서 있다. 김명기(金明基), 「남북기본관계잠정협정사안 주석」, 『통일논총』 5권 2호, 국토통일원, 1985, 182~183쪽.

으로는 그러하다. 그러나 이 제2항에서 휴전협정과 관계를 언급함이 없이 '모든 형태'의 무력 및 폭력의 사용이나 위협을 '완전히 지양'하기로 제의했다.

수식적으로 치우친 감이 있는 문장구성이기는 하다. '모든'이라는 수식어는 '조약용어'나 '법적 용어'는 못 된다. 그렇게 예외없는 또는 무조건의 규정은 있을 수 없다. 이런 용어를 썼다는 것부터 이 '잠정제의'가 법적인 성격이기보다는 정치적 선언의 성격임을 알 수 있다. 다만 문자 그대로 해석할 경우에 '무력'은 주로 휴전선을 넘어서의 군사력 사용을 의미하고, '폭력의 사용'은 1983년의 랭군폭발사건처럼 반도영역 밖에서의 개인 또는 집단에 의한 가해행위로 해석된다. 반도 내적 차원에서는 휴전선을 넘어서 상대방 영토 내에서의 테러행위를 지칭하는 것으로 해석된다. 어쨌든 이 같은 행위의 '모든 형태의……'를 '완전히' 지양하자는 것은 조문 그대로 해석한다면 휴전협정의 '100퍼센트 이행'이거나, 뒤집어 말해서 휴전협정이 실효 내지는 존재하지 않는 상태를 말한다. 진정 '모든 문제를 상호대화와 협상으로 평화적 방법으로 해결'하고자 한다면 휴전협정을 없애는 방향으로의 의사표시가 있어야 할 것이다. 그런데 '잠정협정안'에서는 그것이 없다. 이 점이 문제로 남는다. 북쪽은 시종일관 휴전협정을 그 협정이 규정한 대로의 '강화조약'으로 대치하여 무력행사와 폭력행위의 사용 및 위협이 없는 상태로 정상화하자고 요구하고 있다(이 문제는 제4항에 다시 연결된다). 휴전협정을 존속시키는 조건에서는 무력의 행사는 정당화되고 경우에 따라 합법적인 것이다.

이 '분쟁의 평화적 해결'은 UN헌장 제6장의 규정 그대로다. 만약 남쪽이 그전처럼 건국의 법적 근거를 유엔총회의 결의에 의거하는 것으로 북쪽에 대한 국제법상 우위를 주장하려면 이 조항은 당연히 원칙적으로 제시돼야 한다. 그러나 그것은 동시에 자신을 구속하는 것임을 알아야 한다. UN헌장 제6조, 제33조, 제34조, 제35조는 이 문제를 규정하고 있다. 그러나 그 원칙과 규정은 독립국가 상호간의 관계 규정이지, 남쪽이 북쪽을 '존재하지 않는 국가'로 취급하고 있거나, 또는 '휴전협정'으로 규제되고 있는 '전쟁상태'의 관계에 적용되는 것이 아니다. 따라서 남쪽이 그 '잠정협정안' 제2항에서 제의하는 대로의 정신이라면 먼저 북쪽을 독립국가로 인정하거나 휴전협정을 평화조약으로 대치한 뒤에 비로소 그 같은 원칙이 적용되는 관계에 설 수 있는 것이다. 독일조약에서는 제3조에 UN헌장을 인용하여 이것을 규정하고 있다(제4항에서 상술한다).

제3항

"……현존하는 상이한 정치질서와 사회제도를 상호 인정하며 서로 상대방의 내부문제에 일절 간섭하지 않는다."

이 제의는 구체적으로, 그리고 단적으로 말하면 남쪽이 북쪽의 사회주의적 정치·경제·사상적 제도에, 북쪽이 남쪽의 자본주의적 그것들에 서로 반대·간섭하지 않아야 한다는 것이다.

국제법과 국제정치적 원칙으로 말하더라도 이것은 '호혜평등'인 국가관계에서는 지극히 원리적인 것이다. 먼저 국제법 내지 조약상 견지에서는 "여하한 국가도 타국의 내정 또는 외정에 간섭할 권리가 없다."[14] 또 제2차 대전 종결 후의 해방·독립국가들 간의

14) '국가의 권리와 의무에 관한 조약', 제8조 '불간섭'.

관계를 규정하는 일반적 원리로 인정되고 있는 반둥회의(1955) 결의 5개 원칙의 하나로 이것은 오늘날 국가관계의 기본원리로 확립되어 있다. 이 원칙은 이미 여러 차례 남·북 간에서 시인된 바 있다. 북쪽은 고려연방공화국안에서 그것을 전제조건으로 제시했고, 또 쌍방은 7·4공동성명 전문 제3항에서 다음과 같이 서약한 바 있다.

"셋째, 사상과 이념, 제도의 차이를 초월하여 우선 하나의 민족으로서 민족적 대단결을 도모해야 한다."

그렇다면 이 제3항의 정신이 진실이기 위해서는 각기 상대방의 이념·체제·제도에 대한 반대·중상·비방을 일삼는 내국적 법률, 규정, 지시, 교육, 공개·비공개적 선전…… 등을 폐지 또는 중지해야 한다. 북쪽은 남쪽의 자본주의·개인주의·의회제도…… 등과 관련된 것들에 대해서 그런 조치를 취해야 하고, 남쪽은 북쪽의 공산주의(사회주의)적 원리와 정책 및 특성에 대해서 같은 조치를 취해야 한다. 이것은 남·북이 서로 상대방에 대해서의 경우에만 적용되는 것이 아니다. 진정으로 이 조항의 정신에 충실하고자 한다면 국내법의 개정이 따라야 하고, 상대방의 체제·제도·이념·관습…… 등에 관해 언론이 제약받지 말아야 한다. 그래야 비로소 남·북 간에 되풀이 발표되어온 '긴장상태를 완화하고 상호신뢰의 분위기를 조성'……할 수 있는 것이다.[15]

여기서 '정치질서'와 '사회제도'란, 남에서는 자본주의, 의회민주주의, 복수정당제도, 그에 입각한 선거방식, 정부구조…… 등을 말한다. 북에서는 일당 지도체제적 각종 방식을 말한다. 이에 대

15) '남북공동성명', 제2항.

해서 서로 비방·중상·반대를 말아야 한다. 다만 정권과 그 담당자 개인의 도덕성·적성·행적·공과 등도 이 범위에 속하느냐 속하지 않느냐의 문제는 있을 수 있다. 이것은 이른바 '정치질서' 속에 들지 않는 것으로 해석된다. '사회제도'란 남에서는 사유재산제도, 북에서는 사회적 소유제도, 생산과 분배에서의 자본주의와 사회주의적 특성을 말한다. 광의로는 그에 입각한 사회·문화 전반적 생활양식을 포함하는 것으로 해석된다. 정치적 '자유와 권리' 및 시민으로서의 권리 등도 이에 포함된다. 두 제도의 권리와 자유는 그 개념부터 다르다. 하나는 전체를 도외시한 '개인' 위주이고, 다른 쪽은 개인보다 '전체 구성원' 위주다. 이에 대한 이론적 평가는 각기 있어도 좋지만 비방·중상은 말아야 한다는 것이다. 과연 '협정'의 제의가 실제적 현실에 합치되고 있는지? 내적 실천, 즉 진정한 민족화합을 위한 조치 없이 대외선전적 내지 선언적 효과만을 위한 것인지? 남·북의 현실은 과연 각기 어떠한가?

독일의 경우는 우리와 다르다. 그들은 서로 사회주의와 자본주의의 장점을 서로 인정하는 바탕에서 협상하고 교류하고 있다. 비방도 반대도 하지 않으며, 오로지 자기 체제와 제도를 더욱 상대적으로 우월한 것으로 향상·발전시키고자 노력한다.

동·서독의 매스컴은 비방 없이 타방 사회 내에서 일어나는 사실을 객관적으로 대중에게 소개하고 있다. (필자도 1986년 초 동독 당 21차대회가 열렸을 때, 서독의 텔레비전이 그 대회 광경을 매일 뉴스시간에 30분 가까이 아무런 논평 없이 방영하고 있는 것을 보았다. 동독도 마찬가지다.) 독일인은 주변국가들의 이해 때문에 분단을 합법화했지만, 오히려 '민족'으로서는 심정적으로나 제도적으로 '하나의 독일민족'이라는 인식에서 행동하고 있다. 우리는 어떤가? 말로는 '화합과 긴장완화와 통일'을 외면서 행동은 정반대이지는 않는지? 이것이 잠정협정안의 제3항을 검토하면서 생각해야 할 초점이다.

제3항의 조문은 그밖에 한 가지 중요한 사실을 함축적으로 말해준다. 북쪽에 '내정간섭을 해서는 안 되는' 정치질서의 실체가 있다는 사실인식의 입장이다.

남쪽이 북쪽을 '미수복의 영역'으로 규정해온 법적 근거는 UN총회가 반도 남쪽(38도선 이남)에 수립된 '대한민국' 정부를 승인한 1948년 12월 12일의 총회 결의 제195호의 Ⅲ이다. 그런데 이 결의는 당시와 그 후의 국내사정 때문에 불가피했다고는 하더라도 법률적으로는 부당하게 확대·왜곡 해석되어왔다. 사실은 이 UN총회 결의 제195호의 Ⅲ은 38도선 이북은 '백지'로 남겨둔 것이다. 이 결의의 해석 착오는(우리 정부는 의도적으로 그랬지만) 많은 정치인이나 공법학자들조차 대한민국 정부의 행정관할권이 38도선 이북 전역에 미치는 한반도의 '유일합법정부'라고 해석하는, 선의의, 그러나 분명히 잘못된 법해석을 해왔다. 현재까지도 그렇다.

그 결의의 해당 부분은 이렇게 규정한 것이다.

"UN 한국임시위원단이 감시 및 협의를 할 수 있었던, 전(全) Korea 인민의 대다수가 거주하는 있는 Korea의 그 지역에 대한 효과적인 통치력과 사법권을 갖고 있는 합법적인 정부(대한민국 정부)가 수립되었다는 것, 그리고 그 정부가 Korea의 그와 같은 지역 유권자의 자유의사의 정당한 표현이며, 임시위원단이 감시한 선거에 기초를 두고 있다는 것, 또 그 정부는 Korea에서 유일한 그와 같은 정부라는 것을 선언한다." 즉 대한민국 정부는 UN한국감시위원단이 선기를 감시할 수 있었던 그 지역에서 (주민은 전체 Korea의 majority가 살고 있는) 통치력과 사법권을 갖고 있는 합법 정부라는 것이다. 마지막 절에서 '그러한 정부'(such government)는 '선거가 실시된 그 지역에서의 유일한 합법성을 누리는' 그런 성격의 정부라는 말이다.

이 결의를 Korea 반도 전역에 대한 것으로 착각(선의로)했거나 왜곡(의도적으로)한 탓에 남·북 간 관계에서는 물론 대한민국과 대외적 관계에서 적지 않은 물의와 갈등을 빚었던 것이다.

그 예로 1965년에 체결된 한일 국교정상화(기본관계에 관한) 조약을 기초할 때, 일본 대표단은 이 유엔총회 결의를 기어이 조문에 넣기를 주장했다. 한국정부 측은 기어이 그 UN 결의를 넣지 않고 다만 '한반도에서의 유일한 합법정부'로만 기술하자고 주장해서 오랫동안 회담이 교착된 일이 있다. 결국 일본 측 요구대로 한일 기본조약 제3조는 "대한민국 정부가 국제연합 총회의 결의 제195호의 Ⅲ에 명시된 바와 같은 한반도에서의 유일한 합법정부임을 확인한다"로 결말을 보았다.

사실 국제법으로는 일본의 입장이 옳은 것이다. 왜냐하면 '대한민국 승인 및 외국군 철수에 관한 결의'라는 명칭의 그 총회 결의는 마지막 항인 제9항에서 "유엔 회원국과 기타 국가는 대한민국 정부와의 관계를 수립함에 있어서 본 결의 제2절(항)에 명시된 제 사항을 고려할 것을 권고한다"고 권유하고 있는 것이다.

그러기에 유엔군이 38도선 이북으로 진격했을 때 우리 정부가 그 지역이 당연히(유엔 결의에 의해서) '대한민국 영토'로 통치돼야 한다고 주장하자, 유엔은 그런 식의 결의 해석을 부인하고 이승만 대통령에게 "손을 대지 말라"고 경고했던 것이다. 이 분쟁에서 총회결의 제195(Ⅲ)호를 해석한 'UN한국통일부흥위원단'은 분명하게 다음과 같이 쓰고 있다.

……대한민국 정부는 UN한국임시위원단이 관찰을 하고 협의를 할 수 있었던 Korea의 그 부분을 효과적으로 통치하는 합법적 정부로서 UN에 의한 승인을 받았다. 그런데 Korea의 그 밖의 부분을 합법적·효과적으로 통치하는 정부로서는 UN이 어떠한 기타 정부도 승인하지 아니했다는 사실을 상기시키고…… 대한민국 정부의 효과적인 통치하에 있는 것으로 UN이 인정하지 아니하는, 지금 UN군 점령하에 들어올 Korea의 그 부분의 민간통치와 행정에 대한 모든 책임을 임시적으로 UN군 통합사령부가 담당하도록 권고하며……[16]

뿐만 아니라 대한민국 헌법이 38도선 이북 즉 UN감시단이 선거감시를 하지 못한 북한지역에 대한 사법행정권을 규정하고 있는 데 대해서 UN은 다음과 같이 지적했다.

……대통령은 대한민국 헌법에 따라 전체 Korea에 걸친 그의 정부의 사법관할권을 주장했다. 본 위원단은 UN총회의 195(Ⅲ)호 결의가 북부 Korea에 대하여 UN이 인정하는 정부가 없다고 한 사실을 대한민국 헌법이 단순한 논리적 추론으로 그렇게 규정한 것으로 지적했다.[17]

---

16) 국회도서관 입법조사국, 『국제연합 한국통일부흥위원단 보고서』(1954~1960), 입법참고자료 제23호, 1954년도 보고서, 16~17쪽.

이 사실은 UN이 한국정부에 대해서 그 당시나 그 후나 일관하게 지적했음에도 불구하고 한국정부는 정치적 목적을 위해서 자의로 이용해왔다. 진정한 민주주의 국가사회에서는 있을 수 없는 일이다. 이 때문에 이 순간까지도 '북한'에 대한 '유일합법정부' 권한을 신앙처럼 믿고 있는 국민이 대다수다.

이 왜곡된 대한민국 정부 영토권 해석 때문에 이제 남북대화를 진심으로 전개·추진해야 할 국면에 이르러서 마치 북반부를 '포기했다'느니 '적색집단에 빼앗긴다'느니 하는 관점에서 문제를 다루는 의견이 있음은 이 오해 때문이다.

이것은 남한으로서는 유감스러운 일이지만 유엔 결의에 밝혀진 엄연한 사실이다.

제4항

"쌍방은 한반도에서의 긴장완화와 전쟁방지를 위하여 현존 휴전체제를 유지하면서 군비경쟁의 지양과 군사적 대치상태의 해소 조치를 협의한다."

이 항목이 바로 '잠정협정안'의 핵심을 이루는 내용이다. 그리고 이 항목의 처리방식을 돌쩌귀로 해서 나머지 전체 항목이 회전하게 된다. 이 항목이 7개 항목의 중간에 자리하게끔 전체 구상이 짜여진 것부터 그 중요성을 말해준다. 이 조항이 남북 간에 타협될 수 있는가의 여부가 바로 반도정세가 전쟁상태에서 평화질서로 질적 전환을 이룩할 수 있는가의 열쇠가 된다. 바로 그렇기 때문에 남쪽 제안이 전체적으로 내포하는 의도·구상·계획·방향·

17) 앞의 보고서, 같은 자료, 19쪽.

전망…… 등 모든 필수적 요소들이 이 항목에서 밝혀지게 된다. 엄격히 검토하면 '남북기본관계잠정협정'의 동기에서 목표까지가 이 1개 항목에 압축되어 있다고 말할 수 있다. 이 제4항이 합리적이고 또 진정 민족의 불행을 해소하려는 마음으로 구상된 것이면 나머지 항목들은 다만 부수적 의미밖에 없다 해도 과언이 아니다. 이 제4항에 담겨진 문제에 대한 인식이 민족적 양심에 비추어서 타당하다면 나머지 문제들은 하나도 어려울 것이 없다. 그것이 국제법·국제적 관습에 비추어서 순리적인 것이라면 전 세계의 지지를 받을 것이다. 사실이 그러하다면, 이 제안의 문장 첫 글자에서부터 끝맺음까지에 수놓여진 구구절절 민족애적이고 평화애호적인 수식사들이 진정임이 입증된다. 만약에 그 반대라면 이 제4항만이 자기모순일 뿐 아니라 전체 제의의 진의마저 의심스러워진다. 이 항목은 그만큼 중요하다. 왜냐하면 그것은 이 민족의 분단현실을 반영구화하고 있는 6·25의 후유증, 즉 휴전상태를 어떻게 인식하며, 어떻게 해소할 것이냐에 관한 조항이기 때문이다. 말을 바꾸면, 반대로 어떻게 하면 그 상태를 해소하지 않고 영원히 지속시킬 수 있는가 하는 조항일 수도 있다. 독일민족은 서로 전쟁을 하지 않은 까닭에 우리의 제4항에 직접 해당하는 조항은 없다. 필요가 없었다. 그러나 제3조 제2항에서 "현재 존재하며 또 앞으로도 존속할 쌍방 간의 경계선의 불가침성을 재확인하고 각기 영토보전을 전면적으로 존중할 의무를 지닌다"고 합의하고 있다. 이것은 분단된 현 경계를 사실상 영원히 '국경'으로 인정한 것이다.

협정안 제4항의 핵심은 이러하다. 즉 제의의 문면(文面)대로 논리화해서 첫부분은,

① 긴장완화와 전쟁방지를 위하여 현존 휴전협정 체제를 그대

로 유지하자는 것이다. 역원리로 말하면,

② 현존 휴전협정 체제의 유지가 한반도상 남북 간 및 주변지역의 긴장완화와 전쟁발생 위기의 감소에 도움이 되는 것인가?

뒷부분은,

③ 현 휴전상태를 유지하면서 군사적 적대상태를 해소하자는 제의이다. 역시 역논리를 적용해서,

④ 군사적 적대상태를 해소하려면 휴정협정과 휴전상태가 지속돼야 하는가?

이상과 같은 표면논리와 역논리의 관계가 파악되면 이 제4항의 모든 의미가 밝혀질 것이다.

남북관계의 장래 형태를 틀짓게 될 이 제4항은 휴전선·휴전협정의 법적 해석보다는 훨씬 고차적인 정치적 차원의 문제가 된다. 미국을 비롯한 관련 열강의 이해관계의 구도와 동북아 지역에서의 열강 각국의 장기적 군사전략과도 밀접히 연결된다. 사실 이것은 한반도와 동북아지역의 지리적 범위를 넘는 초강열강의 전 지국적 정책·전략으로 규정되어왔다. 민족 내부의 내전을 경험하지 않은 동서독은 기본조약 제5조에서 '유럽에서의 병력, 군사……특히 핵무기와 기타 대량살상 무기 분야의 축소'를 위해 공동 노력한다는 합의로 충분했다.

'휴전체제'란 1953년 7월 휴전협정 조인시의 군사적 실세의 선을 분계선으로 하여 잠시 '전투행위'를 정지한 상태를 말한다. 그러나 쌍방 간의 '전쟁상태'는 그대로 계속되고 있는 것이다. 전쟁상태를 평화적 상태로 전환해야만 한반도에서 진정한 '긴장완화'가 이루어질 것이며 전쟁재발의 위험을 저지할 수 있다. '긴장완화와 전쟁방지를 위해서 현존 휴전체제가 유지'돼야 할 것이 아니라

오히려 휴전체제를 평화체제로 바꾸어야 한다. 현존 휴전(체제)이 전쟁상태인 까닭에 지난 30년 이상 지속적으로 군비경쟁이 치열하게 경쟁적으로 진행돼온 실정이다. 그런 휴전체제가 존속되는 한 '군사적 대치상태'는 당연한 상황논리로서 지속되게 마련이다. 그러니까 이 제4항은 실제상황과 그 상황의 논리를 거꾸로 결합시키고 있다.

법적인 측면에서는 휴전협정이, 평화조약을 체결하여 휴전협정을 대치할 것을 다음과 같이 명문으로 요구하고 있다.

제4조 쌍방 관계정부들에의 건의

60. Korea 문제의 평화적 해결을 보장하기 위해서 쌍방 사령관은 쌍방의 관계 각국 정부에 정전협정이 조인되어 효력을 발생한 후 3개월 이내에 각기 대표를 파견하여, 쌍방의 한 급 높은 정치회담을 소집하고 Korea로부터의 모든 외국군대의 철수 및 Korea 문제의 평화적 해결 등의 문제들을 협의할 것을 이에 건의한다.

국제연합군 총사령관
미국 육군대장 마크 W. 클라크
조선인민군 최고사령관
조선인민공화국 주석 김일성
중국인민지원군 사령관 팽덕회
배석자
국제연합군 대표단 수석대표
미국 육군중장 윌리엄 K. 해리슨 2세
조선인민군 및 중국인민지원군

대표단 수석대표

(공동) 조선인민군 대장 남일(南日)[18)]

이 건의에 따라서 1954년 4월 24일 쌍방 참전국(소련은 별도 초대·참가) 19개국 정치회의가 열렸으나 쌍방 주장이 타협을 못 본 채 오늘에 이르고 있다. 그 후 북쪽은 모든 남북관계 개선과 반도상 민족문제의 해결을 위한 선행조치로서 현존 휴전협정(체제)을 평화조약(체제)으로 대치할 것을 요구하고 있다. 남쪽은 이 제4항의 입장처럼 시종일관 휴전체제의 유지가 긴장완화의 길이라고 주장하고 있다.

독일의 경우와 다른 또 한 가지 요소가 이에 관련된다. 동·서독간에 휴전문제가 없다는 것 외에, 동·서독이 기본관계(정상화·분단고정화)를 수립할 때 서방 연합국(미·영·불)과 소련은 그것을 가능케 하는 유럽 국제관계의 제반 법구조를 마련한 사실이다. 베를린시 문제를 비롯해서 폴란드와 독일동부 국경 제정 문제, 프랑스와의 자르 지방 귀속문제, 베를린과 서방통신 문제…… 등 동·서독이 자체적 관계구조를 설정하는 데 선행돼야 할 조건들이 관계국들에 의해서 해결되었다.

반도의 남·북 사이에는 독일의 베를린과 같은 난문제도, 제3국과 관련된 국경선 분쟁도 없다. 훨씬 단순한 조건이다. 소련도 중국도 이 반도의 북쪽에 군대와 군사기지를 두고 있지 않으므로 평화조약 체결에서 불이익을 받을 것이 없다. 평화조약 체제가 될

18) 국회도서관 입법조사국, 『한국외교관계자료집』(입법참고자료 제193호), 177~178쪽.

때 불이익을 보게 되는 관계국은 미합중국이다. 주한 미국군대와 군사기지를 철수해야 하기 때문이다. 평화조약 체결에 미국이 반대하는 이유를 알 수 있다. 소련과의 동북서 및 북서태평양 지역에서의 군사적 대결전략에서 남한의 군사기지와 군사력 주둔은 미국 군사전략의 사활적 요소다. 슐츠 미국무장관이 1983년 서울 방문시에 "남·북한 사이에 어떤 형태의 공존관계를 합의해도 미국은 주한미군을 철수할 용의가 없다"고 공언한 것으로 미루어 평화조약은 가망이 없어 보인다. 더욱이 현재 미국은 한국(남한)을 소련 동부 시베리아와 캄차카만에 이르는 소련 극동전력 중추를 표적으로 하는 강력한 핵미사일·핵폭격기 기지로 삼고 있다.

평화체제의 수립 여부는 이 민족의 희망과 능력보다는 외국인 미합중국의 압도적 군사이익에 결부되어 있다 함이 옳을 것이다. 이 국면과 관련해서 7·4공동성명이 의미를 갖게 된다. 분단 26년 만에 처음으로 민족의 평화적 통일의지를 전 세계에 선양했던 7·4공동성명의 정신과 합의가 모든 노력의 지침이 돼야 할 것이다.

남북공동성명

쌍방은 다음과 같은 조국통일 원칙들에 합의를 보았다.

첫째, 통일은 외세에 의존하거나 외세의 간섭을 받음이 없이, 자주적으로 해결하여야 한다.

둘째, 통일은 서로 상대방을 반대하는 무력행사에 의거하지 않고 평화방법으로 실현하여야 한다.

셋째, 사상과 이념, 제도의 차이를 초월하여 우선 하나의 민족으로서 민족적 대단결을 도모하여야 한다.

(상호 비방금지…… 등 세부 합의 6개항 생략)

그러나 이 역사적 합의문서의 정신을 해석하는 데 우리 정부의 입장은 스스로 합의하고 서명한 공동성명의 문구와는 다르다는 것이 드러났다. 성명 발표 다음날(7월 5일) 국무총리 김종필이 천명한 공식입장에서 문제되는 것은 다음과 같다.

1. (생략)

2. 반공법은 폐지하지 않는다. (북쪽에 관한 '사실'(事實)의 지적·언급도 '고무찬양'으로 벌하는 이 법과 상호간 비방을 금지한다는 서약과의 문제)

3. 이 같은 대화는 두 개의 한국을 시인하는 것은 아니다. (사실상 시인한 행위이고, 문장형식도 그 근거 위에서 이루어진 사실과의 문제)

4. (생략)

5. 7·4공동성명은 북한에 의해 강점되어 우리의 실질 행정권이 미치지 못하는 부분이 없도록 하는 방법을 대화로 결합하자는 것이다. 북한과의 공존을 뜻하는 것은 아니다. (이런 자세와 입장은 공동성명 제3항을 부정하지 않는지? 공존을 하자는 합의가 아니고 무엇을 하자는 합의였는지?)

6. 7. (생략)

8. 북한은 불가침조약을 체결할 수 있는 대상이 될 수 없다. (불가침조약은 군사조약이다. 군사작전 지휘권이 외국군 사령관에게 장악되어 있는 우리가 그런 조약을 체결하고 서명할 권능이 있는가의 실제적·법적 문제부터 고려돼야 한다. 휴전협정을 평화조약으로 대치하지 않고 또는 하려 하지 않으면서 불가침조약을 체결할 수 있는가 하는 문제도 있다.)

9. UN은 외세가 아니다. (정부는 그 후 'UN을 통한 통일'정책

이라는 것을 사실상 폐기했으므로 문제되지 않는다. 그러나 그 발언 당시로서 UN이나 미국이 공동성명 제1항의 정신에서 외세가 아닌가 하는 문제는 실재했다. 가령 북쪽이 반대적 입장에서 그것을 주장하거나, 소련 또는 중국의 군대주둔, 군사기지, 북한군대의 작전권 장악…… 등 상황을 가정할 경우 어떻게 해석할 것인가?)

그와 같은 정부의 입장에서 어째서 공동성명에 합의했는지, 그런 입장의 설명 없이 상대방이 동의했는지, 또는 설명을 듣고도 동의했는지…… 모두 미지수로 남은 문제들이다.

제5항

이산가족의 재회문제를 비롯해서 사회활동의 온갖 분야에 걸쳐서 협력·교류하자는 제안이다. 그럼으로써 "민족적 신뢰와 화합의 분위기를 조성하여 상호간에 사회적 개방을 하자"는 취지이다.

교류를 촉진하자는 분야와 활동은 전면적이다. 즉 인간·교역·교통·우편·통신·체육·학술·교육·문화·보도·보건·기술·환경보존 등 제분야다. 다만 이 같은 교류와 협조의 경우에 국제적으로 으레 포함시키는 '과학'분야가 언급되지 않은 것이 이상하다. 통상적으로는 '과학·기술'로 연결·일괄하는 것이 관례인 것을 우리는 알고 있다. 과학은 '학술'에 포함됐다고도 할 수 있지만 통상적으로는 분리·독립시키는 분야다. 그렇게 해석하면 과학지식의 교류와 협력만은 제외하는 것으로 해석된다. 그것이 핵무기 과학에서부터, 자본주의적 상품생산의 경쟁력의 토대가 되는 Know-how까지를 의미한다면 과학이 제외된 것이 단순한 착오나 우연이 아니라 용의주도한 고려의 결과로 보인다. 그런 지식이 현실적으로는 상품화되어 있는 자본주의제도에서 외국정부 또는 다국적기업과의 계약의무를 고려한 탓인지도 모른다. 우리 정부가 제안한 교류·협조의 대상분야는 독일기본조약이 열거한 분야와 정확히 일치한다. (제7조) 독일 조약에도 '과학'만은 빠져 있다. 군사과학의 이용과 상품화(자본화) 과학의 경제적 효용을 고려했음이 분명하다. 독일조약은 추가의정서 10개항과 더불어 일체를 이루고 있다. '추가의정서' 10항 중 9개항이 바로 본조약 제7조 규정의 각 분야 교류·협조에 관한 절차규정이다.

남과 북이 독일국민들처럼 전면적 정상관계에 들어가기 위해서는 평화조약의 체결이 선행돼야 한다. 앞의 제4항과 관련해서 검토했듯이, 평화조약으로 휴전협정을 대치하지 않는 한 남·북은 언제까지나 '전쟁 당사자'적 관계의 제약에서 벗어날 수 없다. 그러는 한에서는 아무리 아름다운 수식어로 온갖 분야의 교류와 협조의 필요성을 강조해도 그 효과를 기대하기는 힘들다. 평화조약의 체결을 지연시키거나 거부하면서 남북 간의 정상적 교류와 협력을 노래하는 것은 자기모순이 아니면 관계 정상화 자체를 바라지 않는 의도로 해석될지도 모른다.

전쟁 당사자 사이에 정식 평화(강화)조약의 체결 없이 관계 정상화를 도모하는 다른 방식은 '공동선언'에 의한 것이다. 그러나 공동선언은 평화조약을 '대치'할 수 있는 것이 아니다. 그것은 평화조약 체결 의사가 있다는 전제하에서 우선 당면한 문제들을 처리하기 위한 과도적·잠정적 합의이다. 그 효과는 당연히 제한적이다.

제5항에서 열거한 각 분야의 교류·협력을 본격화하려면 그 각 분야와 문제의 활동을 규정하는 많은 조약·협정·의정서·각서…… 등의 외교적·법적 조치가 수반된다. 그것은 평화조약을

근거로 해서만 가능하다. 가까운 예로 태평양전쟁 종결 후 미국과 일본은 1952년 평화조약으로 정상관계를 수립(회복)했다. 중국과 일본은 72년 공동성명으로 양국관계의 기본입장에 합의하여 부분적 관계를 회복했으나 전면적 관계 정상화는 78년의 중·일 평화우호조약 체결로 비로소 실현되었다. 소련과 일본 사이에는 1956년의 공동선언으로 일단 "소비에트 사회주의 공화국연방과 일본국 사이의 전쟁상태는 이 선언이 효력을 발생하는 날로써 종결되며, 양국 간의 평화와 우호·선린관계가 회복"(제1조)됐지만 평화조약의 미체결로 양국관계는 주요 문제에서 아직도 정상화되지 않고 있다. 그중 두드러진 하나가 소위 일본의 '북방도서' 귀속권 분쟁이다. 소련은 '소·일 공동선언' 제9조에서 소련은 문제의 4개 도서 가운데 2개(하보마이 군도와 시꼬당 섬)를 일본에 인도하는 데 동의했지만 '현실적 인도는 평화조약이 체결된 뒤'로 규정·합의하고 있다. 일본이 소련과의 평화조약 체결을 지연·거부하는 한 구 일본영토의 회복은 불가능하다. 이런 것이 '전쟁 당사자' 사이의 제반관계를 정상화하는 기초로서의 평화조약의 효과다.

1985년 가을에 실행된 남북 간의 이산가족(제1차) 재회는 평화조약이나 공동선언 없이 이루어진 개별적·잠정적 시도다. 10여 개 분야에서 그 같은 초보적 교류가 이루어지기 위해서는, 그리고 더구나 그것이 제도화되어서 지속적으로 진행되기 위해서는 평화조약이 필요하다. 결론적으로 말하면, 평화조약을 체결할 용의가 있으면 제5항의 교류와 협력은 자동적으로 뒤따르는 것이다. 평화조약의 체결이 지연되거나 거부된다면 제5항의 그 모든 구체적 관계 정상화를 진심으로 원하는 남한의 의사가 오해될 수 있다. 이것이 남북관계협정안 정신과 전체 구조의 핵심이다.

第6항

남북은 통일이 이루어질 때까지 다른 나라들과 "체결한 모든 쌍무적 및 다자간 국제조약과 협정을 존중"한다.

이 조항의 진정한 문제는 통일국가가 실현된 뒤에 남북한이 각기 체결한 조약의 취급과 효력문제라기보다는, 현재 남·북이 각기 체결하고 있는 몇몇 개별적 조약들이 '통일을 이루기까지의 과정'에 긍정적 역할을 할 것인가 아니면 부정적 역할을 할 것인가 하는 평가다. 통일 후의 문제가 아니라 통일 전의 문제인 것이다. 통일 후에 계승할 것인가 소멸시킬 것인가의 '사후처방'적 문제가 아니라, 남·북 각각이 체결하고 있는 그 같은 조약들 가운데서 통일노력을 위해서 긍정적 역할의 것이면 그 효력을 존속시키고, 부정적이거나 적극적으로 방해요소가 되는 것은 소멸시켜야 할 문제인 것이다. 학자들 중에는 바로 이 점을 착각하고 있거나 오인하는 경우가 적지 않다.[19] 되풀이 강조해야 할 일이지만 모든 조치와 고려는 '통일을 실현하는 데 그 존재의 공과'를 점검하는 데 있다.

독일방식은 제9조가 이에 해당한다. 쌍방은 "과거 양국이 각기 체결한 조약 또는 양국에 관계되는 양국간 및 다자간의 조약은 이(기본)조약의 저촉을 받지 않는다는 데 합의했다."

우리 정부의 제6항은 바로 이 제9조를 그대로 옮긴 것 같다. 그런데 같은 내용의 규정이지만 그것이 적용되는 상황과 목적에 따

19) 김명기 교수는 이 항의 문제를 통일 후의 조약의 계승문제로 보고 있다. "'병합형' 통일이냐…… '합병형' 통일이냐? 정치적 조약이냐 비정치적 조약이냐에 따라 통일한국에 계승되느냐, 소멸되느냐가 결정되게 된다." 위의 논문, 『통일논총』 5권 2호, 국토통일원, 1985, 193쪽.

라서 정반대의 기능을 하게 된다는 사실을 놓치면 안 된다. 독일의 두 정부는 민족의 국가적 분열을 합법화하기 위해서 그렇게 규정하고 합의했다. 우리 민족의 목표는 현존하는 분열·분단의 합법화와 영구화가 아니라 통일인 것이다. 통일을 위해서 또는 그 과정에서 방해가 되는 조약들은 서로가 수정하거나 폐기·소멸시키는 노력을 다해야 도리에 맞는다.

존속시켜서 무방한 조약은 각기 유엔기구와 체결 또는 가입한 국제사회에서의 보편적 조약·협정 등이다. 세계 국가들의 또는 인류의 보편적 이상을 담은 평화 지향적 협정도 무방할 것이다.

그와 반대되는 것은 주로 군사적 성격의 것이다. 남·북 각기의 경우는 그 중에서도 '한미 상호방위조약'(1953 서명, 1954 발효)과 '조소 상호원조조약'(1961 발효) 및 '조중 상호원조조약'(1961 발효)이다.

한미조약은 휴전협정을 체결하면서 장차의 북쪽의 군사위협에서 남쪽을 방위하는 목적과, 정전을 반대하면서 군사력에 의한 '북진통일'을 주장하는 이승만 정권의 군사행동을 방지하는 이중 목적으로 체결된 것이다. 이 군사조약으로 미국군대는 남쪽의 영토와 영해에 주둔하는 권리를 장악하고 있다.[20]

이 군사동맹조약은 대한민국 군대의 '작전지휘권'을 UN군(6·25 당시) 총사령관(실질적으로 미국장성)에게 위탁한 '한국 육·해·공군 지휘권 이양에 관하여 이 대통령과 맥아더 사령관 사이에 교

---

20) 동조약 제3조: "상호합의에 의하여 미합중국의 육·해·공군을 대한민국의 영토 내와 그 부근에 배치하는 권리를 대한민국은 이를 허여(許與)하고 미합중국은 이를 수락한다."

환된 서한'(1950.7.25) 그리고 그 후 오늘날까지 계속되고 있는 '한·미연합사령부' 설치법에 의한 주한미군 사령관에의 동 지휘권 이양상태가 계속되고 있다.

휴전협정의 일방 당사자가 주한 미국군 사령관에 의해서 대표되고 있고, 대한민국 군대의 작전지휘권이 같은 미국군 사령관의 수중에 있으므로 휴전상태, 휴전협정의 수정·변경 또는 심지어 존속·폐기의 여부도 그 권한은 대한민국 정부와 대통령에게 있지 않다. 따라서 제6항의 의미는 대한민국 정부의 의사보다 미국의 이해관계나 정책 및 정치적 판단에 달려 있다고 해석된다. 한 국가의, 그것도 주권·자주·독립을 표방하는 국가의 독립과 영토적 보전을 보장하는 최후의 물리적 힘인 군대의 작전권이 그 나라 헌법상 원수에 있지 않고 다른 나라의 현지 사령관에게 장악돼 있는 것이 문제다. 한반도 문제의 해결은 군사적 문제가 알파이고 오메가인데 대한민국 국가원수에게 그 군사적 결정권이 없으므로 대외적으로는 군사관련의 조약문제에서 그 권능에 의문이 제기될 수 있다. 서독군대는 다른 서유럽 가맹국가들과 마찬가지로 NATO 동맹기구에 편입돼 있지만 그것은 편성상의 차원에서다. 평상(평화)시에는 그 작전지휘권은 서독에 있고, 전시에는 NATO 최고사령관에게 속한다. 그리고 서독 각군의 장성·제독은 평상시에도 다른 동맹국들(미국 포함)의 혼성 육·해·공군, 또는 지역군의 사령관이 되고 있다. 이 점이 대한민국의 군사적 지위와 다르다.

'조소 상호원조조약'과 '조중 상호원조조약'은 다같이 남쪽에서 박정희 장군의 쿠데타로 문민정권이 전복되고 '반공을 국시로 하는' 군사정권이 수립(1961.5.16)된 직후인 1961년 7월 6일과 7월 11일에 급히 체결되었다. 휴전성립 후 그때까지 북쪽과 중·소와의 사이에는 군사동맹적 조약이 없었다. 전쟁기간에 참전했던 중국군대는 휴전협정이 체결된 5년 후인 1958년(10월 26일)에 철수했다.

第7항

"각료급 전권대표를 임명하여 각기 서울과 평양에 상주연락대표부를 설치한다."

'전권대표'는 국가를 정식 대표하는 기관이다. 정식 국교관계가 수립되지 않은 과정에서 사실상 '대사'의 기능을 하고, 영연방의 경우처럼 연방기구 구성국가들 간에서 특수하게 그 같은 명칭을 사용한다. 그런 경우가 아니면서 굳이 이 명칭을 사용할 경우는 상대방을 국가로 승인하지 않으려 할 때다. 이 명칭은 독일조약에서도 사용하고 있다. 사실상의 2개 국가이지만 '특수한 관계'임을 함축한 명칭이다.

결론 및 과제

'남북기본관계잠정협정'안 내용은 우리 정부의 구상으로 밝혀져 있는 '남북교차승인'과 '별개의 국가로서의 UN 동시가입'에 관해서는 언급이 없다.[21] 상대방이 그 두 방안을 민족분열의 합법화·국제화로 간주, 근본적으로 반대하기 때문에 삽입하지 않은 것 같다. 이 두 정책은 남북의 별개 국가화다.

앞의 부분에서 상당히 상세한 분석과 비교를 통해서 검토한 결

21) 『민족과 통일』 자료편, 사계절, 443쪽.

과, 우리 정부(대통령)의 이 제의는 그 정신·골격·구성·항목 내용·조문문구 표현…… 등에서 동서독기본관계조약을 원형으로 삼은 것임이 분명하다. 동서독의 조약은 독일민족의 국가적 통일의 이상과 목표가 역사적·현실적 조건으로 불가능하다는 상호 인식하에, 분단을 합법화·국제화·제도화한 조약이다. 따라서 그것은 '독일 통일방안'이 아니라 '독일 불통일방안'이다. 분단합법화 방안이다.

대한민국의 종합적 '통일방안'으로 해석되는 '남북기본관계에 관한 잠정협정'(안)이 독일방식을 토대로 하거나 모방하려 할 때, 거기에는 적지 않은 모순이 수반된다는 사실이 밝혀졌다 이 점을 수정하여 진정 '통일'을 지향하는 방안이 최종적으로 확정되기 위해서는 더 많은 정부 및 비정부적 토의와 연구가 필요할 것으로 보인다.

한반도의 전쟁위협과 동북아의 평화

세계의 '핵폭발점' 한반도

영토가 남·북으로 분단되고, 지난 40년간 상시적 전쟁발생 위기상태에 놓여 있는 한반도는 세계에서 유일한 핵전쟁의 기폭점이 되어 있다. 한반도에서의 핵전은 필연적으로 동북아지역의 핵전쟁으로, 그리고 그것은 전 지구 규모의 핵전쟁으로 확대 에스컬레이트할 전쟁논리적 구조의 중요한 고리(링크)를 구성한다. 그럼에도 불구하고 지역으로서의 한반도와 핵전 기폭점으로서의 위험성은 유럽의 지식인들에게는 거의 망각된 채 시야 밖에 있는 실정

저자주: 이 논문은 '독일 개발이론 및 개발정책학회'와 독일 함부르크대학 국제정치학과가 공동주최한 '제3세계에서의 갈등질서와 전쟁위협 및 평화의 모색'이라는 주제하의 국제 심포지움에서 한국대표로 초청되어 발제한 보고서다. 심포지움은 1986년 4월 25일부터 27일까지 계속되었다. 전쟁위험과 인권유린의 현실적 분쟁지 및 국가들의 많은 대표들과 독일학자들 다수가 참석한 이 심포지움에서는 주로 중동아랍, 남아공화국, 북아프리카 지역, 라틴아메리카, 필리핀…… 등 지역의 정치분쟁·인권·민족 간 갈등문제가 논의되었다. 한반도와 동북아지역의 군사정세와 전쟁위협에 관한 본논문은 영어로 발표된 것이다.

이다. 하물며 유럽보다 더 멀고 이해관계가 소원한 기타 지역의 주민들과 그들의 시야에서는 더 말할 나위도 없다.

인도차이나전쟁의 결과로 베트남이 통일된 오늘, 세계에서 한 민족의 국토가 분단된 상태로 남아 있는 것은 독일을 제외하면 한반도뿐이다. 그렇지만 한반도와 독일의 유사성은 그 사실에서 끝난다. 두 나라 민족 사이에는 오히려 더 중요하고 더 많은 비유사성이 두드러진다. 독일민족은 민족 자체 내 요인과 민족 외적 요인들로 말미암아서 원하든 원하지 않든 '2개의 국가' '2개의 국민'(심지어 '2개의 민족')이 되기를 선택했다. 그러나 북과 남으로 갈라진 조선·한민족은 '둘'이라는 관념 그 자체마저도 부정하고 둘이라는 구상에 대해서 강력히 반대한다. 독일민족은 제2차 세계대전 종결 이후 민족 내적 전쟁을 경험한 바 없으나 한민족은 전후 세계의 적대적인 양대 정치이데올로기의 하수인이 되어 실전의 참화를 겪었다. 그 결과 거의 200만에 달하는 사상자를 냈음에도 불구하고 민족과 영토의 통일은 이 시간까지도 실현되지 않고 있다.

제2차 세계대전 종결 이후 200회 가까운 크고 작은 전투행위가 되풀이되었으나 지구상의 3대 강국이 직접 전쟁 당사자로서 대결했고, 한쪽에 16개 국가가 참전한 본격적 국제전쟁은 이 반도 위에서 전개되었을 뿐이다. 국제적 평화의 수호기관으로 탄생한 유엔이 평화적 행동의 당사자로서가 아니라 직접 '전쟁행위'의 일방 당사자로 참여한 곳도 이 한반도에서 뿐이다. 이 국제 심포지움이 열리고 있는 독일연방공화국(서독)이 한 회원으로 가입해 있는 유엔은 법적으로 여전히 남한을 지원하는 하나의 '전쟁 당사자'로 남아 있는 것이다. (남·북한은 유엔에 가입하지 않은 상태다.)

한반도는 지리적으로나 지정학적으로 동북아시아—당신네들

유럽인은 지리적·문화적 맥락에서 '극동'이라고 부르기를 즐겨하는 지역—의 중심에 위치해 있다. 3년 동안(1950~53) 계속된 전쟁이 끝난 지 몇십 년이 지났지만 이 반도 위에는 전쟁의 재발을 예방하거나 전쟁위기를 관리할 법적 기구로서 오직 1953년 7월에 조인된 휴전협정이 있을 뿐이다. 이 협정은 유엔을 대표한 북미합중국, 조선민주주의인민공화국(북한), 중화인민공화국(중국)이 조인한 것이다(대한민국=남한은 직접 조인하지 않았으나 미국 야전군사령관이 그 권한을 대리했다). 휴전협정 제60항은 휴정협정 발효 60일 이내에 참전 관계국가들 사이에 휴전상태를 항구적 평화상태로 바꿔놓기 위한 정치회의를 개최하라고 규정하고 있다. 그러나 휴전 후 전쟁 당사자인 남·북 쌍방의 휴전위반 사례가 빈발하고, 당시 미국의 아시아 정치·군사전략의 요청 때문에 이 평화회의는 실효를 거두지 못한 채 오늘에 이르고 있다. 휴전선을 사이에 두고 군사적 충돌이 발생할 경우에 오직 '사후'적 처리를 위해서 군사정전위원회가 소집된다. 군사정전위원회는 1985년 말 현재 자그마치 427차 회의의 실적을 가짐으로써 세계 군사상(軍史上) 유례를 찾아볼 수 없는 단일전쟁과 관련된 협상의 최장기록을 수립했다.

현재 한반도의 남쪽에 주둔하는 미국군대는 상주하는 4만 명 선의 지상군 병력 외에 약 200개로 추정되는 각종 전략 및 전술용 핵탄두[1)]를 배치하고 있다.

1) 남한에 배치되어 있는 미국의 핵무기 종류, 특히 그 수에 관해서 미국정부는 공식발표를 한 일이 없다. 그러나 여러 가지 정보는 다음과 같이 각기 상이한 종류와 수를 전하고 있다.

· 1975년 6월 20일: 슐레진저 미국방장관이 한국에 전술핵무기를 배치한 사실을

북한에는 남한의 미국군대와 핵군사력에 대응하는 소련이나 중국의 지상군 또는 핵무기가 없다.[2)]

미국은 한반도와 주변 해역 및 공역에서 대규모의 육·해·공군 한미 합동군사훈련을 매년 실시하고 있다. 미국 군사력의 맹위를 과시하는 '팀 스피리트'라고 이름 붙여진 이 훈련의 1986년 훈련은 3군 병력 37만 명이 참여하여, 2척의 핵항공모함을 주축으로 하여 같은 해 5월 말까지 4개월간이나 계속되는 것이다. 이 같은 규모의 '팀 스피리트 86' 군사훈련은 제2차대전 종결 이후 지난 40년간 지구상에서 전개된 세계의 군사훈련 중 '최대 규모'의 것이라고 미국 군사 당국자가 호언한 바 있다.

NATO 국방장관회의에서 인정.

· 1978년 10월 30일: 오산 미국 공군기지에 전략핵폭격기 B 52편대 배치.

· 1978년 11월 8일: 전술핵전폭기 F4D 12대 배치.

· 1978년 11월 1일: 『뉴욕 타임스』, 남한에 미국 핵탄두 600개 배치 중이라고 보도.

· 1983년 5월 2일: 미국 국방성, 한국에 20개의 중성자탄 배치 검토 중이라고 발표.

· 1983년 10월 19일: 『와싱톤 포스트』, 괌도와 남한에 미국 핵무기 346개 배치 중이라고 보도(잭 앤더슨 기사).

· 1985년 1월 4일: 북한의 군사령부 비행장 등 중요시설 파괴 목적의 미국의 "휴대용 핵탄(특수원자폭탄(SADM))이 남한 의정부에 배치되어 있다고 미국 NBC-TV 방송.

· 1985년 6월 13일: 미국의 핵 전문가인 월리암 아킨스 씨와 리처드 하우스 씨는 한국에 배치된 각종 핵무기가 151개라고 공표.

2) 미국 육군참모총장 에드워드 마이어 육군대장의 1983년 1월 23일 서울 방문시의 발언. AP와 UPI 보도.

인식되지 않고 있는 한반도 군사위기

유럽에서라면 웬만한 규모의 군사충돌은 자동적으로, 그리고 반드시 필연적으로 아시아의 대국인 중국을 그 군사행동의 당사자로서 끌어들이게 되지는 않을 것이다. 그와는 반대로 한반도에서의 웬만한 규모의 군사적 충돌은 그 초기단계에서 거의 자동적으로 소련과 중국을 끌어들이게 되고 동시에 일본의 참전으로 불가피하게 발전할 것이다. 그것은 이 작은 땅 위에서와 그 인접해역에서 남·북한을 비롯, 미·소·중·일의 아시아 4대 강대국이 맞붙는 핵전쟁으로 확대·상승할 것이다. 이 여섯 국가들의 지리적 인접성, 전략적 상충성, 이해관계의 얽힘, 군사동맹 관계의 의무, 정치·군사적 체면…… 등을 위해서 그것은 불가피한 전쟁구조를 구성한다. 미국은 남한과 일본과 각기 군사동맹을 체결하고 있고, 일본과 남한은 미국을 정점으로 하는 이 군사동맹에 간접적으로 연결되어 있다. 하지만 전쟁발생시에는 미국군대의 작전을 일본과 남한이 동맹관계로서 직접 행동해야 하므로 남한과 일본의 군사합동작전은 사실상의 문제가 되어버린다.

소련과 중국은 북한과 개별적 군사동맹관계에 있다.

이처럼 한반도의 남·북은 세계의 (아시아뿐 아니라) 핵초강국들과 군사위기에서 자동적으로 핵전쟁의 기폭제가 되게 마련인 것이다. 미국정부도 이 같은 한반도 분쟁의 핵전쟁화 구상을 공표한 바 있으며, 이에 대해 소련 또한 그것을 뒤집은 방향과 성격의 핵전쟁 구상을 공표한 바 있다.[3)]

유럽의 지식인들은 최근에 미국이 사전계획·사전공개하고 감행한 리비아 공화국에 대한 소규모의 '징계(懲戒)행동'에는 펄쩍 뛰고 실신상태가 될 정도로 당황한 것을 보았다. 그러면서도 한반도에 40년간 상존하는 그 같은 위태로운 전쟁구조에 대해서는 별로 감각이 없어 보인다. 1983년 가을, 소련령 사할린 상공에서 269명의 생명과 함께 '대한항공' 여객기가 소련전투기의 미사일을 맞아서 바닷속에 격추된 비극적 사건의 뉴스를 들어야만 유럽인들이 이 지역에 고전압으로 축적되어 있는 핵전쟁의 심각한 위험성에 대해서 비로소 인식을 하게 된다면 그것은 세계평화를 위해서 지극히 한심스러운 일이라 아니할 수 없다. 유럽인들이 한반도와 동북아시아에서의 잠재적 핵전쟁 위기를 어렴풋이나마 감득하기 위해서 1968년 36명의 승무원과 함께 미국의 전자 간첩선 '푸에블로'호가 미국이 얕보는 '5등 국가'(북한) 해군에 의해서 북한 영해 내에서 체포된 사건이라든가, 13명의 승무원이 탄 미국의 전파탐지 정찰기 EC 121기가 역시 북한공역에서 격추된 사건 같은 '중대사건'이 일어나야 한다면, 상시적으로 핵전쟁 위협하에 놓여 사는 이 지역의 시민으로서는 서글픈 일이 아닐 수 없다. 미국의 그 전자첩보기와 첩보함 사건은 그 당시 미국정부의 "핵보복을 불사한다"는 위협으로 핵전쟁 위험이 일촉즉발의 상태에까지 갔던 것이다.

그러고 보면 지구상의 다른 '갈등구조'적 지역들과 한반도는 평화 파괴의 위험성이라는 관점에서 하늘과 땅의 차이가 있다. 더구나 단순히 분단됐다는 사실 하나로 독일과 한반도(민족)를 동일시하는 사람들은, 평화와 전쟁이라는 관점에서 독일과 한반도 사이에는 아흔아홉 가지의 차이점 또는 비유사성이 존재하는 것을 깨닫게

3) 미국 국방성이 의회에 제출한 「'83 국방보고서」(1983.2.12 보도)와 그 구상에 대한 소련 외상 안드레이 그로미꼬의 '핵보복 구상' 발언(1983.4.4 모스크바발 보도 등).

될 것이다.

한반도에 관해서 말한다면, 독일을 4개 전승연합국이 안정되게 분할관리하기로 했던 1944년의 '런던합의'(London Protocol)도 없고, 현재 유럽 전역의 평화를 유지하는 동·서유럽과 지역국가들이 빠짐없이 참여·조인한 '헬싱키협정'(Helsinky Accords)도 존재하지 않는다. 더군다나 한반도상의 2개의 국가 사이에는 분단된 독일의 두 부분 사이의 관계를 규정하고 관리하면서 정치적 차원의 관계를 확립한 '양독간(兩獨間)기본조약'의 한반도판이 존재하지 않는다.

40여 년 동안 반도상에 설치된 군사분계선을 넘어서 오고간 사람은 없다(이에 관해서는 뒤에서 더욱 자세히 살펴보겠다). 한반도상에 존재하고 지배하는 것은 오직 '군사'뿐이며 '정치'는 없다. 이 발표자가 이 사실을 자랑스럽게 말하고 있다고 생각해주지 않기를 간절히 부탁한다. 그 현상은 결코 이 반도에 살고 있는 남·북의 일반대중이 원하는 바는 결코 아니다. 그런데도 이 민족의 생존권을 둘러싸고 작용하는 외세(外勢)와 그 이익을 대행하는 국내요소들에 의해서 민중적 염원은 이루어지지 않은 채 오늘에 이르고 있다. 그 상황을 이제부터 정치·군사적 측면에서 더 자세하게 설명하고자 한다.

군사분계선을 사이에 둔 무력구조

한반도의 허리를 동서로 달리는 군사분계선은 250킬로미터의 길이에 4킬로미터의 폭(지형 지세에 따라 1킬로미터 미만인 곳도 있다)으로 쌍방의 군사력을 떼어놓고 있다. 이 분계선을 사이에 두고 동북아시아의 전쟁에 방아쇠 역할을 할 운명을 진 막강한 군사력이 남과 북 쌍방에 '상시 임전태세'로 대치하고 있다.

1953년 휴전협정 조인 당시의 대한민국(남한)과 조선민주주의인민공화국(북한)의 군사력은 각기 40만과 25만으로 평가되었다. 그런데 현재 쌍방의 그것은 크게 증강되어, 세계에서 같은 길이의 전선(戰線)을 놓고 대치하는 군사력 집중배치의 비교적 수치로 말하면 '세계 최고밀도'가 되었다. *Military Balance*(1983~84)에 의하면 남·북의 각종 병력은 다음과 같다.

군사력	남한	북한
정규군	622,200	784,000
예비군	154,000	270,000
각종 민병	3,300,000	1,760,000
합계	4,076,200	2,814,000[4]

이 같은 단순한 산술적 병력비교표도 현재 세계에서 한반도가 가장 위험한 군사적 폭발점이라는 사실을 말해준다.[5]

4) 외국인 여러분은 남·북한의 인구를 1986년 말 현재 4천만 대 2천만이라고 생각하면 될 것이다.

북한의 병력에 관해서는 확실한 것을 알기 어렵다. 다만 정규군 78만 4,000명은 그 전년도('82)의 숫자가 65만으로 기록되었던 것을 보면 1년 사이에 증가한 숫자로는 너무나 크다. 미국 국방성은 레이건 대통령 취임 이후 무제한적 군비증강 계획에 따라 남한의 군비증강을 강력히 촉진했고, 그 이유로 북한의 병력이 급증했다는 이유를 들었다. 1년간 정규군 13만 이상이 증가했다는 *Military Balance*의 숫자의 신빙성을 확인할 방법은 없으나 미국 국방성의 주장을 그대로 인용한 것으로 보인다. 북한당국은 정규군 병력이 55만이며 변화가 없다고 발표한 바 있다.

남·북한 쌍방에서 끊임없이 진행된 군사체제의 강화와 군사력 증강은 필연적으로 민족 구성원들의 생활 전반을 '군사화' 했다. 남·북 내에서의 억압적 제도는 그 일단이다. 이를테면 북한의 사회제도와 이데올로기에 반대하는 극단적인 '반공주의'가 오랫동안 민주주의와 인권에 대한 역대정권의 탄압을 정당화·합리화하는 명분으로 이용되었다. 뿐만 아니라 군사적 이익을 최상위로 삼는 국가가치는 분단된 민족의 두 부분 사이의 민족적 화합과 통일을 향한 민중적 열망보다 우선하고 있다. 이 경향은 미국에 레이건 대통령 정부가 들어선 지난 몇 해 동안 더욱 현저해졌다고 서방의 관찰자들은 말하고 있다.

한반도상과 주변의 미국 군사력

남한에 주둔하고 있는 미국의 군사력에 관해서는 앞서 밝힌 대로다. 외국의 여러분이 특이하다고 생각될 것은 미국과 한국(남한)의 군사체계의 특수성이다.

남한의 군대는 대한민국 국가원수(대통령)의 직접 지휘권하에 있는 독립적 국가방위 및 안전보장의 수단이 아니다. 대한민국 군대는 주한 미국군대의 사령관 겸 명목상으로 존재하는 유엔군사령관인 미국 군장성의 작전지휘권하에 놓여 있다. 유럽의 북대서양동맹(NATO) 국가들의 국가원수들이 북대서양동맹군의 통합적

5) 아랍국가들과 전쟁하고 있는 이스라엘의 경우, 그 전선(국경)은 700킬로미터이며, 정규군 병력은 17만 2,000명, 예비·민병이 32만 6,000명이라고 한다. 한반도의 군사분계선에 비해서 거의 3배의 전선인데 병력은 몇분의 1밖에 안 된다.

기구 내에서도 각기의 국군통수권을 장악하고 있는 것과는 달리 남한의 대통령은 한·미 양국 정부 간에 체결되어 있는 조약에 의해서 그 군대(국군)의 작전지휘권에 관한 한, 북미합중국 대통령의 위임을 받은 주한미군사령관에게 그 권리를 이양한 지 35년이 된다. 이런 면에서 남한에서의 국가 보위의 최종적이고 최고의 힘의 장치인 군사력의 운용은 국제법적 상식에서 볼 때 이례적이고 매우 특이한 형태라 할 만하다.

주한미군의 병력은 때에 따라서 변화했지만 1972년 이래로 3만 8,700명선을 오르내린다. 1953년 7월 정전협정 당시의 주한미군 군사력은 최고인 32만 8,000명이었다. 그 후 계속된 감군으로 현재는 지상병력 2만 7,300명, 공군 1만 700명, 해군 600명(주로 병참과 지원업무용), 해병 약 100명으로 줄었다. 한국에 배치된 미국공군은 일본의 요꼬다에 사령부를 둔 미국 제5공군에 속한다. 제5공군은 동북아시아에서 최대 규모의 전략공군기지인 오끼나와를 포함해서 일본영토와 주변 공군을 통솔하고 있다. 일본 주둔 제5공군이 주축이 된 동북아시아의 공군 지휘체제는 일본군 공군과 한국(남한) 공군을 사실상 통합된 지휘계통에 편입하고 있다. 이것은 한국과 일본의 육군과 해군이 각기 별개의 작전력인 것과 다른 점이다.

한미 연합사령부

한국군대를 주한미군 지휘권 체제에 편입하는 결정은 1972년 소위 '닉슨정책'(Nixon Doctrine)의 발동으로 실시되었다. 그때 수도 북방 중서부전선에 배치된 한국군 12개 보병사단과 1개 기갑사단을 그 전역에 배치된 미국군과 합쳐서 제1군을 창설한 것이다. 그리고 1978년 카터 대통령 재임시, 전체 한국 군사력을 주한미군 제8군 사령관의 지휘권에 편입하는 형식으로 '한미 연합사령부'를 개편·창설했다. 해군은 앞에서 보았듯이 주한미군 해군 병력이 병참지원 목적의 600명 정도밖에 없으므로 한국 해군중장이 사령관이 된다. 그러나 한미 합동공군은 육군과 마찬가지로 한미 연합사령부의 참모총장을 겸하는 미국 공군중장의 지휘하에 놓인다.

한국에서 군부 쿠데타가 일어나 정권을 장악할 때마다 군사정권은 미국으로부터 한국군의 군사지휘권 내지 그 부분적 지휘권의 회복을 위해서 협상을 시도해야만 했다. 그러나 그들은 그들의 군사정권에 대한 미국정부의 지지의 대가로 그 시도를 포기했다.

독립국가인 대한민국의 작전지휘권을 미국이 장악하고 있는 법적 근거는 이중적이다. 하나는 1950년 6월 한반도에서 전쟁이 일어났을 때, 유엔 회원국이 파견한 군대(16개국)를 모두 미국군 야전사령관(맥아더 원수)의 통합 지휘권하에 두기로 의결했던 유엔총회 결의다. 이 결의로 유엔기(旗)가 창립 이후 처음으로 '전쟁 당사자'의 깃발이 되었다. 두 번째 근거는 미국과 남한정부 간 협정이다. 이승만 한국 대통령은 처음 6·25전쟁 직후 유엔군 총사령관에게 남한군대의 작전지휘권을 이양하는 서한을 보내고, 미국측이 그 서한의 제의를 '수락'하는 형식으로 이루어졌다. 그 후 휴전협정이 체결된 뒤인 1953년에 체결된 한미 상호방위조약으로 그것을 문서화했다.

따라서 대한민국 군대는 그것이 1개 소대이건 1개 사단이건 그 조약의 규정에 따라서 이동과 작전적 행동에는 주한 미국군 사령관의 사전승인이 필요하다. 외국의 여러분은 1980년 봄에 일어난 한국 남부도시 광주에서의 사태와 관련해서 한국 사람들이 어째서 미국을 비난하는지를 이해할 수 있을 것이다. 남한의 학생·교회·지식인들, 통틀어 인권·민주화운동에 가담하고 있는 개인과 단체들 사이에서 지난 몇 해 사이에, 전쟁이 끝난 지 30여 년이 지난 뒤에도 그대로 계속되고 있는 미국군대의 한국주둔 상태에 비판의 소리가 일기 시작한 배경도 이해할 수 있을 것이다. 북한의 군사적 위협이나 남한 내에서의 정치적·군사적 불안정 상태를 구실로 미국의 군사적 존재가 장기화될수록 한국의 민족주의 감정은 그만큼 확산 증대될지도 모른다. 한국의 민족주의 감정은 민주주의의 실현 및 군부통치에 대한 염증과 밀접한 연관이 있다. 그러나 미국정부는 한국 사람들의 그 같은 염원에 무감각한 편이다.

한반도에서의 미국의 핵전략과 핵무기

미국정부는 남한영토에 미국의 핵무기를 배치한 사실은 거듭 확인했지만 그 세부사실에 관해서는 공개적으로 밝힌 바 없다. 다만 각종 민간기관이나 개인 연구가들에 의해서 그 내용이 추론되고 있다. 한 예로 미국 '국방정보센터'(Center for Defense Information) 소장 라로크(LaRoque) 퇴역 해군제독은 미국의 대중국 관계가 개선되기 이전인 1971년 당시 남한에는 661 내지 686개의 미국 핵탄두가 배치되어 있던 것으로 추산했다. 미·중 관계 개선으로 미국의 대중국 핵공격 전략이 대폭 수정됨에 따라서, 그리고 구(舊)형의 대치로 써전트, 어네스트 존, 나이키 허큘리스 형(型)들이 철수됐거나 부분적으로 한국군에 이양됨으로써 현재의 탄두는 425~450개로 추산했다. 현재는 중성자탄과 순항미사일 퍼싱 2형의 배치가 계획에 올라 있다.[6]

한국은 미국의 군인들과 전략가들에 의해서 핵무기에 대해 매우 무감각하고 심지어 핵전쟁을 환영하기까지 한다는 평을 받는 지경에 이르렀다. 이것은 미국의 중거리미사일이 여러분의 국토에 배치되려 했던 지난 몇 해에 걸쳐서 독일국민이 보여준 맹렬한 핵무기 반대운동과는 대조적이다. 자기 나라 땅에 남의 나라의 위험한 전쟁도구를 두기를 반대했던 그런 평화의식은 한국에서는 찾아볼 수 없다. 나는 이 사실을 결코 기쁜 마음으로 언급하고 있지는 않다는 사실을 이해해주기 바란다.

남한의 그와 같은 실정을 우리는 1978년 미국 하원 군사위원회의 보고서 속에서 다음과 같은 구절을 읽으면서 알게 된다.

> 주한미군 지휘관들은 군사분계선 이북에 있는 진짜 적에 대해서는 두말할 나위도 없고, 남한의 땅 그 자체도 미국군대의 군사훈련장으로서, 대규모 기동연습장으로서, 그리고 무제한적 자유사격장으로서 세계에서 가장 이상적인 곳으로 믿고 있다. 그뿐 아니라 남한은 미국을 추방하려 하지도 않고 임대료를 요구할 생각도 하지 않는 지구상에서 몇 군데 안 되는 나라다.

그런 탓인지 미국의 권위 있는 군사평론가 잭 앤더슨은 1983년에 쓰기를, 레이건이 중성자탄 생산을 명령한 81년에 미국 국방성은 남한을 그 저장소로 지목했다고 말한 바 있다.[7)]

---

6) 그 분류는 핵폭탄 135개, 8인치 야포용 65발, 155밀리미터 야포용 30발, 핵지뢰 20개로 되어 있다.

7) Jack Anderson, *Seattle Intelligencer*, 1983년 3월 2일.

앤더슨에 따르면, 생산된 중성자탄은 아직 미국영토 내에 저장되어 있지만 한국정부는 곧 그것의 한국영토 내 저장과 배치에 동의하리라는 것이다. 뿐만 아니라 한반도 문제 전문가인 브루스 커밍스에 따르면, 중성자탄 생산계획과 관련된 미국 국방성의 한 관리는 중성자탄은 "극동에서 실전 사용될 것"이라고 말했다고 한다. 이 발언에 대하여 좀더 구체적으로 추궁하자 그 관리는 "북한의 공격에 대해서 남한에서 사용될 것"이라고 말했다는 것이다.

한반도에 상존하는 분명한 핵전쟁 위협에 관해서는 1983년 서울을 방문한 에드워드 마이어 미국 육군참모총장의 공개적 발언이 입증해준다.[8)]

레이건 정부의 기본적 전략개념은 재래식 전쟁이 어느 정도 진행되면 핵전술무기를 사용하는 것이며 이 개념은 한국에도 적용된다. 한국의 경우 핵무기의 사용이 필요할 경우에는 야전군 사령관 즉 한미 연합군 사령관이 양국의 대통령에게 핵무기 사용을 건의한다. 한국에서의 핵무기 사용은 가맹국 15개국 정부와 일일이 협의해야 하는 북대서양동맹(NATO)의 경우처럼 복잡한 절차가 필요 없다. 확인할 수는 없지만 북한에는 아직 핵무기가 없는 것으로 믿고 있다.

마이어 대장의 이 한반도에서의 핵전쟁 전략은 다음과 같은 논리적 구성으로 해석된다.

한반도에서의 핵무기 사용 계획은 거의 기정사실화되어 있으며,

---

8) 1983년 1월 23일 서울 발신 AP, UPI 통신 회견기사.

6·25(한반도전쟁) 당시 맥아더 장군이 보잘것없는 원자탄을 사용해보려는 구상을 했다가 트루만 대통령에 의해서(물론 영국을 비롯한 서방 동맹국들의 압력 때문이었지만) 파면당한 그런 경우와는 달리, 주한미군 야전군사령관이 원자탄의 몇백 배 위력 있는 핵탄 사용의 결정권을 쥐고 있다는 사실이다. 그의 결정은 "최종적으로는 정치적 결단에 따른다"는 단서를 붙였지만 미국으로서는 적어도 맥아더 원수 파면과 같은 비극은 배제한 것이며, 남한의 경우는 과연 한국 대통령이 그 결정에 대해서 얼마나 '거부권'을 행사할, 또는 반대할 수 있는(반대한다고 가상할 때) 여지가 있는 것인지 분명치 않다. 더욱이 북한에는 그 자체나 소련 또는 중국군대의 핵무기가 저장·배치되어 있지 않다는 사실을 상기할 필요가 있다. 군사전략적 차원으로서는 중·소의 핵무기가 없는 북한에 대해서 미국이 핵공격을 구상한다면 미국의 핵무기가 있는 남한에 대해서 유사한 경우에 소련이 핵공격 내지는 핵보복을 강행하지 않으리라는 아무런 보장도 기대할 수 없다.

소련의 정치·군사적 자세

소련은 불라디보스토크에 거대한 태평양함대 기지를 두고 있으나 북한에 직접 육·해·공 군사력을 주둔시키고 있지 않으며, 가끔 함정이 그 항구에 기항하는 정도로 알려져 있다. 소련과 북한은 한반도전쟁이 끝난 이후에도 군사동맹 관계를 맺지 않고 있다가 남한에서 1961년 봄에 반공주의를 국시로 하는 강력한 군부정권이 집권한 직후 서둘러 한 달 후(1961.7)에 '상호군사원조조약'을 체결했다. 그 후에도 북한과 소련은 정치적으로 오랜 불화·긴장상태를 유지했으므로 소련의 군사지원은 사실상 기대하기 어려웠다. 북한으로서는 제3세계와 비동맹 그룹에서의 민족자주노선을 강조하는 입장 때문에 외국의 군사기지를 그 영토 내에 허용하거나 외국군대의 주둔을 허가할 처지가 아니었다. 소련은 미국이 남한에 대한 단독적 군사적 보호자 역할을 자처하고 있는 것과 같은 역할을 북한에 대해서 떠맡기를 주저하는 입장이다.

한반도와 주변지역 정세와 관련해서 소련의 '공격적'이기보다는 '방위적' 성격의 군사적 자세는 이 지역에서의 핵전략에도 대체로 적용될 것 같다. 그 핵전략의 '대응적'(responsive) 특성은 미국의 주도적 성격에 대해서 이 지역의 타국영토에 핵기지를 전진 배치하지 않고 자국영토인 시베리아에만 국한시킨 것으로 드러나 보인다. (해·공군의 경우는 미·소가 모두 같은 전략이다.)

미국 국방장관 와인버거의 '1983년 국방보고서'에 따르면, 미국과 소련이 아랍 석유생산 지역에서 이해충돌을 일으킬 경우에 "미국은 소련의 군사력을 분산시키기 위해 동북아시아에서 북한에 대해 동맹국 군대로 하여금 지상공격을, 그리고 미국은 핵선제공격을 한다"라는 구상이다. 소련으로서는 이 미국군부의 전략을 역방향에서 전개할 수 있을 것이다.

사실 와인버거 전략(동시다발 전쟁 전략)에 대한 소련의 반응은 미국 못지않게 단호했다. 소련 육군참모총장 니꼴라이 오르가꼬프는 "미국이 유럽 배치 핵무기로 소련을 공격할 경우, 소련이 오로지 유럽의 목표들만을 보복공격하리라고 믿는다면 그처럼 어리석은 생각은 없다"라고 말했다. 이 핵전쟁 논리는 바로 미국 육군참모총장 마이어 대장의 대북한 전략의 소련판 대남한 전략일 수 있는 것이다. 소련은 또 북한에 대한 미국의 핵공격 전략에 대응하는 논리로서 "자기의 땅에 미국의 미사일 배치를 허용함으로써 미국의 핵볼모가 되려는 자들은 미국전략의 최종결과가 무엇인지를 심각하게 생각해야 한다"고 경고했다.[9)]

이 같은 소련 군사력의 사용은 안드레이 그로미꼬 제1부수상겸 외상(당시)의 다음과 같은 경고발언으로 뒷받침되었다. "시베리아에 배치된 SS 20 핵미사일은 남한·일본·가르시아 군도를 목표로 선정하고 있다."

이상에서 우리는 남·북한이 각기 소련과 미국의 핵볼모가 되어 있음이 분명하다. 게다가 미국의 군사계획으로 판명됐듯이, 한반도는 핵무기에 의한 첫 대결장이 되어 있는 것이다. 소련과 북한의 긴장관계는 북한의 국가원수(김일성 주석)가 1961년 상호 우호원조조약 체결 때 모스크바를 방문한 이후 84년까지 방문하지 않은 사실로 잘 나타난다.

소련의 전략에 관해서 이야기를 끝맺기 전에 일본과 관련해서의 남한의 전쟁 위험성도 일별하고 넘어갈 필요가 있다. 일본은 미국의 대소 공격기지로서거나 일본 독자적 이유에서거나 소련의 핵보복 목표가 되어 있다. 그런데 미·일 합동군사체제와 한·미 합동군사체제의 연결로 일본군대가 남한 보호역할 내지는 한·일 군사동맹적 성격을 짙게 하게 될 앞으로 수년 후에는 일본과 소련간의 군사갈등 구조 속에 본의 아니게 한국이 개재될 위험성을 배제할 수 없다. 1983년 1월, 일본수상 나까소네는 와싱톤 방문시에 일본이 남한에 대한 군사적 보호역할까지를 포함한 동북아시아에서의 군사적 역할을 강조하면서 일본이 소련에 대한 '불침항공모

---

9) 1983년 7월 17일 프라우다 모스크바발 타스통신.

함'이 될 것이라고 호언장담했다. 이에 대해서 소련수상 유리 안드로포프는 즉각 "일본이라는 불침항모는 20분 이내에 침몰할 것"이라고 강력히 경고했다. 소련의 선언적 태도와 실제적 행동이 반드시 일치하지 않을 수도 있을 것이다. 그렇다 하더라도 주변 강대국들의 위험한 이해갈등 구조 속에 스스로 위치하고 있는 한국인으로서는 이와 같은 초강대국의 위협에 큰 관심을 갖지 않을 수가 없다.[10)]

중화인민공화국의 정치·군사적 자세

동북아시아에서의 중국의 기본입장은 세계정책의 일환으로서의 '현상유지'라는 한마디로 요약할 수 있을 것이다. 군사적으로 북한과 중국은 소련과 북한의 경우와 마찬가지로, 1961년 여름 남한에서 반공주의를 내건 군부 쿠데타 정권이 출현한 직후 상호 군사동맹 관계에 들어갔다. 그러나 두 나라의 관계는 그 후 '가장 정다운' 상태에서 '서로 비방하는' 상태의 양극단 사이를 넓은 진폭으로 왕래했다. 아무리 좋게 보아도 시종일관 '서먹서먹한 친구' 이상의 관계가 아니었다. 중국에서의 문화혁명이 당(黨)의 기존 지도체제와 지도자들을 공격했을 때 북한에서는 그 운동의 북한 내 감염을 두려워하여 노골적인 '반중국'(反中國) 태도를 취했고 중국은 동북지방(만주)의 조선족 소수민족을 박해해 그들을 압록강 너머로 추방하는 사태까지 벌어졌다.

---

10) 1983년, 소련의 대일본 · 대미국 북동태평양 전략요충인 캄차카반도와 사할린 공역을 침범 비행했던 대한항공(KAL) 여객기를 격추한 사건은 이 지역의 군사적 갈등구조의 심각성을 설명하는 데 도움이 된다.

중·조(중국－조선) 관계는 다른 한편 소·조(소련－조선) 관계의 변화·진동에 반비례적으로 작용하는 함수관계를 보여왔다. 소련과 북한의 관계는 소련과 서방의 관계가 호전될 때 악화하고, 그것이 악화할 때 개선되는 일반적 세계적 관계상의 특성을 보여왔다. 그 극단적 예로 후르시초프와 브레주네프 시대의 대미관계의 밀월시기에는 소련－북한 관계는 최악의 상태였고, 그 시기 중국과 북한 관계는 우호적 색채를 짙게 보여주었다. 중국은 북한과 1,300킬로미터의 국경으로 접해 있고, 중국의 공업·농업지대인 만주와 북한의 공업요충지인 북부와 인접해 있으므로 상호간의 평균적 관계는 소련과의 그것보다는 긴밀했다.

1985년 현재의 시점에서 말한다면, 한반도의 군사 긴장완화를 위해서 북한이 제창한 미국과의 협상노력에 중국이 중계자적 역할을 담당하고 있는 까닭에 정치·외교적 관계가 긴밀해졌다. 또 북한이 새로운 개방정책과 중국식 신경제정책의 채택으로 관계는 더욱 향상될 것으로 예상되었다. 그러나 남한에 강력한 미국군대가 계속 주둔하는 한 국가안보의 측면에서는 현대식 무기를 공급지원할 수 있는 소련과의 군사적 관계가 더 긴밀해질지도 모른다. 미국의 핵공격을 가상할 때, 역시 중국보다는 소련의 핵보호가 더욱 기대치가 높다는 점에서도 그렇다. 중국이 북한에 공여할 수 있는 최신무기라고 해야 고작 MIG 20형 전투기 정도인데 비해서 소련은 현재 MIG 23형 전투기를 상당수 공급하고 있는 것으로 보도되었다.

소련과 중국 사이에서 북한이 보여온 관계유지 형태는, 배후의 두 강대국으로 하여금 각기 북한의 호의를 위해서 경쟁하게 하는 '양면의 칼날'이었다. 그 칼날은 어느 한쪽에 대해서 더 잘 든 때도 있고, 두 쪽을 다 잘라버린 때도 있었다. 소련과 중국의 오랜 대립관계가 상당히 급속도로 개선되려는 증거들이 최근에 나타나고 있다. 그렇게 되면 중국과 소련은 북한에 대해서 종래의 경쟁적·상호배척적 우호관계를 모색하기보다는 협조적 관계형태를 수립하는 방향으로 움직일 것으로 보여진다.

일본과 두 개의 Korea

한국은 1960년대 초에 정치적·경제적·사회적으로 북한에 비해서 미국의 우려를 자아낼 만큼 허약하고 열세에 놓여 있었다. 미국이 강력한 군사력을 남한에 주둔시키고 핵무기 사용까지도 검토해야 했던 이유가 바로 이 같은 남·북한 간의 안정성의 격차에 있었다. 미국은 이 같은 남한지원의 부담을 장기계획에 따라서 일본에게 분양하기로 했다. 그 계획은 다음과 같이 단계적으로 실시되었다: 1960년대의 정치적 지원, 70년대의 경제적 지원, 80년대의 (준)군사적 지원. 현재 진행·전개되고 있는 모든 구체적 징후로 미루어볼 때, 한국과 일본은 1990년대에 군사동맹적 관계를 완성할 것으로 예상된다. 그것이 미국의 장기계획 및 목적이다.

1960년대부터 역대정권이 국내적으로 군사정권 반대의 압력과 정치·사회적 위기를 극복할 수 있었던 것은 미국의 군사적 보호와 보수적 일본정부의 경제적 뒷받침 덕이다. 미국 대통령 레이건은 1981년 1월 취임 직후에 백악관에 초청할 첫 외국 지도자로서 남한의 군부 출신 집권자를 선정함으로써 한국 군사정권에 대한 확고한 지지를 표명했던 것이다. 그 다음달 2월에는 일본 수상 나까소네를 와싱톤으로 불러 일본으로 하여금 정치·경제적으로 취약했던 한국정부에 대해 경제적 분담은 물론 군사적 후견역의 분담까지도 떠맡게 하는 공동성명을 발표함으로써 미·일·한 3국 유대강화에 박차를 가했다. 이 공동지원 공약은 1982년 일본이 한국에 대해서 사실상 군사비를 대체하는 형식의 경제차관 40억 달러를 제공하는 것으로 실현되었다.

일본의 한반도 식민지 통치의 역사 때문에 한국 사람들은 좁은 해협을 사이에 둔 양국 간의 노골적인 군사적 협동관계는 어떤 형태이건 불안스러운 눈초리로 바라보지 않을 수 없다. 그 태도에 관한 한 일본국민의 상당수도 마찬가지다. 그 점을 고려한 미국은 이 2개의 하위(下位) 동맹국의 군사적 협동체제를 간접적 형태로, 즉 미·한 방위조약과 미·일 안보조약을 정점으로 하는 '2부등변 3각형'으로 연결시키고, 장차 조건이 유리하게 성숙되는 단계에서 완벽한 '3변 3각형'으로 마무리 지으려는 장기정책을 추진 중이다. 이 '3각 군사동맹'의 완결을 위해서는 일본 내의 정치적 변화가 선행되어야 한다. 일본은 여러분이 주지하는 바와 같이 군대의 보유를 금지하고, 군사력을 국가정책이나 국제분쟁의 해결수단으로 사용하지 못하게 규정한 이른바 '평화헌법'이 있다. 이 평화헌법의 엄연한 존재에도 불구하고 미국과의 협력하에 일본의 우익세력은 이미 동북아지역 국가들 중 중국을 제외하면 최강의 육해공군력을 보유하기에 이르렀다. 남한과의 군사동맹 관계를 완결하려면 먼저 이 평화헌법을 일본 우익의 군사대국화 목적에 지장이 없도록 뜯어 고쳐야 한다. 나까소네 정권은 그 목적과 목표를 공언하고 있다. 그러는 동안에는 미국이 중간에서 조정하는 한·일 양국 군대의 각종 협력관계는 반발을 무마 내지 우회하면서 지난 4년간 급속도로 촉진되고 있는 듯이 보인다.

일본은 아직까지는 국민총생산(GNP)의 1퍼센트를 군비예산의 한계로 정하고 대체로 그 한계를 지켜왔다. 그것은 야당과 군사대국화를 반대하는 광범한 평화애호적 이념의 압력이 주효했기 때문이다. 그러나 선진국의 보수화 경향과 미국정부의 끈질긴 압력으로 일본정부와 집권당이 군사비 'GNP 1퍼센트' 원칙을 폐기하는 날은 바로 눈앞에 다가온 것 같다.

일본의 거의 무제한적인 경제력과 생산력 및 최고도의 과학기술 역량의 뒷받침으로 증강된 일본 군사력은 한반도의 분단된 두 부분의 한쪽을 부추기고 다른 한쪽을 억누르는 물리적 힘으로 작용할 것이다. 일본 보수 집권당의 행정부의 한반도 정책은 한반도 남·북지역의 민족적 염원과는 관계없이 한반도의 현상고수, 다시 말해서 한반도에 2개의 국가를 고착화하는 영구분단에 있다. 그리고 그것은 미국의 정책과 무관하지 않다.

한반도 긴장완화를 위한 최근 동태

한반도에서의 군사적 대결구조를 해소하고, 그럼으로써 동북아 지역에 새로운 평화질서를 구축하기 위한 방안을 모색하는 국제적 움직임이 1984년 들어서면서 태동하기 시작했다. 40년의 긴 세월 동안 날로 증대하는 전쟁위협이 반도정세의 왜곡을 극한적 상황에까지 몰고간 결과로 파탄을 회피하기 위한 모색이 불가피하게 됐던 것이다. 변증법적 표현으로 말하면, 위기의 양적 축적이 극한점에 도달함으로써 평화로의 전환을 요구하는 질적 변화를 나타냈다고 할 수 있을지 모르겠다. 이 변화는 1982년 이래로 중국이 보여준 대내외 정책의 변화와 시기적으로 또 상황적으로 병행했다.

그 이니셔티브는 1984년 초, 북한이 한반도에 영구적 평화질서를 구축하자는 제의와 함께 미국에 대해서 대화를 요청한 공개적 몸짓으로 시작되었다. 북한은 정부(정무원)와 최고인민대표회의(국회) 각기의 공식결의를 담은 공식서한을 미국의 대통령과 의회에 발송했다. 그 서한은 한반도에서의 핵전쟁 위협이 '일촉즉발의 상태'에까지 악화했음을 지적하고 그에 대한 북한의 '심각한 우려'를 표명했다. 공동서한은 이 고압적 위기를 풀고자 하는 의욕을 천명하면서 평화적 질서의 도입을 통해서 궁극적으로는 분단된 남북의 평화적 통일을 실현할 새로운 터전을 마련하겠다는 것이었다. 남·북한과 미국의 3자회담을 제의한 북한 구상은 두 단계로 구성된다. 첫 단계는 북한과 미국이 한반도전쟁(1950~53)의 정전협정 조인 당사자로서, 정전협정이 요구했으나 꾸준히 그 실현이 지연돼온 평화조약을 체결하고, 그것으로써 정전협정을 대치하는 것이다. 북한은 그 전에는 평화조약 체결 이전에 정전협정이 정한 대로 한반도에서 유엔 깃발을 앞세운 모든 외국군대(사실상은 남한의 미국군대뿐이다)가 철수해야 한다고 주장했다. 그러나 이 제의에서 북한은 그 태도를 바꾸어 미국군대의 철수를 전제조건으로 삼지 않고 평화조약 협상 과정의 의제로 삼아도 좋다는 신축성 있는 태도를 표명했다. 이것은 중요한 진전이며, 미국으로서도 체면을 유지할 수 있는 대안으로 간주된다.

이 미국과의 제1단계 합의가 이루어지면 같은 민족인 남과 북이 상호 불가침선언을 하고, 그것을 토대로 해서 평화적 통일을 위한 민족회의 개최에까지 진전 심화시켜 나가자는 것이다. 북한은 그 후 더욱 태도를 완화했다. 즉 미국이 북한의 진의를 의심해서 평화조약 체결이 어렵다고 한다면, 북한은 군사적 행동을 부인·방기한다는 성의의 표시로서 먼저 남북한 사이에 불가침선언(협정)을 선행시켜도 좋다고 했다. 북한은 오랫동안 남한의 군대가 미국인의 작전지휘권하에 있으므로 군사적 협상의 대상이 될 수 없다고 주장했었다. 이제 그 태도를 바꾸어 대등한 상대로 취급한다는 표시이다.

하지만 남한과 미국은 이 제의를 거부했다. 미국은 북한의 성의를 불신하고 있으며, 북한에 대해서는 오직 '힘에 의한 압력'을 가함으로써만 굴복시킬 수 있다는 40년간의 입장을 고수하고 있다.

분단민족의 화해를 위한 노력

북한은 이 '평화질서' 구상 제의에 앞서 1983년, 남한에서 대규모 홍수피해가 발생했을 때 수재민을 위한 구호물자 제공을 제의했다. 한국정부는 상당기간 주저 끝에 그것을 수락했다. 한국정부가 북한으로부터 수재구호물자의 수락을 망설인 까닭은, 수십 년 동안 남한 대중에게 북한의 빈곤상만을 강조·선전해온 터에 막대한 양의 구호물자를 북한으로부터 받아들인다는 것은 북한의 경제적 능력을 인정하는 결과가 된다고 생각했기 때문인지도 모른다. 한국 국민에게 작용할 심리적 효과도 고려한 결과다. 이와 같은 고려는 어쨌든, 휴전협정으로 장벽이 쌓인 이후 40여 년 만에 민족을 갈라놓았던 장벽을 뚫고 물자가 왕래한 것이다. 이 일은 여러분 유럽인들이 상상조차 하기 힘든 벅찬 감격을 한민족의 마음에 심어주었다.

남한이 꾸준히 요구했던, 국제 적십자사를 매개로 한 이산가족의 재회도 1985년에 부분적으로 이루어졌다. 북쪽의 수도 평양과 남쪽의 수도 서울에서 각기 150명의 이산가족이 처음으로 헤어졌던 가족과 재회했다. 본래 남·북 간의 합의는 이 같은 교환을 지속적으로 실시한다는 것이었다. 그러나 불행하게도 제1차를 마지막으로 그 이상은 아직 계속되지 않고 있다.

정치적·경제적 차원에서도 여러 가지 제의와 반(反)제의가 끊임없이 오고갔으나 아직까지 실현된 것은 아무것도 없다. 특히 정치적 제의는 서로 정면으로 상충되는 것이어서 타협점을 찾기가 어려운 실정이다. 남·북의 정치적 구상은, 남은 현 분단상태를 유지하면서 그것을 전제로 하는 정치적 타협을 주장하는 반면, 북쪽은 분단은 비정상적 상태이니 통일을 전제조건으로 해서 제반 정치적 조치를 그것을 실현하는 데 집중시키자는 것이다. 다시 말해서 남한의 정치적 구상은 당신들이 잘 아는 '독일방식' 즉 국가적·제도적·국민적으로 별개의 존재로 고착화하자는 것으로서, 미국과 일본의 적극적 지지를 받고 있다. 북한의 구상은 독일식 분단고착화를 반대하는 입장이다.

미국과 남한의 구체적 방안은 독일방식에 따르는 '교차승인' '개별국가로서의 UN 동시가입'이다. 교차승인의 절차는 몇 가지가 있겠으나 요컨대 한반도와 관련된 주요 주변국가들 가운데 소련과 중국이 남한을 국가 승인하고, 미국과 일본이 북한을 국가 승인한다는 것이다. 그렇게 해서 국제정치상 및 국제법상으로 별개의 독립·주권국가로 승인된 남국(南國)과 북국(北國)이 동시에 유엔회원국이 되자는 것이다. 북한은 그 방식이 한민족의 통일을 영원히 방해하려는 국제적 음모라고 맹렬히 규탄하고 있다. 남한의 논리를 알기 쉽게 설명하면 이렇다. 남·북한은 하나의 민족이지만 40년 이상 분단되어 있는 동안 이념·제도적으로 이질화되었기 때문에 가까운 장래에 하나의 국가로 재통합하기는 사실상 불가능하다. 일단 별개의 독립·주권국가로 존재하면서 별개의 국제적 단위로서 장기간에 걸쳐 통일을 위한 접촉과 노력을 하자는 논리이다.

북한의 논리는 이렇다. 한(조선)민족은 독일민족과 달리 10세기 이상의 역사를 통해서 단일민족, 단일국가, 단일생존권, 단일문화와 풍속 속에서 살아왔다. 더욱이 반도민족과 영토의 분단은 독일의 경우처럼 자신의 범죄행위에 대한 징벌로서거나, 심지어 민족 자신의 자발적·자의적 의사와 선택에 의한 것이 아니라, 포츠담과 얄타의 합의로서 통일국가를 실현하기로 공약한 전승연합국이 그 합의와 공약을 위배한 결과다. 또 휴전협정을, 휴전협정이 규정한 대로의 평화조약으로 대치할 것을 거부하고 있는 미국의 책임이다. 따라서 외국과 관계국들도 남·북한의 분단을 영구화하려 할 것이 아니라 통일국가 수립을 위한 민족적 노력을 도와야 한다. 이상이 대체로 여러분이 이해하기 쉽게 풀이한 북한의 통일논리이다.

이 논리에 따라서 북한은 2개의 한국으로 구성되는 과도적 형태의 '연방공화국'을 제의하고 있다. 그 구성과 형태는 남·북 각기의 군대를 15만 선으로 감축하고, 상호간 적대관계를 조장하는 성격의 국내법들을 폐기하고, 외국의 군사기지를 철폐하고, 외국과의 군사동맹 조약을 해체하여 남·북의 현존질서를 당분간 그대로 승인·유지하면서, 민족 내적 문제를 통괄할 쌍방 대표들로 구성된 '연방국가회의'를 창설하여 유엔을 비롯한 국제적 회의나 조직에는 이 회의가 국가를 대표하게 한다……는 등이다. 그리고 과도적으로 느슨한 형태의 이 통일국가는 그 명칭을 역사적으로 세계에 알려져 있는 고려(高麗)의 이름을 따서 '고려연방공화국'(高麗聯邦共和國)으로 하자는 것이다.

이상과 같이 거의 타협의 여지가 없어 보이는 남·북한의 통일방안에 대해서 여러분은 나름대로의 평가와 견해가 있을 줄 믿는다.

맺는 말

40여 년 계속된 전쟁위기와 비이성적인 '군사대결주의' 체제는 한반도 남·북한 사회를 군사화한 감이 있다. 남·북의 대중은 전쟁을 원하지 않으며, 현재와 같은 군사질서·전쟁구조가 하루속히 평화질서로 대치되기를 갈망하고 있다.

그럼에도 불구하고 민중의 염원은 분단영구화와 군사적 대결주의에서 이익을 얻는 내외의 개인과 세력에 의해서 무시되어왔다. 그러는 동안에 한반도는 핵초강국의 핵전장(戰場)으로 선정되어 언제 핵전쟁이 이 반도에서 폭발할지 알 수 없는 긴박한 위기상태가 조성되어 있다.

어떠한 관계 주변국가도 한반도에서 전쟁이 재발할 것을 원하지 않는다는 것도 분명하다. 그들은 1950년대의 한반도전쟁이 재발할 경우에 그것이 핵전쟁으로 확대·상승할 것이라는 틀림없는 가능성을 십분 인식하고 있다. 그런 전쟁에 개입하거나 말려들어가기를 원하지 않으리라는 것도 확실하다. 소련도 원하지 않고 중국도 원하지 않는다. 그것은 그들이 거듭 천명한 입장이다. 일본도 원하지 않는다. 일본은 군사적으로 참전할 조건에 있지 않다. 문제는 미국이다. 그러나 미국도 핵전쟁까지를 원하지는 않을 것으로 생각한다. 누구도 원하지 않는다.

그런데도 한반도의 전쟁위협은 계속 짙어져가고 있다. 어찌 된 셈인가? 나의 여태까지의 설명에서 그 원인을 어렴풋이나마 감득했을 줄 믿는다.

지금 남·북한은 각기 한반도전쟁의 잿더미에서 경제적으로 부흥하여 남은 남대로, 북은 북대로 세계에서 경탄하는 자신 있는 국가·사회를 건설하고 있다. 전쟁으로 이 건설을 다시 초토화하고 싶은 자가 누구인가?

지금이야말로 반도의 민중과 주변의 관계국가들은 물론, 여러분같이 한반도와는 지리적으로 문화적으로 멀리 떨어져 있는 지식인들도, 한반도에서 전쟁위기를 제거하고, 잠정적인 정전협정을 확고하고 영구적인 평화조약으로 대치함으로써 한반도에 새로운 평화질서를 구축하는 노력에 아낌없는 지원을 보내야 할 줄로 안다. 이것만이 한반도가 다시 동북아시아의 핵전쟁의 방아쇠 역할을 하지 않고, 더 나아가 동북아시아의 평화를 통해서 세계의 평화를 유도하는 길이라고 확신한다.

핵은 확실히 '죽음'을 보장한다

핵 숭배사상의 종교화

대한민국(남한)에는 하나의 '위대한 미신'이 있다. 이 나라 국민의 거의 모두 그것을 신봉하고 있다는 뜻에서 그것은 가히 '국민미신'이라고 말할 수도 있다. 국가가 그 신앙을 보호·지원한다는 뜻에서 '국가적 미신'이라고 이름할 수도 있다. 그 '미신적 신앙'은 다름이 아니라 핵에네르기와 핵무기에 대한 맹목적 신앙심이다. 표현을 바꾸면 '핵'은 한국 국민의 신(神)으로 추앙되고 있다. '핵신'(核神)에 대한 절대적 신앙심으로 말미암아 이 나라에는 '핵종교'(核宗教)가 어떤 다른 종교보다도 광범위한 신자를 확보하게 되었다.

대한민국의 핵종교의 신도들은, 역시 다른 어떤 종교의 신도들보다도 그 신에 대해서 맹목적이고 절대적이며 비이성적이고 무비판적이다. 그리고 다른 어느 종교의 신도들보다도 이 핵신에 대해서 더 무지하며 열광적이다 못해서 광(狂)적인 광신자들이다. 그들은 이 핵신의 제단 위에 자기의 생명과 전체 국민, 한반도 남북 전체 민족의 생존을 송두리째 바치게 될지도 모르는 미신적 사고와 행동을 서슴시 않고 있다. 이 같은 광란적 작태는 그 종교와 신이 국가의 이념적·정책적 보호를 받고 있다는 사실 때문에 어떤 사교(邪敎)나 미신보다도 위험하다.

그런데 대한민국의 국민은 이 사실을 인식 못 하고 있으며 날로 그 '국가적 미신' 종교에 깊숙이 빠져들어가고 있는 실정이다. 20세기 말의 오늘을 함께 살고 있는 세계의 160여 개 국민들 가운데 이처럼 위험한 '핵신 숭배'사상에서 아직도 깨어나지 못한 국민은 우리뿐이 아닌가 싶다. 생각할수록 소름 끼치는 현실이다.

한국인이 핵에 무지하게 된 원인

우리나라 사람들이 이처럼 위험한 핵 숭배사상에 사로잡히게 된 원인은 무엇일까? 그 배경은 어떤 것인가? 다음과 같은 몇 가지로 풀이된다.

① 민족 내부문제의 군사적 해결정책: 우리나라 역대정부는 분단된 남북의 민족 내부문제의 성격을 오로지 군사적 대결의 측면에서만 인식하고 민족 내부문제의 해결도 오로지 군사력에 의한 것으로 여겨왔다. 20세기 군사력의 궁극적 형태는 핵무기다. 해방 후 오늘날까지 40여 년을 두고 일관되게 길러져온 군사(군대)력 존중사상이 핵무기 숭배사상으로 이어진 것은 당연한 논리다.

② 맹목적 반공이데올로기: 이 나라 국민은 비이성적이고도 맹목적인 관념적 이데올로기를 구체적 인간의 생명, 구체적 생존, 구체적 행복과 복지보다 우위의 가치로 착각하는 경향이 있다. 이데올로기란 그 어느 것이건 역사적이고 가변적이며 상대적인 것

이다. 하지만 인간의 생명은 절대적인 것이다. 그런데 이 나라에서는 어찌 된 셈인지 이 상대적인 것이 절대적인 것보다, 가변적인 것이 기본적인 것보다, 역사적인 것이 본질적인 것보다 더 숭상되게끔 되었다. 그 결과로서 어떤 이데올로기를 반대하기 위해서 핵무기는 필수불가결한 것이고, 그 목적을 위해서는 핵전쟁조차 바람직하다는 위험스러운 신념 같은 것이 사람들의 머리를 지배하게 되었다. 자본주의와 사회주의의 이데올로기적 갈등에서는 유럽 나라들의 시민도 우리와 유사한 환경에 놓여 있다. 그러나 그들에게는 구체적 인간 생명의 절대성, 살아 있는 인간의 현실적이고도 구체적 안전과 행복이 '핵전쟁으로 죽은 사람'의 그것보다 소중하다는 인식과 신념이 확고하다. 우리는 그와 정반대다.

③ 핵무기의 위험성과 핵전쟁의 종말성에 대한 무지: 위에서 본 ①과 ②의 결과로, 이 나라 국민은 핵무기와 핵전쟁에 대해서 무지한 상태다. 막연한 지식이나 감각이 없다는 것은 아니다. 그러나 막연한 두려움이 자기 생명의 말살에 연결되고, 인류의 종말을 초래하는 전쟁방식이라는 데 대해서 확고한 인식이 없다는 말이다.

국민대중이 이렇게 된 이유와 책임을 구명할 필요가 있다. 군대와 군사력 숭배사상이 지배하는 사회는 그 성격상 반(反)평화적일 수밖에 없다. 그 같은 사상과 이해관계의 체제는 따라서 군사력의 궁극적 힘인 핵무기에 대한 평화애호적 사상을 기피하고 억제하게 마련이다. 핵무기에 대한 비판, 핵전쟁에 대한 반대의 지식은 적극적으로 전파되지 않고, 그 같은 사상이나 운동은 '반(反)국가적' '공산주의적'으로 법적 처벌을 받고 있다. 대중을 계몽해야 할 보도기관, 언론기관, 지식인들, 평화주의적 단체와 기관 등의 활동이 억압을 당하는 현실에서 핵무기와 핵전쟁에 관한 진실된 지식과 정보가 자유롭게 보도되고 토론될 까닭이 없다. 핵위험에 대한 감각이 마비되어버렸다. 그리고 마침내 무감각해졌다.

④ 미국 국가이익 위주의 선전 결과: 미국의 정부, 특히 군부는 군사력의 무제한적 확대 증강, 군수산업 자본의 극대이윤화, 군부의 예산증대 및 군사기구의 자기증식(自己增殖) 원리에 의한 전쟁논리 조작, 전쟁·군수용 과학기술의 고용증대와 경제경기 부양효과, 해외 무기판매의 정치·외교·경제·군사적 효과…… 등을 위해서 핵무기의 위험성과 핵전쟁의 인간종말론적 비참성을 과소평가하는 선전을 일삼고 있다. 이것이 이 나라 국민의 지식과 정보와, 그에 바탕한 사실인식의 능력을 병들게 하고 있다.

⑤ 외국의 핵기지화의 위험성에 대한 인식착오: 미·소 초핵강국은 각기 자기 국가의 국토·인민의 생명·재산이 상대방의 핵공격을 받지 않는 전략체계·전쟁구조를 다져놓고 있다. 그 대신 그들은 각기의 하위 동맹국의 영토에 핵무기를 설치함으로써 그 하위 동맹국의 국토, 인민의 생명, 그 재산(물질적 존재)을 희생시키는 전략구상을 전개하고 있다.

그럼에도 불구하고 이 나라에서는 자기 땅에 미국의 핵무기 기지가 존재하는 것이, 그리고 핵무기의 수가 많으면 많을수록 '우리 자신'의 안전이 더욱 잘 보장되는 것으로 착각하고 있다(이 착각의 위험성에 관해서는 뒤에서 더욱 상세히 논할 것이다).

핵에너르기의 파괴성에 대한 인식

한국인 일반에게 '핵의 에네르기화=핵의 무기화'가 막연하게나마 인식된 사건이 1986년 5월 초 소련의 체르노빌에서 발생한 핵발전소의 폭발(용해)사건이다. 오랫동안 과학과 기술의 신비성에 매혹되어 있던 한국 대중은 비로소 핵발전소의 다른 한 면을 소련인들의 처절한 희생을 통해서 깨닫게 된 셈이다.

한국 신문들은 체르노빌 사고가 소련(공산주의 사회)의 특유한 것처럼 보도하는 경향이 있었다. 체르노빌보다 몇 해 전 미국의 스리 마일(Three Mile) 핵발전소에서 일어난 대규모 사고는 미국(자본주의 사회)의 특유한 사고일까? 핵재해는 사회의 제도를 가리지 않는다.

그럼에도 불구하고 국내에서는 핵발전소의 위험성(공해 정도는 차치하고라도)에 대한 문제제기가 별로 없었다. 있었다 하더라도 그것은 잠시 신문지상에서 소련의 참사와 관련해서 언급되었을 정도다. 바로 체르노빌 사고 직후 우리 정부는 또 수억 달러를 요하는 2개의 핵발전소 건설을 미국의 회사와 계약했다. 이미 가동중인 고리(古里)발전소를 비롯한 핵발전소들에서 방사·유출되는 공해작용으로 주민과 산업이 피해를 입고 있는 사실에 대해서는 거의 보도되는 일이 없다.

핵에네르기의 평화이용은 화약의 평화이용과 마찬가지로 인간과 인류의 문명적 성취임은 틀림없다. 그러나 우리나라에서는 다른 나라와는 달리 각별히 문제되는 점이 허다하다.

첫째는 그 핵발전소들의 안전기준을 강화하고 방사능 물질의 확산에 대한 방지장치가 외국보다 훨씬 소홀하다는 문제다. 그에 관한 권위 있는 증언을 들어보자. 미국 수출입 은행의 차관으로 한국정부와 핵발전소 건설을 계약하고 완수한 미국의 제너럴 일렉트릭(General Electric)의 과학자는 이렇게 쓰고 있다.

① 남한에서는 핵발전소 건설계획이나 세부적·현장적 과정이 정부관료기구의 독점하에 있어, 공중(公衆)적 토론·검토·이의제기·현장검증…… 등의 과정을 일절 배제한 채 추진되고 있다. 그 결과 독자적 규제·관리조치가 없고, 건설은 날림이며, 인명에 대한 안전, 건강, 또는 방사능 확산 가능성에 대한 적절한 고려 없이 진행되었다.

② 남한에서는 공사예정표가 인간의 안전보다 우선했다. 따라서 안전관리인들은 공사예정을 늦추는 것을 '구조적으로 억압당했다.'

③ 미국 스리 마일 핵발전소 대규모 사고가 있은 지 3년이 지났는데도 남한정부는 아직도 '개별적이고 상세한 구체적 개선조치들'을 취하지 않고 있다.

④ 남한은 핵방사능 물질의 저장과 처리에 관한 종합적 계획을 수립하지 않고 있다.

⑤ 한국 핵계획은 수준 높은 전문적 인원의 부족으로 조작·운영·훈련의 난관에 직면해 있다.

⑥ (남한에 건설하는 핵발전소들은) '미국 핵규제이사회'(NRC)의 규정들을 위반하여, 한국에 건설한 4개의 핵발전소에는 미국 국내 핵발전소에는 적용하게 되어 있는 그 규제를 적용하지 않았다.

⑦ 남한정부는 1980년 레비(Levy) 씨가 「한국 핵안전에 관한 보고서」에서 작성하여 제출한 개선권고사항의 '대부분'을 묵살했다.[1)]

---

1) "Updated Review of Safety Aspects of the Nuclear Power Program in the Republic of

둘째는 전시효과적인 핵발전소 건설계획이다. 정부는 본래 2000년까지 46개의 핵발전소를 건설할 계획이었다. 그러나 핵발전소 재해에 대한 세계적 반대여론과 운동도 있고, 재원문제도 작용해 17개로 수정한 것으로 알려졌다. 수자원이 비교적 풍부한 한국의 자연조건을 두고 어째서 이 같은 작은 나라가 세계에서도 몇째 안 되는 대대적인 핵발전소 계획을 추진하는가 하는 문제를 공중(公衆)적으로 토론할 필요가 있다.

셋째로 자원과 돈의 낭비 문제다. 정부계획으로는 2000년에 46개의 건설이 완료되었을 때, 핵발전은 5만 824킬로와트로서 총발전량의 60퍼센트 이상을 차지하도록 할 계획이다. 현재(1986 여름) 우리나라의 총발전량은 전력의 최고 소요시간에도 30퍼센트 정도의 잉여 발전시설(능력)을 갖고 있다. 핵발전소 46개 건설계획을 17개로 수정한 근거가 그것이다. 현재도 그러한데 앞으로 몇 개를 더 건설해야 할 이유가 무엇인가도 납득이 갈 만큼 설명되지 않고 있다.

넷째로 정치적 흑막이다. 금년 여름에 미국회사와 추가건설이 계약된 2개의 핵발전소 건설계획은 국내의 정치정세가 한창 긴급할 때, 정권지지와 관련하여 미국정부가 강요했다는 설이 있었다. 한국의 핵발전소 건설의 거의 전부가 미국(회사)과 계약되고 있는

Korea", conducted by Nuclear consultant Salmon Levy, a former General Electric executive, 1980.

이 문서는 세계은행(The World Bank)에 제출되어 '비밀문서'로 취급되어오다가 1983년 2월 3일에 '비밀해제'가 되었다. 출처는 한국기독교사회문제연구원, 『핵과 평화—일지·자료』, 1985년 12월 중 "Nuclear dangers in South Korea" 95~97쪽 중 95쪽.

사실도 정치적 관련성에 대한 의혹을 짙게 해준다.

다섯째로는 핵발전소와 남·북 군사관계의 문제다. 핵발전소는 공중공격에 약하다. 만약 전쟁이 발생한다고 가상했을 때 그 많은 핵발전소 가운데 몇 개라도 폭격당하면 방사능 확산으로 말미암은 인명피해와 국토의 반영구적 오염은 거의 치명적일 수밖에 없다. 몇 해 전 이란 공군의 이라크 원자로 폭격을 생각하게 한다. 소련의 평화시 체르노빌 사고는 그 예다. 북한으로부터 남한의 핵발전소까지는 재래식 탄두의 지대지(地對地) 미사일로 1분, 전폭기로 20분밖에 걸리지 않는다.

그렇다면 정부가 주장하듯이 남북 간에 전쟁(남침)이 기정사실이라면 어째서 그처럼 많은 핵발전소를 국토의 각지에 계속 건설하려 하는가? 논리를 뒤집으면, 정부가 핵발전소를 계속 건설하려는 계획은 그 같은 남침이 없을 것이라는 확고하게 계산된 판단에 기초를 둔 것이라고 풀이된다. 남침이 확실하다면 핵발전소의 계속적 건설은 중지돼야 하고, 핵발전소의 계속 건설을 추진하는 것이 남침이 없을 것이라는 중요한 판단근거라면 그것도 국민에게 알려야 할 것이다.

여섯째는 핵발전소 건설과 독자적 핵무기 생산계획의 문제다. 세계의 유력한 전문가와 연구기관들은 한국의 핵지식과 핵과학자 기술자의 수준, 그리고 그 많은 핵발전소에서 생산되는 우라늄 등 물질로 독자적 핵무기 생산을 구상하고 있다고 보고 있다. 박정희 대통령의 '독자적 국방태세'의 일환으로 알려졌던 것이다. 세계의 중진국 중 핵무기 생산이 가능한 몇 개 나라에 '남한'이 속한 지는 오래다. "미국은 한국이 70년대 초에 핵무기 개발계획에 착수했으나 1975년 한국정부에 압력을 가하여 이를 취소케 했고, 한국의 독자적 핵무기 생산계획을 포기하는 대가로 미국은 핵무기에 의한 보호와 핵발전소 장비의 지속적 판매·지원을 공약했다"고 한다.[2)]

우리는 국가의 안보를 적극적으로 생각해야 하고, 남북 간에 평화체제가 확고히 구축될 때까지는 군사력의 충실화는 계속 필요하다. 그러나 남한이 핵발전소의 부산물로 독자적 핵무기를 생산할 때, 일어날 수 있는 북한의 대응을 반드시 고려해야 할 것이다. 그리고 실제로 그 무기가 사용된다고 가상할 때, 그것이 이 반도상의 남·북 민족 전체와 이 민족이 살고 있는 국토에 미칠 영향을 심각하게 고려해야 한다. 민족적 양심의 문제와 결부되는 것이다.

이와 관련해서 참고할 만한 이야기가 있다. 대만도 1970년대 초반에 우리와 같은 구상을 했던 것으로 알려져 있다. 본토 중국과의 군사관계에서다. 본토에 대항해서 대만 군부가 독자적 핵무기 생산계획을 추진하고 있다는 사실을 미국의 『타임스』(*TIMES*) 특파원이 장경국(蔣經國) 총통에게 질문하자 장 총통은 이렇게 답변했던 것이다.

> "우리는 본토의 공산주의자들과 대립관계에 있고, 국토(대만)를 그들의 공격으로부터 지키기 위해 독자적 핵무기 생산계획을 구상한 바 있다. 그것은 사실이다. 그래서 그 계획을 선친(고 장개석 총통)에게 보고했더니 선친이 말씀하시기를 '우리 중국 민족은 대립은 하고 있지만 그 같은 무기로 싸워서 서로 몰살하는 따위의 생각은 해선 안 된다'고 하셨다. 그래서 그 계획을 폐

2) 『로스엔젤레스 타임스』, 1978년 11월 4일, 『경향신문』, 11월 6일. 이와 같은 내용의 글이나 보도는 수없이 많다.

기해버렸다."[3)]

미·소의 핵표적이 된 한반도

한반도는 미·소 초핵강대국이 그들의 핵무기를 실전 목적으로 시험할 핵전쟁의 표적으로 프로그램화되어 있다. 지구상에서 미·소와 동·서진영의 이해갈등이 군사적 대결로 확대·상승할 것으로 예상되는 지역은 동·서유럽과 중동 석유생산 지역, 그리고 동북아 지역의 한반도다. 그런데 그 세 지역 중 한반도는 미·소 충돌이 핵전쟁으로 직결될 가장 위험한 곳이라는 데 대해서 모든 군사·정치 전략가들의 견해가 일치해 있다. 특히 미국에 무력 숭배주의자인 레이건 대통령 정부가 들어선 이후부터 이 위험성은 더욱 심화되었다. 레이건 정부의 국방성은 소련과의 '무제한적 군사대결' 노선과 전략을 택하고 있다. 그것은 소련에 대한 미국의 핵 우위적 위치를 토대로 해서 추진되고 있다. 그중 가장 논란과 비난의 대상이 되고 있는 계획이 소위 '우주전쟁'으로 알려져 있는 전략방위계획(SDI) 구상이다. 전 우주의 핵전장화 전략이다.

한반도에 미치는 영향을 생각하기에 앞서 그런 구상과 전략이 전체 인류의 생존에 어떤 의미를 갖는가를 먼저 확인할 필요가 있다. 우리는 그것을 부정논리(否定論理)로 접근할 수 있다.

미국정부의 그 같은 전략과 정책에 관해서 수년 동안 종합적 연

---

3) 필자는 이 기사를 그 당시 『타임스』에서 읽고 장개석 총통의 감동적인 민족애와 민족주의 철학에 깊은 감명을 받았기 때문에 그 기사를 선명하게 기억한다. 그러나 그 호(號)의 『타임스』를 비치하지 못해 여기에 정확한 날짜를 제시하지는 못한다.

구와 검토를 마친 미국 가톨릭주교단은 1983년 6월 30일 '레이건 핵전략에 대한 반대결의'를 239 대 9라는 압도적 다수로 통과시킨 바 있다. 노벨과학상 수상자들을 포함한 미국 대학의 일급 과학자 3,700여 명은 1986년 5월, SDI 계획과 관련된 연구에 일절 참여하지 않기로 결의하는 성명을 발표했다. 레이건의 우주 핵전장화 구상이 비현실적일 뿐 아니라 위험·무모한 발상이며, 군비경쟁을 가속화하여서 핵전쟁 가능성을 촉진한다는 결론에서였다.

미국의 가톨릭 주교들과 그 과학자들이 반미적일 까닭이 없고 공산주의자일 이유도 없다. 소련보다 미국을 사랑하는 사람들이라는 데는 의심의 여지가 없겠다. 그럼에도 불구하고 어째서 그와 같은 결정을 해야 했는가를 한국인들은 심각하게 생각할 필요가 있을 것이다. 더욱이 "미국의 핵무기가 한국(남한) 땅에 더 많이 배치될수록 한국의 안전이 더 확고히 보장된다"고 지금도 믿고 있는 사람이 있다면 더욱 그렇다. 다음은 우리 문제로 좁혀 미국군부의 그런 전략이 한반도에는 어떤 의미를 가지는지 알아보자.

1983년 1월 16일 미국의 보도기관에 폭로된 미국정부의 「국방지침 1984~88 회계연도 계획」이라는 기밀문서에 따르면 미국군인들은 다음과 같은 노선을 추구하고 있다.

① 대기권 우주공간에 배치할 신무기 체제(SDI)를 개발하여 우주공간을 새로운 전장으로 하는 우월적 지위를 확보한다.

② 그 목적을 위해서 미국은 우주무기 개발을 제한하게 될 어떤 제안이나 조약도 거부한다.

③ 소련과 체결한 전략핵무기의 제반 제한 · 통제에 관한 협

정들(SALT)을 폐기한다.

④ 80년대 중반에 소련은 경제적으로 중대한 곤란에 처할 것으로 예상되며, 이 상황을 이용해서 소련의 무기체제를 일소해 버리도록 군비증강계획에 박차를 가한다.

⑤ 무제한 군비(특히 핵무기)경쟁을 다그쳐, 소련이 군사적으로 그리고 끝내는 정치적으로 굴복해 들어오도록 만든다.

⑥ 중거리 핵미사일을 선제공격으로 사용하고, 여러 전선에서 재래식 전쟁과 핵전쟁을 동시에 수행할 능력을 갖춘다.

소련이 80년대 중반에 '중대한 곤란'에 직면하여 머지않아 '굴복해 들어올 것' 같은 기색은 없어 보인다. 그럴수록 그 '전면 동시다발 핵 및 재래식 전쟁' 개념은 위험성을 지니게 마련이다.

모든 핵보유 국가가 핵무기에 의한 '선제공격'을 하지 않겠다고 선언하고 또 그것을 요구하고 있는 터에, 유독 미국만이 핵선제공격을 공식전략으로 내세우고 있다. 다수의 미국 핵무기가 배치되어 있는 한국(남한)이 이 전략구조에서 어떤 위험에 노출[4]될 것인

---

4) 남한에 배치된 미국의 전술용 핵탄두의 수에 관해서는 다음과 같이 여러 평가가 있다. 미국 국방정보센터(소장 라로크 퇴역 해군제독)의 평가(1976): 661~686발. 『뉴욕 타임스』 평가(1983.11.15): 250발. 『와싱톤 포스트』(1983. 10.19) 평가: 346발(괌도 포함). 핵문제 전문가 윌리엄 아킨스 씨와 리처드 하우스 씨의 평가: 151발(85년 6월에 발간된 두 사람의 공저 『핵전장』).

그 밖에 '원자파괴탄'(ADM)이 21발(*Bulletin of the Atomatic Scientists*, 1985. 4.17). 또 중성자탄의 한국배치도 보도되고 있으나 그 수량에 관해서는 정확한 정보가 없다. 지대지 중성자탄 발사용으로 설계된 '랜스' 미사일이 86년 10월 한국에 배치되었다고 발표되었다. 유럽국가들이 설치를 반대하는 미국의 중성자탄이 어디에 배치될 것인가에 관해서는 미국 국방 관계의 권위 있는 평론가 잭 앤더슨

가를 살펴볼 필요가 있다.

미국 국방장관이 의회에 제출한 「83년도 국방보고서」가 그것을 구체적으로 말해준다. 이 보고서는 "소련과 중동 산유지역에서 분쟁이 일어날 경우, 미국은 소련의 군사력을 분산시키고 석유자원을 미국이 확보하기 위해서 동북아지역의 동맹국의 군사력과 함께 북한을 지상공격하고, 북한에 대한 핵공격을 감행한다……."[5]

이 전략구상이 말하는 "북한에 대한 동맹국의 지상공격"에서 동맹국이 남한(한국)군대임은 자명하다. 해마다 대규모의 '팀 스피리트' 한미 공동작전이 이 계획에 따른 것이라는 해석은 주목할 만하다.[6]

미국군부의 이 같은 한반도 목표 핵전략은 우리에게 심각한 문제를 던져준다. 이것은 미국의 강대국적 에고이즘이라 할 수 있다. 한반도와는 수만 리 떨어져 있는 중동에서 소련과 석유쟁탈전을 벌이기 위해 이 민족의 땅에서 핵전쟁을 선제공격으로 시작하겠다는 것이다. 결과적으로 우리의 금수강산을 초토화하게 될 이 같은 전략은 민족적 자존심이 있는 민족이라면 허용할 수 없다. 같은 군사적 상황에 놓여 있는 유럽국가의 정부와 국민은 모두 반대하고 있다는 사실에서 더욱 그러하다.

중동석유 때문에 북한이 미국의 핵공격 목표가 된다면, 같은 현

의 다음의 글이 시사하는 바 크다. 즉 "국방성 고위층들은 유럽국가들이 그들의 영토 내에 배치되는 것을 허용하지 않는 전략용 중성자탄이 실제로 **사용될 수 있는** 곳이 따로 있다는 것을 알고 있다. 그것은 남한이다"(브루스 커밍스, 앞의 논문).

5) Bruce Cumings, "Korea – The New Nuclear Flash Point", *The Nation* April 7, 1984. 일본 『산께이신문』 와싱톤발 기사, 1983년 2월 12일 및 『동아일보』, 2월 15일.

6) 『산께이신문』, 같은 기사.

대 군사전략학을 공부한 소련군부가 그 보복으로 남한을 소련의 핵공격 목표로 삼지 않으리라고 믿을 만한 근거는 없어 보인다. 실제로 소련은 그 의도와 결의를 누차 명백히 한 바 있다.[7)]

미국의 한반도 핵전략과 한국 국민의 지위

우리는 위에서 미·소 양 핵초강국의 한반도를 겨냥한 핵전쟁전략과 시나리오를 대충 파악했다. 그렇다면 그들의 '강대국 에고이즘'의 희생물이 될지도 모를 이 국민과 민족은 그들의 핵전쟁전략상 어떤 지위를 차지하는 것일까? 우리는 그들의 핵전략에 대해서 어떤 발언권을 가지고 있는가? 우리는 우리의 이익에 맞도록 그들의 핵전략을 바꾸게 할 수 있는가? 아니면 우리는 단순히 그들의 결정에 따르기만 해야 하는 것일까? 우리에게 이 같은 무수한 궁금증과 의심이 생겨나는 것은 우리의 생명이 걸려 있는 문제이니 만큼 당연한 일이다.

미국 육군참모총장 에드워드 마이어 대장에게서 직접 들어보자.[8)]

---

7) 소련 제1부수상 겸 외상 안드레이 그로미꼬는 소련이 극동지역에 설치한 SS 20 중거리 핵 미사일이 남한을 포함한 극동의 미국 핵무기 사용에 대한 보복용으로 targeting(목표설치)되어 있다고 밝혔다(『중앙일보』, 모스크바발 외신보도, 1983.4.4). 소련 육군참모총장 니꼴라이 오르가꼬프 대장은 "미국이 유럽 배치 핵무기로 소련을 공격할 경우, 소련이 오로지 유럽의 목표들만을 보복공격하리라고 믿는다면 그처럼 어리석은 생각은 없다"라고 언명했다.

8) 미국정부의 「국방지침 1984~88 회계연도」, 미국 국방장관 와인버거의 「83년 국방보고서」, 미국 육군참모총장 에드워드 마이어 대장이 서울에서 공언한 「한반도에서의 미국의 핵무기 사용 원칙」…… 등에 관한 상세한 내용과 그 의미분석은

그는 1983년 1월 23일 서울을 방문했을 때 다음과 같이 공개적으로 언명했다.

① 레이건 정부의 기본전략 개념은 재래식 전쟁이 장기화할 때에는 전술 핵무기를 사용하는 것이며, 이 개념은 한국(한반도)에도 적용된다.

② 그 경우에는 미국의 야전군 사령관, 예를 들면 한국에서는 '한미 연합군 사령관'이 양국의 대통령에게 핵무기 사용을 건의할 수 있다.

③ 한국에서의 핵무기 사용 여부 결정은 15개 동맹국과 협의를 거쳐야 하는 북대서양조약기구(NATO)의 경우보다 덜 복잡한 문제다.

④ 확인할 수는 없지만 북한에는 아직(소련이나 자체의) 핵무기가 없는 것으로 믿고 있다.

이 발언은 우리의 궁금증과 의심에 대해서 간접적으로 대답하고 있다. 즉,

① 한반도에서 군사적 사태가 일어나면 한반도에서 핵무기 사용은 기정사실화되어 있다는 점. 남북한의 어느 쪽도 핵전쟁을 각오하지 않는 한 재래식 군사력에 의한 전쟁행위를 생각할 수 없다는 사실을 알 수 있다.

② 핵무기 사용에서 미국의 주한 야전군사령관(즉 미국 제8군

리영희, 「한반도 주변정세의 질적 변화와 우리의 과제」, 『기독교사상』, 1983년 8월호 참조.

사령관 겸 한미 연합군 사령관)의 권한이 크다는 사실. 마이어 대장은 '최종적으로는 정치적 결단'에 달렸다는 주석을 붙이기는 했지만, 6·25 당시 맥아더 야전군사령관이 원자탄 사용을 주장했다가 당장에 파면된 사실을 놓고 보면, 지금은 주한미군 사령관의 핵무기 사용 결정권한이 훨씬 크다는 사실을 알 수 있다. 6·25 당시의 원자탄이 고작 TNT 1만 3,000톤급(히로시마·나가사끼형)인 데 비해 한국에 배치된 핵무기들은 그 몇십 몇백 배의 위력을 가진 '핵탄'(核彈)임을 감안한다면 현지 사령관의 현지판단과 발언권이 얼마나 큰가를 알 수 있다.

③ 양국 대통령에게 핵무기 사용을 '권고'한 주한미군 사령관의 권고에 대해 한국의 대통령이 어느 정도의 동의권과 거부권을 갖는가가 문제된다. 자동적으로 동의한다면 모르지만 국가·국민·민족적 입장에서 '거부'해야 할 때, 과연 '대한민국 대통령'의 의사가 어느 정도 참작될 것인지 의심스럽다. 대한민국 국군의 작전지휘권은 조약에 의해서 미국의 주한미군 사령관에게 이양되어 있다. 대한민국의 정권·정부·군사적 기구·정책·무기체제·고차적 전략판단…… 등을 미국에 의존하고 있는 형편에서 그와 같은 발언권이 정치적으로, 조약상 규정으로, 또는 실제적 문제로서 허용될 것인가는 퍽이나 의심스럽다. 다시 말해서 실제상으로는 미국의 현지 사령관의 독단권이라고 해도 무방할 것이다.

④ 북대서양동맹(NATO)에서는 동맹의 조약상 및 정치적 합의로써 미국의 핵전략에 관해, 미국은 그 15개 동맹국 모두와 사전협의를 해야 할 의무가 있다. 그런데 한국에서는 그런 문제가 '덜 복잡하다'는 마이어 육군참모총장의 말은, 단순히 15국과의 협의절차가 더 복잡하다는 뜻이기보다는 '질'적 문제로 해석된다. 유럽

동맹국가 정부와 국민(국회)은 미국에 대해서 '대등'한 입장에서의 협의를 하고 있는데 비해서 우리나라의 경우는 국회도 국민(Public)도 핵무기에 관한 어떤 발언권도 허용되어 있지 않다. 우리 정부나 정부 지도자들 자신이 미국의 한반도 핵전략에 대해서 얼마나 알고 통보를 받고 있는지도 의심스럽다. 국민의 의사를 미국의 핵전략 수립이나 운영에 반영해야 할 우리나라 국회는 사실상 자기나라 군대의 그런 일에 관해서도 관여할 권한이 없고 군부로부터 통보받는 일이 없다. 하물며 미국의 핵전략에 있어서랴. 이 점이 유럽(NATO)의 경우와 다른 점이다.

⑤ 북한에는 북한 자체적으로나 소련 등의 핵무기가 없다는 사실은 남한에 있는 미국 핵무기의 존재에 대해 여러 가지 문제를 제기하게 된다. 북한과 소련의 국가관계가 나쁘다는 점, 외국의 핵무기 배치를 반대하는 비동맹국가군의 정식 회원국이라는 점, 소련의 핵무기 배치를 허용하면 중국에도 같은 권리를 인정해야 하는 위험성, 북한의 에네르기원은 수력발전이고 핵발전소를 건설하지 않았기 때문에 독자적 핵무기 생산에 필요한 원자로 부산물이 없다는 점, 어느 쪽에 의한 핵무기 사용도 결국은 남·북한 전체의 파괴를 결과한다는 사실의 인식…… 등으로 해서 북한에는 핵무기가 없다고 인정되고 있다.

여기서 직접적이고 제1차적 의문은 두 가지다. 하나는, 북한에 외국 및 독자적 핵무기가 없다면 핵공격의 우려가 없는데 어째서 남한에 미국의 핵무기가 있어야 하느냐는 질문이다. 북한은 핵무기 생산을 하지 않는 대신에, 소련의 핵보호를 기대한다는 양국간 핵전략 원칙에 따라 '핵확산금지조약'에 가입했다. 그리고 핵무기를 생산할 능력도 없고 생산하지 않겠다는 뜻을 공식선언했다. 오늘날의 국제적 정보망과 사찰능력은 핵무기 생산 여부를 쉽게 탐지할 수 있다. 마이어 미국 육군참모총장의 말은 그에 기초한 것이다.두 번째 질문은 소련의 핵무기가 없는 북한에 대해서 미국이 중동분쟁 전략으로 핵공격을 한다고 할 때, 소련을 공격할 미국의 핵무기가 있는 남한에 대해서 소련이 핵공격(보복)을 할 구실을 주며, 또 그것을 정당화할 것이라는 문제다. 소련은 앞서 상술한 바와 같이 그 권리와 정당성을 주장하고 있다.

한반도는 미·소 양대국 에고이즘을 위한 핵전쟁의 볼모가 되었다. 우리는 이 심각한 민족공멸(民族共滅)의 위험성에 대해서 분명히 인식해야 할 현실에 직면해 있다. 이 인식은 최근 국내 종교단체의 한 선언문에서 강력하게 밝혀졌다.

> ……우리는 전 민족의 생존을 송두리째 위협할지 모르는 한반도 내에서의 어떠한 형태의 전쟁이나 살상을 거부합니다. 우리는 또한 한반도에 핵무기가 배치되어 있지 않기를 바라지만, 만약 배치되어 있다면 그것은 우리 민족의 의사나 이해관계와는 상관없이 한반도가 핵 불모지대가 되는 것이므로 이에 대해 반대합니다. 비록 거칠고 때로는 격한 표현을 쓰지만 죽음으로써까지 호소하는 민주인사나 학생들의 자료를 들어서 명시하는 증언이나 고발 가운데서, 한반도에 전쟁 억지력으로 작용하는 핵무기 외에도 가공할 핵무기와 국지전에 사용할 전술 핵무기가 배치되어 있음으로 해서 핵전쟁의 가능성이 고조되고 있다는 지적은 우리를 슬프게 합니다. ……우리는 한반도가 인류가 소망하는 화해와 사랑을 실천하는 평화운동의 중심지요 시발점이 돼야 한다고 생각하면서 핵무기와 핵전쟁에 대한 반대요구

를 이단시하지 않기를 요구합니다.[9)]

이 선언문의 정신은 약 10년 전 한국의 대학생 가운데 89퍼센트가 "한국이 핵무기를 소유하기를 희망한다"고 생각했던 것과 비교할 때 의미심장한 반성과 발전이라고 할 수 있다.[10)]

---

9) 한국천주교 정의구현 전국사제단 발표 「현시국에 대한 우리의 기도와 선언」, 1986년 11월 17일, 제8 중에서.

10) 중앙대학교 신문사가 실시한 학생의식 조사, 1978년 6월 23일.

2

일본 '친한파'의 정체

우리나라에는 일본과의 관계에서 무비판적으로 통용되고 있는 하나의 '미신'이 있다. 국교정상화 이후 일본(정부)에 의존해야 할 필요성 때문에 정부와 경제계가 주축이 된 상징조작으로 굳혀진 하나의 고정관념이다. 이른바 '친한파'로 불리는 일본인과 그들 집단에 대한 근거 없는 우호적 감정과 예우가 그것이다.

일본에서 총선거가 치러지고 개각명단이 발표될 때마다 우리나라의 정부, 정치인 그리고 보도기관은 '친한파 인사 몇 명 입각'이나 '누구는 친한파이고 누구는 아니고' 하여 웃기도 하고 울기도 하는 한심한 일들이 벌어지고 있다. 일본에서는 어느 구석에 묻혀 있는지 존재조차 알 수 없는 인물이 내방할 때도 김포공항에서의 인터뷰 기사는 '친한파' 운운으로 대서특필하는 것을 우리는 자주 경험한다.

문제는 거기서 그치지 않는다. 소위 '친한파'라고 하면, 그들의 일제시의 행적, 현재의 세계관, 인간적 품성과 도덕성 같은 것은 아랑곳하지 않고 아첨을 한다. 그들의 정체가 '파우스트'인지 '메피스토펠레스'인지 가려볼 생각을 하지 않을 뿐 아니라, 굶주린 늑

대인지 평화스러운 양인지조차 살펴볼 생각도 없이 짝사랑의 손짓부터 하고 있다. 그러다가 "일한합방은 양국 정부와 국민의 자발적 의사에 의한 훌륭한 결정이었다"는 따위의 주장이 바로 그 친한파들의 입에서 거침없이 나오는 것을 듣는다. 그러면 이제까지 '한국에 호의적인 친한파'라는 찬사를 보내던 철없는 한국의 언론은 '무슨 무슨 망언'이니, '식민주의자의 근성이니, 제국주의 사상의 소유자'니 하며 규탄과 매도로 언성을 높인다.

어제까지의 일본의 여래(如來)가 갑자기 야차(夜叉)가 되었단 말인가. 본래부터 '파우스트'가 아니라 '메피스토펠레스'였던 것인가? 아니면 이른바 '친한파'라는 일본인들은 두 얼굴을 가진 야누스인가? 선량한 국민은 어리둥절할 뿐이다.

이 상태가 벌써 20년 이상이나 계속되고 있다. 소위 '친한파'라는 일본인의 정체를 분명히 확인해야 할 때가 온 것 같다. 일본과의 결탁에서 이익을 얻고 있는 이 나라의 개인들과 집단들 그리고 체제의 비위를 맞추기를 일삼는 언론기관들이 '친한파'라는 '성호'(聖號)를 붙여서 오금을 쓰지 못하는 그들은 일본사회에서 어떤 속성의 개인이며 어떤 성향의 집단인가?

친한파를 똑바로 봐야 한다

한국과의 관계에서 일본인은 몇 가지 등급이 있는 것 같다. 최상급이 친한파, 상급이 '지한파'(知韓派), 하급이 '중립파', 최하급이 '반한파'(反韓派)라는 구분이 그것이다. 그런데 일본인 자신들은 한국에 대한 자신의 심정적 자세나 물질적 이해관계가 어떤 것이든 그런 호칭으로 자신을 표시하지 않는다. 오히려 그 어느 호칭으로 표현되는 것을 거부하거나 꺼림칙하게 생각한다. 그러고 보면 상대방 일본인에게 '친한파'라는 최상급의 성호를 봉정하는 이쪽 일부 한국인 자신의 경향은 '친일파'적 성향이라는 뜻이 된다. 물론 과거 일제 식민지하에서의 친일파와는 약간 성격이 다르지만 심각하게 자기반성을 해야 할 문제임에는 다름이 없다. 바로 몇 해 전, 이 나라 정부의 시나리오에 따라 현해탄 위에 배를 띄워 놓고 소위 '한일친선'을 노래하며 축배를 들던 일본의 대표적 '친한파'와 한국의 대표적 '친일파'들 사이에 욕설이 오가고 술잔이 날아가는 꼴이 벌어진 사실이 그것을 상징적으로 말해준다.

과연 '친한파'라는 일본인이 이 나라를 진심으로 아끼고 위하고 걱정하는 인물들인가? 한국에 대해서 기회 있을 때마다 가장 모멸적인 발언을 일삼는 자들이 다름 아닌 '친한파'와 '지한파'라는 사실은 무엇을 말해주는가? 그리고 '중립파'와 '반한파'적 일본인은 그 경우 어떻게 나오는가. 무력에 의한 한일합방의 사실이나 교과서 왜곡 문제에서 자기나라 정부와 소위 '친한파'들의 발상을 신랄히 규탄하는 중립파·반한파적 일본인들이야말로 '친한파'라 해야 할 것이 아닌가. 이에 대한 정부와 지식인들과 언론인들의 정확하고도 적절한 해명이 필요할 것이다. 그러고 보면 문제는 일본의 친한파에게 있는 것 못지않게 이 나라의 정부와 지식인·언론인들에게도 있다고 해야 할 것 같다.

생각해야 할 문제는 또 있다. 소위 친한파라는 일본인이 단기적으로는 정치·경제·군사적으로 이 나라에 하나의 이익을 주고 몇십의 이익을 바라는 자인지? 장기적으로 그리고 남북의 전체 민족적 이익이라는 거시적 차원에서 과연 환영할 만한 세계관과 이해관계의 인물인가 하는 규명도 필요하다. 친한적 인물과 집단이 우리의 분단상태에서 이득을 얻는 자는 아닌지? 민족간 적대관계의 장기화를 조장하는 계교 때문에 이 나라의 일부 인사들과 집단 내지 세력의 환영을 받는 자들은 아닌지? 그리고 그들은 일본 내에서 진정으로 평화를 사랑하는 측에 서는 인물들인지? 앞으로의 일본을 어떤 체질의 일본으로 만들려고 하는 인물들인지? 과거의 행적은 어떠했고, 지금의 사상은 어떠한지? 과거의 행적에서 부정돼야 할 인물(들)이라면 내일은 긍정할 만한 자기변신을 할 가능성이 있는 인물(들)인지? 우리에게는 알아야 할 사실이 너무 많다.

친한파의 계보와 행적

친한파라는 분류와 호칭에 해당하는 일본인은 사회학적으로 말하면, 일본사회를 구성하는 대중의 어느 부분을 저변으로 최고 지배층의 일정 부분을 정점부(頂點部)로 하는, 피라밋형의 인구 구성 틀에 포함되는 한국에 호의적인 사람들이라고 규정할 수 있다. 다시 말해서 대중 속에도 '친한'적인 사람이 있고, 중층에도, 정점부에도 있다. 마찬가지로 '지한파' '중립파' '반한파'도 각기 일본국민 중에서 한국에 대한 경향성의 차이에 따르는 그 같은 피라밋형 구성의 틀을 형성하고 있다.

어떤 경향의 피라밋의 경우에도 우리에게 가치판단의 직접적 대상이 되는 것은 그 정점부를 이루는 지도부적 '공적' 구성분자다. 나머지 중층과 저변 대중의 사상·성향 및 행동방식은 개별적 분석이 필요하지만 대체로 정점부의 지도자급 인사들의 그것에 준하는 것으로 판단해도 무방할 것이다. 특히 일본사회의 정치·사회·문화적 특징인 강한 순응성과 지도층에 대한 대중의 자기

일체화 경향을 생각하면 확실히 그렇다. 따라서 일본민중의 '친한파'적 모든 요소와 속성은 친한파의 지도부 '거물급' 인사들의 그것을 검토함으로써 귀납적으로 일반화할 수 있을 것이다.

해방 이후, 더욱 구체적으로는 1960년대부터 '친한파'를 구성한 정점급 인사들은 기시 노부스께(岸信介)를 비롯해서, 가야 오끼노리(賀屋興宣), 오노 반보꾸(大野伴睦), 사사가와 료오이찌(笹川良一), 야츠기 가즈오(矢次一夫), 고다마 요시오(兒玉譽志夫) 등이 꼽힌다. 역대 정부총리급, 집권 자민당 지도부, 재계, 실업계, 사상계, 군부(軍部), 문화계 등의 친한파 인사들은 다만 대표적인 그 여섯 거물의 보좌역이며 집행부에 해당한다고 볼 수 있다.

'기시'와 '가야'는 어떤 인물인가? 일제의 한국 만주북지(滿洲北支)의 식민지 통치의 한 주역으로 제국주의 침략 및 지배의 선봉에 섰고, 아시아를 지배하려는 태평양전쟁을 감행한 도조 히데끼(東條英機) 대장(大將) 내각의 대장대신(大藏大臣, 기시 노부스께), 상공대신(商工大臣, 가야 오끼노리)이었다. 전후의 도쿄 전쟁범죄자 재판에서 '가야'는 25명의 A급 피고 중 대부분 사형에 처해진 군인 18명을 제외한 문신(文臣) 7명 중의 한 사람으로 종신형을 언도받은 전범·평화 파괴자의 경력을 가진 자다. '기시' '고다마' '사사가와'는 최종 25명에서는 빠졌지만 애초 같은 A급 전범자로 기소된 경력자다. 그들은 중국을 비롯한 일제의 식민지·점령지에서 정계·군부·재벌의 침략행동의 '흑막의 왕'으로 활약한 것으로 유명하다. 오노를 포함한 그들은 피지배민족의 분열공작, 친일 정치인과 정권의 매수·회유·수탈을 도맡은 정치음모의 괴수들이다(고지마 노보루(兒島襄), 『東京裁判』과 그밖의 기록들 참조).

"나와 박정희 대통령은 부자지간"

그런데 전후 미국의 반공전선 구축의 정책전환에 따라 기시는 수상이 되고, 오오노와 가야는 정치거물로 부활했으며, 고다마와 사사가와는 각기 일본정계와 경제계의 막후적 거물이 되었을 뿐 아니라, 아시아 약소국가들 정부를 일본의 정치적·경제적 세력전에 틀어쥐는 공작의 주역을 담당했다.

우리나라와의 관계는 각별히 깊고 짙은 흑막에 싸인 속에서 진행되었다. 그들은 굴욕적 한일 국교정상화(회담)의 추진자였고, 일제히 일본 육군장교였던 박 정권부터 오늘날에 이르기까지 한일간의 각종 정치·경제적 의혹사건의 주역이었다. (5월 16일 군부쿠데타 직후 김종필의 새나라 자동차, 빠친코 도박기구, 워커힐 부정사건의 자본제공, 일본 록키드 사건과 KAL 관계, 서울 지하철 1호선 건설에서의 전차 매매에 따르는 막대한 뇌물·정치자금 수수사건 등등)

야츠기는 한국을 일본경제의 하청적 지위로 일체화시킨 1970년 '일본 관서(關西)지방 경제권에의 한국 편입 형식으로서의 한일경제협력' 구상의 창안자이거나 추진자로 유명한 인물이다. 여태까지 폭로되었거나 아직도 흑막에 가려 있는 수많은 한·일 정권과 기업 간의 유착·흑막사건의 일방 당사자들이다. 박정희 정권의 국제관계 정책수립에서 기시가 맡은 역할은 널리 알려진 일이지만, 이들 소위 '친한파' 지도자들이 한국 내지 한국정부 및 한국정치에 대해서 품고 있는 속마음은 1963년 12월 18일 서울 방문에서의 발언으로 대표되고 상징된다.

박정희 장군이 거듭한 선언 끝에 미국의 압력에 못 이겨 민정이

양이라는 형태로 선거를 실시하여 제5대 대통령에 취임한 1963년 12월 17일, 오노는 일본 집권당인 자유민주당의 부총재로서 '경축특사'로 내한했다. 많은 수의 '경축사절단' 친한파 인사들을 배석시킨 가운데 조선호텔에서 한국 기자단과의 회견이 있었다. 왕년에 조선과 만주·중국의 친일분자들을 손아귀에서 굴리며 놀던 일본제국·식민주의의 이 거물은 서슴지 않고 이렇게 말했다.

"나와 박정희 대통령의 관계는 부자지간이나 다름없다."

이 발언에 아연실색해서 말없이 있는 기자단 가운데 한 사람이 추궁했다.

"당신과 박정희 대통령이 부자지간이라는 말을 좀더 자세히 설명해주시오."

그러자 오노는 자기의 실언에 놀라 발언을 수정하는 해명을 했다.

"아니야(そうじゃない). 나의 뜻은 다만 부자지간처럼 다정하다는 것이오. 차라리 형제지간이라고 하는 게 옳겠지."

이 기자회견 발언기사가 보도된 이틀 후, 국회에서 김준연(金俊淵, 삼민회) 등 22명의 야당의원이 오노의 '부자지간' 운운 발언을 추궁하는 '박정희 대통령 국회 출석 결의안'을 제출하는 소동이 벌어졌다. (당시 합동통신사 정치부 기자로서 그날의 '오노' 발언을 추궁한 이 글의 필자는 소위 친일파라는 인간들의 철학과 세계관을 지금까지도 생생하게 기억하고 있다.)

이 나라 각계의 최고위급 인사들이 얼마나 일본인들에게 비굴하게 굴었으면 그런 발언이 소위 '친한파'들에게서 거침없이 나왔겠는가? 이것이 그들의 행위다. 과거도 그렇고 최근도 그렇다. 문제는 친한파에게만 있는 것이 아니라 이 나라의 소위 '친일파'에게도 있다.

친한파의 대한관(對韓觀)

'친한파' 치고 한국과 한민족을 모욕하는 말을 하지 않은 사람이 없다. 드러내어 공언하지 않았다면 그럴 기회가 없었거나 보도되지 않아 이 나라 대중의 귀에 들리지 않았다는 것뿐이다. 어쨌거나 그들의 철학과 사상은 한국(국민)에 대해서만큼은 현재도 '조선총독부' 시대의 그것과 다름이 없다. 실례를 들어 검증해보자.

● 1953년: '구보다 강이찌로'(久保田貫一郎) 한일회담 수석 대표.

"36년간의 일본의 한국 강점은 한국민에게 유익했다."

● 1958년: 한일간 정치흑막의 괴물로 알려진 야츠기 가즈오가 당시 '평화선'(平和線, 이승만 라인) 침범으로 납치되어 있는 일본 어부의 석방을 교섭하기 위해서 이승만 대통령을 만나기에 앞서, 김동조(金東祚) 외무장관과 짜고 이 대통령의 환심을 사기 위해 말했다.

"일본 군국주의의 지배로 한국민에게 많은 폐를 끼친 것을 유감으로 생각합니다. 이또 히로부미(伊藤博文)로 말하면 당시로서는 국제정세가 부득이한 상황에서 그랬다고 생각하더라도 한국에는 피해가 아닐 수 없었을 것입니다." 운운.

야츠기가 귀국한 후 일본국회에서 이 발언이 기시 수상의 의사를 대변한 것인가라는 질문이 있었다. 기시 수상의 답변을 들어보자.

"그 견해는 야츠기 군 개인의 견해를 말한 것이지 일본국 총리로서의 나의 견해는 아닙니다."

● 1963년: 시이나 에츠사부로(椎名悅三郞) 외상.

"대만을 경영하고, 조선을 합방하고, 만주에 오족협화(五族協和)의 이상을 기탁한 것이 일본 제국주의라면 그것은 영광의 제국주의다." (시이나는 태평양전쟁 개전시 도조 대장내각의 기시 대신 밑에서 차관이었다. 그리고 그는 이 발언을 한 직후인 1964년 한일 국교정상화 협상을 매듭짓고 조약에 가조인한 '친한파'의 거두다.)

● 1964년: 다까스기 싱이찌(高杉晋一) 한일회담 수석대표.

"일본은 분명히 조선을 지배했다. 일본은 그동안 많은 좋은 일을 했다. 지금 한국에는 산에 나무가 하나도 없다고 한다. 이런 것은 조선이 일본에게서 떨어졌기(독립했기) 때문이다. 20년쯤 더 일본과 상종했더라면(식민지 상태가 계속되었더라면) 그렇게 되지 않았을지 모른다. 한국민을 위해서 좋은 일을 많이 했지만 일본의 노력은 전쟁으로 좌절됐다. 한 20년쯤 더 가지고 있었으면 좋았을 것이다."

● 1966년: 사토 에이사꾸(佐藤榮作) 총리대신.

"1910년에 체결된 병합에 관한 조약은 대등한 입장에서 그리고 자유의사에 토대해서 체결되었다." (사토 수상은 '친한파'의 총수인 기시의 친동생이다. 기시는 양자로 가서 달라진 성이다.)

● 1982년: 일본 교과서 첫 분쟁.

● 1985년: 일본 교과서 두 번째 분쟁.

● 1986년: 후지오(藤尾) 문부대신.

"한일합방은 쌍방의 자발적 의사에 의해서 체결된 결정이다."

● 1986년: 자민당 국회의원 가메이(龜井).

"한국민이 일본 교과서 문제에 계속 간섭한다면, 언젠가 일본

국민의 감정이 폭발하여 전쟁이 일어날지도 모르니 조심하라."

1980년대에 들어와서부터 이 같은 발언이 늘어나고 강도가 짙어지고 있음을 주목할 필요가 있다. 이 시기는 일본과 한국에서 각기 누구의 시대인가? 일본에서는 나까소네의 시대이며 한국에서는 전 정권시대다.

나까소네는 한국의 현 정권이 경제적 궁지에 빠졌던 83년에 40억 달러의 '지원금'(차관)을 선물로 가져온 기시의 후계자다. 그런데 왜 소위 '친한파' 중에서도 친한파인 그가 집권한 지난 몇 해 동안에 과거 어느 시기보다도 더 많은 분쟁과 망발이 일어나는가? 친한파의 발언은 빈도가 잦아졌을 뿐만 아니라 그 내용적 질도 "전쟁을 하러 갈 것"이라는 데까지 흉악해져가고 있다. 이 같은 경향은 무엇을 말하는 것일까? 바로 친한파의 위험한 철학사상·세계관·역사관의 표현이다. 그리고 그보다도 더 중요한 사실은 일본 친한파에 대응하는 한국 친일파들이 그들에게 의지해서 정치·경제·군사·외교적 이득을 얻고 있기 때문이다.

친한파에 속하는 정당·단체들

소위 '친한파'라는 범주에 드는 인물들은 일본 보수세력 중에서도 그 우익에 서는 사람들이다. 한국인 일부에게서 소위 '지한파'라는 호칭을 증정받고 있는 사람들은 같은 보수세력의 중도 내지 좌파에 속하는 사상의 소유자들이라고 할 수 있다. 그 두 계보는 합쳐서 집권 자민당을 구성하는 개인이며 세력이라 할 수 있다. 이 세력이 일본의 각계 권력구조에서 상층을 형성한다.

'중립파'적인 사람들은 대체로 민주사회당·공명당(公明黨)·사회당의 우파로 볼 수 있다. 여기에는 동맹(同盟)파 노동조합과 대부분의 무관심한 지식인과 시민이 속한다고 말할 수 있을 것이다. 일본에서 각종 기관이 자주 실시하는 여론조사 결과를 보면 대체로 그 같은 사상·정치·경제적 분류를 뒷받침해준다.

좀더 세분화해서 '친한파'의 소속집단을 구체적으로 보면, 정치조직에서는 자민당의 중앙과 지방 전국조직의 각종 기관 산하의 우익들, 실업계와 재계에서는 경제인단체연합회(경단련), 상공회의소 및 자민당의 각종 정치자금 연출기업들. 군부에서는 일제군대의 고급 퇴역장교들, 현 자위대의 고급간부들, 일본사회 특유의 깡패·야꾸자 조직들. 학계 내지 준학계로서는 일본의 국수주의 보호를 목적으로 조직되고 세력을 확장 중인 '일본을 지키는 국민회의'(國民會議), 일본안보연구센터, 일본국방학회, 일본전략연구센터, 고꾸시깡(國士舘) 대학 등. 통일교회와 그 산하기관인 세계평화 아카데미, 국제문화협회, 국제승공연합, 원리연구회 등이다. 일본 고유의 종교세력으로는 15만 개의 크고 작은 신사(神社)를 거느린 신사본부(神社本府), 불교계의 불교호념회(佛教護念會), 일본 국가주의적 혼성종교인 '생장(生長)의 집', 전국정치연합회, 전일본 종교정치연맹, 과거 침략전쟁의 전몰군인 유족들로 구성된 일본유족회 등이 있다.

이 모든 우익 내지 극우·반공주의·국수주의 단체, 기관들은 천황친정(天皇親政) 체제로의 복귀를 목표로 하는 원호치제화실현국민회의(元號治制化實現國民會議)를 구성하고 있다. 독자적 핵무장까지의 일본 군사대국화의 구상을 가진 자주헌법제정국민회의(自主憲法制定國民會議)도 같은 전국조직이다.

친한파의 철학·사상·이데올로기

친한파(인사)의 이데올로기를 한마디로 요약하기는 어렵다. 일본인(사회)은 외국의 관찰자들을 당혹하게 만드는 행동양식의 자기모순, 신념체계의 비합리적 병존을 내포하고 있기 때문이다. 그런 단서를 붙이고서 말한다면 친한파의 경제사상은 두말할 필요도 없이 자본주의이고, 사회사상은 반공주의로 통일된다.

그들에게 가장 기본적이며 공통적인 경향은 강한 '가족주의' '향토사상'(鄕土思想) '민족공동체 이념'이다. 자본주의 세계에서 제2의 생산력·과학·기술의 수준을 이룩한 일본인임에도 불구하고 친한파가 그중 극우적 계보를 이루는 일본의 우익·극우는 일본 국내적 정치·사회·문화적 이데올로기로서는 국가원리를 전근대적인 가족원리로 규율하는 경향을 갖고 있다. 소위 '가족국가' 사상이 그것이다. 그것은 단순히 추상관념으로서가 아니라, 현실적으로 21세기로 접어드는 현재에도 일본국가가 고대의 가족사회적 구성을 그대로 변함없이 지켜 내려온 가족국가적 관념이 짙다.

여기서 천황친정 체제 사상이 그 정치적 응집력으로 발동하는 까닭을 외국인도 쉽게 이해할 수 있다. 일본우익은 일본국가의 근본적 특질을 영원한 '가족의 연장체'로 본다. 따라서 전체 국민의 '총본가'(宗家)로서의 황실과 가장으로서의 황실의 중심인 천황 숭배(중심)사상이 국가원리로서 강조되고 있다. 최근 친한파 중심의 일본우익이 노골적으로 '국체'(國體, 천황친정 국가)를 강조하고 나온 경향이 그것이다. 일제의 국내 천황주의 파쇼통치와 대외적으로는 군대적 영토팽창·침략·식민지배 정책을 천황 국가주의의 지리적(공간적) 확대로서, 대동아공영권 팔굉일우(八紘一宇) 일시

동인(一視同仁) 등 허구맹랑한 슬로건으로 미화했던 그 근본사상이 부활하고 있다. 일본 우익인사들이 최근 일본을 아시아의 지도자로 자처하면서 일본의 위세를 지역국가 민족·국민들에게 확대하는 것을 일본민족의 '사명'인 양 발언하고 있는 것은 그들 이데올로기의 논리적 귀결이다. 그리고 그들의 전후적·팔굉일우적 첫 대상이 한국인 것이다.

일본우익·친한파들의 '민족공동체' 관념은 얼핏 보기에 전전 독일 '히틀러'의 폴크스 게마인샤프트(Folks Gemeinschaft) 사상과 같지만 중요한 점에서 다르다. '히틀러'의 나치이념인 '피와 땅'(Blut und Boden) 관념은 가족적 관념이기보다는 공적·정치적 관념이었던 것과는 달리, 일본우익의 그것은 일본국가가 '실체'로서 '천황의 국가'라고 믿고 있다. 일본인 국가(사회)의 행동원리를 현대적 기능주의가 아니라 '화'(和)에 두는 이유를 알 수 있다.

그러기에 친한파적 극우주의자들이 개인주의적·자유주의적 세계관을 배척하고, 그것의 정치기능적 표현인 의회정치에 반감을 가지며(천황통치제), 일본 민족신화나 국수주의에 도취되는 까닭도 쉽게 이해할 수 있다. 일본민족의 우월성에 대한 그들의 신념은 마치 유대인의 '선민사상'(選民思想)을 방불케 한다. 과거 독일이 그랬고 현재 유대인(이스라엘)의 선민사상이 그렇듯이, 현재 일본우익의 선민사상은 당연한 논리로서 무사정신, 강력한 군사적 실체로서의 군사대국화, 군비확장, 군대와 전쟁에 대한 숭배와 찬미의 경향을 낳게 마련이다. 일본에서 지난 10여 년 사이에 급속도로 팽배하기 시작한 일본제국 군대의 찬양은 그것의 복고적 표현이다.

'가족국가'와 '화'(和)의 정신은 사상적으로 당연히 계급투쟁적 세계관과 마르크스주의 및 공산주의에 대한 반대로 표출된다.

친한파들이 한반도 민족의 화합·상호수용·수렴방식일 수밖에 없는 통일보다는 분단의 고정화를 바라는 이유도 알 수 있다. 국제관계에서 소련에 대한 공포감·증오심을 부채질하는 이유와 소련의 일본공격의 실제적 가능성 여부와는 관계없이 그것을 과장 선전함으로써 일본의 군비강화, 군사대국화, 일본 군사력의 해외파견, 군사력에 의한 일본 정치·외교·경제정책의 뒷받침 등을 추진하는 것도 그 이데올로기의 일환이다. '반공주의'의 깃발만 들면 여하한 독재정권도 그들의 절친한 벗으로 간주된다.

친한파 미신은 타파돼야 한다

이상과 같은 여러 가지의 그리고 그 개개의 사상·이념 심지어 심정적 특성까지를 합친 친한파적 일본우익 이데올로기의 '꽃'이, 군도로 자결한 작가 '미시마 유끼오'(三島由紀夫)로 피어났다. 문학사상적으로는 정신주의이고 심미주의적인 '미시마'의 장렬한 죽음은 그 모든 요소의 궁극적 표현이다. 그것은 친한파적 일본우익에게는 꽃으로 보일지 모르지만, 그것을 보도록 강요당하는 주변지역 민족·국민 들에게는 '독버섯'일 수밖에 없다.

일본정부와 우익이 이상과 같은 이데올로기로 강력히 추진하는 '국가적 과제'의 하나가 군국주의화를 예방하려는 현재의 헌법을 개정 내지 폐기하는 운동이다. 단기적 또는 중기적 과제로서 총력이 집중되고 있다.

또 하나의 장기적 과제는 각급학교 각종 교과서의 '개악'이다. 해방 후 일본인 세대의 두뇌 속에 그들의 이념과 목표를 자연스럽게 주입하는 사상적·지적 세뇌작업인 것이다. 그 작업은 그칠 수가 없는 것이며, 현재와 같은 보수정권이 지속되는 한 오히려 더욱 박차가 가해질 것이다. 그 작업은 바로 그들의 일본지배의 이데올로기적 토대를 강화하고 그들의 지위를 영구히 보존하는 가장 확실한 방법일 것이기 때문이다. 이제 그들은 우리에게 '전쟁'의 위협마저 서슴지 않게 되었다. 북한에 대항하기 위해서 한일군사동맹까지를 구상하는 그들이 남한에 대해 '전쟁' 운운하기에 이르른 것이다.

소위 친한파는 공산주의를 반대하기 위해서는 교과서를 개악하고 역사를 왜곡해야 한다고 주장한다. 그러면서 그들은 기회 있을 때마다 우리 민족에 대한 모멸적 언동을 서슴지 않는다. 그러나 우리 국민은 이러한 현상과 사실을 어떻게 받아들여야 할 것인가? 이것이 '친한파'가 우리에게 던지는 질문이다. 우리는 답변을 해야 한다. 답변을 강요당하고 있다 함이 차라리 적절한 표현이다. '친한파 미신'은 타파해야 한다.

소위 친한파 세력의 목표는 분단된 이 민족의 영원한 고정화에서 이익을 노리는 데 있다. 우리가 그들에게 농락당하지 않는 유일한 길은 남북한의 군사대결을 평화구조로 바꾸고 통일을 지향하는 데 있다.

한국의 '친일파'들에게

해방 41주년을 맞는 민족의 의지

이 민족이 일제의 식민지 통치에서 해방된 지 이 달로서 만 40년, 41주년이 된다. 그동안 많은 것이 변했다. 8·15 그날의 벅찬 감격과 화려했던 민족의 꿈은 퇴색되고 남·북한 단독정부 수립으로 3년 만에 강토는 양단되었다. 그 결과 2년이 못 가서 골육상쟁의 내전을 겪고, 이 강산은 세계적 규모의 냉전체제에 편입된 채 지구상에서 가장 위험한 핵전쟁의 잠재적 폭발점으로 변해버렸다. 민족의 통일보다는 군사적 긴장이 이 민족의 생리가 되고 체질화되었다고 해도 과언이 아니다.

이렇게 하여 오랜 세월의 제국주의·군국주의의 식민지 고통에서 해방된 민족임에도 불구하고 일그러진 사회적 체질과 국민적 정신구조로 말미암아 이 땅에서는 젊은이들의 반분단 · 반외세의존·반전쟁·평화지향적 세계관을 오히려 위험사상으로 단죄하는 현실이 벌어지고 있다. 젊은 세대의 그 같은 자각된 인식은 해방 후 40년의 제도적·사상적 모순을 지성적으로 볼 수 있게 되었다는 증거다.

해방 후에 탄생한 이른바 '해방세대'가 이 나라 총인구의 70퍼센트를 넘었고, 6·25 후에 태어난 세대가 60퍼센트를 넘어섰다. 짐작컨대 북한에서도 마찬가지일 것이다. 이들 해방 후 세대와, 그들을 뒤이을 후손들에게 해방 전 세대와 6·25 전 세대가 물려줄 것은 구세대들의 연대적 책임인 분단과 동족상잔의 기록은 아닐 것이다. 이제 우리 기성세대는 분단의 동족상잔을 더 이상 앞세워서는 안 될 것이다.

해방 후 세대들은 휴전선으로 갇힌 것보다 더 넓은 민족적 지리 공간을 요구하고 있고, 전쟁과 군사대결이 아닌 평화의 가치를 추구하고 있다. 그들은 이 민족의 내일을 상징한다. 내일은 그들의 것이다. 그들의 가치관과 세계관이 기성 해방 전 세대와 다른 만큼, 8·15해방의 의미도 앞으로는 지난 40년의 그것과는 다를 수밖에 없다.

민족의 내적 장벽을 허무는 시대로

해방 41주년을 맞는 민족적 의지도 과거 40년의 그것과는 달라야 할 것이다. 물질적·군사적 대결로부터의 정신적 번신(飜身), 즉 정치·외교·사상·이념·문화면에서 민족 내적 장벽을 허무는 작업의 시대로 넘어서야 하는 것이다. 동시에 민족 외적으로는 민족 내적 화해와 공존, 나아가 통일의 길에 조성된 국제적 장벽과 방해요소들을 제거하는 작업을 추구해야 할 것이다.

그 과제는 지난 시기의 물질적 건설 못지않게 힘겨울 것임이 분명하다. 어쩌면 새로운 40년의 시간을 요할지도 모른다. 하지만 해방 직후의 분단과 그 후의 동족상쟁의 전쟁에 대한 역사적 책임을 져야 할 연령층은 생명공산(生命公算)의 원리를 거부할 수 없다. 우리 세대는 가야 하는 것이고 새로운 사업은 분단과 동족상쟁의 책임을 강요당하기를 거부하는 젊은 세대의 과제가 되게 마련이다. 이 자각과 인식이 아직도 기성세대에게서 희박한 것은 유감스러운 일이다.

이제 이 나라 사회의 압도적 다수를 차지하게 된 젊은 구성분자들이 자신의 생존형태를 구속하는 남·북의 민족 총체적 생존환경과 조건에 대해서 과거에 얽매이지 않는 신선한 시각으로 나라의 안팎을 살피기 시작했다. 이것은 40년 만의 변화다. 그리고 그 변화는 이 민족을 둘러싼 주변국가들과 관련 세력들을 새로운 관점에서 관찰하기를 요구한다. 이는 지난 40년간 우리가 고수해온 이 민족의 분단·대립적 체제유지의 관점이 아니라 군사적 대립의 완화와 통일을 향한 민족적 염원에 기초한 관점을 말한다. 일본이 이 민족을 지배했던 세월과 맞먹는 해방 후 40년을 보내고, 해방 후 출생한 세대들이 시대의 주역이 되려는 1986년의 8·15에 서서 그들이 '새로운 관점'으로 일본을 살펴보는 것은 각별한 의미가 있다.

한국과 일본의 관계

우리가 일본을 관찰할 때 설 관점은 두 가지다. 하나는 일본인 개개인을 검증하는 관점이고 둘째는 일본국가와 국가적 조직원리, 그 지배세력의 성격과 세계관, 그리고 총체적 국가의지(國家意志)를 문제삼는 관점이다. 우리가 민족적 생존의 질적 변화의 분기점에 서서 긴급히 필요한 지식과 통찰은 일본국가에 대한 것이고 그것과의 관계양식이다.

일본인 개인의 인간적 자질이나 시민적 특성 심리 등에 관해서 말하면 결점보다는 장점이 많은 종족으로 비친다. 그들의 친절심과 예의바름, 근면과 치밀성과 창의력(이미 모방의 단계는 지났다). 질서의식과 책임감 등은 세계에 정평 있는 측면이다. 반드시 장점이라고 할 수 있을지는 의문스럽지만 일본인의 단결심과 복종심, 그리고 상하 좌우간 직업생활 관계 속에서의 순응성과 인화를 유지하는 재질은 가히 경탄할 만하다. 개성이 강한 반면(또는 바로 그 까닭에) 집단적 생활양식에 순응하기 어려운 한국인의 눈에는 신기할 정도다.

그러면서도 그 같은 많은 장점 속에 바로 그와 정반대되는 요소들을 아울러 지니고 있다는 사실은 일찍이 미국인 베네딕트가 『국화와 칼』 속에서 소상하게 파헤친 이후 수많은 외국인 관찰자들에 의해서 공통적으로 지적된 바다. 우리는 일제통치의 일본인과 최근 집단을 이루고 찾아들어 이 나라를 휘젓고 다니는 일본인 관광객의 모습을 그것과 대치시켜볼 수도 있다. 어느 종족·민족도 인간적 차원에서 보면 그들에게 매겨질 점수의 총합은 어차피 대동소이하게 마련이다.

따라서 우리의 관심은 일본인 개인이 아니라 그들의 온갖 특성의 종합적 의사표현인 정부와 국가라는 정치적 유기체에 있다. 즉 국가와 민족으로서의 관계다. 일본과 한국은 해방 후 20년간의 관계단절 상태에서 1965년 '국교정상화'로 대등한 정치외교 관계에 들어갔다. 그러나 구(舊)식민 종주국과 전(前)피식민 신생국 사이의 '평등'은 그 후 70년대 말까지, 그리고 오늘까지 이어진 20년간의 경제관계의 실체로 허구임이 입증되었다.

80년대로 접어들면서 이 불평등의 관계는 군사적 내용으로 확대되려 한다.

이 같은 한일관계의 불평등화 과정과 목표는 분명히 말해서 애당초 일본이라는 국가의 의지였다기보다 미합중국의 의지였다. 대한민국은 미국으로서는 일본을 성장시키고 보호하기 위해 필요한 경제적 시장과 군사적 전방초소였다. 이승만 정권이 한일회담에서 뒷걸음치고 있을 때, 미국정부의 정책 자문자인 조지 케난은 분명히 경고했다. "미국으로서는 남한이 중요한 것이 아니라 일본이 소중한 것이다. 만일 한국정부가 일본과의 관계 정상화를 주저한다면 차라리 미국으로서는 남한을 포기함만 못하다." 그 후 박정희 대통령이 5·16쿠데타로 집권하고, 케네디 대통령을 만나러 간 1961년 11월의 회담에서 케네디가 박 정권에 대한 승인과 지지의 중요한 조건으로 조속한 한일회담의 타결을 강요했음은 공지의 사실이다.

완결단계에 이른 한국의 대일의존 체제

한국문제 전문가로서 미국의 학계에서 거의 독보적 존재인 브루스 커밍스 박사의 관찰이 그 이면을 잘 설명해준다. 커밍스는 자신의 논문에서 이 정권과 박 정권 초기의 한국은 정치·경제·사회적 면에서 너무도 취약하여 "북한의 총검 한 차례로 붕괴될" 위험이 있었다고 말했다. 미국 상원 외교분과위원회의 프랭크 처치 위원장도 그 당시 공개적으로 같은 말을 서슴지 않았다. 한일 양국 정부로 하여금 쌍방 국민의 노도와 같은 반대를 무릅쓰고 국교를 맺도록 압력을 가한 미국의 의도는 위태로울 정도로 기운 남·북한의 정치·경제·사회적 불균형을 일본의 정치·경제적 뒷받침으로 바로잡으려는 것이었다.

미국의 뜻을 받은 사토 일본수상이 1969년 11월 닉슨 미국 대통령과의 회담에서 "한국의 안전은 일본 자신의 안전에 긴요하다"라고 성명한 것을 기점으로 한일 양국의 일체화 과정은 시작되었다. 이것이 소위 미·일 정부 간의 '한국조항'(韓國條項)이라는 것이다. 그러나 74년 미끼(三木) 일본수상은 한국(남한)의 안전과 일본의 안전을 직결시키는 인식은 냉전적 사고라고 반대했다. 그 결과 포드 대통령은 남한의 안전이 아니라 "조선반도에서의 평화 유지가 일본을 포함한 동아시아의 평화와 안전에 필요하다"로 후퇴했다. 이것이 이른바 '신(新)한국조항'이라는 것이다.

다시 1977년 후꾸다(福田) 일본수상은 '한국의 안전'을 빼고 "일본과 동아시아 전체의 안전을 위해서 '조선(한)반도의 평화와 안전'의 유지가 중요하다"로 닉슨 미국 대통령을 만족시켰다. 즉 일본정부는 이 시기까지는 한국(남한)과의 군사적 관계 수립에는 소극적 노선을 고수했다.

그러나 미국에 레이건 정권이 서고, 일본에 나까소네 수상 정부가 들어서면서 일본의 대한정책은 군사적 일체화로 치닫게 된다. 1983년 1월, 집권 후 한 달 만에 공동성명에서 "한국의 방위노력이 이 반도의 평화유지에 기여하고 있음을 높이 평가한다"고 선언했다. 그리고 한일 양국의 군사적 동맹화 노선을 강조하는 표시로서 우리 정부는 "한·미·일 3국의 안보협력 체제가 더욱 긴밀해져야 한다는 점에 원칙적 합의를 보았다"고 발표하기에 이르렀다. 이것이 이른바 '한일신기원'(韓日新紀元) 또는 '한일관계의 새시대'론이다. 이 노선에 따라 40억 달러의 일본정부 차관이 한국에 제공되고, 뒤이어 이듬해 봄에는 한국의 대통령이 일황(日皇)을 도쿄에서 만나게 된다. 이 마지막 단계가 레이건 미국정부의 미·일·한 3국 군사동맹 체제를 마무리짓는 포석임은 두말할 나위가 없다.

이같이 하여 20년 전 한일회담 타결 때부터 불안스럽게 예상되었던 한국의 일본 의존체제는 완결의 단계에 도달한 것이다. 미국이 동북아시아지역에서 일본으로 하여금 다시 한국의 보호자 역할을 맡게 하려는 '60년대 정치, 70년대 경제, 80년대 군사' 관계는 일본에서는 나까소네 수상의, 그리고 한국에서는 전 정권의 등장으로 단숨에 촉진되었다. 앞으로 남은 것은 일본에 대한 '문화'적 동화작업뿐이다.

'문화협력'이라는 명칭으로 추구되는 마무리 작업은 쉽게 말해서 한국국민의 심리·정신·사상적 '일본화' 작업이다. 경제대국에서 정치대국의 기반을 굳히고 사실상의 군사대국을 지향하는 일본이 미국과의 '남한보호' 업무 분담체제를 완결하려면 일본에 대한 한국국민의 역사적 감정을 분해시키는 것만으로는 부족하다. 그 작업에 한해서 말한다면, 해방 이후 오늘까지 이 나라를 지배해온 과거의 역대 정권하에서 그 목적은 대부분 이루어졌다 해도 과언이 아니다. 그 실례를 낱낱이 열거할 필요조차 없다.

미국숭배에서 일본숭배로

지금 이 나라 국민은 마치 미국과 미국문화의 숭배자가 되어버렸듯이 일본문화의 숭배자가 되어가고 있다. 쉽게 말해서 미국과의 정치·외교·경제·군사 관계의 결과가 미국에 대한 이 민족의 자주성 상실을 초래했듯이, 같은 과정의 결과로 일본에 대한 민족적·국가적·국민적·개인적 주체자주의식을 박탈하려는 것이다.

레이건 대통령 정부는 집권 직후 미국을 정점으로 하는 하위 동맹국가(민족)들 사이에 존재하는 역사적·심리적(즉 문화적) 갈등을 제거함으로써 피라밋형 미국 지배체제 강화를 목표로 하는 국제문화정책을 추진하고 있다. 중동지역에서 이스라엘과 아랍민족 사이, 아프리카에서 남아공화국과 흑인 아프리카인들 사이에 대한 것이 그렇다. 그리고 동남아지역에서의 대상이 일본과 한국이다.

그런데 문제는 그 문화정책이 언제나 이스라엘, 남아공화국, 일본을 우월적 위치로 하는 '문화협력'이라는 데 있다.

그리고 그 정책과 구상은 경제 즉 '돈'의 대가로 요구된다는 데 특징이 있다. 한일회담 체결로 일제 36년간의 식민통치 관계를 청산하는 '재산청구권' 3억 달러로 이 국가의 문은 일본에게 활짝 열렸다. 1983년 초 40억 달러의 경제협력(원조) 보따리를 들고 온 나까소네 수상이 돌아갈 때 그의 손에는 쌍방정부 수뇌 간에 합의된 '한일 문화협력 촉진'이라는 우리 정부의 서약이 선물로 건네졌다.

이와 관련해서 우리는 문제의 핵심을 분명히 인식할 필요가 있다. 일반론으로 말한다면 우리 국민은 절대로 쇄국주의나 국수주의의 편협한 세계관에 빠져서는 안 된다. 오히려 인류의 보편적 이익과 복지 및 평화를 위해 세계의 모든 나라·민족·국민 들과의 문화교류에 진취적이고 적극적이어야 한다. 하물며 가장 가까운 일본하고만 그러지 말아야 한다는 일반적 이유는 없다. 이 점에 오해가 있어서는 안 된다.

중요한 점은 그 일반론에 앞서는 특수 특정적 목적과 성격이다. 판단의 기준은 그 모든 목적·구상·계획이 한반도 민족의 군사적 대결의 강화, 민족분열의 영구화·고정화를 '위한 것'이냐 아니냐,

또 목적은 아니더라도 그렇게 '작용할 것'이냐 아니냐에 있어야 한다.

일본을 관찰함에서도 일본인 개인의 기질이나 재능 같은 평가를 일단 취사하고, 그것들이 정치적으로 조직화된 '일본국'이라는 국가의 의지면에서 무엇을 의미하는가를 주목할 필요를 강조한 까닭이 그것이다.

일본의 의지와 목표

현재의 '일본국'의 의지와 목표를 집약적으로 판별하는 가장 좋은 재료는 일본정부의 국정교과서 검정기준 사상이다. 어느 나라든 그 국민의 마음속에 이상적 가치관과 세계관을 배양하려 한다. 따라서 일본정부가 '국가'의 이름으로 그 교과서에 주입하려는 정신과 사상은 일본국 지배세력의 성격을 말해주며 그들의 가치관과 세계관을 대변한다.

지난 몇 해를 두고 우리는 일본정부의 교과서 검정 정신과 방향 때문에 분노하기도 하고 항의하기를 거의 해마다 거듭해왔다. 그런데 우리나라에서는 교과서 문제가 단순히 일본인들의 '과거'의 행위를 미화·분식·정당화·합법화하는 측면에서 역사를 왜곡한다는 비난을 했을 뿐이다. 이 인식은 크게 잘못된 것이다. 그들의 '역사왜곡'이 옳다는 것이 아니라 그들이 교과서 내용을 왜곡하려는 의도가 과거를 향한 것이 아니라 '내일' 즉 '장래'에 대한 기도를 담고 있다는 사실이 더 중요하다는 것이다.

금년(1986) 들어서도 또 한 차례의 교과서 파동이 일어났다. 일본의 침략과 통치의 피해를 입은 아시아의 정부와 국민들의 맹렬한 항의로 일본정부는 겉으로는 시정을 지시(그것도 마지못해)하는 척하면서 뒤에서는 은밀하게 그것을 조장하고 있다. 이것을 보지 못하고, 일본정부는 바라지 않는데 일부 교과서 출판업자나 집필자가 '정부의 뜻을 어기면서' 그런다고 생각하면 일본 교과서 문제의 본질과 핵심을 전혀 이해하지 못하는 것이다.

교과서의 '개악'(改惡)작업은 전적으로 일본정부와 그것을 구성하고 움직이는 일본 보수세력의 근본정책이다. 나까소네가 집권하면서 교과서 개악에 박차를 가한 것은 그들이 이미 설정한 구체적인 장기구상과 계획을 단시일 내에 실현할 제반조건이 갖추어졌다고 판단했기 때문이다.

그러면 교과서 왜곡으로 그들이 실현하고자 하는 목표가 무엇인가? 그것은 과거 일제시대와 같은 완벽한 천황통치체제로의 복귀, 전쟁행위 및 군사력 보지를 금한 현 '평화헌법'의 폐기, 그리고 일본의 군사대국화에 장애가 되는 헌법·법률·사상·가치관·제도·규정 등을 제거하여 일본군대의 독자성 부여와 외국에 대한 군사력 행사를 가능하게 하려는 3가지 목적이다. 나머지 많은 분야와 측면의 교과서 왜곡 사항들은 이 3가지 목표를 달성하기 위한 부수적 또는 구성요소적 차원의 것들이다.

따라서 우리나라와 민족의 입장에서 문제시하는 합방(合邦), 3·1운동, 토지조사사업, 국어 사용금지, 징병과 강제징집, 신사참배 강요, 창씨개명 등에 관한 왜곡기술은, 일본 집권세력의 관점에서는 그 모든 침략행위를 '천황제도 일본제국'(天皇制度 日本帝國)의 영광과 위업으로 묘사하여 천황통치체제 복구를 위해 일본국민을 세뇌하는 작업에 불과하다.

중국과 동남아의 침략과 대규모 학살행위에 대한 역사왜곡도 중국과 동남아지역 국민에게는 중대한 문제지만, 일본의 현 지배 세력에게는 왕년의 '대일본제국 군대'가 있음으로 해서 비로소 이룩할 수 있었던 '일본국'과 '일본민족'의 세계적 강대국으로서의 웅지와 긍지를 고취하는 뜻에서만 중요한 것이다. 그러자면 일본 군사력의 행사를 통한 일본 근대사에서의 온갖 범죄행위는 미화되고 정당화되지 않으면 안 된다.

일본이 천황을 다시 신격화하고 그의 실질적이고 헌법적인 통치권을 복귀시키는 작업은 다방면으로 진행되고 있다. 종교에서는 침략전쟁의 전사자를 모셨다는 신사(神社)의 성역화와 애국심의 상징화다. 이를 위해서 나까소네 수상의 집권과 동시에 전체 각료의 공식참배가 강행되고 있음은 잘 알려진 바다.

정치적으로는 보수적이고 전근대사상적일 수밖에 없는 농촌지방 주민들로 하여금 촌(村)·정(町)·시의회(市議會)와 각종 향토집단을 통해서 앞에서 말한 3가지 방향으로의 여론을 조성하고 그것을 입법화하라는 결의를 제기하도록 사주하고 있다. 그리고 문화적으로는 '일본제국 군대'와 천황제를 찬양하는 텔레비전·영화·소설·군가·향토적 행사 등이 대대적으로 전개되고 있다.

행정적으로는 수년 전 천황의 원호연대(元號年代), 즉 소화(昭和)가 서기연대를 대신해서 강제조항으로 입법화되었다. 관공서에서 '1985년'이라는 연대를 쓰면 서류의 접수를 거부당한다. 기원절(紀元節)·천장절(天長節, 일황의 생일)이 복구되고 있다. 국기(國旗)가 아닌 '히노마루'(日の丸)의 게양과 국가(國歌)가 아닌 '기미가요'(君が代)의 제창이 강요되고 있다. 헌법은 모든 사상과 집회 및 의사표시의 자유를 허용하고 있지만 나까소네 정권 이후에는 천황통치제 회복, 전면적 군사력 확장, 평화헌법의 폐기 등을 요구하는 우익집회와 가두선전은 어디서나 자유지만, 그것을 반대하는 좌익·중도적 집회나 가두선선에 대해서는 경찰의 간섭이 심해지고 있다.

학문적으로는 역사적 근거도 없는 황당무계한 황실의 '만세일계'(萬世一系) 학설과 이론, 중국과 특히 신라·백제·고구려의 영향을 극력 부정하는 일본문화 및 역사의 독창성과 황국(皇國)사상을 고취하는 폐쇄적 경향을 보이고 있다.

그런 실례를 들자면 한이 없다. 여기서 다시 문제의 핵심으로 되돌아가보자. 우리가 일본 교과서 왜곡이 내포하는 문제를 중요시하는 까닭은 현 일본 지배세력이 그 목표를 달성했다고 가정했을 때, 그것이 민족적 과제인 남북의 군사 긴장완화와 대결체제의 해소, 외세의존을 배격한 민족자주적 통일노력과 어떻게 관계되고 작용할 것이냐를 걱정하기 때문이다.

복고주의적인 일본의 현 지배층

필자의 일본생활 경험에서 보더라도, 일본인 중에 자기 국가의 과거 범죄사실을 그대로 시인하는 사람은 좌익과 소수의 진보적 지식인밖에 없었다. 우익과 보수적 일본인은, 해방(패전) 전 세대이면 일제·천황주의 파쇼체제가 교육한 그대로 정당화하고 있거나, 고작해서 그들이 베푼 '시혜'로 '과실'은 상쇄되었다는 정도의 인식이다. 해방 후 세대는 왜곡된 교과서에서 배운 대로 그들의 국가적·민족적 과거에 대해 무지하다. 그렇지 않으면 역사적 책임에 대해서 강력한 거부반응을 나타낸다. 우리의 인구 70퍼센트에 대응하는 일본인 70퍼센트의 전형적 답변은 이렇다.

과거지사는 역사에 묻어버립시다. 설사 그렇다 하더라도 우리 종전 이후 세대에 무슨 책임이 있단 말이오. 그것은 할아버지·아버지·형들이 한 짓이지 우리가 알 게 뭐란 말이오.

물질적 번영과 향락주의적 문화에 매몰돼 있는 듯이 보이는 그들에게는 역사의식이란 없어 보인다. 그럴 수밖에 없는 것이, 일본정부가 교과서 왜곡, 즉 국가권력을 배경으로 하는 교과서 기술 내용에 대한 강제적 통제를 하기 시작한 것은 그들이 패전한 지 10년밖에 안 되는 1955년부터니 말이다.

일본의 현 집권세력은 그것이 정부건 정당이건 또는 재계·경제계·문화계이건, 대개 전전(戰前)세대 즉 일본 제국주의의 추진자였거나 그 직계 연령층이다. 일본사회는 노령(老齡)문화가 지배한다. 우리의 유교적 전통사상 도덕으로서의 노인 존경과는 달리 노령의 지도력과 권위에 복종한다. 우리나라에서는 50대 중반이면 각 분야에서 지도력과 권위를 상실하고 있지만, 일본에서는 같은 해, 같은 날에 해방(종전)되었지만 앞으로도 일제(일제적) 인물들이 일본을 끌고 갈 시간이 20년은 남아 있다. 우리나라 각계의 해방 후 세대의 젊은 지도자들은 앞으로도 20세는 더 많은 그 교활·노회한 그들과 상당기간 상대해야 할 것이다. 그들은 과거를 반성하지 않는 위인들이다.

이 노령층, 구제국 복고주의자들이 천황통치체제를 재확립함으로써 군사력의 무제한적 행사를 합법화하는 개헌을 기도하고 있다. 그것을 저지하려는 좌익과 노동조합 및 양심적 지식인 세력은 정치적으로 분열되어 있다. 국수주의와 천황숭배적 일본종교 신도(神道)의 정치세력화를 저지하려는 일본 그리스도교는 신·구교를 합쳐서 일본 인구의 1퍼센트도 되지 않는다. 도쿄 시내에서 교회나 성당을 찾는 것은 현세에서 천당을 찾기보다 힘들다. 게다가 일본인은 종교적으로 우상숭배심이 강하고 민족정서로는 배타적이어서 그리스도교의 유일신 신앙이 대중화할 정신적 토양은 매우 메마르다.

일본인은 '집단적' 동물이다. 그들은 마을(村, 무라)의 일원이라는 향토적 감각이 강하다. 세계 최첨단의 과학기술과 경영·행정의 전문가들조차 자신들이 속한 집단과 조직 속의 위계질서 및 상호관계에서만 자신의 존재를 확인하는 경향이 강하다. 권위에 대한 복종심은 아마도 세계의 수많은 국민 중 일본인에게서 가장 강하게 나타나는 특징일지 모른다. 그런 까닭에 근대적 개인주의를 바탕으로 하는 그리스도교 윤리는 일본인과는 인연이 없다. 일본 교회가 천황통치체제로의 복귀를 저지할 기능은 애당초 갖지 못하고 있는 것이다.

일본인의 천황관

그러면 일본인 일반의 천황관은 어떤가? 『아사히신문』이 1983년 8월에 실시한 여론조사가 그에 대한 해답을 제공해준다. "당신은 현재의 천황에 대해서 어떤 생각을 갖고 있습니까?"라는 설문에 대한 응답은 다음과 같다.

별다른 생각 없다.	41퍼센트
존경심을 가진다.	31퍼센트
친근감을 느낀다.	22퍼센트
반감을 가진다.	3퍼센트

기타 및 무답 3퍼센트

이 응답에서 가장 주목되는 특징은 세대차이였다. '천황을 존경하는 사람' 중 해방(패전) 후 세대인 젊은이들은 15퍼센트인데 반해 제국세대인 50세 이상은 50퍼센트가 넘었다. 한편 '별다른 생각이 없는' 사람은 전후세대가 압도적이다. 20세가 60퍼센트, 30대도 50퍼센트를 넘었다.

패전 후 세대는 미국이 실시한 일정한 민주주의 교육과 반권위주의적 에토스 속에서 자랐다. 따라서 제국세대가 국민을 끌고 가려는 천황친정체제의 복구, 그 권위를 빌린 군사대국화, 일본 군사력의 본격적 대외간섭의 합법화, 그것을 합법화하기 위한 평화헌법의 폐기, 나아가서 핵무장의 합법화 등 그 모든 것을 가능케 하기 위해 국민의 민주주의적 기본권리를 제약하는 각종 입법화와 조치 등에 대해서 젊은 연령일수록 거부감이 강하다.

반공을 위한 역사왜곡

그들의 의식을 군국주의적 방향으로 개조할 수 있는 가장 자연스럽고 확실한 방법이 무엇일까? 국민학교, 중학교, 고등학교 단계에서 세뇌교육을 실시하는 것이다. 이것이 일본정부와 지배층이 아시아 국가들과 양식 있는 내국민의 반대를 무릅쓰면서까지 강행하는 체계적인 교과서의 개악, 공식 명칭으로 '국정교과서 검정제도'인 것이다.

그것은 임나국(任那國)이 조선반도에 있었느냐 없었느냐, 그들이 3·1운동에서 학살한 '조센징'을 몇천 명으로 기술하느냐 하는 차원의 문제가 아니다. 10년, 20년, 30년 후의, 다시 말해서 장래의 우리의 민족적 운명과 직결된 문제임을 정확하게 인식해야 한다.

그러면 문제해명의 논리적 순서로서 일본의 한반도 침략을 미화하고 교과서의 전반적 왜곡을 추진 지지하는 구체적인 개인·단체·세력의 정체가 밝혀져야 할 것이다. 여기서 한국과 한국인은 지극히 불편한 입장에 처하게 됨을 알게 될 것이다.

바로 두 달 전에 또 일어난 교과서 분쟁의 최근판인 『일본사』(日本史)의 저자 겸 발행인은 '일본을 지키는 국민회의(國民會議)'였다. 이 단체는 어떤 철학과 세계관의 모임인가?

'국민회의'는 1982년 10월 27일에 결성된, 그런 성격과 목적의 단체들 중에서는 가장 어린 단체다. 그 구성원들은 일본안보연구센터, 일본전략연구센터, 통일협회와 그 산하의 원리연구회, 세계평화 아카데미 및 그 부속기관인 국제문화재단, 국제승공연맹 등의 저명인사들이다. 이들 단체는 일본에서 최우익·반공주의를 표방한다. 그 구성단체들의 지도적 구성원들은 일본 정·재·군·관·학·종교·언론 등 각계의 천황주의·반공주의의 최선봉에 서는 사람들이다.

그들은 천황친정체제뿐 아니라 핵무장과 항공모함을 비롯한 공격적 군사력, 국가총동원법체제, GNP의 3퍼센트 군사비 지출 등을 위한 여론조성과 정치적 압력의 주역이 되고 있다. 그들은 예외없이 '친한파'이고 우리 정부와 각계의 민간기구 및 개인과 밀접한 친교를 맺고 있다. 그 이름을 열거하면 웬만한 한국인 식자는 자기의 '친구'임을 자처할 인물들이다.

이 단체는 그 같은 단체 중의 하나에 불과하다. 나머지 동류의 단체와 개인들도 예외없이 대한민국을 지지하고 북한을 반대하고, 한국의 각 분야 지도자들과 밀접한 관계를 맺고 있는 친한파다. 그들은 한국침략의 미화·정당화를 비롯한 모든 역사왜곡은 '반공'을 위해서 정당화될 뿐 아니라 필수적이라고 주장한다. 제국주의·식민주의·군국주의나 천황 파시즘, 그 이념하의 인접지역 민중의 학살과 탄압을 합법화·정당화하는 반공주의 세계관의 단체와 인사들이다.

어찌하여 많은 일본인 중에 이런 자들이 주로 반공을 외치며 '친한파'가 되는가? 그들은 대한민국의 '국시'와 이념인 반공주의를 지원하기 위해서 역사왜곡이 정당화된다고 한다. 그들은 1982년의 교과서 파동 때, 대한민국의 항의에 대해 "반공을 하기 위해서 그러는데 당신들이 항의한다는 것은 자기모순이다"라고 오히려 반박했다.

여기서 우리는 일본 교과서 왜곡을 규탄·비난하는 눈을 우리의 국가적 체질과 우리 자신의 세계관·이데올로기·가치관에 돌려야 하는 곤혹을 느끼게 된다. '반공'이면 그 모든 죄악이 정당화되는가? 우리의 입장과 관점은 '자기모순'이 아니면 '이율배반'에 빠져 있지는 않은가?

서독과 일본의 극단적 인식 차이

동서양에서 군사력에 의한 패권을 꿈꾸다가 참패한 일본과 독일 민족이 패전 후에 보여준 태도는 너무나 대조적이다. 그 모든 것이 후세대의 교과서를 어떻게 만들 것이냐 하는 태도로 집약된다.

독일은 일본과는 전적으로 달랐다. 서독의 경우 1949년 '국제교과서연구소'를 설치하여 서독의 역사학자·교육자들이 나치의 피해자인 주변국가들의 학자·교육자들을 초대하여 왜곡된 역사적 기술과 표현, 평가를 바로잡는 공동 연구작업을 추진했다.

과거의 죄과를 반성 비판하고, 인류적 양심에 입각해서 다시는 범죄적 민족과 국가가 되지 않도록 새 세대를 교육할 근본사상으로서 교과서 수정작업이 국제적인 국가사업으로 추진되었다.

브라운슈바이크 시에 설치된 이 국책연구소는 대체로 세 단계의 과정을 거쳤다. 첫째 게르만 민족이 '선민'사상으로 저지른 범죄행위를 '도덕적으로 단죄'하는 책임규명 작업, 둘째 독일인의 범죄행위의 여러 가지 사례를 놓고 그 '원인을 분석'하는 작업, 셋째 나치체제의 권력구조의 특성 및 권력 엘리트의 성분분석, 그들의 정책결정 과정에서의 지위·위치·역할 등 종합적 구조적 해부였다.

이상과 같은 국가사업은 50년대부터 70년도까지 계속되었다. 이 사업에서 독일정부와 국민은 군국주의의 악몽을 털어버리고 민주주의로의 변신을 위해서 눈물겨운 노력을 했다. 여기에는 미국과 소련의 전후 처리방식의 차이도 무시할 수 없다.

미국은 일본을 아시아에서의 반공 전초국가로 전환시키기 위해서 전쟁범죄자 괴수급 7명을 교수형에 처한 것 외에 A급 16명에게 무기형을 선고한 후, 1950년 10월 그들과 공직에서 추방됐던 10만여 명의 각급 전범자들을 전원 석방했다. 석방된 이들 전쟁범죄자들이 그 후 반공의 이름 아래 미국에 협력하는 각계각층의 지도자가 되고, 현재까지도 일본 정치·재계·정당을 좌지우지하고 있다. 천황친정제와 팽창적 군사대국화의 주도세력도 이들과 그 직계들이며, 그들이 대체로 교과서 왜곡운동에 앞장서는 소위 '친한파' 인사들인 것이다.

역사적 과오를 씻는 독일의 자세

서독과 일본이, 전후의 비무장화를 요구하는 국민과 외국의 강렬한 압력에도 불구하고 미국의 대소(對蘇) 반공전략으로 각기 막강한 군사력을 갖게 된 과정은 동일하다. 서독은 북대서양동맹에, 일본은 미·일 군사동맹에 편입되어 서·동양에서 미국의 가장 충직한 하위역할을 수행하고 있는 것도 동일하다. 그러나 자기 민족의 역사적 과오를 반성하는 도덕적 신념에서는 천양지차가 있다.

일본의 경우 전쟁범죄자를 자기 국민의 의지로 처단한 경우는 한 명도 없다. 도쿄 전범(戰犯)재판의 경우는 앞에서 기술했다. B급과 C급 전쟁범죄자의 처벌도 모두 외국법정에 의해서 이루어졌다. 미국·영국·오스트레일리아·네덜란드·중국·프랑스·필리핀 정부의 개별적 재판정에서 합계 5,423명이 재판을 받고 그중 920명이 사형당했다.

독일에서는 승전 연합군에 의한 유명한 뉘른베르크 전범재판이 끝난 뒤에도, 또 사실은 이미 그것과는 별도로 그때부터 독일국민의 의지에 의해서 '나치스 범죄추궁센터'가 설치되어 자가숙청을 계속했다. 일본의 B, C급에 해당하는 자들의 처벌이었다. 나치의 피해를 입은 주변국가들에서 행해진 개별적 처벌과는 또 별도였다. 그리하여 패전일부터 1982년 말일까지의 37년 동안 총계 8만 8,587명이 기소되고, 그중 6,456명에 대해서 유죄판결이 확정되었다. '독일기본법'(헌법) 제정으로 사형제도가 폐지되기 이전에 이미 12명이 사형에 처해졌고, 총 158명에 무기형, 6,180명에게 유기형이 확정되었다. 이것이 패전 후 서독국민에 의한 나치범죄 숙청의 실적이다. 수감 중에 노령으로 또는 병으로 사망한 수효는 이에 포함되지 않는다.

그것뿐이 아니라 서독국회(연방회의)는 1979년 7월, 그것으로도 부족하여 이때까지 범죄추궁을 면하고 있는 자들에 대해서는 시효를 적용하지 않는 형법개정안을 가결했다. 범죄행위가 있은 지 30, 40년 뒤에도 "그 죄의 시효는 영원히 성립되지 않는다"는 규정을 둔다는 것은 일반적(문명사회의) 관념에서는 죄형법정주의(罪刑法定主義)의 원칙에 위배되는 것이다. 전쟁과 범죄행위가 끝난 지 40년이 지난 지금도 독일국민이 세계 도처에 도피 잠복해 사는 나치 범죄자들을 기어이 찾아내어 처벌하고 있는 원칙적 정신구조는 일본국민과는 비교조차 할 수 없다.

독일에서도 일본과 마찬가지로 패전 후에 출생한 인구, 즉 자기의 아버지와 형들이 저지른 범죄에 책임이 없는 세대가 전체 인구의 반을 넘는다. 그러나 독일의 지도자들과 국민 일반은 자기 민족이 저지른 죄과에 관해서 누구도 역사적 책임을 모면하려 해서는 안 되며 회피할 수도 없다는 준엄한 자세를 보이고 있다. 다시는 그 같은 범죄행위가 민족 또는 국가의 이름으로 되풀이되어서는 안 된다는 전 국민적 결의를 재확인한 것이다. 독일의 선린정책과 이웃나라에 대한 '협력'이 호의적으로 받아들여지는 데는 그만한 이유가 있다.

일본은 전혀 다르다. 일본, 특히 그 정부가 이웃에 대해 이른바 '협력'의 이름 아래 추진하는 접근이 동남아시아 국가들에게서 언제나 '침략적'이라고 비난받는 데는 그만한 근거가 있다. 그들은 역사적 반성을 전혀 하지 않았기 때문이다. 일본은 철저하게 배타적이고 이기주의적이다. 일본을 모르는 우리의 해방 후 세대, 앞으로 이 나라의 민주화와 통일을 이루어야 할 역사적 책임을 걸머진 지금의 젊은 한국인은 이 사실을 명심할 필요가 있다. 일본인지도자들의 말과 속셈은 언제나 다르다. 준엄한 자기반성을 행동으로 입증한 일이 없기 때문이다. 그들의 눈에 한국은, 한반도는 패전 40년 후인 오늘도 40년 전의 조선에 불과하다.

그것이 사실인가? 사실이다. 우리는 그 증거를 바로 작년, 즉 두 나라의 패전 40주년의 날에 그 지도자와 국민들이 보여준 자세에서 그렇게 단언할 수 있다.

서독 '바이츠재커' 대통령의 처절한 참회

5월 8일은 독일의 패전기념일이고 8월 15일은 일본의 패전기념일이다. 1985년의 이 두 날은 두 국민에게 다같이 '전후 40년'적 의미를 갖는 중요한 '고비'로 간주되었고, 두 나라에서는 그만한 행사가 있었다.

독일의 경우는 독일연방회의에서 '리하르트 폰 바이츠재커' 대통령이 한 기념사로 그날을 맞는 독일국민의 정신자세가 표현되었다. 그는 기념사의 주문 첫머리에서 이렇게 말했다.

> 5월 8일은 기억을 되살려야 할 날입니다. 과거의 일들을 정직하게, 그리고 **왜곡함이 없이** 상기함으로써 우리들의 진정한 존재의 부분이 되도록 해야 합니다.(진한 글씨-필자)

그리고 이어지는 긴 기념사의 서두를 독재와 폭정의 희생자들에 대한 추모에 바친 그는 "독일 집단수용소에서 학살된 600만 명의 유대인의 명복을 빌고 독일민족이 저지른 전쟁으로 재난을 당한 모든 국민, 특히 헤아릴 수 없이 많은 소련과 폴란드 시민들의 영혼에 조의를 표명"했다. 그러고 난 다음에야 비로소 군인으로서 죽은 독일인, 본토에서 공습으로 죽거나 포로수용소나 추방 상태에서 죽은 동포들의 명복을 빌었다. 뒤이어 그는 독일국민과 정부를 대표하여 그리고 개인적으로, "독일인의 손에 의해 죽음을 당한 집시들, 동성연애자들, 정신병환자들, 종교인 및 정치범과 양심범들의 명복을 빌었다. 또 독일 내에서 처형된 수용자들, 독일인 점령하의 여러 나라에서 죽은 반(反)나치 항독 레지스탕스의 용사들, 국내에서 반나치 저항운동에 참여하여 처형된 공인·군인·교회신도·노동자·조합운동자 그리고 공산주의자"를 애도했다. 그리고 그는 "적극적으로 항거하지는 않았지만 적어도 자신의 양심을 유린하기보다는 차라리 죽음을 택한 사람들"을 애도했다.

조상들의 죄, 후손도 기억해야 한다

바이츠재커 대통령의 기념사는 가해자 독일민족의 피해자를 고루 찾아간다. 그는 "그 시기에 가장 무거운 멍에를 져야 했던 것은 여러 나라의 여성들이었을 것이다. 그들의 재난과 행복의 박탈, 그리고 소리 없이 참아야 했던 인내심은 너무도 쉽게 역사에서 잊혀질지 모른다"고 울먹였다. 그러고 나서 그는 독일국민 전부에게 가슴을 에이는 '반성과 자기비판'을 호소하면서 강조했다.

그로부터 40년 후의 오늘의 독일인구의 대부분은 그 당시 어린이였거나 태어나지도 않았다. 그들은 자신이 저지르지 않은 범죄행위에 대해서 죄책을 자백할 수는 없다. 그들이 독일인이라는 이유만으로 수의를 걸쳐야 한다고 생각하는 것은 분별심 있는 태도가 아니다. 그러나 그들의 선친은 그들에게 극악한 유죄를 물려주었다. 오늘을 사는 우리는 누구나가 다 그 결과적 사실의 멍에를 져야 하며 그 책임을 져야 한다. 젊은 세대와 늙은 세대들은 과거의 기억을 끊임없이 되살려야 하는 이유를 이해하기 위해서 서로 도와야 하며 또 그럴 수 있을 것이다.

저명한 철학자이며 그리스도교 신자인 이 독일 지도자의 도덕적·윤리적 그리고 종교적 참회는 다음의 구절에 이르면서 순교자적 엄숙함을 지닌다.

> 지나간 일은 수정되거나 백지화될 수는 없다. 그렇지만 과거에 대해서 눈을 감는 사람은 현재에 대해서도 장님이 된다…… 참회와 속죄 없이는 구제가 없다는 것을 명심해야 한다…… 과거를 기억함은 역사를 통한 하나님의 증언이다. 그것은 속죄의 원천이다…… 이 증거를 망각하는 자는 내일의 믿음을 상실하게 마련이다.

바이츠재커 대통령은 독일국민이 정의와 사랑의 정신으로 앞날을 건설하기 위해서 조상들의 죄과에 대한 책임도 회피해서는 안 된다고 결론지었다. 그리고 역사는 지나간 것이 아니라 오늘과 내일에 영원히 사는 것이라고 타이르고, 죄로 가득 찬 과거 위에 사랑과 정의를 꽃피우는 것은 다만 투철한 역사의식과 끊임없는 자기비판으로만 가능하다고 맺었다.

그에 비해 일본은 어떤가? 일본은 소화(昭和) 31년, 즉 패전 후 10년이 지난 1956년에 벌써 "이미 전후(戰後)가 아니다"(もはや戰後ではない)라는 오만한 태도로 돌아갔다. 한국전쟁의 혜택으로 경제복구를 이룩한 일본정부는 이 해의 『경제백서』에서 그 같은

'전후에 대한 결별'을 선언했다. 도덕적·윤리적·종교적 참회는 말할 것도 없고 자기반성과 역사적 인식을 완벽하게 결한 물질숭배사상이 자랑스럽게 고취되었다. '일본민족 우수성'의 증거라고 정부가 선전하고 일본인 자기들끼리 그것을 확인하면서 고개를 치켜들었다. 한반도 민중의 재난 같은 것은 그들의 안중에 없었다.

전후 총결산을 선언한 나까소네의 무치(無恥)

그로부터 30년 뒤 독일국민의 지도자가 조상의 죄과에 대해서 책임이 없는 전후세대에까지 처절한 자기비판을 호소한 같은 날, 나까소네 수상은 1985년을 '전후 총결산'의 해라고 선언했다. 과거의 모든 것은 완전히 '역사' 속에 묻혔거나 영원의 '시간' 속에 흘러가버렸다는 것이다. 물질적 '총결산'을 한 지 30년 뒤 정치적·도덕적·사상적·윤리적으로 그리고 법률적으로도 일본은 40년 전까지의 범죄에 대해서 완전히 '면책'(免責)되었다고 주장한 것이다.

40회의 8·15를 맞이한 날 아침, 일본 지도자는 일제 침략전쟁의 상징인 야스구니 신사에 공식참배하는 것으로 자신의 역사의식과 정신상태를 온 세계에 과시했다. 일제 말의 해군중위인 나까소네는 이미 7월 27일 천황주의 보수세력의 집결체인 집권 자민당 세미나에서 다음과 같이 40주년 기념사를 했다.

……아메리카에는 알링턴 전몰군인 묘지가 있고, 소련과 그 밖의 나라에도 전몰군인의 묘가 있다. 국가를 위해서 쓰러진 사람에 대해서 국민이 감사의 마음을 바치는 것은 당연한 일이다. 그렇지 않다면 누가 국가를 위해서 목숨을 바치겠는가!

일본 지배세력의 철학을 대변하는 나까소네 수상의 마음에는 '군국(軍國) 일본'에 대한 복고적 집념이 불타고 있음을 알 수 있다. 우리는 이어서 다음과 같은 기념사를 그의 입에서 듣게 된다.

> 전전(戰前)에는 황국사관이 있었다. 전후에는 태평양사관 즉 도쿄재판사관이 나왔다. 연합국의 법률로 일본을 피고로 해 문명·평화·인도의 이름으로 재판했다. 이에 대해서는 역사가 최종 판정을 내릴 것이다. 그러나 그 당시 일본에는 무엇이든 잘못됐다는 자학적인 사조가 번져 있었다. 지금도 그 여독이 남아 있다. (과거) 일본의 나쁜 행위를 지적하면 그것으로 할 일을 다했다고 생각하는 풍조가 있었다. 나는 반대다. 전쟁에 이기건 지건 국가다. 오욕을 털어버리고 영광을 추구해서 매진하는 것이 국가이며 국민의 모습이어야 한다…… 지금이야말로 국민의 아이덴티티를 확립할 필요가 있다…….

이것이 '전후 총결산' 철학이다. 이제 속죄는 끝나고 하늘을 우러러보고 땅을 굽어봐서 아무런 부끄러움도 없다는 사상이다.

지난날의 일본의 '영광'만이 일본에게는 소중하다. 일본인의 영광의 희생물이 된 이 반도의 민족과 중국·동남아시아 여러 나라의 국민들은 무엇이란 말인가? 독일 지도자의 기념사를 옆에 놓고 생각해보라. 이 정신구조가 바로 일본정부, 그 지도자들, 일본 각계의 상층부를 차지하는 보수적 지배세력, 소위 '반공적 친한파' 개개인의 특성임을 알 수 있다.

바이츠재커 대통령에게서 발견하는 도덕적 감동은 티끌만큼도 없다. 철저한 '일본 중심'사상의 권화(權化)라 하겠다. 이들이 되풀이되는 '교과서 왜곡' 분쟁의 주인공들이다. 소위 '친한파 인사'의 본성이다.

우리 해방 후의 젊은 세대들은 똑똑히 명심해야 할 것이다. '친한파'라는 일본인들이 무엇을 꿈꾸고 있는가를. 이들이 우리의 시대적·국민적 과제인 민주화 과정에 대해서 어떤 자세를 취할 것인가? 우리의 물질적 경제건설에 궁극적으로 어떤 태도로 대할 것인가? 민족의 분단상태를 해소하려는 민족적 지상목표와 그 과정에서 이룩해야 할 군사적 대결의 완화, 평화적 공존, 나아가 외세의 간섭 없는 민족자주적 해결, 한반도상에서 전쟁위기의 제거 등에 대해서 일본의 지배세력은 어떤 속셈으로 닥쳐올 것인가? 최근의 재일교포 지문날인 강요문제, 그것을 거부하는 교포의 추방문제도 자민당의 이념과 정책의 발현이다. 사할린에 남아 있는 교포가 귀국하지 못하는 것도 애당초 패전시에 일본정부가 일본인만을 송환시키고, 그 후 그들에 대해서는 청구권에 의한 3억 달러를 지불했으니 책임 없다는 태도 때문이다.

히로시마·나가사끼의 원자탄 피해자에 대해 일본국민에게는 보상 치료조치를 하고 있다. 그러나 강제로 일본국민이 되었던 한국(조선)인 피해자의 치료는 청구권 지불로 책임이 없다는 태도다.

일본인 중에도 '바이츠재커' 대통령 같은 속죄의 정신을 강조하는 사람들이 적지 않다. 진정으로 반성하고 조상의 죄과에 대한 역사적 책임을 져야 한다고 외치는 사람들도 많다. 그들 대부분은 교과서 왜곡정책에 반대하는 경우에서 보았듯이, 좌익과 진보적 사상의 인사이거나 기독교 계통의 지식인들이다. 역사인식의 차이를 말해준다.

우리는 진정으로 자기반성과 자기비판을 하려는 일본국민들에게

응당한 예의를 갖추기 위해서라도 그 같은 선의의 일본인에게 발언할 수 있는 기회를 주어야 하리라고 생각한다. 앞서 서독의 나치범 처벌에 관한 많은 자료를 제공해준 일본의 법학자 미야자와 고오이찌(官澤活一)가 그 한 사람이다. 그는 이렇게 말한 바 있다.

"일본의 태도에는 한국의 책임도 있어"

일본에서는 정부의 중추에 자리잡은 사람들이 입버릇처럼 외는 '과거의 청산'을 입에 담는 사람이 늘어나고 있다. 그런데 '청산'이라고 하면서 사실은 과거를 묵살하고, 무반성 위에 서서 현상을 긍정하려는 의도적인 논의가 엿보인다. 이러면 오류의 재발을 막기는커녕 언젠가 왔던 길을 다시 걷게 될는지 모른다…… 우리 일본인은 근년에 수없이 많은 잘못을 저질렀다. 이웃 여러 나라들에게 온갖 불법 비도(非道)를 범했다. 이들 범죄자들의 일부는 패전 후 점령군이나 외지의 군사법정에서 처벌되었다.

그러나 일본 재판소의 손으로 일본인이 범한 범죄, 타국민의 생명·신체·재산에 불법으로 가한 범죄의 책임을 추궁한 일은 없었다. 그뿐이 아니다. 일본인들은 (독일인들이 저지른) 나치의 범죄와 같은 일이 없었던 것을 자랑하는 듯한 글을 나는 보게 된다. 나는 일본과 서독을 비교하면서 국제사회에서 양자에 대한 대접의 차이가 다른 까닭이 무엇일까 하고 생각할 때가 있다. 서독은 주변국가 국민들로부터 심지어 왕년의 적대국 국민들한테도 환영받는 것과는 달리, 일본은 사실대로 말해서 그 성의를 의심받고, 마음을 주고받을 만한 사이가 되지 못한다고 생각한다. 일본이 범한 과거의 수많은 악업을 자기 손으로 청산하지 않은 데 대한 불신감이 결국은 주변의 많은 나라들의 위정자나 국민들 사이에 꺼림칙하게 응어리지고 있다. (여기에는 이웃 나라들의 책임도 있다.)

서독의 이웃들은 서독의 과거를 솔직히 비판하고 또 직접 반성을 요구하고 있다. 그와는 달리 일본의 이웃 나라들은 일본의 경제력을 곁눈질하며 일본의 경제원조나 얻어볼까 하는 생각 때문에 일본의 과거를 건드리지 않거나 과거는 잊어버리자는 따위의 전술을 쓰고 있으니 일본인은 자기의 과거를 잊어버리고 현재의 우월적인 입장에 우쭐할 수밖에 없다.

끝으로 지적할 것은 필자가 이 글에서 지적한 여러 가지 문제와 지적한 사항에 관해서 반드시 일본 측에만 책임과 허물이 있다고 생각하지는 않는다는 점이다. 교과서 문제만 하더라도 우리나라의 교과서는 얼마나 진실을 가르치고 있는가를 생각해야 한다. 다만 이 같은 자기비판은 여러 차례에 걸쳐 다른 글에서 피력한 바 있기 때문에 여기서는 생략했다.

일본의 교과서 왜곡 현장

• 역사왜곡 문제의 정확한 이해를 위하여

문제의 성격과 범위

우리나라에서 일본 역사교과서 '왜곡'으로 불리는 문제의 파악에는 적지 않은 오해가 있다.

우선 소위 '역사교과서' 문제는 역사교과서만의 문제가 아니다. 일본의 각급학교에서 사용되고 있는 (또는 채택이 거부당한) 모든 개개 학과 교과서 전체에 걸친 문제다. 둘째로 그 '역사'의 정의(定義)다. 우리나라에서는 우리나라와 관련된 부분을 중요시한 나머지(그것은 일단은 당연한 일이지만) 일본이 과거에 식민지화 내지는 점령했던 지역 민족(우리나라, 만주, 중국, 내몽고, 오끼나와, 대만 및 동남아시아)의 고대사에서 1945년 8월(일본으로서는 패전, 피지배민족으로서는 해방)까지의 과거사에 대한 왜곡으로 이해하는 경향이다. 사실은 그렇지 않다. 과거 역사의 왜곡은 물론이고 **1945년 이후의 현대사**와, 앞으로의 전망·해석으로서의 미래사까지도 포함해서의 왜곡이다. 셋째는 사(史)의 주체 (민족)로 말하면 타민족사만이 아니라 **일본민족 자체의 역사**, 즉 **일본사**의 왜곡을 포함한다. 사실은 이 후자의 경우가 훨씬 더 큰 문제인 것이다. 여기서 우리는 많은 사실을 알게 된다. 넷째는 왜곡 기술(記述)문제의 대상 교과서가 역사교과서만이 아니라 교과목별로 국어, 현대사회 1(公民), 현대사회 2(경제·정치), 역사(일본사, 세계사), 지리(일본지리, 세계지리)는 물론 과학·가사·기예(技藝)·음악·종교 등 모든 교과와 분야의 교과서에 적용되고 있다. 다섯째로는 일본 국가 내의 각급학교의 교육제도와 관습에도 그것이 해당된다는 사실이다. 학자·전문가에 의한 교과서의 집필, 원고단계와 제본단계에서의 검열·검정, 단치단체 및 학교·교사의 교과서 선정 채택, 교실에서 그 과목을 담당 교수할 **교사의 교과서 선택권, 학부형의 자제(子弟) 교육에 대한 간섭의 권리, 국가기관으로서의 사법부의 교과서 내용 및 채택권 등에 대한 심판권**(진한 글씨-필자. 이하 동일) 문제 등이다. (외국역사와 관련된 부분이 국제분쟁화됐을 경우의 외교적 문제는 비교육적 성격이므로 이 검토에서는 제외한다. 한국역사 왜곡에 관해서도 이미 많은 논의와 소개가 있었으므로 이 글에서는 생략한다.)

일본의 '교과서문제'는 우리나라에서는 4가지 측면에서 반응을 일으키고 있는 것으로 관찰된다.

① 고대로부터 1945년 해방까지의 긴 기간의 두 민족 간 관계와 생존양식 및 발전에 관한 역사의 진실과 사실 문제를 놓고서 거론하는 **학문적 논쟁의 측면**.

② 문화적 시혜자(施惠者)였던 이 민족의 은혜와 공로에 대한 일본민족의 망각 내지는 고의적 사실 말살에 대해서, 그리고 식민지 통치와 관련된 **감정적 반응의 측면**.

③ '교과서 문제'가 국제적 분쟁을 야기하고, 또 주로 정부 간

교섭으로 협잡·무마·호도·해결 등의 형태를 취하게 된 까닭으로서의 **정치·외교적 대응 측면.**

④ 일본정부 '검정교과서' 사실 왜곡을 통해서 나타나는 일본정부와 지배세력의 동기·목적·목표와, 예상되는 결과에 대한 **미래적 차원에서 문제를 분석하고 그 '문제성'을 예시하려는 노력의 측면.**

1982년 8월, 아무런 지식도 인식도 없던 이 나라의 시민들에게 일본 교과서 문제가 처음으로 제기된 이래로, 위에서 관찰한 ①②③의 측면에서는 상당한 논란과 토의 및 연구가 있었다.

①의 왜곡사실의 '사실적(史實的) 구명'에서는, 적어도 한민족과 일본의 관계에서는 고대(한사군의 위치)에서부터 일제통치 말(정신대)까지의 왜곡사항 43개 항목을 일본의 여러 검정교과서를 낱낱이 검토하여 바로잡고 반론한 업적이 나왔다.[1)]

②의 민족·국민 감정의 측면에 관한 반응은 너무도 자명하고 그 표출도 다량이어서 여기서 새삼스럽게 재론할 필요를 느끼지 않는다.

③의 정치·외교적 반응과 그 허실에 관해서도 국내언론을 통해서 어느 정도는 드러난 것으로 판단된다. 출판물을 통한 본격적인 분석연구도 있었다.[2)]

그러나 '일본 교과서 문제'에서 우리나라에서 아직까지 연구자

---

1) 국사편찬위원회, 「일본교과서 왜곡 중 한국관계 내용」, 『동아일보』, 1982년 8월 5일, 제6면, 제7면 전면.

2) 필자의 졸고, 「다시 일본의 교과서문제를 생각하다」, 『한국사회연구』 1, 한길사, 1983, 187~212쪽. 이 논문은 (4)항 즉 일본 교과서 문제를 표출하게 된(되는) 일본의 현 집권세력과 정부의 의도·목적·목표 및 그 허위성에 관해서도 깊이 다루고 있다.

나 평론자의 작업이 미치지 못한 부분이 있다. 그것은 일본정부가 실시하고 있는 교과서 검정과 교과서 채택제도의 정확한 실태에 대한 구명이다. 즉 문제의 정확한 이해를 위해서 전제가 되고 기초가 되는 교과서 검정의 법적·사상적·정치적 근거와 행정적 운영방식 및 경향이다. 다음은 실제로 검정을 담당하는 당국과 당국자들이 개개의 문제와 사항을 놓고 **어떤 관점에서 검정을 하고 있는가 하는, 지극히 미세한 현장적 인식**이다. 검정방법 및 방식의 실태는 어렴풋이밖에 알려져 있지 않다. 검열관들이 개개사실을 어떤 관점에서 왜곡하도록 교과서 집필자에게 요구하는가 하는 현장(現場)에 관한 지식과 정보는, 그것이 검열관과 집필자만이 마주 앉은 밀실에서 이루어지는 까닭에 일본의 교육계에서도 낱낱이 밝혀진 바가 없다. 최근 들어 문제가 국제분쟁화해서야 일본정부는 그 일부의 공개를 허가했을 뿐이다. 필자는 1985년 1월부터 6월까지 도쿄대학 사회과학연구소 초청으로 동 대학에 머문 기간 중, 일본 교과서 문제에 관한 자료를 섭렵했다. 이 글은 그 자료들을 토대로 한 것이나 본격적인 학술논문이 아니라 '소개'(紹介)의 성격인 까닭에 글 속의 구체적 문헌·자료 등의 출처를 낱낱이 밝히는 형식은 따르지 않는다. 다만 그 명단을 일괄적으로 제시해둔다.[3)]

3) ① 사회과 교과서 집필자 간담회 엮음, 『教科書問題とは 何か』, 도쿄: 未來社, 1984; ② 출판노조 교과서대책위원회 엮음, 『日本史·世界史検定資料集』, 「教科書レポート」, 1982; ③ 같은 『자료집』, 1984; ④ 같은 『자료집』, 1985; ⑤ 일본 교직원조합, 『教科書白書』, 1983; ⑥ 李進熙 외, 「教科書に書かれた朝鮮」, 도쿄: 講談社, 소화 57년판(第5刷); ⑦ 『これらの天皇制』, 法學セミナー, 總合特集ツリーズ, 도쿄 : 日本評論社, 1985; ⑧ 家永三郎·黑羽清隆共著, 『日本史』 증보판, 도쿄: 三省堂, 1984, 第14刷; ⑨ 京極純一, 『日本の政治』, 도쿄: 도쿄대학출판회, 1983; ⑩ 藤原彰, 『戰後史と日本軍國主義』, 도쿄: 新日本出版社, 1982; ⑪ 『三千里』, 도쿄: 李刊 三千里社, 1984~85년 봄호까지; ⑫ 兒島

일본 교과서의 생애

집필되어 교실에서 가르쳐지기까지

일본에서는 초·중·고 각급학교의 각 교과 교과서는 원칙적으로 그리고 실제적으로 교과서 집필자가 단독 또는 공저형식으로 집필한다. '국정교과서'식의 정부제정 또는 정부위촉 형식의 교과서는 없다. 일제시대에는(1945년까지) 메이지 천황의 '교육칙어'(教育勅語)의 학문관에 따라 천황주의 사상에 입각한 '국정'교과서가 주였지만 전후의 교육개혁 이래 '검정'방식으로 바뀌었다. 학문·사상의 자유와 교육의 자율성 원칙이 착실히 정착해갔기 때문이다.

검정 그 자체도 자유와 자율성에 대한 국가권력의 침범이며 따라서 위헌이라는 소론도 있었지만, 검정방식은 날로 강화되어왔다. (뒤에서 별도로 고찰함.)

교과서의 집필자나 편집자에 의해서 작성된 교과서의 원본이 교실에서 실제로 교본(教本)으로 사용되기까지는 거쳐야 할 수많은 절차와 단계가 있다. 그 하나하나가 각기의 형식대로 학문·사상·양심의 자유와 교육의 자율성에 대한 장애물로 작용할 수 있다. 크게 나누면 다음과 같은 4개 단계 또는 고려 대상이다.

첫째, 문부성(文部省)에 의한 검정과 그에 대한 순응.

둘째, 교과서 채택권자에 의한 채택 여부.

셋째, 입학시험 문제(경향)에 맞춰야 할 교과서 기술(記述) 내

襄, 『東京裁判』 上 · 下, 中公新書, 도쿄: 中央公論, 昭和 46년; ⑬ 기타 일본 신문 및 잡지 등.

용의 왜곡.

넷째, 위 3가지를 상업적 측면에서 고려해야 하는 출판사와 필자의 위축.

국가의 교과서 검정권

국가를 대표하는 문부대신이 교과서의 체제와 내용을 심사하는 이른바 '문부대신의 검정권'은 어떤 상황적·법적 근거에 의한 것인가?

일본은 패전 후의 민주화에 따라서 1947년에 제국시대의 교육정신과 결별한 새로운 학교교육법을 제정했다. 이 법으로 과거의 '국정'교과서 제도가 폐지되고, 그 대신 '검정'제도가 도입된 것이다. 이 검정권은 그러나 '국가'(즉 정부)에 속하는 것이 아니라 전후 정치의 민주화로 신설된 지방자치제에 따르는 도(都: 東京都), 도(道: 北海道), 부(府: 市), 현(縣)[4]회의 교육위원회에 속하게 되었다.

당시는 패전 직후의 물자부족에 따르는 특수사정 때문에 각종 용지(종이)의 할당제가 잠정적으로 실시되고 있었다. 따라서 일본정부는 교과서 용지도 할당제에 해당했던 까닭에 잠정조치로 문부대신에게 검정권을 부여했다. 그 후 경제부흥으로 용지 부족 현상은 해소되었고, 할당제가 폐지되었음(1952)에도 불구하고 일본정부는 검정권을 지방자치기관의 교육위원회에 되돌려주려 하지 않을 뿐만 아니라 1967년에 이르러서는 학교교육법을 개정하여

4) 우리나라의 기본 행정단위인 도에 해당하지만, 우리의 도보다는 그 행정지역이 훨씬 작아 전국이 43현으로 나뉘어져 있다.

현행법과 같이 "문부대신의 검정을 거친 교과서용 도서……를 사용해야 한다"고 고쳐버린 것이다. 게다가 교육위원회 자체도 지방자치의 공선제(公選制)를 없애고 임명제(任命制)로 바꾸어버렸다. 이렇게 해서 본래의 뜻은 사라지고 중앙집권적인 문부성 검정필 교과서의 하청 배급기관이 되어버렸다.

학교교육법과 교육위원회의 법적 '개악'(改惡)이 단행된 이 시기의 성격을 이해하면 오늘의 교과서 내용의 '개악' 배경과 의도를 우리는 좀더 쉽게 이해할 수 있다. 이 해에 일본은 경제부흥을 이룩한 자신감에 넘쳐, 『경제백서』(經濟白書)를 통해 '전후와의 결별' 선언을 했고, 군사대국을 지향하는 제2차 군비증강 계획을 추진 중이었다. 또한 보수 자민당 정권의 친미·반중소(反中蘇) 반공노선은 확고해지고, 전쟁 포기와 군사력 불보유(不保有)를 규정한 '평화헌법' 폐지 내지 개정을 위해서 국민의식을 우경화하는 사업이 대대적으로 전개되기 시작한 시기다. 일본국가의 정치노선과 국민사상의 '반공주의화'가 본격적으로 전개되기 시작했다. 국민사상의 전면적 '반공주의화'를 실현하는 장기적 계획으로서 가장 확실한 방법은 소·중·고교의 전후세대들의 사고방식·가치관·역사의식을 바꾸는 것이다. 그것은 교과서의 내용을 진실을 무시한 '반공주의' 노선으로 왜곡하고 개악하는 것이다. 여기서 일본 각급 교과서에 대한 정부의 간섭이 본격화되기 시작한다.

이 같은 배경과 목적으로 개정·강화된 '교과서에 대한 문부대신의 검정권'에 의하여 '학습지도요령'이라는 것이 제정되었다. '요령'은 중학교·고등학교 교과과정의 모든, 그리고 낱낱의 과목 및 학년별 수업내용에 대한 정부의 지침과 취지다. 이 '요령'이 집필자가 만든 교과서의 원고에서부터 교실에서의 교수의 전 과정을 전면적으로 규제한다. 집필자에 따라서 교과서 기술내용이나 해석에 차이가 있을 때 또는 교과서의 기술과 정부의 의견이 엇갈리는 경우, 교습의 기준은 이 '요령'에 따라야 한다. 그것은 세부적으로 규정돼 있다.

검정의 좀더 실제적 규정을 위해서는 '교과서용 도서검정규칙'(教科書用圖書檢定規則)이 제정되어 있다. 이 규정(규칙)을 적용하는 방식은 절차적으로는 3단계다. 원고본 심사(原稿本審査), 내열본(內閱本) 심사, 견본본(見本本) 심사가 그것이다.

심사의 과정과 방식

원고본 심사

집필자가 교과서 원고를 완성하면 출판사를 통해서 문부성에 제출된다. 이 원고본은 백지의 표지로 제출하게 규정되어 있는 데서 '백표지본'(白表紙本)이라고 부른다. 정부를 대표하는 문부성 관리들이 제출된 백표지본을 현미경적으로 심사·검토한다. 물론 이 단계에서는 교과서의 '오자' '형태' '체제' '적절성' 등을 규제하는 6개 항목이 있지만, 중요한 심사대상은 두말할 것도 없이 그 내용이다.

'원고본 심사'의 실제 예를 들어보자.

〈예 1〉

'백표지본'의 원문

일한병합조약에 의한 조선지배로 토지를 빼앗기고 직(職)을 잃고서……

'원고본 심사'로 수정을 요구하는 지시

토지의 소유관계가 변했다고 해서 (조선)농민이 직을 잃은 것은 아니다. 소작인으로 있는 데는 변함이 없다.

〈예 2〉

'백표지본'

1982년 여름, 일본의 역사교과서 검정에 대해 아시아 여러 나라가 항의하여, 새삼 일본인과 일본국의 아시아 인식에 의문이 제기되었다.

'심사 지시'

이런 따위 말을 쓰지 않아도 되지 않는가! 검정에 대한 항의가 아니라 내용·기술에 대한 항의였다.

내열본 심사

백표지본의 내용에 대한 이상과 같은 내부심사가 끝나면 곧 원고 교과서의 집필자와 출판사 책임자에게 출두지시가 온다. 심사관과 집필자·출판사는 위의 예시에서 본 바와 같은 정부 측의 지시사항을 놓고 서로의 주장을 내세우며 타결을 볼 때까지 승강이를 벌인다. 교과서 한 권의 내용기술에 대해서 수백 개소의 '지시'가 있을 수 있다. 그러면 이 내열본 심사의 승강이는 몇 달씩 계속되기도 한다. 필자와 출판사는 이 과정에서 지쳐버린다. 대개는 정부 측 지시에 따르는 것으로 그 고통·번거로움에서 벗어나려 하고, 기업적 고려, 장차의 집필 가능성 때문에 항복하고 만다.

정부대표와 집필자 간의 이론투쟁 결과로 내용기술을 수정한 책이 만들어진다. 이것이 견본본이다.

견본본 심사

견본본은 출판사로서는 정부와 필자의 견해·학설·주장·해석…… 등의 갈등에서 사실상 최종화된 내용을 담은 것이다. 그대로 통과되면 출판사에 의해서 제본되는 것이지만, 그것으로 검정심사가 완료된 것은 아니다. 필자 측의 이론·주장이 나무랄 데 없으면 정부 측이 후퇴하여 백표지본대로 유지되지만, 대개는 정부의 수정지시로 바뀐 내용으로 된다. 앞서의 실례들은 다음과 같이 변했다.

〈예 1의 견본본〉

현재 일본에는 약 65만 인의 한국·조선인이 거주하고 있다. 그 태반은 일한병합조약(1910) 이후 조선에서 일자리를 얻을 수 없게 되어 직을 찾아서 일본에 이주해온 사람들의 자손이며……

〈예 2의 견본본〉

1982년 여름, 일본의 역사교과서 검정 후의 기술에 대해 중국·한국 등으로부터 항의의 소리가 있어, 새삼 일본국과 일본인의 아시아 인식에 의문이 제기되었다.

이 수정된 기술을 놓고 다시 쌍방의 대좌(對坐)가 이루어진다. 이 과정은 실제로는 자구수정 정도로 끝나는 것이 보통이다.

집필자와 출판사가 이 단계에서 대좌하는 상대방, 즉 정부 대표기관은 문부성 교과용 도서 검정조사심의회이며, 그 소속 관리는 '조사관'(調査官)이다. 조사관들은 각기 과목분야의 전문가 또는 전직교사들이며, 그들의 성향이 집권세력 자민당적임은 두말할 나위가 없다. 따라서 그들의 지시는 '교정'(校正) 차원의 형식적인 것을 제외한 질적 차원에서는 반공·보수적 이데올로기에 입각하며, 천황사상, 일본적 국수주의, 자본주의 체제, 일본민족 우월사상, 일본 중심적 가치관, 반민중적 편견, 질서존중, 평화지향보다는 상무(尙武)사상 고취…… 등을 강조한다. 한마디로 교과서에 대한 '사상심사'(思想審査)라고 할 수 있다. 그 사상과 가치관을 지지하는 한도 내에서의 기술적 개선, 즉 개인의 물적·기술적 창의력, 지역 향토문화, 서민생활의 향상…… 등은 용인되고 어쩌면 장려된다고 말할 수 있다.

조사관의 수정지시는 2가지다. 'A조건' 또는 '수정의견'과 'B조건' 또는 '개선의견'으로 요구된다. B조건은 정부 측의 견해로서 "이렇게 고치는 것이 낫지 않겠나" 하는 충고 권장이다. 이것은 대체로 표현을 고치라거나 "이런 측면·견해도 있을 수 있다"…… 등의 비교적 소극적 성격의 의사표시다. 그런 뜻에서 B조건(개선의견)은 본질문제는 아니다. 정부 측도 '강요'하지는 않는다.

그와는 달리 A조건(수정의견)은 반드시 어떤 내용이나 형식으로건 대응할 것을 요구하는 지시다. 이것은 일본 집권세력과 정부의 천황숭배, 황실존중, 천황계만세일계(天皇系萬世一系) 사상, 일본 중심적 관점, 지도자 권위 존중, 반공·반(反)사회주의, 친미 및 자본주의, 군비강화의 필요성, 국내 좌파 내지 진보적 경향에 대한 반감…… 등 지극히 구체적 요구로 표시된다. 바로 이 A조건 지시의 결과가 거듭 외국과의 분쟁거리의 원인이 된다.

B조건과 A조건의 지시를 몇가지 실례로 살펴보자.

B조건(개선의견)

〈예 1〉

〔제목〕 '일본자본의 해외진출과 경제협력' → 자본이라는 말 대신 기업이라고 쓰라. (자본주의적 수탈의 감을 주지 않으려는 의도.)

〈예 2〉

관동대진재(關東大震災)의 혼란이 한창일 때 조선인이 폭동을 일으켰다는 유언비어가 흘러, 약 6,400인으로 알려진 다수의 죄 없는 조선인이 (일본의) 군대·경찰 또는 민중에 의해 학살되었다. → B조건 1: '죄 없는'은 있어도 없어도 알 수 있지 않은가! B조건 2: 훨씬 많은 것은 민중이 아닌가. 많은 순으로 쓰라. (즉 관동대진재에서 한국인을 학살한 것이 일본의 국가 폭력장치인 군대나 경찰이 아니라는 인상을 주려는 의도. 이 항목에는 A조건도 부기되어 '강제적' 수정이 요구되었다. 학살된 것으로 알려진 6,400명에 대한 반론이다.)

〈예 3〉

금속광산에서 배출된 카드뮴이 원인이 되어 '이따이이따이병'이 발생→ 인과관계에는 아직도 이론(異論)이 있다. (기업·자본가 측의 입장을 옹호하려는 의도.)

〈예 4〉

천황의 사후(死後)에 → 천황의 경우는 사(死)라는 말을 피해

주기 바람. 황실전범(皇室典範)에서는 '붕(崩)하다'(崩ずる)로 되어 있다. 적어도 '몰(沒)하다'(沒する) 정도의 표현으로는 해야 되지 않는가. (천황숭배사상 강조.)

A조건(수정의견: 강제조항)

〈예 1〉

(식민지 조선) 학교에서의 조선어 교육과 조선어 사용의 금지…… 등 → 금지한 사실 없다. 소화 13년 3월 15일의 조선총독부령 제24호 '소학교 규정'(小學校規定)에 따르면 조선어는 '수의과목'(隨意科目)으로 취급할 수 있다고 되어 있다. 금지한 것이 아니다.

〈예 2〉

소련은 공산당에 의한 일당제(一黨制)이며 다른 정당은 존재하지 않는다. → '일당독재'라고 쓰면 더 알기 쉽다. (반소련적 감정의 강조.)

〈예 3〉

자위대(自衛隊, 일본군대)는…… 질과 양에서 강화되어 세계 유수의 실력을 갖춘 조직체로 성장했다 →정말이냐? 한국과 해도(싸워도) 진다는 말이 있다. 베트남이나 북조선 쪽이 강하다. (될 수 있으면 일본의 군사대국화의 인상을 억누르고, 사회주의 국가들을 훼방하려는 의도.)

〈예 4〉

〔연표〕 1945년 포츠담선언을 수락하고 일본 무조건 항복 '조건'을 수락하고 항복했으니까 무조건 항복이 아니다. (사실보다도 체면유지를 위한 궤변.)

교과서 채택방식과 문제점

일본의 전후세대를 현 집권세력의 이데올로기와 가치관으로 '세뇌'하려는 각급학교 교과서의 '국가(정부)통제'는, 검정심사와 합격된 교과서의 '채택'방식의 조작으로 이루어진다. 채택문제는 검정문제에 못지않은 중요성을 지닌다. 이에 관한 정확한 지식이 있어야만 외국인으로서는 이른바 '일본 교과서 왜곡'문제의 전모를 파악할 수 있게 된다.

일본에서는 1962년까지 사이에 소학교와 중학교가 의무교육화됨에 따라 소·중학교의 교과서는 무상공급되고 있다. 정부는 교과서의 무상공급 제도의 실시와 함께, 그 이전에는 각 학교 또는 그 학교의 학과 담임교사에게 부여되어 있던 교과서 채택권을 시·정·촌(市町村) 교육위원회에 넘겨버렸다. 이것을 교과서 채택(권)의 '광역화'라고 부른다.

이 교과서 채택권의 광역화 조치는, 일본의 우익과 정부가 이른바 '교과서 편향비판' 캠페인을 벌이기 시작한 시기와 일치한다. 제2차 대전 패망 후 일본사회는 한때 과거의 천황 파시즘·군국주의·제국주의·독점 자본주의의 죄악에 대한 반동으로 좌익세력이 지식인의 주류를 이루었다. 학교교육도 자유주의적·진보적 성향의 교사들과 일본교육직원조합(日本教育職員組合, 日教組)에 속하는 좌익적 경향의 교사들의 주도하에 있었다. 일교조는 1985년 현재 60만의 가입원을 가진 '세계 최대'의 교원조합으로 알려져 있다.[5)]

교과서 무상공급 제도는 "교과서를 국가가 무상으로 공급하는 한 교과서의 내용에 대한 검열은 당연히 국가의 권리"라는 정부의 논리를 뒷받침하는 구실로 이용되고 있다. 또한 종전에 학교 단위로 교사들에 의해서 자율적으로 채택되던 교과서의 '채택권'을 정부 임명제의 지방교육위원회로 넘겨버린 조치도 이 교과서 무상공급 제도의 실시를 구실로 한 것이다. 이렇게 해서 정부는 60년대 초경부터 일교조의 영향하에 있던 교과서 선택권을 탈환하게 된 것이다.

일본 교과서 문제를 두고 대립하는 두 세력이나 개인을 한국식의 이데올로기적 이분법 관념으로 단순히 좌와 우, 반공 · 친공 등으로 대치시켜서는 안 된다. 적어도 일본 정도의 민주화가 이루어진 사회에서의 사정은 그런 이분법이 성립하지 않는다. 일본에서도 주로 보수적 세력은 그런 식으로 단순화해서 교과서의 '국가통제화', 다시 말해서 일제시대와 같은 실질적인 '국정교과서'화를 추진하고 있는 것이 사실이다.

교과서의 채택권을 정부가 장악하려는 각종 노력은 교과서의 무상공급제 실시와 병행하여 20여 년간 꾸준히 진행되었다. 그러나 그 노력이 총력적으로 급격히 전개되기 시작한 것은 현재의 나까소네 총리대신 취임 후인 1981년부터다. 반공주의·천황친정체제·군사대국화를 신조로 삼고 있는 나까소네 정부도 그 권리를 법제화하는 데까지는 이르지 못했다. 그러나 본질적으로 친정부

---

5) 『現代用語の基礎知識』, 170쪽.

(보수)적일 수밖에 없는 지방의회를 장악함으로써 거의 그 목적을 달성한 상태다. 구체적으로 보면 그 조치는 3가지 내용으로 구성된다. 하나는 교과서의 선택을 현(縣)의 교육위원회에 넘긴 것, 둘째로는 현 단위보다도 넓은 몇 개의 현을 합쳐 교과서 채택의 공동지역을 '광역화'하는 것, 셋째는 교과서의 단위 채택기간을 3년에서 4년으로 늘린 것. 이 변화가 가지는 의미를 좀더 자세히 설명하면 다음과 같다.

현 교육위원회의 채택권

도·도·부·현·시(都道府縣市)에는 각기의 지방자치단체가 있고, 그 장(長)이 그 지방의회의 동의를 얻어서 교육위원들을 임명한다. 이 지방교육위원회는 다시 문부대신(정부)의 승인을 얻어 위원회를 지휘하는 교육장을 임명한다. 문부대신은 지방교위에 대해서 필요한 지도·조언·원조를 제공하며, 법령의 위반에 대한 불허 또는 개선을 명할 수 있다(지방 교육행정의 조직 및 운영에 관한 법률). 지방의회와 자치기구가 거의 보수 일색이라는 사실로 그 교육위원회와 그 장이 어떤 정치적 성향일 것이냐는 자명하다. 게다가 문부대신의 승인을 얻어야 하는 임명 인사라면 이중으로 보수적일 것임도 분명하다. 이것이 일본정부가 노리는 방향이다. 이 같은 성격과 성향이, 현 교육위가 현장에서 교육을 담당할 학교와 교사를 배제하고 교과서를 선택할 때, 어떤 성향과 내용의 교과서를 선택할 것이냐 하는 문제 역시 답변은 자명해진다.

광역채택

일본의 현은 우리나라의 도보다 작다. 그런데 그런 현을 교과서 채택의 지역단위로 하지 않고, 몇 개의 현을 합친 '지역'을 단위로 하려는 방향으로 정부의 압력이 강화되고 있다. "각 지역의 문화적·사회적 제반조건의 균질화가 진행되고 있으므로 채택지역을 넓힐 필요가 있다"는 정부 측 주장이다. 교과서 채택권한자의 '중앙화'를 노린 것이다. 궁극적으로는 '정부화'를 목표로 하는 조치이다.

이상에서 정부의 분명한 방향과 목적에 대해 지역주민의 '민초'(民草)적 저항운동이 일어나 '교육의 민주화'를 회복하려는 움직임도 있다. 도쿄 나가노(中野) 구 의회가 그 선구자 격이다. 나가노 의회는 몇 해 전 구교육위원을 주민 선거로 선출하는 조례를 가결했다. 문부성(정부)은 당황하여, 그것이 전국에 번질 것을 우려하여 위법이라고 주장하고 있다. 오사까 등 비교적 진보적 성향의 도시들에서 나가노의 예를 따르려는 주민운동(草の根運動)이 활발해지고 있기 때문이다. 이같이 해서 '관영교육'주의자와 '민주교육'주의자의 갈등이 차츰 심화되어가는 일면도 있다.

채용기간

한 교과서의 검정은 종래는 정기적으로 3년마다 실시되어왔다. 이 주기를 4년으로 연장했다. 채택된 교과서의 사용기간을 3년에서 4년으로 연장한 것은 얼핏 보기에 교과서 쪽에 유리한 것 같다. 그러나 이 수정도 나까소네 정권 등장 직후에 구상된 것으로서, 그것을 반대하는 집필자와 출판사 측에서는 그 조치의 목적이 "종전보다도 시간여유를 가지고 더 면밀한 검열을 함으로써 교과서의 종수와 발행사를 정리·타도하려는 의도"라고 보고 있다.

이상 3가지 방법의 강화로 정부가 노리는 목표는 다음과 같은 정부 측의 공식문서가 스스로 말해주고 있다. 문부성(정부)과 집권 자민당이 공동작성한 '교과서 무상공여 실시 요강안'(教科書無償供與實施要綱案)은 다음과 같이 보고하고 있다.

① 의무교육 교과서(소·중학교)를 국정교과서화하자는 주장도 있으나 현재의 검정제도와 '학습지도요령'의 기준·제한이 실제학습에서 엄격히 실시되고 있으므로, **내용적으로는 이미 국정교과서에 의한 교육과 동일하다.** 또 명실공히 국정교과서화하기 위해서는 검정교과서의 저작권 매입 등에 의한 보상을 해야 하며, 그밖의 관련업무로 막대한 경비지출이 필요해진다.

② 앞으로 (교과서 출판) 기업의 허가제를 실시하고 광역채택식 제도정비가 이루어지면 국정교과서로 하지 않더라도 한 과목의 교과서를 전국적으로 5종 정도로 통일시킬 수 있을 것이다. 그렇게 해서 국정교과서적 장점을 주입하는 것은 현 제도로서도 충분히 가능하다.

이상의 사실로 일본정부와 보수세력의 교과서 정책·목표·사상을 충분히 짐작할 수 있다.

한국적인 비민주적 '관영교육'에 처음부터 길들여진 관념과 교육관으로서는 위에서 본 바와 같은 일본교육에서의 정부의 의도가 각별히 이상할 것도 없어 보일 것이다. 그러나 '민주주의 사회제도에서의 민주주의적 교육'을 패전 후에 실시해온 일본사회와 일본인 일반의 교육관으로 보면 심각한 '역행'이 아닐 수 없다. 위에서 검토한 '무상공여 실시 요강안'이 20년 전에 노린 효과와 결과는 대부분 현실화된 것으로 보인다. 그것을 알자면 일본에서의 소·중학교 과목별 교과서의 종수가 어떻게 변했는가를 살피면 될 것이다. 다음의 표는 '요강'의 첫 해인 1962년과 20년 후인 83년 사이의 변화다. (이 1983년은 일본 교과서의 개악 결과로 '역사교과서 왜곡사건'으로 국제적 분쟁으로까지 확대된 해임을 주목할 필요가 있다.) 이상에서 다음과 같은 사실이 밝혀진다.

교과서 발행 종류수의 추이

1. 중학교[6]

종목	1962	1983
국어	11	5
서사	14	7
사회	7	6
지도	8	2
산수	10	6
이과	10	6
음악	10	4
도공(圖工)	9	5
가정	10	2
계	89	43

① 교과서의 다양성이 균일화된 경향: 정부가 20년 전에 노린 목표인 '5종'을 달성했을 뿐 아니라 중학교에서는 그 이하로 축소되었다. 사실상의 '국정교과서'화가 거의 완성되는 단계에 이르렀다. 학문·지식·표현의 자유는 대폭 축소되었다.

② 교과서 집필자가 몇 사람으로 제한되었다. 그들이 거의 예외

6) 사회교과서집필자간담회 엮음, 『教科書問題とは 何か』, 도쿄: 未來社, 1984, 79쪽.

2. 소학교[7)]

종목	1962	1983
국어	16	5
서사(書寫)	18	10
사회(지리)	12	8
사회(역사)	12	7
사회(公民)	12	7
지도	4	2
수학	16	6
이과(理科)	14	5
음악(일반)	9	3
음악(기악)	3	3
미술	8	4
보건체육	14	3
기술가사(남)	10	2
기술가사(여)	11	2
영어	12	5
계	171	72

없이 검정심사의 기준·지시에 충실한 필자라는 사실은 그 교과서를 보지 않아도 쉽게 이해할 수 있는 일이다.

③ 교과서 출판사의 대폭 감소: 소학교 발행사는 26사에서 16사로, 중학교 발행사는 45사에서 21사로 줄었다. 정부의 뜻을 받드는 대규모 상위급 여러 개사로 집중화가 이루어졌다.

나까소네 정권은 이미 이같이 목표에 접근한 '국정교과서화'를 단숨에 매듭지으려 했다. 그것이 1983년 분쟁과, 바로 금년 1986

7) 같은 책, 79쪽.

년 가을의 후지오 문부대신의 망언과 파면사태로 드러난 교과서 왜곡사건의 배경인 것이다.

심사의 현장과 사례 1(과목별)

누차 강조했듯이 일본 교과서의 '왜곡'문제는 역사교과서에 국한된 것이 아니라 낱낱의 과목 교과서 모두에 해당하는 것이다.

모든 과목의 교과서를 각 학년 것마다 검토하는 일은 용이한 작업이 아니다. 하지만 가능한 모든 노력을 들여서 검토·연구해볼 필요가 있는 작업이다. 그 작업을 통해서 외국인은 일본의 보수세력과 정부가 일본의 패전 이후 세대들의 사상·관념·철학·세계관을 어떤 형태로, 어느 방향으로 몰고 가려 하는지를 귀납적으로 이해할 수 있을 것이다. 이것은 일본과 바로 이웃하고 있는 우리로서 각별한 중요성을 지니는 문제가 아닐 수 없다.

다음에서 이 작업을 실증적으로 시도해본다. 검토의 대상은 『일본사』(근·현대사), 『세계사』, 『현대사회』(정치), 『현대사회』(경제·사회), 『현대사회』(서술방식), 『지리』 6과목[8]으로 한다. 『음악』(1, 2), 『가정』, 『기술』…… 등은 생략한다. 생략한 이유는 첫째는 이상의 6과목의 검토로도 소기의 목적을 달성할 수 있고, 둘째는 나머지 과목에 대해서는 필자가 충분한 자료를 갖고 있지 않기 때문이다.

각 항목마다 제3절의 '심사의 방식'에서 예시한 방식에 따라 백

8) 일본의 교과서 왜곡이 갖는 현재적 의미와 미래에 대한 예측이 이 글의 목적이므로 『일본사』(고대)는 제외한다.

표지본과 'A조건'(강제적 수정지시) 후의 견본본의 기술을 대조시키는 모형을 취한다. 이 모형은 번거롭기도 하고 많은 지면을 차지하겠지만, 다음과 같은 목적과 효과를 생각해서다.

① 백표지본(원고 상태)에서 집필자의 관점·학설·주장·경향…… 등을 알 수 있다.

② 정부대표의 '지시'를 통해서 현재의 일본정부와 지배적 세력의 그것들을 파악할 수 있다.

③ 견본본(사실상의 합격본)에 수정 기술된 내용을 통해 필자와 정부 견해의 타협점을 파악할 수 있다.

④ 그 기술(記述)이 아직도 담고 있을 문제점을 알 수 있다.

⑤ 그 기술과 관련된 국가·민족·국민 들과의 관계에서 발생할지 모를 갈등·분쟁 등을 예측할 수 있다.

이상의 준거에 따르되 한반도·남북한 현실·한민족·한국사와 관련된 항목은 별도로 묶어서 일괄적으로 살피기로 한다. 사실 이에 관해서는 이미 대부분이 알려져 있다(주 1) 참조). 다만 특별히 학문적·교육적 관점에서 의미가 있다고 평가되는 것(필자의 사적 판단으로서 "재미있다"고 느껴지는 것)만 고른다.[9)]

항목의 뒤에 특히 검정조사관의 수정지시 뒤에, 필요하다고 생

---

9) 검토해야 할 자료가 너무나 방대하기 때문에 여기에 '견본'적으로 추출한 것은 전체의 1퍼센트도 안 된다는 사실을 양해해주기 바란다. 소·중·고교의 전 과목을 섭렵하기도 어렵다. 여기서는 중·고등학교의 것들에 한정하며, 중요한 항목이더라도 기술과 지시의 내용이 긴 것은 생략할 수밖에 없다. 이 글에서 이번에 생략할 수밖에 없는 방대한 자료는, 더 깊은 관심을 가지는 독자가 있으면 개별적으로 제시해줄 수 있을 것이다. 또한 중국 침략전쟁에서의 만행, 예로 남경점령 후의 20만 명 대학살사건 등에 관한 많은 왜곡사실도 여기서는 다루지 않는다. 그런 왜곡은 이미 상식화된 것으로 간주한다.

각될 경우에는 괄호 속에 필자가 보는 검정관리(일본정부)의 의도를 간략하게 삽입한다.

일본사(근·현대)

① 독일이 (중국) 산동성에 보유하고 있던 모든 이권과 권리를 일본에 양도할 것(대중국 21개항 요구조건 중의 하나) → "……의 권리를 일본에 양도하는 것을 중국이 승인할 것"이라고 고치라. (강압에 의한 권리획득을 합법적 문구로 정당화하려는 것: 한일합방은 한국 측의 조약조인이 있었으니 자발적이고 합법적이라는 최근의 문부대신 후지오를 비롯한 보수파 일본인들의 견해와 궤를 같이한다.)

② 오끼나와(沖繩) 섬에서의 전투에서는, 일본군대가 주민들이 전투에 방해된다고 하여 어린이들을 죽이거나 간첩의 혐의를 들씌워 수백 명을 살해하기도 했다. → 주민들의 자발적인 집단자결이 제일 많았다. 그것을 먼저 쓰라. (일본의 전쟁촉발의 결과이거나 일본군대의 행위가 아니라는 식으로 왜곡하려는 의지의 표시.)

③ (일본정부는) 동남아시아에 대한 무력침략의 방침을 확정했다. → 침략에는 무력(武力)의 뜻이 들어 있다. '무력'을 지우라.

④ 모택동 지도하의 공산당과 (장개석 지도하의) 국민당이 제휴하여 항일통일전선을 결성하여…… → 국공합작의 주역은 국민당이니까 국민당을 먼저 쓰라. (공동전선에 의한 적극적 항일전쟁을 먼저 제의한 것은 중국 공산당이다.)

⑤ 〔연표〕 일본정부, 중국·한국으로부터 교과서 검정에 대해 이의를 받다. → 중국은 검정에 항의했지만, 한국은 기술에 이의를 제기했다. 정확히 가려 쓰라.

세계사

① (1932) 여름 무순교(撫順郊)의 평정상(平頂上)에서 약 400세대 3,000여 명을 몰살시키는 평정상 사건을 저질렀다. → 이 사건에 관해서는 혼다 가츠이찌(本多勝一) 씨를 비롯한 몇 사람의 현지답사 보도나 수상기는 있지만 일반적 학술서에는 서술되어 있지 않다. 일본의 교과서에 수록하는 것은 시기상조. 삭제하라. (일본군대·일본인의 잔학행위를 은폐하려는 일관된 의도. 이에 유사한 모든 항목에 대해서 일률적으로 삭제·수정이 요구됨.)

② 일본의 침략강화에 대해서 중국의 군대와 민중의 항일전이 격화되자, 일본군은 부인·어린이를 포함한 전 주민을 마을째 섬멸하는 소탕작전(三光정책)을 집행했다. →그 지역과 시간을 명시하라. 중국 전토에 걸쳐서 행한 것은 아니지 않은가? (논리적 정밀성을 기하는 듯한 지엽말단적·현미경적 논법으로 문제의 사실과 핵심을 은폐하려는 것.)

③ (패)전 전의 일본은 자국의 존립을 위해서는 타국민을 희생시켜도 부득이하다는 오만한 생각에 사로잡혀 있었다. → 영·불·미·이탈리아 등도 다 그러했다. 일본만이 그랬던 것이 아니니까 다른 나라에 준해서 쓰라.

④ 〔사진〕 일본군 병사들이 총검으로 중국인을 처형하고 있는 장면 → 건전한 지조(持操)교육에 대한 배려가 없다. (일본군대의 잔악행위 사진 모두 불합격.)

⑤ (전후) 일본은 핵무기에 대해서 **비핵(非核) 3원칙**(불제조·불보유·불도입)을 국회에서 결의했다. 이 원칙은 '국시'로서 국민 간에 정착해 있다. → 비핵 3원칙이 '국시'라고 할 수 있는가. '정착했다'고 할 수 있는가. 해석에 여러 가지 문제가 있고 의논이 갈라

져 있기도 하다. (일본정부와 미국의 묵계에 의한 미국 핵무기의 일본 내 존재사실, 일본정부의 장차 핵무기 제조 내지 보유에 대한 가능성 등을 시사한다. 낱말 개념의 시비 문제가 아니다.)

⑥ 히로시마에 투하된 1발의 원폭탄은 일순간에 십수만 명의 인명을 앗아갔다. → 「히로시마·나가사끼의 원폭피해」에 따르면 11월 초까지 13만 명 전후이며, 한 순간이라면 8~9만 명이 아닌가. (미국의 원폭 사용의 피해를 되도록 축소 평가하려는 의지와 핵무기 반대운동의 자료가 되지 않도록 하려는 배려. 이 교과서 필자는 결국 '수만 명'으로 수정했다.)

⑦ 1950년, 스톡홀름에서 세계평화 옹호자 세계대회 위원회가 호소했다…… 서명운동은 전 세계에서 5억 인의 서명을 모았다(스톡홀름 아필) → 세계평화 옹호운동은 사회주의를 지지하는 사람들이 중심이 된 운동이어서 당파성이 강하므로 교과서에 싣기에 적절치 않다. 삭제하라. (같은 목적을 가지는 운동을 '자본주의를 지지하는 사람들'이 중심이 되어서 했다면 두말할 나위도 없이 '교과서에 싣기에 적절'했을 것이다. 뭣이든지 사회주의에 메리트가 있는 것은 안 된다. '당파성이 강해서 부적절'하다는 바로 그 당파성에 입각해서 교과서 검정을 실시하는 검정의 이데올로기성이 약여(躍如)하다.)

⑧ 미·소 양국은 끊임없이 신무기를 수출하여 각지에 군사적 긴장을 조성하고 있다. → 무기를 수출하는 것은 정부가 아니다. 교과서 기술로는 가능한 한 표현을 억제하라. (정부가 아니고 누구인가? 만약 미국은 빼고 소련만 언급했다면 "교과서 기술로 가능한 한 최상급 표현으로 강조하라"고 했을 것.)

현대사회(정치)

① 탁아소나 보육원 등을 정비·충실화하는 등 많은 과제가 남아 있다. 그 같은 조건이 미비한 지금의 여성들은 여러 가지 곤란을 극복하고 개인적으로 참으면서…… → 다소간은 갖추어져 있다. 본인들이 만들어내야 한다. 여성 자신의 의식혁명도 필요하다.

② ……산업과 인구가 거대도시로 집중했다. → 집중했기 때문에 거대도시가 된 것이다. (이 정도에 이르면 '말장난'에 지나지 않고, 궤변 외의 아무것도 아니다. 공해와 소외의 원인·현상 등을 극소 평가 · 표현시키려는 의도)

③ 베트남전쟁에서 아메리카 군대가 실시한 '고엽작전'(枯葉作戰)은 어린이들의 신체를 파괴하고…… → 신체의 파괴가 목적이 아니었다. 기형아 출생과의 인과관계도 분명하지 않다. (미국의 범죄는 무엇이든지 가르치지 않으려는 의도. 지시의 내용도 '트집'일 뿐이다. 실제문제로서 인과관계는 의학적으로 확인이 되어 있는데도 이런 자세는 일관돼 있다.)

④ 대전 이전과 같은……제국주의적 대립으로…… → '제국주의' 같은 개념어는 부적절하다. 그것은 마르크스주의적 개념이다. 마르크스이론 용어는 안 된다.

⑤ 소련의 정치제도에 관한 설명(9행분) → 사회주의 국가에는 선거의 자유가 전혀 없다는 것을 어떤 형식·표현으로든지 보완하라.

⑥ (패전 후의) 신헌법과 (메이지 천황이 제정한 대일본제국) 구헌법의 내용을 비교한 표 → 내용이나 원리를 요약하는 것은 곤란하며, 구헌법을 간단히 비평할 수는 없다. (구천황 중심제에 대한 옹호, 현 신헌법의 '인간' 천황화에 대한 반발, 전쟁과 군대 보

유권을 자진포기한 현 헌법을 구헌법에 복귀시키려는 일본정부의 정책 암시.)

⑦ 호모 루덴스(유회하는 존재로서의 인간) → '호모'는 '인간'으로 고치라. (필자와의 말씨름이 벌어지자) 나 조사관의 의견은 이 자리에 나오기 전에 이미 합의된 것이고 심의회의 결정사항이다. 나는 그 합의의견을 당신에게 전달할 뿐이다. 이 자리에서 이러쿵저러쿵 해봐야 소용없다. 변경은 어림도 없다. (사실 교과서 필자에 대한 지시내용은 치밀한 내부검토를 거친 검정심의회의 의결사항이다. 바로 그렇기 때문에 모든 지시사항은 일본정부의 의지다. 한반도에 관한 '왜곡'도 심의관 개인의 견해나 실수가 아니라, 모든 측면을 고려하고 합의사항으로 결정된 일본정부의 본심의 표현인 것이다.)

⑧ 비동맹국제회의는 회를 거듭함에 따라서 참가국의 수가 늘어, 최근에는 100개국 이상이 참가하여 국제질서를 변혁하는 일대세력으로 성장했다. → 친소 급진파와 온건파의 대립이 표면화하고 있다. 이 점에 관해서 기입하라. (교과서 기술은 비동맹회의의 국제질서상 역할과 기능에 대한 정확한 기술인데도 그것이 마치 소련 또는 사회주의적 성향인 듯한 암시를 주기 위해 착상된 지시.)

⑨ 군비의 확장에 따르는 군사비 등 세(稅) 부담이 세계의 다른 나라들에 비해서 적었던 탓에 일본경제는 급성장…… → 일본의 전력은 군대가 아니라 자위대다. 따라서 군사비는 없고 방위비가 있다. (완전한 형식논리와 사실의 은폐.)

⑩ 〔표〕「일본국 헌법의 기본적 인권」→ 국민의 의무를 추가하라.

현대사회(경제)

① 독점적 지위에 있는 대기업이면 경쟁자가 없으므로 자기가 원하는 가격을 시장에 요구할 수가 있고 가격 카르텔 등으로 소비자의 이익에는 반한다 → "경쟁자가 없다"는 표현을 완화할 것. "소비자의 이익에 반한다"라고 했지만 가격을 내릴 때도 있지 않나?(자본주의 대기업의 입장이 주로 옹호된다.)

② 사회주의는 계급대립이나 실업·빈부의 격차 등…… → '계급'이라는 말은 난해하다. 『자본론』의 용어다. 삭제하라.

③ 그러나 독점기업의 힘이 대단히 강하므로 오늘날 경제면에서뿐 아니라 국내의 정치에도 영향을 주고 국제적으로도 강한 영향력을 갖고 있다. → '자본주의'는 마르크스주의 용어다. 자유주의 체제로 수정함이 적절. 독점의 힘은 어느 자본주의 국가에서도 대단히 강하고 그 영향력도 일본과 다름없다. (일본의 이야기니까 원문대로 충분한데도 굳이 그 의미를 약화·분산시키려는 것.)

④ 자본주의 경제의 변모를 설명하는 글과 관련해 『국부론』(애덤 스미스), 『자본론』(마르크스), 『일반이론』(케인스) 등 대표적 저서와 인물사진 → 원전 인용은 생도 제군에게는 어렵다. 셋 다 삭제하라. (대좌의 자리에서 이 지시를 받고 입씨름을 한 필자는 "원전이 어렵다는 것은 둔사(遁辭)이며, 심의관의 진의는 마르크스 하나만 없애기를 바라는 눈치와 말투였다"고 기록하고 있다.[10])

⑤ ……고액소득자는 양호한 환경에 견고한 주택을 지어 살고, 오염되지 않은 양질의 식품을 섭취하며, 설사 공해가 있다 해도 자력으로 대책을 강구하며 살지만 저소득자는 그것이 어렵다……

---

10) 기시모도(岸本重陳), 『教科書問題とは 何か』, 313쪽.

→ 정말로 그런가. 고액소득자라도 도심에 사는 사람도 있다. 오염되지 않은 식품을 판별할 수 없다. 여기까지 쓸 필요는 없다.

⑥ 일본경제는 세계에 유례 없는 발전을 이룩했지만 그것은 대규모적이고 비참한 공해를 생산하는 것으로 이루어졌다. → 경제성장을 택하는가 공해를 택하는가의 문제다. 쓰기에 따라서는 이미지도 변한다.

⑦ 물가 앙등이 계속되면 취로 중의 저축으로 노후의 생활을 지탱하기란 지극히 어려워질 것이다. → 물가가 오르면 금리도 오른다. 이래서는 앞이 캄캄해서 꿈도 희망도 없지 않은가. 좀더 명랑한 측면을 그리라.

지리

① ……원자력발전소는 방사선 누출의 위험도 있고……방사능을 포함한 폐기물을 방출하므로 주민의 강한 반대**가** 일어나고 있다. → 방사선 누출은 없다. 모든 안전장치가 되어 있다. 주민의 강한 반대**도** 일어나고……로 고쳐라. (반대**가**를 반대**도**로 바꾸게 함으로써 어떻게 해서든지 뜻의 강도를 약화시키려는 치밀한 검정목적을 이해할 수 있다. 이런 조사의 변경요구가 수없이 많다. 핵발전소의 불안정성에 대해서는 알고 있으면서도 안전성을 강변한다. 대기업·자본의 옹호)

② 〔지도〕 세계지도에서 → 사할린도를 전부 백색으로 하라. (사할린은 노·일전쟁으로 그 남반부를 일본이 차지했다가, 제2차대전 패망으로 포츠담·카이로 선언에 따라 다시 러시아에 반환한 것. 일본정부는 그것조차 지도에 표시하기를 거부하고 있다. 독도문제와 관련해서 생각해볼 만하다.)

③ 한반도의 지도와 호칭 → 남조선은 한국으로 하라.

④ 남북조선의 국민은…… → '한국과 북조선의 사람들은'으로 고치라. (현재는 대체로 남북을 각각 정식 국가명으로 표시하는 것이 묵인되고 있다.)

⑤ 한국에서의 포항·마산·부산 등지에 임해공업지대가 생기고, 북조선에서는 공업지대가 주로 평양 부근에 집중하고…… → 한국에는 서울·인천지구를 추가하라. 북조선의 평양공업지대는 삭제하라. (진실조차 정치관계와 이데올로기적 친소(親疎)에 따라 왜곡하는 검정방침.)

⑥ 3개월 계속된 전투 끝에 일본군이 패한 뒤, 아메리카군이 오끼나와(沖繩)제도를 점령하고…… 일본에 반환한 뒤에도 대규모의 군사기지를 그대로 유지하고 있으며…… → '군사기지'는 '군용지'로 고치라. '점령하고'는 '군정을 실시하고'로 고치거나 아메리카합중국의 '시정권(施政權)하에 있었다'로 고치라. (자기 나라 영토에 대한 기술인데도 철저한 미국정책 미화·정당화. 역사적·현실적 진실을 말장난으로 호도하려는 검정정신.)

⑦ 무서운 이노마라병이 화학공장에서 유출시킨 유기수은을 포함한 폐액 때문에 생겨났다. → 직접 그 유기수은 때문이 아니라 그 유기수은에 오염된 '어패류를 먹었기 때문'이라고 고치라. (자본과 기업의 이익을 강변한다 해도 일본정부의 검정목적이 여기까지 이르면 더 할말이 없어진다.)

심사의 현장지시 2(한반도 관계)

한반도(민족·국가)와 관련된 왜곡에 관해서는, 결과적으로 왜곡된 서술·표현이 정부기관에 의해서 수집·공표된 바 있다(주 1) 참조). 그러나 실제로 우리가 알아야 할 일은 일본정부가 어떤 관점·사상·정신·감정에서 그렇게 왜곡하려는 것인가다. 결과보다 그 과정에서의 의도가 더 중요하다. 이 의도와 사상은 1983년까지 전혀 알 수가 없었다. 왜냐하면 정부의 견해와 입장은, 정부를 대표하는 검정심사관·조사관이 필자를 출두시켜 대좌한 자리에서 구두로 강요하기 때문에 문서로 기록이 남지 않았기 때문이다. 물론 검정심의회의가 한 교과서의 재심을 하는 데 3년의 긴 시간을 들여 치밀하게 검토하고, 내부토론을 거쳐 합의·결정한 '지시' 내용을 공개하지 않았기 때문이다.

그러던 것이, 1983년에 일어난 국제적 분쟁과 압력 때문에 처음으로 각 항목에 대한 그 '지시' 내용의 일부가 공개되었다. 여기에도 문제가 남아 있다. 일본정부는 공개결정 이후 두 가지 방식으로 '지시' 전달을 하기로 바꾼 것이다. 서면으로 지시하기도 하고, 대좌의 현장에서 구두로 지시하기도 하는 두 방식이다. 서면형식은 그것이 필자와 출판사 측에 기록으로 보존되기 때문에 외부적 이미지와 반발을 고려하여 언제나 무난·온건·적절한 수정 지시사항에 한한다. 실제로 일본정부의 진의와 저의와 목적을 가늠할 수 있는 근거로서는 허약하다.

그것은 문부성 심의실에 필자와 출판사를 출두시켜놓고 구두로 강요하는 말투, 태도, 뉘앙스, 강조의 강약, 요구했다가 토론에 져서 철회한 내용 등으로 판단돼야 할 것이다. 그런데 이것은 압력을 받고 나온 필자의 기억에만 남아 있을 뿐이다. 기록은 허용되지 않기 때문이다.

이와 관련해서 중대한 사실이 있다. 1983년의 제1차 교과서분쟁을 처리한 일본정부의 대한(對韓)·대중국(對中國) 해명에서, 일본정부가 발표하고 상대방 정부에 성의의 표시로 전달한 내용은 그 두 가지 중 문서지시에 나타난 것뿐이라는 사실이다. 그것은 앞에서 썼듯이 나무랄 데가 없다. 사실은 자기들의 내부 합의결정 사항으로 기록되어 있는 지시내용과, 필자와의 대화에서 강요한 내용이 우리에게는 더 중요한다. 결론적으로 말하면 1983년의 '사과'에서 일본정부는 그들의 진의는 숨기고 결과적으로 수정된 기술만을 상대방 정부에 전달함으로써, 소위 '정치적·외교적 결착'을 지은 것으로 끝맺은 것이다. (혹시 알면서도 "해결되었다"고 일본정부와 보조를 맞추고 있는지도 모른다.) 어쨌든 일본정부는 한·중 두 나라 정부에 교묘한 거짓말을 한 것이다.

우리에게 필요하고 중요한 일은 필자와의 대좌지시 내용이다. 이하에서 한반도 관계를 일괄하여 참고로 제시한다(고대사 부분은 제외).

① 조선에서는 이 전쟁을 '임진·정유의 왜란'으로 부르며, 극심한 피해가 후세에 전해져 내려오고 있다. → '극심한'이라는 표현을 바꾸라.

② 사이고오 다까모리(西鄕隆盛)를 중심으로 하는 정부 내 일부 세력은 조선정부가 쇄국정책을 고수하여 왕정복고 후의 일본정부에 의한 국교재개의 교섭을 계속 거부하는 것은 무례하다고 일방적으로 단정하여 정한론을 주장하는 입장이 유력해졌다. → 정한론의 주장이 '일방적으로 단정'했다고는 말할 수 없지 않은가. 조선 측의 대응에도 문제가 있지 않았는가.

③ 일본의 군함 운요호가 정부의 명을 받들어 청국으로 향해

중, 음료수를 구한다는 이유로 조선의 영해를 침범하여 한성(현재의 서울) 부근의 요새지대인 강화도에 접근했기 때문에 수비대와 충돌했다. → 당시는 영해라는 것이 분명치 않았다. 오늘날의 생도들이 잘못 받아들이면 오해를 줄 위험성이 있다.

④ (일·청전쟁의) 싸움터가 돼버린 조선에서는 인민의 항일저항이 빈번히 일어났다.→ '인민의 항일저항'이란 무엇을 지칭하는지 알 수 없다.

⑤ (총독부는) 대규모의 토지조사를 실시하여 촌락의 공유지나 농경지의 절반 이상을 관유지로 만들어 접수했다. → 접수할 목적으로 토지조사를 실시한 것은 아니다. 현행본(現行本)에서는 "……그 결과로"라고 고쳐놓고 있지만, 그래도 아직 개선했다고 말할 수 없다. (이 지시는 현행본에 대한 3년마다의 재심사에 대한 것이다.)

⑥ 3·1독립운동에는 200만이라고 알려진 다수의 조선민중이 참가했고, 죽은 자 7,600명, 부상사 4만 5,600명, 체포자 4만 9,800명에 달했다고 한다. → 이 경우의 숫자들은 i) '다수'라고 쓰든가 ii) (일본) 관헌의 기록을 병기하라.

일본정부의 역사교과서 왜곡의 저의를 가장 극적으로 드러내주는 자료는 문부성 교과서심의위원회에 호출돼 수정을 강요당한 필자의 글이다. 다음의 글은 젠슈(傳修)대학 야자와(矢澤康祐)교수의 수기이다.[11]

11) 『教科書問題とは 何か』, 273~274쪽.

「어떤 교과서 집필자의 수기」

1983년 2월, 문부성에 불려나가 교과서검정(중학사회: 역사 분야)의 조건지시를 받았다.

여기서 문부성의 자세는 '침략' '강제연행' 등의 표현은 인정했지만 본질적인 부분에서는 일본이 과거에 저지른 침략이나 식민지 지배에 대한 반성이 없고, 그 기본적 태도는 3년 전의 검정 때와 조금도 변함이 없다는 사실을 알았다. 아시아 제국(諸國)으로부터 비판을 받고 외교상 표현의 일부에 손을 대기는 했지만 문부성 사관(史觀)은 기본적으로는 불변했으며, 반성도 없다는 것이 드러난 것이다.

물론 나로서는 집필자·교과서 출판사가 제출한 '정오정정'(正誤訂正)을 문부성이 기각했을 때부터 짐작은 했던 바이지만, 그들의 (자세의) 노골적임에는 다만 놀랄 수밖에 없었다. 그들과의 최대의 대립점은 조선의 3·1운동에 대한 평가를 놓고서 벌어졌다.

3·1운동은 조선에서의 그 이전 민족운동의 역사적 경험에 입각한 운동이며, 그런 점에서 평화적·대중적·통일적 운동으로 계획되고 또 실행되었다.

그런데 문부성이 검정과정에서 문제삼은 것은 이 운동의 평화적 성격에 관해서다. 주지하는 바대로 3·1독립운동은 처음에는 평화적인 운동이었으나 일본의 군대·경찰이 이를 무력으로 탄압했기 때문에 조선민중이 이에 저항해서 실력으로 궐기하여, 곧 농촌을 포함한 각지의 봉기로 발전했다.

이에 대해서 문부성의 조사관은 "처음부터 평화적이었다고 규정할 수는 없다"고 주장하면서 한사코 물러서지 않았다. 어째서 이 점을 그렇게 고집하는 것일까? 그것은 평화적 운동을 일본이 무력으로 탄압한 사실이 문부성으로서는 어느 모로 보나 꺼림칙하다는 한마디에 그친다. "일본은 혹독한 짓을 했구나" 하는 것을 일본의 어린이들에게 숨기고자 하는 의도가 그 저변에 있는 것이다. 문부성은 근대일본을 될수록 보기 좋게 그려내고 싶은 것이다. 이것이 바로 '침략'을 '진출'로 바꿔치기한 사상인데, 문부성은 3·1운동의 기술에서도 그렇게 하려 했다.

집필자인 나에 대해서 조사관은, 3·1운동이 평화적 운동으로 시작된 것이 아니라는 근거를 제시할 수가 없었다. 뒤 내열(內閱)단계에서 문부성 측은 야마베 겐따로(山邊健太郎)의 『일본통치하의 조선』(嚴派新書) 73쪽, 『암파강좌/세계역사 25/현대 2』 339쪽(강덕상(姜德相)씨 집필 부분) 등을 들고 나왔지만, 그 부분들은 도저히 문부성 측의 논거는 될 수 없는 것이었다. (오히려 조사관의 주장을 부정하는 자료들이다)

사실이 그럼에도 불구하고 전시해야 할 교과서(전시본)의 인쇄기한은 박두했고 그 이상 늦출 수가 없었기 때문에 1983년 4월 1일, '평화적 운동'을 '비폭력적 운동'으로 고쳐 써서 간신히 검정 합격이 되었다.

하지만 문제는 그것으로 끝났다고 말할 수가 없다. 1983년 6월 30일, 문부성은 검정 내용의 일부를 처음으로 공개했지만, 여기서는 '평화적 운동'이라는 표현이 오늘날의 '평화운동'이라는 용어와 엇비슷해서 "혼동되고 오용될 우려가 있지 않은가"라는 주장을 내세워 수정을 요구했다고 한다.

이런 공식견해는 2월의 조건지시 때는 물론, 그 후의 내열단계에서도 전혀 제시된 바 없었던 억지이다.

결국 문부성은 검정결과에 대해서 과학적 근거를 제시할 수가 없다 보니 마침내 견강부회라고밖에 할 수 없는 이유, 그나마 검정단계에서와는 전혀 다른 이유를 끄집어내어 표면을 호도하려 했다고밖에 말할 수가 없다. 문부성의 검정이 얼마나 비과학적인가의 일단을 어설프게 드러낸 셈이다.

그런데 이상과 같은 문제가 문부성과 발생한 것은 3·1운동에 관해서 비교적 상세하게 기술했던 탓이었다. 물론 그만한 기술도 한정된 지면 때문에 불충분한 것이었지만, 그렇더라도 어쨌든 운동의 경과도 언급하고, 그 운동 전체의 흐름과 그것이 지니는 의의를 밝히려고 애를 썼던 것이다. 그런 배려 없이는 이 운동의 성격·특징을 밝혀내지 못하기 때문이다. 그런데도 다만 1919년에 조선에서 3·1운동이 일어났다는 것만 간단히 쓰고 말아버린 교과서도 적지 않다. 말하자면 연표 같은 기술인 것이다.

모든 민족의 역사를 일본의 교과서가 망라할 수 없다는 것은 당연하다. 그렇다 하더라도 일본에서 가장 가까운 이웃나라, 그것도 역사적으로 깊이 얽혀 있는 조선민족의 역사를 빼고서는 일본사의 올바른 파악, 일본인의 주체적인 세계사 인식은 불가능하지 않겠는가.

모리야마 고오지(森山浩二) 씨는 고교의 『현대사회』에서, 일본의 조선식민통치나 중국대륙 침략의 역사를 중심으로 수업했더니 학생들 가운데 "처음으로 배웠다"는 놀라움이나 "부끄럽다" "반성해야 한다" "좀더 자세히 알고 싶다"는 등의 반응이 일어날 줄 기대했던 것과는 반대로 "선생은 뭣 때문에 일본의 나쁜 면만 가르치는가?" "좀더 일본의 좋은 점을 가르쳐주면 좋겠다"라는 의견이 의외로 많았다고 쓰고 있다(『朝鮮史硏究會 會報』, 71호, 1983.6).

그 까닭은 현재의 교과서가 생도들의 희망에 맞는 그런 내용과 방식으로 되어 있기 때문이다. 이래 가지고서는 조선인(나아가서는 다른 민족, 특히 제3세계의 여러 민족)에 대한 편견과 멸시감을 일본인의 마음에서 제거할 수는 없을 것이며, 일본인의 역사인식의 일그러짐을 바로잡을 수가 없을 것이다.

⑦ 한국 황태자(李垠)와 이또 히로부미의 사진에 대하여 → 한국의 국민감정 등을 고려하여 다른 사진과 바꿔 넣으라. (이에 대해서 저자는, 그 사진이 도쿄에서 촬영된 것이고, 일본의 한국통치를 상징하는 것이라는 견해로 반박하여 결국 그대로 두기로 했다.)

⑧ 관동대진재에서 폭동 발생 등의 유언비어가 퍼짐으로써 많은 재일 조선인이 '불령선인'으로 학살됐다. → '불령선인'이라는 용어는 틀림없이 그 당시에 사용된 용어지만, 한국의 국민감정 등을 고려해서 쓰지 않도록. (마치 한국의 국민감정을 고려하는 척하면서 사실은 일본인들이 그처럼 이웃 민족, 그것도 교과서의 다른 부분에서는 '일시동인(一視同仁)의 일본국민으로서의 조선동포'로 인정했다고 주장하는 조선인에 대한 일본인들의 말과 행동이 달랐다는 사실을 은폐하려는 의도에서 나온 것이다.)

⑨ 관동대진재에서 학살된 조선인의 수 → 이 책 3절에서 기술.

⑩ (대원군의 양이(攘夷), 조선개국 등의 기술 뒤에) 일본은 1876년(메이지 9년) 조선에 압력을 가해 불평등한 일·조 수호조규(강화도조약)를 체결하고 부산을 비롯한 3항을 개항시켰다. 한편 청국은 종주권을 주장하여 이에 반격함으로써, 조선 국내에서

도 **친청의 사대당과 친일의 독립당이 서로 싸우는 사태가 되었다.** → 청국과 일본의 개입·간섭으로 일어난 것이 아니다. 조선 내 자체적 정국으로 고치라. (진한 글씨는 "조선 국내에서 정치적 분열항쟁이 일어났다"로 고쳐짐. 일본의 간섭행위를 조금이라도 은폐하려는 것.)

⑪ 일본은 식민지 조선에 현역 무관을 총독으로 임명하고, 또 토지조사를 실시하여 광대한 토지를 관유지로 만들었다. → 그 조사의 목적을 조선에서 근대적 토지소유제의 확립이라고 쓰라. 조선인이 토지소유 관계의 신고·절차에 익숙치 않았기 때문에 그런 결과가 생겼다고 쓰라.

⑫ 조선에서는 1919년 3월 1일 경성(서울)에서 독립을 선언하는 사건이 일어나…… → 독립을 선언한 것이 아니라 민족자결권을 주장한 것이다.

⑬ 〔위의 기술 후반부〕 독립운동이 전토에 파급한 '3·1운동'은 결국 일본 관헌에 의해 탄압되었다. → "군대를 출동시킨 일본 관헌에 의해 약 1년 후 진압되었다"고 쓰라. (그대로 고쳐짐.)

⑭ 제2차 세계대전에서 일본의 제국주의·군국주의 군대는 조선·중국 등 동남아…… 지역을 침략했다. → 제2차세계대전에서 일본은 조선을 침략한 일이 없다. 이미 그 이전에 합방되었다. (용어와 기술의 차원에서는 지시대로이나 이 지시가 암시하는 정신과 저의가 중요하다)

⑮ 〔민족차별 문제에 대한 각주〕……지금까지도 일본에 정주한 조선 사람들에 대한 편견, 취직·결혼 등에서 차별이 계속되고 있다. → 조선 앞에 한국을 넣어라. (차별에 관한 문제 자체의 기술에 대해서는 지시 없음.)

⑯ (일본으로 노동력으로) 강제 연행된 조선인은 약 120만 인,

중국인은 약 5만 인으로 알려져 있다. → ① 중국인 5만 인은 중복된 숫자로 정확치 않다. ② 조선인 120만 인 속에는 군요원이나 자유모집의 수도 포함되어 있다. 그것을 제외한 숫자를 사료를 첨부해서 제출하라. (기술의 과학성을 기하는 척하면서 실제로 불가능한 요구를 가지고 굴복시키는 방법. 결국 견본본에서는 다음처럼 고쳐졌다. "강제연행된 조선인은 80만 인 이상(약 67만 인이라는 설도 있다), 중국인은 약 4만 인으로 추산되고 있다.")

⑰ 국가총동원법에 의한 징용령으로 조선인을 각종 형태와 방식으로 강제적으로 징발하여 일본에 연행했는데 그 수가 150만 인을 넘었다. → '150만 인'의 출전을 제출하라. 조선인의 강제연행에 관해서는, 징용령의 적용은 1944년부터다. 39년부터는 자유모집이었고, 41년부터는 관알선을 했는데, 자유모집을 강제모집이라고 말할 수는 없지 않은가. 박경식(朴慶植)의 저서에도 72만 인으로 돼 있을 텐데. (가끔 일본인 교과서 집필자들이 한국과 관련된 기술에서 '역습'을 당하는 허점이 있다. 집필자는 혼자서 자료를 추리고, 상대방은 일본정부와 방대한 문부성 기구의 학자·전문가 및 정부기록·문서를 동원하여 '흠'을 찾아내기 위한 검토 조사만을 장기간을 두고 계속하니까 그렇게 된다.)

⑱ 조선인의 전통적 성을 일본식 씨명으로 바꾸어 민족성을 부정하는 '창씨개명' 정책이 추진되었다. 또 각처에 건립된 일본식 신사에 참배하도록 강제당하고, '일본어 사용'의 철저화가 강압되었다. → 정책이라는 표현이 타당한가. 실제상 강제에 가까운 일도 있었다 하더라도 형식으로서는 희망자를 신고시키고서 실행했을 터인데(이것은 B지시). 일본어 교육, 창씨개명이 민족성을 부정하기 위한 목적 그 자체로 오인되지 않도록 기술하라. '창씨개

명'은 조선사회의 근대적 가족제도의 형성에 도움이 된 면도 있다. 일본어 사용은 공적 기관에서의 사용만이 강제적이었다(이것은 A지시).

⑲ 〔각주〕 문부성의 검정이 일본의 중국침략이나 조선에 대한 식민지 지배에 관해서 '침략'을 '진출'로 고치게 하거나, 독립운동을 '폭동'으로 바꾸게 한 까닭에 1982년에 국제적 항의가 일어났다. → 교과서 문제는 무역마찰과 동격으로 취급할 만한 중요문제도 아닐 뿐더러 평가도 일정치 않으므로 모두 삭제할 것. (일본정부와 집권세력의 자기중심적 세계관의 전형적 표시.)

⑳ 1910년부터 18년간에 걸쳐서 근대적 토지소유권의 확립이라는 구실 아래 토지세를 식민지 지배의 재원으로 만들기 위해서 실시된 토지조사로 많은 토지가 어거지로 국유화하고, 일본인의 회사나 지주에 불하된 결과, 조선인 농민은 소작인이나 유민으로 전락했다. → 당초부터 약탈하기 위해서라고 서술한 점은 정정하라. 토지조사의 결과로 토지를 잃는 사람이 생긴 것이지 목적으로 그랬다는 것은 잘못. '구실'이라는 말은 교과서에서 함부로 쓰일 것이 못 된다. '어거지'란 말이 지나치다. 신청에 따라서 조사한 것이다. 토지불하의 결과로 소작인이나 유민으로 전락했다는 논지는 타당치 않다. 정확히 쓰라. 당시의 조선인 농민은 굉장히 낡은 제도하에 있어 그 지위가 형편없이 낮고, 토지소유에까지 가지 못한 상태였다. 소작인이 되는 것이 전락을 뜻하느냐에 대해서 의문이 있다.

㉑ 〔사진설명: 동양척식주식회사〕 '한국병합' 후 많은 조선농민의 토지가 탈취당해 동척 등 일본의 토지회사에 양도되었다. '탈취'한 것이 아니다. 빼라.

㉒〔3·1운동에 관한 각주〕일본의 군대·경찰의 탄압으로 조선인 7,000인 이상이 살해되고 다수의 교회가 소각됐다. → "군대·경찰에 의해 이 폭동은 엄하게 탄압됐다"로 고치라.

일본정부의 교과서 검정의 목적

앞에서도 지적했듯이, 우리나라에서 일본의 '역사교과서 왜곡'으로 관용화된 문제는 '역사교과서'만이거나 교과서 속의 '역사'에 관한 것만이 아니다. 사실은 '역사'(적)인 항목은 오히려 문제되는 전체 분량 중 소량에 불과하다. 그런데도 역사부분이 문제의 핵심인 듯 부각된 것은 그것들이 주로 인접국가들과의 정치·외교적 분쟁의 재료와 동기가 되었기 때문이다. 실제로는 '사실의 왜곡 또는 개악'은 일본의 각급학교에서 가르치고 있는 모든 학과목에 해당된다. 우리는 그 각 학과의 교과서에서 '무엇을 어떻게' 개악 또는 왜곡하려 하고 있는가를 소상히 살펴보았다. 그럼으로써 첫째는 교과서 검정과정의 현장감각을 갖게 되었고, 둘째는 일본정부와 일본 우익·보수세력이 무엇을 의도하고 있는가를 개괄적으로 인식하게 되었다. 순수 역사학적 차원과는 별도로 그것을 정리하면 대체로 다음과 같은 것임을 알 수 있다.

① 천황제의 복구: 천황이나 황실에 대한 모든 비판, 학문적 회의, 심지어 정당한 오류의 시정마저도 배격함으로써 비학문적·비과학적인 낡은 황국사관을 현대에 복구하려는 목적, 패전으로 무너진 천황의 권위를 '불가침' '지성'의 것으로 재확립함으로써 천황 및 천황제의 권위를 빌린 현 보수세력이, 구제국주의 시대에 군부·재벌·관료와 결탁한 세력이 그랬듯이 극우적 통치체제를 강

화하려는 위험성이 크다.

② 지배질서 관념의 확립: 일본 역사를 통해서 천황제는 물론 무사(사무라이) 세력의 막부·번제도와, 근대의 메이지유신 및 그것을 이룩한 서양화 공신들의 제국주의까지를 포함한 지배체제를 정당화·미화·합리화하려는 의도가 강하다. 이것은 지배의 권위와 질서를 존중하고, 나아가 현재와 앞으로의 지배질서 및 사상에 순응하는 국민을 양산하고자 하는 의지를 말해준다.

③ 일본 민족의 우위성 신화 창조: 고대사의 황당무계한 날조된 민족사뿐 아니라, 민족사의 전 과정을 통해서 일본민족이 타민족에 비해 탁월하고 독창적이며, 지배받은 일이 없는 특유의 우월성을 지니고 계속 발전시켜왔다는 사관(史觀)을 강조하는 목적. 이 목적의 사관과 사실(史實)을 보강·방증하는 자료로 아시아 여러 민족·국가의 열등성이 강조되는 것이다. 한(조선)민족사에 대한 왜곡이 특히 그에 해당한다.

④ 군사대국화를 위한 사상교육: 고대·중세의 무사 사회적 상무주의와 근·현대적 군국으로서의 대일본(제국)이 성취하고 누린 패권적 영광을 재인식시킴으로써 현재의 군비증강 정책에 대한 지시와 장래의 군사대국적 지위 및 역할에 국민의 사상적 동원을 하려는 목적. 과거의 무수한 침략전쟁에서 행한 대일본제국 군대(황군)의 죄악행위를 부정 내지 극소평가함으로써 위헌적 존재인 군대(자위대)를 국민의 의식에 정착시켜 장차의 군사행동에 당위성과 합법·정당성을 부여하려는 것이다.

⑤ 친미·반공, 친자본주의·반사회주의 이데올로기 교육: 이 목적을 위한 교과서 검정은 검정지침과 심사현장에서의 정부 결정 내용과 정부대표 관료의 거의 신경질적·감정적 자세에서 너무도

노골적으로 드러난다. 과학적 사고, 합리주의적 비판, 객관적 진실의 여부는 모두 배격되고, 현재의 지배적 이데올로기의 틀 속에서 전후세대를 교육하려는 사상통제적 의도가 너무도 분명하다.

일본정부의 교과서 검정은 교과서 제작의 기술적·형식적 차원에서는 그럴 만한 정당성과 필요성이 있다. 그러나 현재의 검정(제도)을 강화하고 있는 일본 집권세력의 의도와 목표는 일본국민의 불행뿐이 아니라 이웃 민족·국민 들의 불행이라는 걱정이 앞선다.

일본 교과서 검정과 제반 왜곡을 일삼는 일본의 주도세력은 과거의 범죄에 대한 반성을 거부하는 개인들과 세력이다. 이들이 바로 소위 반공주의적 '친한파'라고 이 나라에서 환영받고, '동지'적 연대를 누리는 자들이다. 그들은 '반공'을 더 잘하기 위해서 교과서를 왜곡한다고 주장한다. 일본의 교과서 내용 '개악'과 '왜곡'을 비난하고 걱정하는 이 나라의 지식인들은 이 사실이 지니는 의미를 인식해야 할 것이다. 그것은 뒤집어보면 대한민국 국가·정부·지도자·지식인·교육자 모두의 의식의 내면적 모순구조의 투영이라 할 수도 있겠다. 우리나라 교과서는 어떤 모양인가? 일본만 나무랄 수 있는가? 이것이 우리 자신에게 일본 교과서 문제가 던지는 질문이다. 우리는 답변을 해야 할 것이다.

일본 교과서 논쟁과 우리의 자세

지금 한·일 간에 조성된 이른바 일본정부 '국정교과서 역사왜곡'을 둘러싼 분쟁은 우리 사회에서 일반적으로 생각하고 있는 것보다 그 원인이 다양하고 그 뿌리는 훨씬 깊다. 지난 몇 달 동안에 나타난 이 문제를 대하는 우리 국민의 반응은 진정한 핵심을 빗나간 느낌이다. 결론을 앞세우자면 일본의 집권세력이 저들의 과거의 제국주의 침략행위를 미화하려는 원인·동기·목적은 우리 국가 내부에도 있다는 사실이다. 우리 국민은 결과만을 보고 원인을 캐려는 노력을 하지 않고 있다. 일본에 대한 규탄과 함께 한국이라는 자기 나라에 대한 준엄한 성찰과 반성이 필요하다.

요즘 젊은 학생들은 옛사람의 이야기라면 경원하겠지만 맹자의 말에 이런 것이 있다. '부인필자모 연후인모지'(夫人必自侮 然後人侮之) "무릇 남이 나를 업신여길 때에는 나 자신이 떳떳치 못한 일을 했기 때문이다"라는 뜻이다.

그 말은 다음의 사실을 경고하기 위한 서두이다. '가필자훼 연후인훼지 국필자벌 연후인벌지'(家必自毁 然後人毁之 國必自伐 然後人伐之), 즉 "한 가문은 반드시 스스로 피폐해진 뒤에야 남이 그렇게 할 수 있는 것이고, 한 국가가 남에 의해서 쓰러지는 것은 이미 그 나라가 쓰러질 형편이 됐기 때문이다"라는 뜻이다.

이 맹자의 말은 해방 이후 오늘까지의 한일관계의 중요한 일면을 직시하는 것 같다. 이제 차근차근 문제의 핵심에 접근해보자.

일본의 보수적 우익세력 지도자들은 해방 후 37년간 대한민국이라는 나라에 대해서 모멸적 언사를 거듭해왔고, 이번 역사왜곡 문제에서도 그랬다. 그 전형적 표현은 '일본 식민지 통치와 교육이 대한민국에 크게 도움을 주었다'라는 말로 대표된다. 우리는 이것을 저들의 '망언'이라고 규탄해왔다. 그리고 우리는 당연히 그래야 한다.

그런데 문제의 핵심은 우리가 저들의 이 같은 '망언'의 내용을 자신 있게 부인할 수 있는가 하는 점에 있다.

감상적 반응을 잠시 억제하고 냉정하게 한번 생각해보자.

해방 후 이 나라의 정치·행정·군대·경찰·경제·사회·문화·종교·교육·법조…… 등 온갖 분야에서 그 상층을 구성해온 인물들의 일제시의 경력을 살펴보자. 식민정치의 분야마다에서 그들을 대행하고 봉사(적극적·자발적으로) 방조했던 인물들이 해방된 이 나라의 같은 분야에서 그대로 그 역할을 담당하지는 않았던가? 그리고 그들이 '대한민국'의 주도적 개인과 세력이었던 것은 아닌지? 이에 대한 규명은 중요하다. 그것은 이 국가의 정통성·특성·국가적 철학과 밀접히 관련된 역사적 요소이기 때문이다.

무릇 노예상태에서 벗어난 민족은 신생국가를 건설하는 마당에서 식민통치의 하수인이었거나 방조자였던 '인적 요소'는 일단 말끔히 청소했어야 마땅하다.

그래야만 비로소 그 국가는 과거의 식민통치자와 대등한 민족적·국가적 대접을 기대할 수 있다. 우리와 같은 경우의 다른 민족들은 그렇게 했다.

'민족정기'의 영원한 확립을 위해서다.

그런데 우리는 어떠했던가? 역사적 사실에 물어보자. 매국노와 친일분자를 민족의 이름으로 처단하기 위해 제정된 '반민족행위처벌법'과 그 집행권력인 '반민족행위특별조사위원회'는 그들 세력에 의해서 한 사람의 친일파도 처단하지 못하고 거꾸로 처단되고 말았다. 그로부터 35년간, 그들과 그들의 부추김을 받은 개인과 세력이 이 나라의 핵심적이고 주도적인 존재는 아니었는지?

과거의 식민통치자들이 그들의 식민통치 교육이 대한민국 국가에 유익했다는 우월감과 업신여김은 이 사실(事實, 史實)을 두고 하는 말인지 모른다. 측량기술을 가르쳤다거나 '정조법'(正條法) 모내기를 가르쳤다는 따위의 저차원적인 뜻으로 하는 말로 오해해서는 안 된다. 맹자의 글은 현대적 의미를 지니고 있다.

교과서 분쟁의 흥분은 즉흥적인 독립기념관 건립운동을 낳았다. 그 추진운동 주변의 이름 속에 일본인들이 '가르쳤다'는 과거의 친일·반민족적 행적을 가진 이들의 이름이 적지 않게 보인다는 비난이 있다. 수치스러운 일이다.

어째서 우리는 다른 신생국가들이 다 갖고 있는 독립(또는 혁명)기념비 하나 37년 동안이나 세우지 못했던가. 그 까닭을 곰곰이 생각해봐야 할 일이다. 독립기념관이란 남의 사건에 대한 반응의 흥분 속에서 즉흥적으로 발상될 성질의 것이 아니다. 일본 교과서 문제가 없었다면 독립기념관의 발상도 없었을 것이라면 그 나라와 민족은 문제가 크다. 바로 이 같은 문제점이 반영되지 않는다면 그 독립기념관은 한낱 '전시장'에 지나지 않을지 모른다.

일본의 침략사를 미화하려는 일본 내 주역들의 성분에 관해서도 우리는 분명한 의식을 가져야 할 것이다.

그들은 패전자의 제국주의·국수주의·군국주의·식민정책의 책임자들로 지금은 극우·반공·천황 숭배자들이다. 그들은 왕년의 '대동아공영권' 정책의 주역들이며 바로 이또 히로부미의 후예들이다. 이번 역사왜곡 문제를 통해서 그 주역으로 밝혀진 이들 이 다름 아닌 이른바 '친한파'들임이 밝혀졌다. 이들이 일본 내에서 대한민국을 뒷받침하는 이데올로기·세계관·정책운동을 대표한다.

우리 정부와 일본정부의 관계 전반이 국교정상화 이후 줄곧 이들을 중계자로 진행되어왔다는 데 그간의 비정상(非正常)의 적지 않은 원인이 있다. 하필이면 고르고 골라서 이런 전력(前歷)의 개인과 세력이 대한민국을 좋아하는가? 일본 교과서 분쟁은 이 점에서 우리 국가·사회의 체질검증을 우리에게 요구하는 계기가 된다.

침략자 미화문제는 일본 내에서도 심각한 대립을 낳고 있다고 들린다. 극우·반공·국가 지상주의자들이 추진하고, 혁신·좌익 및 건전한 지식인들이 반대하고 있다. 이 사실은 우리 국민과 사회의 무비판적 통념인 이데올로기적 흑백논리와 이분법적 사고방식 및 가치관에 새로운 문제를 제기한다. 교과서 개악문제가 지니는 또 하나의 촛점이다.

이 사실로서 우리는 다음의 인식을 하게 된다. 즉 침략행위 합리화 운동은 일본국민 전체의 책임이기보다는 주로 그런 성분의 개인과 세력의 책임이라는 사실. 우리의 대응 형태에서 이 인식은 여태까지 결여돼 있었다.

일본의 어떤 지도자 개인이나 집권정당 또는 정부의 책임인 것을 일본국민 전체와 단선적으로 연결·동일시하는 바탕 위에서의 반응은 우리 국민의 정치의식이 미숙하다는 표시일 수도 있다.

이 정치감각의 훈련은 역으로도 타당하다. 우리나라 안의 현상이나 사건 또는 행위에 대해 외부의 비판이 있을 경우를 상정하면 된다. 그것이 어느 지도자 개인 또는 정당, 어떤 특정집단 또는 세력, 혹은 정부의 실책이나 책임일 경우가 있다. 온 국민이 그 책임자나 집단과 스스로를 무조건 일체화하여 정당한 외부비판을 무턱대고 '반한(反韓)발언'이니 '반한행위'니 하는 반응으로 '국가'나 '민족'에 대한 비판과 구분할 줄 모른다면, 그것은 센티멘털 내셔널리즘이거나 맹목적 애국주의로 전락하기 쉽다. 일본국민 사회 내부에서 역사왜곡 문제에 반대하는 개인과 집단의 정치의식·정치감각과 우리의 그것을 겸허하게 비교해보는 것도 중요하다. 민주사회 '시민'의 사물에 대한 사고·판단·반응은 센티멘트(감정)보다 합리성에 바탕을 두어야 하기 때문이다.

군사적 관점에서도 역사왜곡은 문제를 제기한다. 과거의 침략행위를 합리화하려는 자들의 노력은 일본 내 보수세력의 일본 군사대국화(당장 군국주의화는 아니더라도)를 위한 기초작업이다. 그들은 일본의 과거 침략주의·제국주의의 상징인 '일본 황국군대'의 치부를 페인트칠함으로써 그들이 추진하는 일본 군사대국화 및 그에 앞서는 '군비증강' 정책에 대한 일본의 젊은 전후세대의 거부반응을 무마할 수 있다고 보고 있는 것이다. 그것은 자기 나라의 군국주의화에 반대하는 청소년에 대한 원대한 세뇌공작의 중요한 일환으로 구상된 것이다.

평화산업으로 그 발전·확대의 한계를 느끼기 시작한 일본 경제·금융권력은 이윤 높은 군수산업으로 전환을 추진한 지 오래다. 이 세력의 이익이 일본의 군사대국화에 있음은 당연한 논리다. 보수적 정치·군사·경제세력의 합동으로 진행되는 것이 역사 왜곡이다.

이것이 우리나라와 관련될 때, 우리는 이율배반적 입장에 서게 된다. 일본의 군사대국화는 그 산업구조가 군수산업화될 필요성과 미국의 끈질긴 압력의 복합적 결과다. 그런데 우리나라 사람들은 그 같은 강력한 일본 군사력을 대한민국 안보의 필수조건으로 여기는 경향이다. 일본의 집권세력 자민당과 보수세력은 바로 그 명분을 앞세워 역사사실 왜곡을 정당화하고 있다. 우리는 뭐라고 답변해야 할 것인가? 교과서 문제는 이런 현실적·논리적 구조와 맥락에서 우리 남·북한 민족 내부문제에 대한 우리의 철학과 정책문제와 관련되어 있음을 알게 된다.

감정적 반응의 하나로 '일본상품 불매운동'이니 '60억 달러 거부운동'이 나옴을 본다. 사실은 마땅히 그래야 한다고 나는 믿는다. 그와는 대조적으로 우리 정부는 국민 내부에 그 같은 정당한 행동화가 일어나는 것을 극력 무마하려는 인상을 준다. 그 까닭은 무엇일까?

일본 교과서 왜곡작업은, 미국을 중심으로 하는 동맹국가들이 청소년의 의식을 하나의 이데올로기로 향도하기 위한 협동적 사업으로 알려져 있다. 레이건 정부는 특히 그것을 세계적 규모의 반공문화 정책으로 추진하고 있다. 우리는 이것이 단순히 일본만의 문제인가에도 눈을 돌릴 필요가 있다.

바로 교과서 분쟁이 폭발한 직후, 서울대학교 청장을 역임한 고위인사의 발언이 이것을 뒷받침하는 것 같다. 이 인사는 한 신문에 기고한 글에서, "바로 며칠 전에 한일 교과서 협의회에 참석하고 돌아왔는데 이렇게 될 줄은 몰랐다"고 실토했다. 우리 정부의 태도가 어째서 미온적인지, 이 한일 교과서 협의작업과는 무관한 일인지도 밝혀져야 할 문제이겠다.

우리나라 국민학교 교과서에서 아무런 해명도 없이 '유관순 누나'가 언제부터인지 사라졌다거나 '임진왜란'의 오랜 역사용어가 '임진란' 또는 '임진동란'인가로 바뀌고 있다는 말은 무엇을 뜻하는 것인가?

또 중요한 현상이 있다. 교과서 문제에 대한 민족적 분노가 '독립기념관' 건립운동이라는 매스컴의 선풍 속에 어느덧 그 초점이 바꿔치기된 듯한 최근의 현실이다. 왜 이렇게 흥분에서 흥분으로 치달을까? 교과서 분쟁은 우리 모두가 맑은 정신으로 국민적 자기비판을 해야 할 계기가 되고 있다.

친일 문학(인)의 마조히즘과 사디즘

문학인의 윤리의식에 대한 현재적 교훈

지난 몇 해 동안 낮과 밤을 이어서 하루에 400페이지짜리 책을 2권이나 독파한 것은 이번이 처음이다. 새 학기가 바로 내일 모레로 다가와서 책 읽을 시간이 없으리라는 초조감도 있었지만 책 자체가 나를 떠나려 하지 않았고, 나 역시 잠시도 책에서 손을 놓을 수가 없었다. 식탁에서도 입으로는 밥을 먹으면서 눈으로는 책을 훑었다. 심지어 변소에도 가지고 들어가서 읽었다. 나는 아직도 한자가 섞이지 않은 글은 줄줄 읽어내려가는 데 힘이 든다. 그런데도 두세 편의 글을 뒤로 미루고는 마지막 장을 넘기고서야 책을 놓았다. 김규동(金奎東)·김병걸(金炳傑) 편, 『친일문학작품선집』(실천문학사, 1986) 1, 2이다. 임종국(林鍾國) 씨의 고집스러운 노력으로 이루어진 『친일문학론』이라든가 임헌영(任軒永) 씨의 글들을 통해서 부분적으로 접하기는 했지만, 40명 가까운 주도적 문인들의 글이 한 군데 모인 것을 대하기는 이번이 처음이었던 탓이다. 사회과학적 측면과 분야에서 친일파와 반민족행위자의 문제를 중요시해왔던 나로서는, 문학 분야의 그 측면에 새로운 안목이 트였다. 이것은 나에게는 큰 수확이 아닐 수 없다.

문학의 본령인 시와 소설에 대한 비평은 나의 능사가 아니기에 임헌영 씨나 임종국 씨 그리고 백낙청 씨나 박태순 씨의 글을 통해서 계몽받기를 기대하거니와, 그밖의 관점에서 나 나름으로서의 소견을 적어보고 싶어졌다.

우선 「책머리에」에서 '친일문학'을 오늘에 드러내어야 할 의의에 대한 정신이 너무나 훌륭했다. 다소의 과장을 허용한다면 그것은 「3·1독립선언문」을 읽을 때의 감동으로 숙연해지는 그런 글이었다. (그 감동적인 선언문을 기초했다는 이들이 바로 이 책의 앞부분을 차지하고 나타난 것은 슬픈 아이러니이기는 하지만.)

> 우리는 우선 이 기록들을 통하여 민족사의 참담한 한 대목을 숨김없이 드러내고자 하는 것이며, 둘째로 그것이 한두 사람만의 일이 아니고 우리 모두의 감출 길 없는 과거임을 깊이 인식함으로써, 더욱이 지나가버린 과거가 아니라 오늘도 살아 있는 과거라는 점을 사무치게 앎으로써, 민족현실에 대한 우리의 늦추어진 경각심을 새로이 일깨우는 데 일조하고자 한다. 마지막으로 우리는 문학인의 윤리의식에 대한 현재적 교훈을 이로부터 얻어내고자 한다. 기억조차 하고 싶지 않은 것이지만 그러나 떳떳이 그 과거에 맞서 교훈을 얻어내고, 그것을 오늘의 힘으로 전환시킬 수 있다면 다소나마 역사 앞에서 궁색함을 가릴 수 있다고 믿기 때문이다.

이 책에서 만나게 되는 그 사람과 문학, 그리고 그것을 낳은 시대와 사상이 추악했을수록 그것이 '과거사'가 아니라 '오늘과 내일의 일'이라는 사실에 나의 일차적 관심이 있다. '문학인의 윤리의식에 대한 현재적 교훈'은 이 2권의 책을 읽으면서 얻는 교훈이 '문학인'만의 윤리의식의 문제가 아니라 일제하와 현재 이 민족사회의 모든 직능자의 윤리의식이라는 점에 나의 관심은 지향되는 것이다.

친일문학인의 마조히즘과 사디즘

이 책에 수록된 37명의 적극적 친일파 문인들의 글을 읽으면서 발견하는 가장 기본적인 공통사항은 그들의 철저한 '민족 니힐리즘'이다. 이광수의 「민족개조론」은 대표적인 것이어서 재론할 필요도 없다. 그들의 친일행각의 출발점은 자기 민족(집단이나 개인으로서)에 대한 병적인 매도와 모멸이다. 인간으로서 '벌레 이하'의 존재이고 민족으로서 모든 악덕과 결점의 집합적 상징으로 비친다. 그들 모두의 글에서 낱낱이 인용할 겨를도 없으니 한두 대목만 인용해보자.

> 조선 사람이 황국신민이 된다는 것은 '게다'를 끌고 '다꾸앙'을 먹고들 하는 것이 아니고…… 먼저 정신적인 내장(內臟)을 소제하는 데 있다. 재래의 조선사람이었기 때문에 가졌던 모든 불미불선(不美不善)—취기(臭氣)분분한 그 썩은 내장물을 위로는 토해내고 아래로는 관장·배설하여 속을 깨끗이 해야 한다. ……제 아무리 조선 민족주의자일지라도 과거의 그 냄새나는 민족주의가 다시 기어 들어오지는 못할 것이다.[1)]

사람이 자신을 학대하기에 이에 이르면 거의 병적이라고밖에 달리 볼 수가 없다. 김문집은 대강용지개(大江龍之介)가 됨으로써 모든 김씨, 박씨 동포가 모든 '불미불선'의 상징이고 그들의 존재는 "취기분분한 썩은" 것이 된다. 이렇게 해서 김문집 자신은 전미전선(全美全善)한 존재로 순화되고 그의 몸에서는 그윽한 꽃향기가 발산된다. 정말로 위대한 착각이 아닐 수 없다. 자기비하에서 철두철미하고 노예근성에서 구제불능이다. 이보다 더한 식민지 근성은 없다.

그런데 정신병학적으로 흥미 있는 것은, 이들이 자기들의 민족 니힐리즘적 타락을 당시의 정상적인 정신의 소유자들을 병적으로 취급함으로써 자기정당화하려는 일관된 심리상태다.

> 조선의 민족주의자나 사회주의자들은 조선을 스스로 '식민지'라고 부름으로써 자기 가치를 유린했지만, 그들은 그런 이론을 내세움으로써 그들의 투쟁을 선동해왔던 것도 사실이다. 얼마나 식민지적인 노예근성이었던가![2)]

그러고는 "그런 불유쾌하고 범죄적인 인식착오는 절대로 용서되어서는 안 된다" "새로운 일본국민이 된 2,300만 국민은 역사적으로도 도의적으로도 또한 현실문제인 조선통치의 근본정신에서도 결코 저 서양식의 식민지가 아니다. 식민지의 민중은 더군다나

1) 김문집(金文輯, 大江龍之介), 「조선민족의 발전적 해소론 서설」, 『친일문학작품선집』 2권, 268쪽. 이하에서는 책이름은 빼고 1권, 2권으로 약기함.

2) 김용제(金龍濟), 「민족적 감정의 내적 청산으로」, 2권, 163쪽.

아니다"라고 믿고 있다. 이것은 심리학에서의 반동형성(反動形成, reaction-formation)의 표본이라 하겠다. 억압이 과도하게 일어난 결과로 그 반대의 욕구·희망을 의식화한 것이다.

이 같은 자학적인 자기부정은 '반동형성'의 욕구와 희구를 체현한 대상에 의해서 충족돼야 한다. 이 심리학적 작용은 이광수에서 시작해서 곽종원(郭鍾元)에 이르는 37명의 친일문인에게서 하나같이 나타난다. 거의 '법칙'이라고 해도 좋을 만큼 공통적이다. 그 대표적인 표출을 보자.

> 나는 이해심이 있는 사람들 앞에 나서서, 정열이 솟아 넘치는 가슴을 탁 터놓고 진실의 언어를 마음껏 이야기하고 싶은 충동을 받았다. 이 중대한 문제(조선인의 일본인화—필자)에 관한 고민과 희망을 감사의 눈물을 흘리며 직접 고백하고 싶기 때문이다.

이렇게 감격에 넘쳐서 '고백하고 싶은' 말이란 바로 이런 것이다.

> 나는 경애하는 모든 내지인(內地人)을 나의 사형(師兄)이라고 단적으로 부르고 싶다. 나는 그들의 생도이며 아우인 관계를, 그 혈연적으로 값지을 그리움을, 국민적인 자각과 신념적인 감사와 심리적인 만족 속에서 실감하고 있기 때문이다. 은혜와 사랑이 있는 사형의 앞에서 어떠한 '응석부림'도 할 수 없겠는가?[3)]

3) 김용제, 같은 글, 2권, 162쪽.

친일문인의 전체를 대변하는 김용제(金村龍濟)의 말은, 바로 자신의 글에서 심리학적 용어로 표현한 대로 심리학적·정신병학적 연구의 이상적인 연구대상이 되어준다.

친일문학가들의 800여 쪽의 글을 읽으면서 내가 가장 단적으로 그들의 성격·심리에서 감득한 것은 그들이 예외없이 마조히즘(피학대음란증) 환자이면서 동시에 사디즘(가학음란증) 환자라는 발견이다. 설명할 필요도 없겠으나, 사디즘은 성교 대상에게 고통을 주는 것으로 쾌감을 얻는 성애(性愛) 형식이고, 반대로 마조히즘은 성 대상에게 학대받는 것으로 쾌감을 느끼는, 다같이 성적 도착심리다. 그것은 강간심리의 양면적 표현이기도 하다.

일본인에 대한 병적인 동일화 현상

나는 그들의 '문학'(시·소설·비평·논문 전체)을 읽고 나서 그와 같은 심리적·정신병학적 원인과 동기 및 목적에 새로운 흥미를 느끼고, 새로운 측면에서의(문학작품의 내용이 아닌) 관심을 갖게 되었다. 내가 생각했던 관찰이랄까 진단이 옳다는 것을 우리나라 정신의학의 최고 권위자인 서울대학교 의학대학 조두영(趙斗英) 박사가 확인해주었다.[4]

친일문인들은 정신병학에서 말하는 '동일시'(同一視)의 병을 앓는 환자들이다. 동일화(identification)란 "부모·형·윗사람·주위의 주요인물들의 태도와 행동을 닮거나 닮으려 하는 것을 말하는데, 이는 단순한 흉내(imitation)와는 다른 것으로서, 좀더 적극적으로

4) 『임상행동과학—종합병원 정신의학』, 일조각, 1985 참조.

자아의 성장에 가장 중요한 기제(機制, mechanism)이며 초자아 형성에도 중요한 역할을 한다." 그런데 동일시가 완전무결하게 일어나는 법은 없다는 것이다. 나는 조선의 친일문인(지식인 전반이라고 해야겠지만)들이 아무리 '일본인화' '황국신민화' '천황의 적자화'(赤子化)가 되고 싶었고, 되려 했음에도 불구하고 끝내 '완전무결'하게 되지 못한, 차라리 비극이라고 해야 할 결과를 해방 후 그들의 재변신의 작태에서 확인할 수 있다.

그런데 그들의 글을 읽으면서 발견하는 한 가지 공통점은 그들이 처음부터 조선민족·조선인임을 미워하거나 혐오하지는 않았다는 주장이다. 한일합방을 "결과적으로 잘된 것"이라고 찬양하지만 처음에는 일본(인·민족)에 대한 민족심(감정)이 있었다는 것을 강조한다. 그러다가 얕잡아보던 상대방의 '우월성'을 확인하게 되고, 상대적으로 자신의 '열등성'을 인식하게 됨으로써 '일본인화'되기에 안간힘을 쓰게 된 과정을 알 수 있다. 이것이 심리분석학에서 말하는 '부정(否定)적 동일화'(hostile or negative identification)다. "제일 닮지 말았으면 하던 사람을 닮는" 과정이다.

대표적 친일문인들 중 한두 사람의 글에서는 조금 다른 면을 발견한다. 일본(민족·국가·인)에게서 어떤 이상(理想)을 발견하고 그와 공생하려고 노력함으로써 일본(인·국가·민족·국민)이 가진 힘·권력·도덕성·위엄·가치 등등을 자신도 공유(共有)하고 있다는 착각을 가지려 애쓰는 심리다. 조 박사의 이론에 따르면 이는 "속으로부터가 아닌 겉만 일시적으로 닮는 것"이라고 한다. 이 기제를 '병적 동일화'(病的 同一化, pathological identification)라고 한다.

그들이 이상으로 생각했던 그 상대방의 신비한 힘이 꺼지거나 그로부터 거절당하면 '병적 동일시'는 어이없이 사라진다. 역시 해방 후 친일문인(친일파)들의 감탄할 만큼 변화무쌍한 작태에서 우리는 이것을 확인했다. 광신적 천황 숭배자, 대동아공영권 이론가, 대화민족(大和民族) 국수주의자인 일본인들에게서도 우리는 그것을 보았다. 하물며 친일문인들에게서야 지극히 있을 법한 병적 상태다. 패전 후의 독일의 나치당원들, 가까이는 우리 사회에서 4·19 후의 이승만 숭배자·자유당 행동대원 들에게서, 더 가까이는 박정희 숭배자들과 그들 속에서 이(李)나 박(朴)의 비극적 최후 뒤에 한 명의 '순사'(殉死)자도 없이, 멀쩡하게 새 현실에 더 '동일화'되려고 한(하고 있는) 자들의 심리·정신상태에서 이것을 본다.

이 '병적 동일화'의 실례는 800쪽의 책을 일관해 있다. 너무나 많아서 인용하기조차 어렵지만, 일본인과 무엇인가 '공유'하게 됐다는 생각에서 '권력'마저 공유한 듯한 환상에 젖었던 주제(主題)는, 일본화 의무교육, 창씨개명, 지원병 및 징병제 실시에 따르는 '황국군인화', '조선인과 내지인(일본인) 사이의 통혼(通婚)', 양자 입양허가 등이다. 아무렇게나 한 장을 펼쳐보자. 이런 대목이 있다.

> 이 일(일장기 날리는 구역의 확대—필자)에 대하여서 나는 아무것도 공헌한 것이 없으니 죄송도 하고 부끄럽기도 합니다. 내 피도 못 바치고 돈도 못 바치고, 황군용사가 피로 얻은 영광을 향수(享受)하기에 어찌 죄송하고 부끄럽지 아니하겠읍니까.
>
> 하물며 성전(聖戰) 3년간에 조선인의 지위는 격세의 감이 있는 향상을 하였읍니다.
>
> 이것은 결코 우리 자신의 노력으로 획득한 것이 아니요, 오직 광대무변한 성은을 망령되이 힘입은 것입니다. 우리가 무슨 공

로가 있기로 내선일체의 영예를 바라겠읍니까. 그런데 교육도 평등되고, 국방의 영예로운 신뢰도 받게 되었읍니다. 내선양족(內鮮兩族) 간에 혼인과 양자가 허하여지게 되었고, 공통한 씨명(氏名)을 칭하게 되었읍니다. 이것은 어느 치자(治者)와 피치자 양족 간에도 보지 못한 광고(曠古)의 신례(新例)입니다.[5]

이렇게 일인과 '공유'하게 된 것으로 그들이 갖게 된 '부와 권력의 공유'라는 환각은 어떤 것인가? 한 예를 들면 이렇다.

……언제 우리가 이만한 교육혜택을 받았던가? 언제 우리가 이만한 교통·위생·문화의 시설을 가졌던가? 언제 또 우리가 이만한 부력(富力)을 가졌던가? 허심탄회하게 이런 것들을 생각할 때에 아무리 전형적인 불평가라 할지라도 이 은혜는 승인하지 않을 수 없을 것이다.

그런데 그 '공유적 동일감'은 다음과 같은 환각에서 극치를 이룬다.

……관리등용에 대하여서도 마찬가지다. 조선인이 국체관념(國體觀念)과 습성과 지력이 내지인과 동일수준에 오르는 날 조선인은 내지인과 다름없이 내각총리대신도 되고, 육해군 대장도 될 것이요 대공사(大公使)도 될 것이다.[6]

---

5) 이광수, 『성전 3주년』(聖戰三週年), 1권, 86쪽.

6) 이광수, 같은 글, 72쪽.

친일문인들은 한결같이 자기들이 (그들의 말대로 하면 조선인과 조선민족이) 곧 "세계를 지배하는 민족"이 된다고 입을 모아 목청을 돋우어 노래하고 있다. 아니, 이미 세계를 지배하는 민족이 되었다고 자기도취되어 있음을 본다.

친일문인들의 이중구조적 심리와 형태

친일문인들이 성격적으로 사디즘과 마조히즘의 동시적 공유체인 성격결함자임을 보자.

우리는 앞서 김문집의 고백으로 친일문인들이 얼마나 구역질나는 자기비하와 일본인에 의한 박해와 멸시를 미화하는가를 확인한 바 있다. 그들은 자기를 철저하게 무가치한 존재로 가학(加虐)하고, 일본인에 의해서 학대를 받으면 받을수록 병적인 쾌감을 느낀다. 학대의 고통이 오히려 감미로움으로 전화한다. 자신(조선인)을 일본인이 짓누르고, 때리고, 침뱉고, 멸시하고, 피를 낼수록 그들의 쾌감은 황홀경에 이르게 된다. 그럴수록 그들은 일본인에게 애무, 은혜, 사랑, 애착, 존경, 동경, 정신적 오르가슴을 느낀다. 이것은 어떤 여자에게 있어서 완전히 병적인 피학대음란증과 같은 것이다. 상대적으로 일본인에게는 가장 추악하고 가혹한 가학음란증을 기대하는 것이다.

나는 일본 도쿄의 성실연(性實演) 비밀극장에서 이 사디즘과 마조히즘의 실연을 구경한 일이 있다. 그 장면은 인간의 전면적 소외와 동물화였다. 도저히 글로 옮기기 불가능할 만큼 병적이고 광적이었다. 정상적 성장과정을 거쳐온 사람, 정상적 성격·심리·정서를 가진 인간으로서는 구역질을 참을 수 없는 추악하고 일그러진 인간심리의 표출이었다. 아픔에 비명을 지르면서 희열의 눈물을 흘리는 것이다.

그런데 친일문인들은 자기와 조선인의 몸에서 "썩은 냄새가 물씬" 나고, 모든 악덕과 부덕과 추악으로 "오장육부가 썩어" 있다고 자학했다. 이 병(病)의 대극적 요소는 자명하다. 일본인을 지선(至善)·지미(至美)·지강(至强)·지완(至婉)으로 보고, 그들에 의한 학대에서 희열의 눈물을 흘린 것이다.

그런데 문제는 '친일문인=마조히즘:일본인=사디즘'의 공식적 관계에서 끝나지 않는다는 데 있다. 일인에게서 받은 병적인 학대를 그들은 조선인 동족·동포에게 그 몇 배로 증폭한 형태로 가학한 이중구조적 심리와 행동으로 '가학음란증'까지 만족시키려 한 것이다. 자기 민족의 역사에 대한 혐오와 동포에 대한 모멸이 어찌 이다지도 냉혈적이고 병적일 수가 있을까? 친일문인들이 일본인에 대한 피학대음란증 환자라고만 해도 동족으로서 '연민'을 느낄 여지가 없지는 않다. 심지어 추악한 병마에 걸린 환자라고 억지로 용서할 마음의 여유인들 없겠는가? 그러나 동족에 대한 가학음란 행위로 쾌감을 일삼음에 이르러서 그들은 연민과 용서의 한계를 넘어선다. 범죄자가 된 것이다.

친일심리의 현재적 굴절

이상과 같은 고찰을 하는 까닭은 그것이 '과거사'여서 마음 편히 비방할 수 있다는 생각에서가 아니다. 바로 『친일문학작품선집』 1,2권의 엮은이가 똑똑히 말했듯이 그것은 "지나가버린 과거가 아니라 오늘도 살아 있는 과거"이며 "민족현실에 대한 우리의 늦추어진 경각심을 새로이 일깨"울 절실한 필요성에서다.

해방 이후 일제에서 해방되어 '독립'했다는 이 나라에, 그로부터 40여 년이 지난 오늘 이 '현재'에 이 민족과 국가 안에 '부정적 동일화' '병적 동일화' '가학음란증'과 '피학대음란증' 정신병환자들은 없는가? 아메리카라는 나라와 일본이라는 나라와 이 반도의 민족, 대한민국의 국민·동포 사이에서 왕년의 친일문인(지식인)과 같은 언동을 일삼고 있는 정치가, 기업가, 군인, 목사, 각 분야의 지식인은 없는가? 북미합중국의 세계지배 운동의 충직한 신민되기를, 일본국과의 군사동맹으로 '신판 황국신민' '신판 아시아공영권'의 용사가 되기를 영광으로 생각하는 부정적 동일화 환자들은 없는가? 이것이 친일문학을 오늘에 되새기는 의의다.

일본에 정신을 팔아먹은 조선인 고학생(가난한 농가 출신의 일본인 가정교사인 경성제국대학 예과생 이원구)이 동료 조선인 학생들의 야유회에서 비판을 받자 거꾸로 가슴을 딱 펴고 조선인을 매도하는 논리를 들어보자.

> "제군이 만일 진정으로 조선민중을 사랑한다면 광주학생사건에 나타난 그러한 잘못된 감정을 하루바삐 청산해야 할 것이오."
> "청산하고는 어찌하라는 말이냐?"
> "청산하고 우리는 순순히 일본국민의 길을 걸어나가야 할 것이오. 여러분은 날더러 반역자라고 하거니와…… 여러분이야말로 용서할 수 없는 반역자요. 그리고 조선민족을 죽이는 자들이오."
> 그로부터 40여 년 뒤인 오늘, 이렇게 말하는 지식인은 없는가?
> "나더러 대일 굴욕외교를 한다고 욕하지만 일본과의 국교정상

화를 위해서는 나는 이완용(李完用)이 될 각오가 되어 있다."

"북괴와 싸우기 위해서는 일본의 군사력을 끌어들여야 한다."

"미국을 비평하는 학생은 민족반역자다. 미국 없이는 우리는 못 산다."

"미국은 모든 면에서 우리의 이상(理想)이다. 미국에 비하면 한민족은 결점투성이다. 아! 얼마나 아름답고 선한가, 아메리카여!"

시시한 글 한 줄 쓰는 데도 첫머리서부터 "미국의 에드워드 스미스 박사는 다음과 같이 말했다……"로 시작해야 권위를 과시하는 것으로 착각하고 있는 교수는 없는가? 그리고 또 그밖에…….

친일문학인의 환상적 관념주의

친일문인들에게서 공통적으로 발견되는 특성은 그밖에도 여러 가지다. 그중에서도 가장 두드러진 공통점이 관념론자라는 점이다. 객관적 사실이나 관계의 과학적 분석력이 전혀 없다(시인·소설가니까 그럴 수도 있다는 양해의 범위·한계를 넘어서 말이다).

소위 '태평양전쟁'에서 일본의 승리를 확신하고 있는 상황분석 능력은 한심할 정도로 비과학적이고 주관주의적이다. 물질적(자원·생산력·기술수준·조직력·군사력 등) 요소에 대해서는 거의 초등학생의 판단능력밖에 없음이 역력하다. 소위 일본인들의 비합리적 '정신주의'의 대표적 표현인 '야마또 다마시이'(大和魂)가 그들에게는 세계적 규모의 전쟁을 치르는 가장 믿을 수 있는 무기였음을 알 수 있다. '정신'의 힘이 결코 얕잡아볼 수 없는 인간적 요소임은 의심할 나위도 없다. 그러나 조선의 친일문인들의 시와 소설, 평론 들에서 우러나오는 것은 거의 무방비 상태인 중국인과의 전쟁을 기준으로 태평양전쟁의 성격을 보고 있었던 것이 확실하다. 나는 그들이 다소나마 사회과학과 이공 분야의 초보적 지식과 소양을 갖고 있었더라면 그렇게까지 환상적 결론에 빠져들지는 않았을 텐데, 라고 생각하게 된다.

다음은, 그들의 철저한 자기모멸(민족으로서, 조선인으로서)이 조선왕조 500년 역사에 대한 이해부족에서 기인한다는 사실이다. 이것은 친일문인 누구에게서나 일치된 일본(인)화의 출발점이다. 일본역사의 신비화·미화는 도착된 역사인식에서 비롯되었음을 본다. 우리 민족사에 대한 열등감과 혐오의 반작용적 충동으로 그들은 조작된 일본민족사를 환상적일 만큼 맹신하고 미화하고 있는 것이다.

> 가령 이조(李朝) 연간을 조선의 독립시대라고 한다면, 백일하에 고백하거니와 나는 이조의 독립국 백성이기보다 차라리 오늘날의 에티오피아에서 산돼지 잡아먹고 돌아다니는 야인(野人)이 되기를 바랄 것이다.[7)]

이 같은 민족사의 '이해'는 일본국가의 '신성'(神性)으로 아무런 매개도 없이 직결 접목되어 버린다.

> ……대일본이 신국(神國)임은…… 천조(天照)와 일신(日神)의 통(統)을 이어받아 스스로 신국의 체(體)를 갖춘 것은 일본역사의 개권(開卷)과 함께 입증(번역문에는 '전시'—필자)된 '사

---

7) 김문집, 「조선민족의 발전적 해소론 서설」, 2권, 263쪽.

실'이며, 후세의 이론가에 의해서 억지로 조작된 공허한 관념이 아님은 더 말할 나위도 없겠습니다. 이처럼 일본의 신국은 유구한 예부터의 '사실'입니다.

나 자신도 조선왕조 500년사, 특히 말엽에 이르러서의 현실에 대해서 결코 만방에 자랑할 만한 것이라고 생각하지는 않는다. 하지만 그렇다고 해서 최소한 일본과의 관계사에서 이 민족의 우월성을 몽땅 털어버리고, 심지어 대부분의 친일문인들은 일본의 우월성을 입증하려고 갖은 허무맹랑한 논거를 제시하면서, 일본의 '신국'(神國)에서 자신의 정당성을 찾으려 하는데, 이러한 학문적 자세는 타락이라고 할 수밖에 없겠다.

현실의 문제로 돌아올 때 이것은 일본에서의 이른바 일본역사의 '신국화'(神國化)를 비롯한 '교과서 내용 왜곡' 사태와 관련되어 우리 자신들의 문제로 제기된다. 이 민족 안에서는 불과 40년 전에 일본의 사악한 의도를 일본인들보다도 더 열성적으로 지지한 조선 지식인들이 있었다. 오늘과 내일, 자기 민족과 나라의 실의(失意)한 지식인의 전철을 밟는 비극을 되풀이하지 않으리라고 단언할 수 있을 것인가? 일본의 보수세력과 군국주의·천황숭배사상자들의 정치·외교·경제·군사적 지원으로 정권을 유지하거나, 자신의 부(富)를 확보하려는 이 나라의 개인과 세력이 40년 전의 친일문학가들의 뒤를 이을 가능성은 없는가? 따라서 자기 민족과 사회의 역사를 왜곡함으로써 기득권을 놓지 않으려는 자들은 생겨나지 않을 것인가? 현실의 전개와 추세는 나에게 자신 있게 "없다!"고 답변할 용기를 주지 않는다.

친일문학인의 무인(武人) 숭배적 심리

친일문학인들의 또 하나의 이데올로기는 '상무'(尙武)·'무용'(武勇)에 대한 동경과 찬미다. 일본인에 대한 피학대음란증은 자신(민족)을 '문약'(文弱)으로 규정하고 '상문'(尙文)적 인생관과 정신을 인간(민족)적 결함으로 단정해버린 데서 출발한다. 이 같은 의식에서 곧바로 빠져버린 함정이 군인·군대 숭배사상, 침략행위와 전쟁의 정당화 및 미화다. '복종'이 인간의 본질적 속성으로 찬미된다.

> 모든 직역(職域)에서 우리는 병사요 직공이요 관리이기 때문에 우리는 각각 명령체제 속에 있는 것이다. 명령계통의 질서는 오직 복종으로만 유지되는 것이니 신체제의 국민생활은 오직 복종의 생활이다. 이 복종에는 통제력도 있지마는 (우리가) 자발적으로 기쁘게 즐겁게 복종할 때에 그 속에서 우리는 신체제의 자유와 쾌미(快味)를 느끼는 것이다.[8)]

이 얼마나 비문학적인 인간관인가! 친일문인들에게는 그들의 조상의 '문'은 '역사의 부채(負債)'가 되고, 일본인의 '사무라이' 제도와 정신이 그토록 영광된 것으로 비친다. 자발적으로 일본군대에 입대하여 '성전'(聖戰)에서 죽으려 한다는 어떤 경성제국대학 학생 F군의 편지를 받은 한 시인은 감격의 눈물을 흘리면서 다음의 회답을 쓰는 것이다.

---

8) 이광수, 「반도민중의 애국운동」, 1권, 76쪽

역사의 부채(선조들이 문약해서 사대주의를 받들었다는 부채), 오랫동안 조선민족의 배후에 떠나지 않고 따라다니는 이 부채를 이제야말로 제군의 손으로 청산하여주기 바란다. …… 오랫동안 감추이고 가리어졌던 무용조선(武勇朝鮮)의 참 자태를 마음껏 발휘할 천재(千載)의 호기(好機)가 지금 우리 앞에 와 있다. 무절조하여 기회주의였다고 하는 부조(父祖)의 오명을 일거에 씻어버릴 자는 제군밖에 없다.[9]

친일문학인들은 이러한 점에서 정신의학에서 말하는 '대상'(代償, compensation) 추구적 성격결함자들인 것 같다. 대상이란, 심리적으로 어떤 약점·결함·제한이 있는 사람이 이를 보충 보완하기 위한 방법으로 그와 대조적이거나 다른 것을 과도히 추구 발전시키는 심리적 경향을 말한다. 앞서 지적한 반동형성(reaction-formation)으로서의 비정상적 추구이기도 하다.

그와 같은 비정상 심리의 소유자들인 까닭에 친일문학인들은 일본군대의 노예적 용병, 하수인적 앞잡이가 되어서 아시아의 여러 전선에 나가는 것을 마치 '지배민족'이 된 것으로 착각했던 것이다.

그러면 40년 뒤인 현재의 이 민족에게는 그런 정신병리적인 착각은 없는가? 언제나 오늘과 내일을 위한 교훈으로서 지나간 날의 친일문학(인)을 되새길 의미가 있다면, 우리는 그들의 과오에서 교훈을 얻었는가를 자성(自省)할 필요가 있다.

1960년대와 70년대 초반에 걸친 기간에 베트남전쟁으로 파병

---

9) 김소운(金素雲), 「부조의 오명을 일소」(父祖의 汚名을 一掃), 1권, 203쪽.

할 때의 이 나라의 지식인(문인들도 포함해서)과 대중의 심리상태는 어떠했던가? 박 아무개라는 이름나고 존경받는 여(女)정치가는 그 당시 어느 날 베트남 시찰을 위해서 탄손누트 공항에 내렸을 때의 감상을 이렇게 술회한 글을 썼다.

> 탄손누트 비행장에 내려 베트남의 땅 높은 국기게양대에 태국기가 휘날리는 것을 본 순간 나는 감격의 울음을 터뜨리고 흐르는 눈물을 금할 수가 없었다. 비행기가 공항에 접근하면서 비옥한 베트남 땅이 눈 아래 펼쳐지는 것을 보면서 나는 역사상 침략만 받았던 우리 민족이 수천만 리 남의 나라 땅에 군대를 파견한 위업에 가슴의 고동을 금할 수가 없었다. 이 비옥한 땅이 우리의 것이면 얼마나 기쁜 일이겠나 하고 생각했다. (이 정치가가 귀국 후 신문에 기고한 글을 너무도 생생하게 기억하기에 거의 글자 하나 틀리지 않을 만큼 재생할 수 있다. 그러나 정확한 날짜는 기억이 안 나서 여기에 적지 못했다.)

이 같은 심리상태는 남의 나라(일본)의 전쟁에 자기의 아들딸을 몰아내고 그 생명의 대가를 노래한 다음의 시와 뭐가 다른가? 이 시는 '지원병'으로 나가 중국전선에서 죽은 22세의 이인석 일등병(죽어서 '군신'(軍神)이라고 떠받들어지면서 2계급 특진으로 상등병이 되었다)의 죽음을 찬미한 것이다.

> 이인석 군은 우리에게 보여주지 않았던가
> 그도 병(兵) 되어 생사를 나라에 바치지 않았던들
> 지금쯤 충청도 두메의 이름없는 농군이 되어

베옷에 조밥에 한평생 묻혀 지냈었겠지
웬걸, 지사(知事) 군수가 그 무덤에 절하겠나
웬걸, 폐백과 훈장이 그 제상(祭床)에 내렸겠나.[10]

사회과학적 세계인식의 공백상태

친일문학인들의 글을 읽고 난 뒤의 또 하나의 소감은, 그들이 자본주의 세계의 경제·정치적 원리와 기능법칙 같은 것에 대한 지식이 거의 백지상태였다는 결론이다. 이것은 소위 일본의 아시아 정복 야욕의 가면인 '팔굉일우'(八紘一宇, 천하를 한 집으로 여긴다), '대동아공영권', 미국과 유럽의 제국주의로부터의 아시아 민족의 '해방', 백인종의 억압과 착취로부터의 황인종의 자유, 정복한 각 지역 국가의 지배계급 또는 정부의 포악으로부터의 국민해방, 그들 아시아지역 국민에 대한 일본의 '일시동인' 따위의 허울좋은 명분·이론·이념에 친일문인들이 얼마나 감격했는가를 읽으면 알 수 있다. 실제로 그들의 친일행위의 정당화 근거로 가장 강조된 논리가 이것이다. 그들은 제국주의·식민주의의 내용과 형식의 일면만을 알았지 양면을 이해하지 못했던 것이 분명하다.

백인종 대 황인종, 서양(플러스 미국) 대 동양, 제국주의와 식민지민족 등의 등식에서밖에 20세기 중반의 세계적 갈등구조를 이해하지 못했다.

이 대동아전쟁은 …… 단순히 일본과 영·미와의 전쟁만이 아

---

10) 김동환(金東煥, 白山青樹), 「권군 '취천명'」(勸君 '就天命'), 1권, 189쪽.

니라, 영·미가 아세아와의 대등한 관계를 무시하고 아세아 민족을 학살하고 세계정복을 꾀하려는 영·미적 세계사에 대한 일본의 폭탄적인 방비전(防備戰)이며, 아세아의 자율성과 독립성을 선양하는 아세아의 자각전(自覺戰)이기도 한 것입니다.……

돌이켜보면 근대의 영·미의 영광은 바로 우리 아세아의 굴욕이었습니다. 그들의 문명이 하나하나 약진한 그 그늘에서 수없이 많은 아세아 민족의, 우리의 옛적부터의 맹방이었던 아세아 민족의 생생한 피가 참혹하게 대지에 쏟아졌던 것입니다.……

그(그들에게 터진—필자) 폭탄은 만세일계(萬世一系)의 거룩한 옛 정신을 지켜온, 그리고 세계에서 가장 오랜 역사를 이어온 일본제국이 아세아의 자율과 독립을 위한 통쾌한 정의의 폭탄이었던 것입니다. 일본의 이 폭탄은 동시에 전(全) 아세아 민족의 폭탄이기도 한 것입니다.[11)]

친일문학인들은 20세기 자본주의의 최고 발달단계에서의 제국주의적 식민지 획득 충동이 영·미에 적용되는 것을 추상적으로는(즉 상식적으로는) 인식하고 있다. 그러면서도 일본 자본주의가 독점단계에 도달해 식민지 획득 없이 존속할 수 없는 제국주의 단계에 이르렀다는 정치·경제적 지식은 희박했던 것 같다. (물론 그들의 과학적 인식 여부와는 무관하게, 자기들이 빠져버린 친일파·민족반역자의 입장에서 그것밖에 강조할 길이 없었으리라는 사실을 십분 참작하면서도 말이다.)

그들의 당시의 시각과 관점을 오늘의 표현으로 말하면 일면적

---

11) 조연현(趙演鉉, 德田演鉉), 「아세아부흥론 서설」, 2권, 356~357쪽.

이분법 논리라고 하겠다. '흑백논리'라고도 할 수 있고 이데올로기적 색맹이라고도 할 수 있다. 세계정세에 대한 주관주의에 사로잡혀 있었다고도 할 수 있겠고, 사회과학적 지식과 그 지식을 도구로 삼은 과학적 인식력이 결여되어 있었다고 말할 수도 있을 것이다. 어찌 되었건 그들이 제국주의에 대한 치열한 감정을 품고 있었던 것만은 인정해도 좋을 것이다.

문제는 제국주의·식민주의에 대한 적대감과 민족해방의 열정을 가진 다른 동포들, 주로 국내의 좌익이 일본 제국주의의 실체를 간파하여 항일투쟁에서 희생되고 있던 같은 시간에, 그들이 극우적 (일본) 국수주의·군국주의·제국주의·식민주의적 신념에 자족하고 있었다는 것이다. 국외의 민족주의적 독립투사들이 가졌던 정도의 인식조차 그들은 갖지 못했다. 문학을 하는 이들에게 사회과학적 교양이 절실히 필요한 것임을 일깨워준 쓰라린 교훈이라 할 수 있다.

친일문인들에게는 그밖에도 논할 사실들이 많다. 그러나 여기서는 이 정도로 끝맺는 것이 비문학인이 할 수 있는 일이 아닐까 생각한다. 끝으로 나는 전후 독일에서 나치에 대하여, 프랑스 등 주변 국가에서 친나치·민족반역자들에 대한 다면적인 정신병학적·심리적·사회학적·연구를 했던 것과 같은 작업이 친일파(지식인)에 대해서 본격적으로 이루어졌으면 한다. '교훈'을 발견하기 위해서다.

3

6·25 전후세대론의 시각

선배 언론인의 죽음과 6·25 회상

옛 어른들이 "광음(光陰)은 화살과 같다"거나 "세월은 유수와 같다"고 말했던 것을 보면 옛날에는 시간의 속도도 오늘날보다 훨씬 느렸던 것 같다. 그 어른들도 현대에 살았으면 "시간은 미사일처럼 빠르다"거나 "세월은 레이저 광선 같다"고 표현했을지도 모른다.

며칠 전 과거의 언론계 직업 선배인 S씨의 부음을 받고 빈소를 찾아갔다. 고인과 나는 같은 편집국에서 여러 해 동안 같은 신문 제작 일을 하면서도 생각은 같지 않았다. 그래서 결국 나는 그 신문사를 나올 수밖에 없었다. 그리고 18년의 세월이 흘렀다. 그동안 가끔 그 신문지상에서 고인의 글과 이름을 본 일은 있지만 기사는 별로 읽지 않았고, 만나는 일도 없이 지냈다.

빈소에서 물으니 '6·25의 회억'(回憶)이라는 다큐멘터리 촬영 제작 과정에서 객사했다는 말이었다. 나는 고인이 어떤 회상을 했고, 어떤 내용의 다큐멘터리에 출연하려 했는지 대체로 짐작이

갔다.

고인의 명복을 빌고 돌아서면서 "아! 그러고 보니 6·25도 벌써 37년째를 맞는구나!" 하는 감회에 사로잡혔다. 이 달이 6월이니까, 정말로 세월은 흐르는 물보다도 빨라서 그해에 태어난 생명이 서른여덟 살의 장년이 되었을 것이다. 어느 교수의 조사에 의하면 몇 해 전에 '해방동이'가 전체 인구의 절반을 넘었다더니 벌써 "6·25동이'가 절반이 넘었다고 한다. 스물두 살의 팔팔한 청년으로 입대하여 3년간의 민족상잔을 치르고도 4년간을 더 근무하고 나온 6·25의 군대생활이 바로 엊그제만 같은데…….

몇 해 전까지만 해도 나는 경부선 열차를 탈 적에는, 내려갈 때는 왼쪽 좌석, 올라올 때는 오른편 좌석의 표를 차표 판매원에게 부탁하는 버릇이 있었다. 기차 안에 들어가 원했던 좌석에 앉으면서 가벼운 흥분과 괴로움이 섞인 야릇한 설레임으로 열차가 떠나는 것을 기다리곤 했다.

각별한 이유가 있었던 것은 아니다. 그저 내려가는 길에서는 왜관(倭館)에서 대구에 이르는 한 반 시간 동안을 왼편 창가에, 올라올 때는 오른편 창밖에 펼쳐지는 산을 바라보고 싶었다는 것뿐이다. 행정구역으로는 칠곡(漆谷)군이 아닌가 싶다. 그다지 높지도 않고 낮지도 않은, 그리고 별로 험하지도 않은 산줄기가 기찻길에서 10리쯤 거리를 두고 함께 달리는 것이다.

들락날락 100리는 족히 되어 보이는 이 산줄기, 낙동강 모래톱에서 봉우리까지의 산허리에 막 앓고 난 마마병의 곰보자국처럼 수많은 구멍이 패어 있는 것을 본 사람이 많았을 것이다. 서울과 부산 사이 천리길, 철도가의 하고많은 산 가운데 여기만이 다른 산들과는 다른 모습을 드러내고 있는 것을 보면서 기이한 느낌을 받은 이도 많았을 것이다.

여기가 1950년 7월과 8월, 6·25의 남진전선이 최남단까지 내려와 북녘의 군대가 낙동강을 건너 대구로 쏟아져 들어오려고 했을 적에, 미국 전략공군의 폭격기 편대가 밤낮을 가리지 않고 중폭탄을 퍼부었던 곳이다. 6·25의 초장에서 거의 형태도 없이 무너져버린 국군이 대구에서 재편성되어, 빈약한 무기로나마 처절한 전투 끝에 저들의 파죽지세를 여기서 꺾는 데 성공했다. 외국군대도 합세한 이 결전은 제2차 세계대전의 오끼나와 전투에도 비길 만큼 치열했다.

밤낮 24시간을 쏘아댄 야포탄과 퍼붓던 중폭탄의 폭음이 북쪽으로 멀리 사라진 뒤에, 낙동강가 100리 길이의 산 옆구리는, 지름이 몇십 미터, 깊이가 10미터나 되는 몇십만 개의 거대한 구덩이로 뒤덮였다. 이 강과 산맥을 두고 남과 북으로 나뉜 한 겨레의 젊은 육체가 얼마나 많이 찢어지고 얼마나 많은 피가 산을 물들였는지? 그것은 영원히 알 수 없는 일이 되었다. 피로 붉어졌던 낙동강의 물은 인간사의 덧없음을 비웃듯이 흘러흘러서 이 반도를 떠나버렸다.

바로 이때에 군에 뛰어들었던 나는 멀어져가는 폭탄소리를 뒤따라 싸움터를 헤매었던 것이다. 7년간의 그 생활을 끝내고 어엿한 사회인이 된 지 여러 해가 지나면 악몽 같은 그때의 기억은 사라질 만도 한데 그렇지가 않다. 서울과 부산이나 대구를 왕래할 때마다 열차의 좌석표에 신경을 쓰는 버릇이 오랫동안 계속되었다. 총소리와 폭탄소리가 멈춘 지 30년이 지나도록 차창에서 바라보는 그 무수한 폭탄자국은 나에게는 이 민족의 몸뚱이에 타붙은 채로 아직도 진물을 흘리고 있는 중화상 자리같이 처참해 보였다.

세월은 모든 상처를 아물게 하는지? 나에게는 자신과 민족의 쓰라림의 자국이었던 그 수십만 개의 곰보딱지가 몇 해 전부터는 차츰 수목으로 가려지기 시작했다. 그리고 얼마 전 오랜만의 대구행 왕복길에서는 그런대로 땅을 가린 수목만이 눈에 띄었다. 오히려 연도의 다른 많은 산보다 더 울창해 보이기까지 했다. 이 땅의 37년 전의 헤아릴 수 없이 많은 젊은이의 살과 피가 거름이 되어 그 푸르름으로 바뀌어 있었다.

여러 해를 두고 보아온 그 탄흔을 볼 수 없게 된 것에 가벼운 실망이 순간적으로 가슴을 스쳐갔다. 그러나 다음 순간에는 오랫동안 가슴을 짓누르고 있던 답답함이 풀어지는 흔쾌함에 사로잡혔다. 그러면서 혼자 중얼거렸다. "6·25 상처도 세월이 흐르면 가시는구나! 자비로운 시간이 산과 땅에 남은 상처를 쓰다듬어주듯이 우리의 마음에서도 형제끼리의 싸움의 응어리를 말끔히 씻어줄 때가 오겠지!"

나는 앞으로 경부선 여행길에서 좌석의 위치에 신경을 쓰지 않기로 했다.

휴전선 관광

몇 해 전에 휴전선을 볼 기회가 있었다. 내가 청춘을 보낸 동해안 전선에서 멀지 않은 그곳은 무슨 까닭에서인지 마치 국제관광지처럼 되어 있었다.

당국의 계획표에 따라서 같은 지역에 있는 대학들의 교수들을 순차대로 데리고 가는 행사였다. 교수들은 줄레줄레 관광버스를 내려 '전망대' 같은 곳으로 안내되어 올라갔다. 안내장교인 중위는 얼마나 많은 날을 같은 자리에서 같은 말을 외었는지 한 10분 동안 거침없이 좔좔 외어나갔다. 오늘 이 민족의 모든 고통과 비애가 따지고 보면 이 휴전선의 존재에서 기인하는 것인데, 보이고 들려주는 것이 모두 너무나 연극 같은 인상이어서 왠지 줄곧 언짢았다.

설명이 끝나고 북녘을 향해 설치된 망원경을 들여다볼 차례가 되었다. 남과 북을 갈라놓은 몇백 미터 또는 몇 킬로미터 폭의 땅은 풀 한 포기 없이 말끔히 청소되어 있었다. 동쪽으로 망원경을 돌려보니 끝없이 발가벗겨진 대지의 벌건 피부가 드러나 있었다. 서쪽으로 렌즈를 돌려보았다. 구부러진 능선으로 시선이 가려지는 곳까지 증오의 불로 땅거죽에서 모든 식물을 그슬려버려서 황토의 빈터만이 망원경의 시야를 꽉 채웠다. 가리고 덮어줄 풀 한 포기, 나무 한 그루 보이지 않는 '금수강산'의 알몸 위에는 몇 줄인지 셀 수도 없이 많은 녹슨 철조망이 그 공터를 사이에 두고 동서로 구불구불 쳐져 있었다.

"한국(조선)이라는 환자의 배꼽 아래위의 기름진 뱃가죽을 예리한 칼날로 사정없이 긁어대면 저렇게 되겠지. 살은 까뒤집혀지고, 비계에 줄고랑이 패고, 그 상처에 흐르는 피가 말라붙으면 저렇게 검붉그스레해지겠지. 그 환자의 고통은 어떠할까?" 살을 드러낸 몇십 리 길의 땅은 그런 모습으로 지형 따라 파도처럼 일렁이고 있었다. 그 환자는 몸부림치고 있었다. 신음소리가 들렸다. 두 사람의 손으로 참혹하게 그어댄 깊은 상처의 아픔으로 뒤틀리며 경련을 일으키고 있었다.

돌아오는 버스 속에서 '대학교수'들은 온갖 증오의 낱말로 '관광'의 소감을 토로하고 있었다. 그들이 본 것은 자기 몸의 환부(患

部)가 아니었다. 그들이 들은 신음은 자기와는 무관한 아픔이었다. 험한 산길을 굽이 돌며 내려오는 버스 속에서 생각에 잠겨 있는 나의 귀에 어느 시인이 나지막이 읊어주는 것이었다.

무더운 여름
불쌍한 원주민에게 총 쏘러 간 건
우리가 아니다
그 멀고 어두운 겨울날
이방인들이 대포 끌고 와
강산의 이마 금그어 놓았을 때도
그 벽 핑계삼아 딴 나라 차렸던 건
우리가 아니다
조국아, 우리는 꽃피는 남북 평야에서
주림 참으며 말없이
밭을 갈고 있지 않은가.

조국아,
한번도 우리는 우리의 심장
남의 발톱에 주어본 적
없었나니
슬기로운 심장이여,
돌 속 흐르는 맑은 강물이여,
한번도 우리는 저 높은 탑 위 왕래하는
아우성소리에 휩쓸려본 적 없었나니.

껍질은
껍질끼리 싸우다 저희끼리
춤추며 흘러간다.
—신동엽, 「조국」 일부

민족분단을 보는 눈

세월이 10년이면 강산이 변한다고 하는데, 6·25이후 36년이 지났는데도 이 강토는 세 번 반의 변전은 고사하고 36년 전 그대로이니 딱한 일이다.

지난해 20여 년 만에 출국허가를 얻어 나라 밖을 볼 기회에 가장 가슴이 아프고 부끄러운 경험은 민족분단에 관한 질문을 받는 일이었다. 휴전선을 넘어서 혈육의 생사도 모르고 엽서 한 장 왕래하지 못하는 일은 세계의 어느 나라 사람에게도 이해와 상상을 초월하는 일이었다. 그런 질문을 받을 때의 난감한 심정이란 형용할 수가 없다. 한국인들은 난처한 나머지 온갖 변명을 하고, 자기정당화를 하고, 동포의 어느쪽엔가에 책임을 전가하는 것으로 그 자리를 모면하려 한다. 무슨 주의(主義)가 어떻고 또 무슨 반(反)주의가 어떻고로 얼버무리려고 한다. 온갖 책임전가를 시도한다. 그러나 그런 궤변을 가지고는 어느 나라보다도 독일인을 납득시킬 수가 없다. 그 같은 변명과 자기합리화를 늘어놓다 보면, 마치 모파상의 유명한 단편소설 「끈」의 주인공처럼 한 가지 거짓말을 정당화하기 위해서 한없이 거짓을 조작해내야 하는 꼴이 되어버린다. 모든 변명을 듣고 난 외국 사람들은 결국에는 코레앙의 민족성의 냉혈성 또는 잔인성에서 그 원인을 찾게 마련이다. 얼마나 비인간적 심성이기에 40여 년간을 그렇게 적대시하고 살 수 있느냐는 것이다. 그러고는 끝내는 그들 자신의 심성이 더럽혀졌다는 불쾌감으로 돌아서버리는 것이었다.

몇 해 전에 일본의 문학인들을 만나러 갔던 어떤 작가가 일본에 있는 사람의 도움으로 북쪽에 남겨놓고 온 혈육으로부터의 소식인지 뭔지를 듣게 되었는데, 자세히는 모르지만, 그런 일에 얽혀서 반공법에 걸린 일이 생각난다. 그렇게까지 해야 하는 일일까? 아무리 생각해도 알 수 없는 일이다. 자기 사회의 제도와 현실에 자신이 있다면 왜 그럴 필요가 있을까?

초청되어간 독일의 어느 대학과 '독일 개발이론 및 개발정책학회'의 공동주최 국제회의는 개발도상 세계에서의 전쟁과 평화문제를 토론했다. 독일학자의 한 발표 논문은 전쟁의 성격을 규정하는 내용이었다. 제2차 세계대전 종식 이후 세계에는 159개의 크고 작은 전쟁이 일어났고, 6·25도 그중 하나였다. 그 학자는 그중 가장 대규모의 전쟁이었던 6·25와 베트남전쟁의 성격을 이론적으로 설명했다. 그의 전쟁 성격 규정은 4개 항목으로 분류해보는 것이었고, 두 전쟁에 관해서는 그 넷을 다 적용했다.

첫째, 한 주권국가가 다른 주권국가의 영토를 공격 병합하려 한 침략전쟁.

둘째, 남한의 통치권이 미치지 못하는 영토 일부에 존재하는 반란집단에 의한 내란.

셋째, 분단된 국토의 쌍방 정부가 서로 이룩하려 했던 군사력에 의한 통일전쟁.

넷째, 외세의 지배하에 있는 상대방에 대한 민족해방전쟁.

그의 이론은 이 4개항이 고루 적용될 수 있는 측면이 있음을 설명하고, 그러나 가장 두드러진 성격은 첫째의 경우이므로 '침략전쟁'이라고 규정했다. 한 시기 해외에서 한국전쟁에 관해 엇갈린 성격규정이 유행했는데, 큰 국제회의에서 이 같은 결론이 내려지는 것을 보고 다행으로 생각했다. 그러나 참석한 많은 국제 정치학자들은 전쟁이 끝난 지 40년이 넘도록 휴전협정에 규정된 대로 정치회담을 열어서 휴전협정을 평화협정으로 대치하지 못하고 있는 책임이 주로 어느 쪽에 있는지에 대해서는 반드시 견해가 일치하지는 않았다. 이에 대한 답변을 우리는 진지하게 생각해야 할 처지에 놓여 있다. "사상과 이념의 차이를 초월해서, 민족문제를 외세에 의존하지 않고 민족자주적으로, 무력사용을 배제하여 평화적 방법으로 해결한다"고 쌍방 최고 지도자의 이름으로 선언했던 1972년 7월 4일의 '7·4남북공동성명'의 정신은 어디로 갔는지? 왜 그런지 지난 몇해 사이 이 성명에 관해 한마디도 공식적 언급이 없다. 설마 잊어버린 것은 아닐 텐데. 그런 성명은 폐기했다고 하려는 것이 아니기를 비는 마음 간절하다. 이 민족의 정치적 성숙과 도덕적 위대함을 분단 이후 처음으로 세계만방에 과시했던 합의였던 만큼 더욱 그렇다.

그런데 7·4남북공동성명이 발표된 지 한 해도 못 되어 '유신체제'가 선포된 무렵부터 해외에서는 분단민족인 한국과 중국(대만)에 관해서 이상한 소문이 나돈 것이 기억난다. 두 나라가 통일을 이룩하는 수단으로 핵폭탄 제조를 서두르고 있다는 보도가 끊이지를 않았다. 두 나라가 다 '핵무기확산금지조약'에 가입했으니 그럴 리가 없다 하기도 하고, 그런대로 착착 준비를 해가고 있다는 주장이 엇갈렸다. 박 대통령이 해외에 있는 한국인 핵물리학자나 관련 분야 과학자들을 대거 불러들이고 있을 때였다. 우리 정부가 우라늄 제련시설을 프랑스에서 도입하려다가 미국의 개입으로 계약이 파기되고, 다시 캐나다와 접촉 중이라는 보도가 있었을 때다.

그 무렵 미국의 주간지 『타임스』가 그 진부를 알려고 대만의 실권자 장경국 총통과 인터뷰를 했다. 『타임스』 기자가 장 총통에게 물었다. "당신 정부가 본토수복을 하기 위해서 핵무기 제조를 서두르고 있다는 정보가 많이 나돌고 있습니다. 그것이 정말인가요?" 이 질문에 대한 답변기사를 읽었을 때, 나는 중국민족은 과연 다르구나 하는 생각을 금할 수가 없었다. 장 총통의 대답은 이러했다. "3년 전에 우리가 그런 계획을 작성해서 부친(총통 장개석)에게 허락을 받으러 간 일이 있습니다. 그것은 사실입니다. 그랬더니 부친의 말씀이 '우리 중국 민족은 대립은 하고 있지만 그 같은 무기로 싸워서 서로 몰살하는 따위의 생각은 해선 안 된다'라고 우리를 꾸짖었어요. 그래서 그 계획은 백지화했어요."

그 후 핵무기 제조를 정말 중지했는지는 알 수가 없다. 적어도 그 후에는 그런 보도들이 일절 없는 것으로 미루어 정말인 성싶다.

중국민족도 국민당과 공산당이 싸운 일이 있고, 지금도 분단사정과 통일 염원에서는 우리와 비슷한 점이 많다. 그런데도 본토의 중국인이나 대만의 중국인이 그 문제를 생각하는 태도가 우리와는 퍽 달라 보인다.

중국인의 민족정신

내가 중국 현대사에 관해서 다소 전문적으로 연구하고 그에 관해서 책도 쓰다 보니 중국어를 배워야 할 필요가 있었다. 처음에 기초교본으로 한국에 와 있는 중국인들 곧 화교국민학교의 국어

교과서를 쓰기로 했다. 그 교과서는 모두 대만에서 만든 '정부검정'이었다. 따라서 그 교과서의 정신·주제·내용은 대만정부의 공식이념과 방침을 반영하는 것이다. 한 해가 두 학기로 되어 있고, 학기마다 한 권씩이어서 6학년 과정에 12권을 배우게 되어 있다. 또 교과서 1권의 과목수는 평균 30과여서 6학년 과정에서 대략 3백 수십 과를 배우게 된다.

그런데 나는 그 교과서를 가지고 공부하는 동안 너무도 놀라운 사실을 발견했다. 3백 수십 개의 과 중에 본토(즉 중공)의 인물을 미워하는 주제와 글은 하나도 없었다. 심지어 본토의 권력이나 정부제도에 대한 야비한 비방 같은 것을 하나도 볼 수 없었다. 분단되어 대립해 있는 상태이면서 한쪽이 다른 쪽을 헐뜯고 욕하고 증오심을 부채질하는 글이 하나도 없다는 사실을 알게 되었을 때의 놀라움! 내가 중국인 일반에 대해 경의를 품게 된 것이 그때부터인지도 모른다.

어린 국민의 마음을 교육하는 정신은 과학적 사고, 사랑, 동정, 도덕, 넓은 시야 등에 바탕을 둔 건전한 민주사회 시민의 교화여야 한다. 대만의 국정교과서는 바로 그 정신의 반영이었다. 그와 같은 정신과 도덕심으로 먼저 '인간'의 바탕을 닦은 뒤에 비로소 누군가를 미워하거나 욕하는 동기가 부여되어도 늦지 않다는 논리인 성싶었다. 일본에서 본 중국본토의 국민학교 교과서 역시 그 점에서는 마찬가지였다. 대만의 인물·제도·사상에 대해서 증오감을 주입하는 내용이 없었다. 그것은 놀라기에 충분한 발견이었다.

사람에 대한 사랑과 동정의 심성을 가르치기도 전에 증오심과 적대감을 주입하는 식의 교육은 '정치적 인간'을 만들 수는 있을는지 모르지만 '도덕적 인간'을 만들 수는 없다. 그런 식으로 키워진 국민의 '정치적 인간'인들 어찌 제대로일 수가 있겠는가라는 생각이 들었다. 증오심만이 가슴에 가득 찬 인간이 어떻게 사물을 정당 공정하게 판단할 수 있으며, 이웃 사랑이나 민족애를 갖추게 될 것인가?

이 같은 중국인의 심성과 자세에 비해보면, 우리의 민족주의는 전체 민족·동포를 생각하기보다는 절반의 민족만을 생각하는 '반(半)민족주의'가 될 수밖에 없지 않을까 두려워졌다. 그리고 그 심성은 '반(反)민족주의'로 연결될 위험성이 없지 않다. 당장에 대립되는 문제에서야 그럴 수밖에 없을 경우도 있겠지만, 그러면서도 밖을 향해서는 하나의 겨레를 단위로 생각하는 사상이 있어야 외세의 지배에 저항하고, 민족 사이의 전쟁을 반대하게 될 것이다. 평화를 사랑하는 마음이 그 출발점이다. 평화를 사랑할 때 비로소 민족의 생존을 위협하는 외국의 대량학살 무기가 이 강토에 자리 잡고 있는 까닭과 결과에 대해 숙고할 줄 알게 된다.

극우의 색안경을 벗자

그런 것을 생각할 때 최근 들어 이 사회에서 두드러지게 나타나고 있는 하나의 경향은 마음을 흐뭇하게 만들어준다. 제국주의에 반대하고, 전쟁에 반대하고, 핵무기를 반대하는 경각심이 번지고 있는 현상 말이다.

며칠 전 권력 측에 가까운 어떤 대규모 회의에 참석하여 그곳에서 강조되는 말들을 듣고 놀랐다. 당연한 일이지만 회의를 주최한 쪽의 인물들은 거의가 이른바 '기성세대'였다. 현란한 지위와 권위를 누리는 그들의 입에서 나오는 말은 한결같이 "6·25후 세대가 큰일이다"라는 걱정이었다. 그들의 걱정인즉 6·25 이후의 세대가 인구의 절반을 넘어섰는데, 그리고 머지않아 이 사회의 중요한 위치를 차지하게 될 터인데, 그들이 미국이나 일본에 대해서 비판적이고, 전쟁을 반대하고, 외국의 군대와 특히 초강국들의 핵무기와 핵전략에 대한 반감을 품고 있다는 점이었다. 대학생이면서 노동자나 농민의 처지를 동정하고, 공부만 하면 편히 젊음을 즐길 수 있는데 그 신분을 스스로 박차고 노동자가 되어 빈민굴에서 생존권을 박탈당한 사람들과 삶을 같이하는 것이 위험스럽다는 것이다. 대학의 교수 중에서도 해방 후 세대들이 정부의 반공교육을 외면하고, 국시라고 하는 사상을 부정적인 시각에서 보며, 민중의 권리를 추켜세움으로써 기득권 세력과 기성세대의 지위와 이익 그리고 권위에 도전하기 시작했다는 내용의 말이다.

그것이 사실이라면 납득이 안 가는 일이 있다. 6·25 전 세대가 그렇게 소중히 여기는 사상이나 가치관을 그토록 조직적으로 철저하게 주입한 머리에서 어떻게 그것과 다른 관점과 시각과 믿음의 싹이 피어나는 것일까? '6·25 전 세대'라고 자칭하는 사람들이 주입시킨 사상과 교육의 내용이 잘못되었거나, 그 사상과 교육내용이 현실과 동떨어진 관념이었음이 분명하다. 그들이 믿는 가치와 사상이 36년 전에는 타당한 것이었을지 모른다. 나도 그렇게 생각한다. 그렇다고 해서 36년이 지난 오늘에도 전적으로 타당하다고 말할 수 있을지는 의심스럽다. 나는 그렇게 생각한다. 적어도 같은 처지인 대만과 중국대륙의 중국민족과 같은 교육이었다면 그런 괴리현상은 생겨나지 않았으리라는 생각이 들었다.

그중의 어떤 이는 심지어 "우리와 6·25 후 세대는 이미 같은 국민이 아니다. 우리는 그들과 생사를 건 투쟁을 준비해야 한다"라고까지 말하고 있었다. 하기는 이른바 6·25 후 세대가 이 분이 흥분하듯이 바로 그대로라면 나로서도 걱정이 아닐 수가 없는 일이다. 하지만 36년 전의 냉전식 흑백논리에서 일보도 탈피하지 못했을 만큼 구제불능의 머리가 아니라면 차라리 젊은 세대에게서 우리의 건전한 미래를 발견하면서 흐뭇해할 수도 있지 않을까.

"요새 젊은이는 6·25를 체험하지 않았으니까 큰일이다"가 기성세대의 면죄부처럼 여겨지고 있는 풍조야말로 '큰일'이 아닐 수 없다. 그들은 이 시간에 36년 전을 살고 있는 정신적 시체이거나 사상적 발육정지증 환자일 수가 있다. '걱정'을 되뇌는 사람일수록 이 사회의 문젯거리일는지도 모른다.

6·25 전·후세대의 의식적 차이가 가장 선명하게 집약적으로 드러난 것이 6월 들어 발표된 대학교수 264명의 연합 시국선언문과 그에 대한 정부 측의 즉각적인 규탄문이다. 두 가지 문서가 모두 근래에 드문 큰 물의를 일으킨 내용이다. 그것을 따져보면 '문제'이거나 '걱정'이라는 것의 진짜 '문제성'과 '걱정성'(?)이 잘 드러난다. 나야 충실한 6·25 전세대일 뿐 아니라 차라리 그보다 더한 '일제 식민지세대'의 한 사람인 까닭에 정부를 대표한다는 공안당국 명의의 그 '규탄문' 쪽에 서서 생각해보았다.

첫머리에 종합적 결론이 나와 있다. "그 선언문이 우리의 국시(國是)인 반공을 노골적으로 부정하고……"이다. '국시'가 무슨 말인가 싶어서 국어사전을 찾아보니 이렇게 적혀 있다. "나라에서 세운 정책상의 기본이 되는 시정방침. ※우리나라에서는 민주주의를 국시로 한다." 그제야 나는 민주주의가 국시임을 깨달았다. 그렇다면 반공주의가 국시라는 주장은 어거지가 된다. 아닌 게 아니라 개명된 모든 민주주의 나라에서는 분명히 민주주의가 국가의 기본이념이라고 천명하고 있다고 한다. 나처럼 무식하고 철저하게 고루한 '일제하 세대'조차 그 정도는 쉽게 납득이 간다. 그런데 어째서 우수한 두뇌를 가지고 법과대학을 나와 고등고시에 합격했다는 천재들의 집단이라고 자처하는 공안당국이 이처럼 초보적인 인식착오를 범하고 있을까? 알다가도 모를 일이다. 교수들을 규탄하거나 학생들을 국가보안법으로 10년 징역에 처하기에 앞서 우리나라의 국어사전과 그 편집자를 고랑채워야 마땅할 것 같다. 그 6·25 후세대들은 생각하거나 또는 선언문을 씀에 있어 이 국어사전의 '국시'의 정의에 따랐을 터이니 말이다.

다음을 읽어 내려가본다. "반제·반전·반핵을 옹호하는 등 국체부정의 ……반체제……라 규정할 수 있다"고 한다. 악랄한 일본 제국주의하에서 교육받은 나는 제국주의 사상에 흠뻑 물들어 있는 사람이다. 그런 나인데도 제국주의가 나쁘다는 정도는 알고 있고, 제국주의에는 반대하는 것이 마땅하다는 현대사조는 신념으로 삼고 있는 터이다. 그런데 어째서 제국주의를 반대하는 것이 '국체부정'(國體否定)이 될까? 우리나라의 국체는 제국주의를 옹호하는 것일까? 적극적으로, 열렬하게, 목숨을 바쳐 제국주의를 옹호할수록 적극적인, 열렬한 그리고 헌신적인 애국자라는 논리가 된다. 이것은 나 같은 제국주의 사상의 권화 같은 구시대적 머리로도 구역질나는 사상이다. 위험하기까지 한 사상이다. 이제야 깨달았다. 역시 일제치하의 제국주의 사상교육이 진리였구나. 나는 반(反)제국주의자가 되려던 생각을 백지화하여 제국주의자가 되기로 마음먹었다. 제국주의에서 해방된 지 반 세기가 지나서야 이 진리가 공안당국에 의해서 비로소 깨우쳐져야 하다니, 나는 정말로 구제불능인가보다. 나는 기뻤다. 그래서 또 읽어 내려갔다.

전쟁을 반대하는 '반전'도 국체부정이란다. 그렇다면 전쟁을 적극적으로 옹호해야겠다. 6·25때 그대로 군대에 남아서 군인으로 출세할 것을 공연히 몸부림치다시피 뛰쳐나왔다는 후회에 사로잡혔다. 전쟁을 해야지! 전쟁을 찬미하고 전쟁을 숭상해야지! 전쟁 찬미론자로서 본받을 분이 누구인가를 역사책에서 찾아보았다. 그렇다. 아돌프 히틀러라는 인물이다. 레이건이라는 현대인도 있다. 나는 히틀러 같은 '전쟁광신자'가 되기로 결심했다. 히틀러의 동상을 세우자!

계속 읽으니 핵무기와 핵전쟁을 반대하는 것도 국체부정이라고 한다. 즉 '반핵'은 중대한 국가부정이다. 앞으로는 핵무기 찬양자가 돼야겠다. '절대악'이라는 핵전쟁을 해야 한다고, 그것도 하루속히 그리고 남의 나라에서보다 먼저 이 삼천리 금수강산 위에 1,000메가톤급 핵폭탄을, 많이도 말고 1,000개만 떨어뜨려달라고 미국과 소련의 대통령에게 청원서를 쓰기로 결심했다.

물론 그들 나라의 핵무기도 더 많이 들여와야지! 우리 민족·국가·정부·지도자·국민·개인은 핵초강대국의 핵무기 배치와 사용 결정권에 대해서 한마디의 발언권이 있건 없건 그까짓 것은 문제시할 필요가 없는 일이다. 핵전쟁과 핵무기를 찬양하는 것이 애국적이고 국가보안법 위반이 아니라면 핵전쟁에 앞장서야지! 인류가 깡그리 말살되더라도, 아니 그에 앞서서 이 반도상의 6천만 동포가 남의 나라 핵무기로 숯덩이가 되어버리더라도, 나하고 이 규탄문을 쓴 공안검사하고 두 사람만은 초토 속에 의젓하게 살아남을 테니까. 아, 통쾌하다. 핵무기 만세! 핵전쟁 만만세!

점입가경이다. 또 읽어보자. "종속이론 등 제좌경이론에 입각해 현존 자유민주체제를 왜곡하는 등 이적 결과를 초래하여……."

하기는 일리 있는 단죄다. 6·25 후세대가 현재의 우리나라와 타국의 경제적 지위관계를 이른바 '종속이론' 하나로 규정해버린다면 그것은 확실히 잘못이다. 사물관계란 일면적인 것만 존재하지는 않는 법이니까. 그러나 학생들과 교수들은 그것만으로 규정하지는 않은 것 같다. 정부당국의 이 단죄문 자체에서 "종속이론 등……"이라고 '등'자를 쓴 것을 보면, 그밖의 이론도 적용한 것이 분명하다. 종속이론으로 풀이될 수 있는 측면이나 사실이 전혀 없는가? 이것을 먼저 규명해야 할 일이다. 있다면 시정을 위한 노력을 촉구할 일이지, 그 사실을 지적 비판하는 것을 매도할 수는 없는 일이 아닐까. 또 "현존 자유민주체제를 왜곡"했다고 하지만, 과연 왜곡할 만한 '자유민주'가 유지되고 있는가도 따져볼 일이다.

헌법개정을 요구하는 유권자가 징역살이를 하는 일은 없는가? 합법적 권리를 평화적으로 행사한 시민이 고문을 당하는 사례는 없는가? 수도의 한복판 길가에서 보행자들이 신체와 소지물을 함부로 수색당하는 사례는 없는가? 적법적인 영장도 없이 사람을 끌고 가는 일은 없는가? 끌고 간 사람이 어디로 끌려갔는지도 알리지 않고 몇십 일이라도 감금해놓는 사례는 없는가? 평화적인 실내집회가 무력으로 사전봉쇄되거나 강제해산되는 일은 없는가? 노동자가 하루 임금 3,200원을 3,700원으로 올려달라고 요구했다고 해서, 깡패들을 시켜 집단폭행하고 매 맞은 쪽이 오히려 징역을 사는 일이 허용되고 있지는 않은가? 권세 있는 자와 허약한 시민에게 같은 범법행위인데 이중적 기준이 적용되는 사례는 없는가? 헌법과 법률에 규정된 시민의 제반권리를 적법절차 없이 관료기구의 독단으로 침해하는 사례는 없는가? 자유민주주의를 표방하는 나라에서 읽을 수 있는 책을 두려움 없이 읽을 수 있는가?

생각할수록 암울한 심경이다. 그런데도 어떻게 그런 규탄을 버젓이 할 수 있는지 알 수 없는 일이다.

계속 읽어보자. 6·25 후세대는 말도 꽤 많이 하는 모양이다. '죄과'가 계속 고해지고 있다. "헌법과 정당법이 정당과 결사의 자유를 보장하고 있음에도 불구하고 새삼스럽게 혁신세력의 활발화를 요구하는 것은…… 헌법의 기본질서를 위배하여 용공세력의 합법화를 주장하는 것"이라고 한다. 이거 또 괴이한 주장이 아닐 수 없다. 결사의 자유가 얼마나 보장되어 있는지 궁금해진다. 헌법과 기타 법률이 보장하고 있는데 실제로는 보장되지 않고 있다면 규탄받아야 할 당사자는 그렇게 주장하는 정부가 아닐까? "혁신세력의 활발화 요구" 운운도 그렇다. 헌법과 정당법이 혁신세력을 허용하고 있다면 그 '활발화'를 요구한다고 해서 "헌법의 기본질서를 위반"하는 행위일 수는 없지 않은가?

요사이 갑자기 소란스럽게 정부 발표문에 등장하는 '급진좌경'이니 '용공'이니 하는 낱말도 너무 함부로 쓰이는 것 같다. 세상만사는 우주생성의 원리와 그 운행·조화의 법칙에 따라 '우'와 '좌'는 같은 양과 질을 지닌 상대적 존재다. '우'의 극단에서 보면 자기 외의 모두가 '좌'로 보이고, '좌'의 극단에 서서 보면 자기 외의 모두가 '우'로 보이게 마련이다.

우가 선하고 좌가 악한 것이 아닌 것처럼, 좌가 선하고 우가 악할 까닭도 없다. 더구나 양 극단은 어느 쪽이건 중용을 잃은 상태와 위치다. 그래서 '극우'는 '극좌'와 일치한다. 현대사회의 이념과 방법에서 극좌가 스탈린이었다면 극우는 히틀러로 상징된다. 선악을 가릴 것도 없고 등차를 따질 것도 없다. 그것은 인류의 현대사가 지나온 너무나도 추악한 체험이었다.

우리나라의 이념과 방법은 '극우'다. 자유민주주의는 헌법용이고, 실체는 극우였고 지금도 극우다. 모든 것이 극좌로 보인다는 시각과 위치가 그것을 말해준다. 그것은 극좌가 자랑일 수 없는 것과 마찬가지로 자랑일 것이 못 된다. 민주주의는 극좌와 극우를 아울러 반대하고 배제하는 이념이고 생활양식이다. 우리나라 국시는 민주주의다. 그렇다면 '극우'는 '극좌'와 마찬가지로 배격되어야 할 일이지 사물관계의 가치를 저울질하는 기준으로 허용될 수는 없다. 그런데 어째서 그런 오류가 정부와 체제의 이념을 대변하는 공문으로 거리낌없이 나타날 수 있는지 모르겠다.

그것은 무지의 소치다. 형이상학적인 도리에 대한 무지일 뿐 아니라, 현실정치와 인간생존의 형이하학적 원칙에 대한 무지에서 비롯된다. 우리나라가 20세기 말에서 21세기로 넘어가려는 개명된 세계에서 '극우'로 낙인 찍혀 '국제적 고아'로 불렸던 멀지 않은 과거를 반성해볼 필요가 있다. 북한이 '극좌'로 낙인찍혀 사회주의 세계에서조차 '국제적 고아'로 호칭됐던 거나 별 다름이 없다. 그들도 변하기 시작했다. 우리도 변해야 할 때다.

무지에서 깨어나야 한다. 그리고 자기를 '절대선'으로 착각하는 환상에서 벗어나야 한다. 소위 6·25 후세대가 극좌라면(그렇지도 않지만) 소위 6·25 전세대는 확실한 극우다. 우리의 해방후사가 그것을 말해준다. 선(善)이 아니더라도 적어도 인간다운 품위와 권리와 자유를 누릴 수 있는 현실적 생존양식은 극우와 극좌를 다 같이 배제한 그 나머지의 공간적 범위에서만 가능하다. 극단은 좌·우간에 광인(狂人)을 만든다. 극단은 광인의 세계다. 극우는 극좌를 부르고, 극좌는 극우를 부른다. 어느 쪽 극단이건 자기를 제외한 모든 것을 적으로 간주하게 된다. 극단은 벼랑이다. 벼랑은 종말이다.

남을 '극좌'라고 규탄해야 성이 풀리는 사람은 자기가 '극우'의 벼랑에 서 있다는 사실을 깨달아야 한다. 상대방을 '극우'로 몰고 싶은 사람은 자기의 위치가 '극좌'의 벼랑에 서 있음을 깨달아야 한다. 이것은 단순한 타협의 제언이 아니다. 우주의 사물관계의 원리적 인식을 회복하자는 것이다. 우리 6·25 전세대는 그 당시 우리의 일시적 현실상황이 불가피하게 우리의 시각을 제약했던 정신적·사상적·정서적 틀에서 스스로 해방되면 좋겠다. 그리고 그 당시 그 상황을 지배하던 미국이라는 나라의 이익과 정책이 우리의 사상적 눈에 씌워준 안경도 이제는 벗어버리고 우리의 민족적 '눈'을 되찾도록 애써야 할 때가 온 것 같다. 사실은 진작 그랬어야 한다. 늦기는 했지만 벼랑 끝에서 되돌아설 시간적 · 상황적 여지는 충분히 있다.

'6·25 후세대'는 '6·25 전세대'의 아들이다. 아들에게 흠이 있다면 먼저 아버지가 자기 자신의 모습을 점검하고 반성하는 것에서 시작해야 한다. 엄밀히 따지면 책임의 태반은 기성세대에게 있다. 후세대의 의식과 행동방식이 그들에게 못마땅하다면 그것은 전세대의 오류를 반복하지 않으려는 상황적 각성을 한 탓이다. 그것은 '진화'(進化)다. 퇴화(退化)를 거부하는 생명력이다. 확실히 오늘의 세대는 전세대의 관념을 마비시켰던 사상적 굴레를 벗고 맑은 눈으로 세상을 넓게 보려고 몸부림치고 있다. 그들은 아직 전세대가 걱정하는 것처럼 '극좌'가 될 시간적 여유가 없었다. 전세대가 먼저 '극우'의 색안경을 벗자. 그러면 상대방의 모습이 올바로 보일 것이다.

마르코스를 위한 변론

20세기의 문제들

오늘의 세계는 많은 '문제'를 안고 있다. 그것은 20세기 말의 인류가 앓고 있는 질병이다.

유럽 백인사회는 2천 년을 두고 유대인과 종교적·사회적 갈등을 겪어왔다. 그들 서양 백인들의 결론은 유대인이 백인문명의 '질병'이며, 따라서 백인문명의 '문제'가 되었다는 것이다.

미국의 백인사회는 200년간 흑인과의 인종적 갈등으로 앓고 있다. 흑인은 미국이라는 백인문명체의 질병이고 그래서 '문제'라는 관념이 일반화되어 있다.

자본주의 세계는 70년을 두고 공산주의·사회주의와의 대립관계로 위협을 느끼고 있다고 한다. 그래서 공산주의는 자본주의에 '문제'가 되어 있다.

서구사회는 30년을 두고 아랍인의 테러활동에 골치를 앓고 있다. 미국을 위시한 서구국가 정부들에게는 아랍인이 현대의 '문제'가 되었다. 평화와 인간생명에 대한 극악무도한 파괴자는 아랍인들이라는 공포감에서 아랍인은 그들에게 '문제'가 되어 있다.

일본인들은 식민지 통치기간 중 강제로 노예로 끌고 간 '조센징'(조선인)들의 후손들 때문에 제2차 대전 종전 후 여태까지 골치를 앓는다고 한다. 그래서 '조센징'들은 일본의 '문제'로 규정되었다. 한국교포 문제다.

그밖에도 오늘날 지구상에는 크고 작은 그 같은 관념에서의 '문제'가 수없이 많다.

그런데 '문제'라고 주장하는 사람들의 관점에서 두 발짝만 물러나서 잠깐 생각해보자. 그들이 얼굴을 찌푸리고 이마에 내천 자를 그리면서 '문제'라고 개탄하는 것들을 냉철히 따지고 보면, 그것은 문제로 규정된 대상적 존재가 '문제'인 것이 아니라, 문제라고 주장하는 그 자신들의 사회적·도덕적 문제임을 알 수 있다. 2천년간의 유대인 문제라는 것도 사르트르가 적절히 지적했듯이, 서구문화와 사회 속에 동화하려는 유대인을 거부하고, 어떤 영구적인 죄인을 설정함으로써 기독교 문명의 치부를 은폐하는 '속죄양'으로 만들었던 백인 기독교 문명과 도덕의 '문제'였던 것이다.

미국의 '흑인문제'라는 것도 그렇다. 미국 백인사회의 막대한 부의 원초적 축적을 위해서 아프리카 대륙에서 끌려와 그들의 노예로서 희생물이 되어온 흑인의 문제라고 할 수는 없을 것 같다. 오히려 문제는 흑인의 동화(同化)를 거부하고 그들을 수용하기를 막무가내로 마다하는 다름 아닌 미국 백인사회의 '문제'라 함이 옳다.

공산주의란 자본주의 체제의 내면적 모순이라는 모태(母胎)에서 부화하고 태어나는 사상과 제도이고 보면 공산주의가 생겨난다는 것은 다름 아닌 '자본주의의 문제'라 할 수 있다.

공산주의자들의 주장도 마찬가지다. 그들은 자체적 제도의 약점을 다시 자본주의적 방식으로 보완하려 하면서 자본주의를 '병'으로 보고 있지만, 따지고 보면 그것은 '공산주의의 문제'가 아니겠는가.

아랍인들이 하나밖에 없는 고귀한 목숨을 초개같이 불사르면서까지 영웅적 자기희생 정신으로 주로 미국과 미국인을 대상으로 테러행위를 계속하는 데는 그만한 까닭이 있다. 미국이 현대 유대인(이스라엘)의 침략과 영토팽창주의를 뒷받침함으로써 팔레스타인인이 조국을 빼앗기고, 아랍민족의 각개격파와 분열대립을 정책으로 삼고 있는 '미국의 문제'이지, '팔레스타인인의 문제'이거나 '아랍인의 문제'는 될 수 없다.

일본국의 '조센징 문제'도 마찬가지다. 그것은 노예로 혹사당한 '조센징' 후손들의 문제가 아니라 바로 40년 전까지의 일본 제국주의·군국주의를 부정하기는커녕 반성하기조차 거부하고 있는 지금의 '일본인의 문제'인 것이다.

그러고 보면 '문제'의 진상을 알기 위해서는 어느 쪽에 원인이 있고 책임이 있느냐 하는 진실규명의 작업이 선행돼야 할 것 같다. 우리는 바로 필리핀 문제에서 그 필요성을 느끼게 된다.

마르코스 정권의 범죄적 속성

최근 필리핀이라는 무대에서 20여 년간 연출되어온 광란극의 한 장이 막을 내렸다. 마르코스라는 왜소한 독재자와 이멜다라는 왕비와, 그리고 그들을 둘러싸고 필리핀의 5천만 민중의 단물을 빨아온 온갖 분야의 지배자들의 소행에 대해서는, 이미 민중의 준엄한 심판이 내려졌으니 만큼 더 논의하지 않기로 하자. 그들 소수의 집단은 하나의 완전한 '왕조'와 계급을 형성했다. 봉건제도와 현대사의 어느 시기, 어느 곳에서도 그 유례를 찾아볼 수 없는 가장 파렴치하고 혹독한 착취·수탈·탄압·부패·살인·고문·사기·억압을 일삼아왔다. 해방 이후 40년 동안 필리핀이라는 나라와 사회와 국민을 지배했던 역대의 통치자 개인과 그 일족, 그리고 권력집단의 본질을 표현함에 있어서 '범죄자'라는 한마디밖에 다른 더 적절한 낱말이 생각나질 않는다. 그것도 "가장 악질적이고 비열한"이라는 수식어를 어두에 붙여서 말이다.

필리핀의 지난 현실은 20세기 문명의 수치였다. 인간의 존엄성에 대한 반역이었고, 평등과 사회정의를 지향하는 민주주의의 간악한 파괴였다. 극소수의 권력형 범죄자들에 의해서 수천만 민중이 희구하는 소박한 행복에 가해진 제도적인 유린이었다. 인간의 행위로서 역사에 남겨질 퇴폐의 극치였다. 그들이 가톨릭이라는 종교와 하느님의 이름으로 그 모든 범죄를 저지르지만 않았더라도 그 도덕적 평가는 조금은 달라질 수 있었을지도 모른다.

그 모든 배신행위를 생각하면, 이른바 국가라는 기구나 정부라는 제도가 없었다면 필리핀 국민이 차라리 훨씬 행복했지 않았겠는가 싶다. 지배자의 온갖 추악한 가면이 벗겨졌다. 모든 아름다운 것은 '민중'에게 있음이 다시금 확인되었다. 민중은 마침내 승리했다. 그렇지만 그 오랜 세월을 두고 찢겨진 민중의 가슴이 얼마였겠으며, 흘린 피는 얼마였겠는가. 밖에서 쳐들어올 외적도 없는데 오로지 권력집단의 사병(私兵)으로 먹여지고 키워진 군대와 경찰의 구둣발 밑에 뭉개지고 짓눌려버린 민중의 간절하고 소박한 염원이 얼마였겠는가. 이제는 기쁨의 환호 속에서도 다시는 만날 수 없게 된, 영원히 빼앗겨버린 사랑하는 혈육들, 숨어서 흘린 그 많은 눈물과 파괴된 인간성은 어디서 보상받을 수 있을 것인가. 허기진 배를 채웠을, 그러나 때 묻은 밥상머리에서 강탈당한 가난한 필리핀 농민의 피땀 어린 밥그릇은 누가 돌려줄 것인가. 생각하는 사람의 가슴도 찢어질 것만 같다.

필리핀 민중이 잃어버린 그 모든 것을 우리는 범죄적 통치자와 그 아내와 지배집단의 금고 속에서 보았다. 서양의 네로 황제의 궁전과 동양의 아방궁이 차라리 부끄러워질 말라카낭 궁(宮)의 사치와 퇴폐! 권력자와 권력집단의 끝간 데를 모르는 반이성적·반도덕적·반윤리적·반종교적·반사회적·반국민적·반인간적…… 속성. 20세기도 다 저물어가는 현대의 어느 '민주주의 공화국' '대통령'의 지하실 창고에서 우리는 그것을 똑똑히 보았다. 이 모든 것이 정녕 '필리핀 문제'임이 틀림없다. 또 마르코스라는 인간에게 체현(體現)된 한 통치자의 문제이기도 하다.

세상은 대부분 그렇게 '문제'를 받아들였고 해석한 듯하다. 한국에서도 그렇게 치부해버린 감이 있다. 하지만 이 모든 비극을 필리핀이라는 국가·정부·체제 그리고 어떤 통치자의 문제로만 치부해버리기에는 개운치 않은 뒷맛이 남는다. 마르코스라는 패륜아가 무대에서 그 역을 마치고 퇴장한 뒤에 남는 '문제'는 없을까? 만약 그렇게 생각해서 그 무대가 대단원의 종막을 내려버린다면 우리는 무엇인가 잘못 인식하고 있는 것이 아닐까?

'인간 쓰레기'들 또는 과대망상의 피에로들

여기서 잠시 역사에 물어보라. 그것도 오랜 옛 역사가 아니라 현대사와 우리의 동시대적 현실에서 말이다.

왕년의 중국과 장개석, 스페인과 프랑코, 포르투갈과 살라자르, 인도네시아와 수하르토, 베트남과 바오다이, 그리고 그 뒤를 이은 고 딘 디엠과 구엔 반 티우, 이란과 팔레비, 남아공화국과 인종격리주의자들, 이스라엘과 신판 제국주의자들. 또 최근까지 라틴 아메리카의 20개 가까운 '정부'(그것도 정부라고 말할 수 있다면)와 그것을 지배했던 독재자 군상들, 그중에서도 아르헨티나와 악명 높은 피노체 장군과 군벌들. 엘살바도르, 우르과이, 브라질, 페루, 칠레…… 수없이 많은 북미합중국의 뒤뜰 안에 무성했던 권력의 잡초들. 그리고 마침내는 권력이라는 희극무대의 가련한 피에로 신세가 되어 정처없이 지구상을 떠돌고 있는 니카라과의 독재자 소모사와 아이티의 뒤발리에 일당들. 이들은 한결같이 미국이라는 나라의 부추김으로 그 무대 위에서 과대망상의 피에로 역을 맡았던 희극배우들이다. 그들에게 공통적인 것은 파렴치한 통치배들이라는 경력이다. 그들의 정치적·인간적 성품을 적절히 표현하기 위해서는 프랑스 대통령 미테랑의 언어학적 지식을 우리는 빌려올 수밖에 없다. 즉 '인간 쓰레기'라는 낱말이다. 나는 프랑스어로 '인간 쓰레기'를 뭐라고 하는지 사전을 찾아서 꼭 확인해야겠다는 강한 충동을 느낀다. 앞으로도 미국을 자랑하는 작고 큰 '민주주의 반공우방'에서 '인간 쓰레기'들이 계속 탄생할 것 같아서 말이다. 인간 쓰레기는 뒤발리에만이 아니다.

우리는 라틴 아메리카의 어느 곳에 붙어 있는지도 잘 모르고 있던 파나마라는 나라의 국회의원들에게서도 계몽을 받았다. 파나마라는 나라는 이란의 팔레비 왕이 지구상을 전전하다가 망명처로 주저앉았던 곳이다. ……미국정부가 차마 왕년의 '아랍세계의 반공보루'라고 추켜세웠던 이 정신병자를 모실 형편이 되지 않자

파나마 정부에 압력을 가해서 수락케 했던 것이기는 하지만. 그렇게 함으로써 인권을 정책의 기조로 삼는다는 카터 정부가 "미국은 미국의 충실한 동맹자를 저버리지 않는다"는 '국민적 미덕'의 증거로 내세웠던 것이기는 하지만. 그랬던 파나마조차 마르코스를 받아달라는 미국정부의 새로운 요청에 대해서는 하원의원들이 거부결의로 깨끗이 딱지를 놨다고 한다. 그 결의문이 계몽적이다. "그런 자를 받아들이는 것으로 이 국가의 명예를 훼손할 수는 없다." 미국정부의 충실한 졸개였다면 미국이 모셔다가 플로리다나 아이다 호의 한 지방을 떼어서 여생을 다하게 할 노릇이지, 어째서 반드시 힘없는 작은 나라들에게 쓰레기를 뿌리려고 하는지도 생각할 문제다.

어쨌든 부·자가 대를 이어서 몇십 년을 통치했던 뒤발리에와 그의 일당이 수억 달러를 챙겨 나간 뒤에 남은 아이티 국민의 개인당 연간소득은 고작 250달러라고 한다. 20여 년 통치하다 혁명으로 쫓겨난 니카라과의 소모사와 그 일당이 해외은행에 챙겨놓은 재산도 몇십억 달러라고 전해졌다. 마르코스와 그 패거리의 해외도피 재산은 미국이 필리핀 독립 이후 40년간 제공한 군사원조와 경제원조의 총액에 해당한다니 필리핀의 문제는 '필리핀 문제'라기보다 '미국 문제'임이 분명하다. 이 '인간 쓰레기'들이 쫓겨가는 뒤에서 헐벗고 허기진 민중이 길거리로 쏟아져나와 몇 날 몇 밤을 지새우면서 기쁨의 눈물을 펑펑 쏟으며 기뻐 어쩔 줄 모르는 모습을 텔레비전에서 보았다. 그들은 해방이 된 것이다. 오랜 세월의 압제에서 스스로를 해방한 것이다. 그렇다면 그 많은 나라의 불쌍한 민중을 그 압제의 형틀에 묶어놓고 그토록 오래 주리를 트는 동안 미국은 무엇을 했던가? 미국은 이른바 '우방'국가의 민중

(국민)의 행복을 위해서 그 정부를 돕는 것인지, 아니면 국민을 형틀에 묶어놓고 주리를 트는 정부를 돕는 것인지? 미국정부가 답변해야 할 입장에 서 있다.

그 인간 쓰레기들이 공유하는 장기(長技)는 많다. 그중에서도 예외없이 공유하는 재주가 반공주의라는 부적을 내걸고 신묘하고도 신통한 요술을 벌이는 재주였다. 아르헨티나의 군부독재 정권과 군인집단은 학정에 반대하는 가장 양심적인 인간을 몇 해 사이에 4만 또는 6만이나 온갖 수법으로 학살한 것으로 앰네스티 인터내셔널의 유엔 보고는 밝히고 있다. 인간의 목숨, 그것도 아르헨티나의 국민 가운데 가장 우수한 정의감에 불타는 분자들만을 골라서 수만 명의 목숨을! 미국이 적극적으로 뒷받침했던 엘살바도르는 농업국가이고 전국의 농지를 14명의 대지주가 소유하고 있다. 이 대지주들과 결탁한 군대가, 농지분배를 요구하며 들고 일어난 농민을 한 번의 '작전'에서 3만 명이나 학살한 일이 있다. 그것은 1932년의 일이었기에 '시효'(時效)가 지났다고 너그러이 보아넘길 용의도 있다. 그러나 1980년에 이르러서도 6개월간 5,000명의 민간인을 학살했다는 산살바도르 가톨릭교회 대주교의 발표에서 우리는 무엇을 알게 되는 것일까? 그런데 그 뒤에 양민학살의 속도는 늦춰지기는커녕 가속화되었다는 보고다. 이게 어찌 된 셈인가? 엘살바도르 현지에서의 한 보도는 다음과 같이 전해주었다.

> 농촌지방에서의 엘살바도르 군대에 의한 반정부 활동 소탕작전은 미국군대가 1960년대에 베트남에서 실시했던 이른바 '피닉스 계획'(Phoenix Program)을 대체로 그대로 모방한 것이다. 그 작전은 일정한 지역을 지정하여 그 지역 내에는 '민간인'은 없

고 오직 무장저항의 '잠재적 지원자'들만이 있다는 전제하에, 그 지역 안에 사는 인간을 합법적 살해의 목표로 설정하여 쓸어버리는 방식이다.

반공주의와 독재정권

필리핀에서도 우리는 마르코스와 그 일당이 '반공주의'라는 신묘한 부적의 힘을 빌려 요술을 부린 것을 보았다. 마르코스 자신의 지시에 의해 군부 최고 책임자들이 꾸민 상원의원 아키노 살해극의 주인공은 '공산주의자'로 둔갑했다. '공산주의자'라는 말에 아키노 암살 진상조사와 세계의 관심이 집중됐던 재판도 "무죄!"라고 요술의 방망이를 딱딱 내리치고는 막을 내리고 말았다. 필리핀의 정치·사회 불안의 원인은 모조리 좌익세력과 신인민군(新人民軍)이 생긴 탓으로 돌려졌다. 미국의 의회조사단이나 그밖의 많은 공식·비공식 조사단이나 권위자들의 보고서는 이 신인민군이라는 군사조직이 일절 외부로부터의 무기공급이나 재정지원 없이 농민의 지지와 감싸줌 속에서 탄생하고 성장했음을 말해주고 있다. 그렇다면 신인민군이나 필리핀 좌익세력의 탄생과 성장의 배후에는 다른 진정한 요인이 있을 것이다. 그것은 필리핀 국가사회의 내부에서 찾아볼 수밖에 없다. 조금 역사를 거슬러 올라가야 하지만, 뭐 그렇게 대단한 옛날까지는 아니니 참고해 들을 만하다.

19세기 말의 스페인-미국의 제국주의 전쟁에서 승리한 미국은 1898년 필리핀을 식민지화해, 1945년 제2차 세계대전 종결 후에 독립을 부여할 때까지 통치했다. (여기서 한국인인 우리가, 일본의 조선 식민지화와 미국의 필리핀 식민지화의 권익을 서로 승인함으로써 조선왕조와 인민이 '유일한 우호국' 미국에 일본 식민지 야욕의 위협을 호소하고 구원을 요청했을 때, 미국정부는 이미 일본정부와 '가쯔라-태프트 협정'을 맺어놓고 있었다는, 회상하기에 마음 괴로운 역사적 사실까지 들출 필요는 없다고 생각한다.)

독립 후의 필리핀은 태평양에 떠 있는 미국 최대의 군사기지 국가가 되었다. 중국과 소련을 포위 고립시키는 군사전략을 위한 군사기지로서의 국가적 역할 때문에 미국의 군사·경제원조는 아낌없이 제공되었다. 소수의 대지주와 7개의 문벌·재벌이 나라의 땅과 재산을 지배하는 정치·경제체제를 유지하기 위해서는 '힘'이 필요하다. 그 필요에서 생겨난 것이 필리핀 군대다. 필리핀의 주변을 살펴보면 필리핀을 공격하거나 위협이 될 만한 국가는 찾아볼 수 없다. 미국이 자기 나라 밖에 건설한 군사기지 중에서 최대 최강의 공군·해군기지를 2개씩이나 갖고 있는 필리핀 영토를 지구상의 어느 나라가 감히 넘겨볼 수 있단 말인가. 필리핀 정부가 미국이 아낌없이 제공한 원조를 이용하여 인구의 압도적 다수를 차지하는 가난한 농민들의 복지를 위해서 적절한 토지개혁을 실시했거나, 겉치레로 정치적 민주주의의 시늉만 했더라도 가난한 농민은 정부에 순종했을 것이다. 그러나 미국 식민지하에서 기득권을 굳건히 다진 지배세력의 귀에 민중의 신음소리가 들릴 까닭이 있겠는가. 1950년대의 민중반란은 그렇게 해서 전국에서 일어났다. 이른바 '후크단(團)'이라고 불린 개혁세력이다. 그들의 사상과 경향이 무엇이었건 그것은 큰 문젯거리가 못 된다. 그들의 요구는 정당한 것이었기 때문이다.

마닐라 정권은 미국의 군사원조로 강화된 군사력으로 농민반란을 진압했다. 이것이 한때 미국이 아시아 지역에서의 '민주주의의 표본'으로 선전했던 막사이사이 대통령의 '빛나는 업적'이라는 것이다. 이른바 막사이사이 상(賞)에는 필리핀 농민의 피가 흐르고 있다.

미국정부는 필리핀 정부에 대한 사실상의 생살여탈권을 쥐고 있었다. (그 후 30년이 지난 뒤의 마르코스의 운명은 필리핀에 대한 미국의 힘의 관계가 변치 않았음을 말해준다.) 미국이 필리핀의 농지개혁을 강력히 권고할 이유가 있었겠는가! 독립한 지 40년이 지난 마르코스 정권하에서조차 필리핀의 농업과 농지는 미국자본의 대규모 농업 플랜테이션들이 손아귀에 장악하고 있음에서랴. 그렇게 보면 필리핀 농민이 나라 안팎의 수탈 및 억압의 이중구조의 예속적 존재라고 일컬어지는 경제사회적 평가가 반드시 편파적이라고만 부정할 수 없는 논거를 지니고 있음을 알 수 있다. 식민지시대라면 필리핀 농민들이 내외의 이중구조적 수탈을 참고 견뎠을 것이다. 실제로 별 도리가 있었겠는가? 그리고 또 실제로 그랬다. 그러나 독립된 나라의 '자기 정부'하에서, 그것도 미국이라는 자유와 평등을 상징한다는 대부(代父)께서 '민주주의'와 '자유사회'와 '반공'의 표본이라고 세계에 자랑하는 체제하에서만은 참을 수 없었던 것 같다. 그것이 '신인민군'의 탄생과 성장의 내력이라면 외국인으로서도 필리핀 정세를 이해하는 데 별로 큰 어려움은 없어 보인다. 필리핀의 역대 정권은 자기 민족·동포의 이익을 위해서보다는 대부인 미국의 이익을 보호하는 책임을 충실히 이행해온 셈이다. 마르코스가 세계 도처에서 사들인 빌딩이나 이멜다가 소중히 간직했던 2,300벌의 브래지어는 20여 년간 대부의 이익을 지켜주는 데 바친 눈물겨운 헌신의 대가로서는 놀랄 만큼 대단한 것은 못 돼 보인다. 발 두 개에 신을 구두 3,500켤레 정도의 보수도 없다면 20세기 말의 이 시대에 어느 졸개가 상전의 충견 노릇에 만족할 것인가? 마르코스는 다만 20년 동안에 300억 달러의 보수를 상전에게서 받은 '하수인'에 불과한 것이다. 몇천억 달러의 수익을 상전에게 바치는데 그 정도의 '킥백'(kick－back)을 상전이 눈감아주지 않았다면 그것은 상전의 잘못이 아니겠는가?

19세기 말엽에서부터 20세기 초의 한 기간에 걸쳐 중국에는 수십 명의 '스트롱맨'들이 있었다. '통치자'들이다. 아편전쟁(1860년대)을 발단으로 하여 서구와, 그 후 20세기에 들어와서는 일본까지 덤벼들어 중국을 "수박을 쪼개 먹듯"이 세력권으로 분할해버렸다. 중국말로 '중국 과분(瓜分)'이라는 제국주의 정책이다. 이 제국주의 상전들은 중국 내의 군벌 하나 또는 몇씩을 자기 앞잡이로 삼아, 돈과 대포를 제공하여 군대를 만들게 한 다음에는, 그가 지배하는 세력권을 상전이 뒤에서 장악하고 조정했다. 이 중국인 군벌 앞잡이들에게는 그 지배지역 내의 중국인 동포를 탄압 수탈하는 데 필요한 정도만큼의 정치·외교·재정·무력적 지원이 제공되었다. 그러나 그것들을 제공하는 배후의 상전에게는 감히 대들 수 없을 만큼의 수준으로 조심스럽게 한정되는 원조와 지지였다. 감히 다른 생각을 할 만큼 커지거나 그런 불충한 마음을 품을 듯이만 보이면, 그 중국인 졸개는 갈아치워졌다. 다시 말하면 제국주의 상전은 중국인 군벌에게 상전에게 반항할 정도는 못 되지만 자기 동포를 탄압하기에는 충분한 수준의 힘을 쥐놓고 간접적으로 중국민중의 고혈을 빨아냈던 것이다. 중국인 군벌을 동포민족에 대한 '강자'로 만들어서 지배와 수탈의 대리인으로 써먹었던 것이다. 이것을 그 당시 중국에서의 서구 및 일본 제국주의의 '스트롱맨 정책'이라고 불렀다. 그 중국인 '스트롱맨'들은 피골이 상접한 동포의 몸에서 피를 빨아 외국 상전(외세)에게 바치는 책임과 역할의 대가로, 지금으로 말하면 대통령이 되고 훈장을 차고, 호텔을 소유하고 정권을 누렸다. 그 마누라들 역시(하나가 아니라 몇다스였지만) "중국인 여성은 자기들보다 월등 아름답고 신비로운 권위를 갖춘 여성의 지도를 받기를 원하고 있거든요!"라고 뇌까리면서 세면대와 욕조를 금으로 주조시키고, 침대를 다이아몬드로 빈틈없이 장식하고, 야회복을 2천 벌씩 사들여서 타락과 사치의 극치를 누렸다. 그러는 속에서 중국민중은 시들어버렸던 것이다. 역사는 별로 변하지 않는 것같이 보인다. 인간이 역사에서 교훈을 발견하지 못하는 것도 변함없어 보인다.

필리핀 문제의 교훈과 미국의 문제

필리핀 민중은 40년간의 박해와 멸시와 수탈에 대항해서 싸워 이겼다. 막강한 미국의 부추김을 받는 썩어 문드러진 정권의 나무를 흔들어 쓰러뜨리려는 마지막 순간에 이르러서야 미국은 필리핀 정권이라는 스트롱맨의 심장에 영양소를 공급하기 위해서 꽂아놓았던 캠퍼 주사의 바늘을 뽑았다. 그렇다고 미국정부가 자진해서 그런 것은 아니다. 레이건이라는 대통령의 몇 차례의 공개적 발언이 입증하듯이 마지못해 뽑은 것이다. 레이건의 태도는 필리핀 민중에 대한 모독이었다. 더구나 미국군부의 총책임자인 와인버거 국방장관은 최후의 순간에 직면해서도 "확고한 반공주의는 독재정권이라도 버려서는 안 된다"고 공언하기를 서슴지 않았다. 그들에게는 필리핀 민중의 이익이 중요한 것이 아니라 필리핀에 있는 미국의 군사기지와 미국의 군사적 이익, 그리고 그것들을 지켜주는 스트롱맨과 그 체제가 중요했던 것이다. 어떻게 보면 미국 정부의 태도는 솔직해서 좋다.

필리핀 민중의 분노와 원한이 그 스트롱맨을 쓰러뜨리기 직전까지 가열되고 집결되지 않았더라면 미국의 보수정부는 결코 필리핀 민중의 편으로 방향을 바꾸지 않았으리라는 것은 그들 스스로가 시인하는 바다. 필리핀 민중이 나무를 흔들어 떨어뜨리려는 열매를 미국은 앉아서 주워 담은 격이다. 우리는 여기서 4·19의 전후사를 다시 한번 음미하고 싶은 충동을 느낀다. 필리핀 민중은 이겼다. 모든 아름다운 것이 '민중'에게 있고 민중에게서 나온다는 것을 세계에 보여주었다. 우리의 4·19가 그러했듯이.

우리나라에서는 '필리핀 문제'의 결과를 놓고 레이건 정부가 "공산독재도 반공독재도 같은 기준에서 다루기로 한 일대 정책전환"이라고 곧이곧대로 받아들이는 경향이 있다. "반미독재도 친미독재도 국민의 신임을 상실하면 국민의 편에 서겠다"는 말도 액면대로 받아들이는 듯이 보인다.

어느 정도의 태도수정은 있겠지. 라틴 아메리카에서의 쓰라린 경험, 장개석의 중국, 고 딘 디엠과 구엔 카오 키의 베트남, 팔레비의 이란, 소모사의 니카라과, 뒤발리에의 아이티, 마르코스의 필리핀……의 재앙을 겪고서도 개심하지 못하는 국민이나 지도자가 있다면 그 나라는 구제할 길이 없을 것이기에 말이다.

그런데, 그렇게 믿고 싶은 마음에 아직도 한 가닥 불안이 가시지 않는 까닭은 무엇일까? 미국정부 지도자들의 말에서 확고한 믿음을 얻기가 어렵기 때문이다. 소위 '정책전환'을 밝힌 미국 대통령의 말은 이러했다. "미국이 과거 친미·반공 독재면 무조건 지지하고 반미·반공 독재면 무조건 반대했던 정책은 유감스러운 일이다. 그러나 그것은 본의는 아니었다." 유감스러운 정책이었음을 시인한 것으로 '믿음'이 간다. 그러나 "본의는 아니었다"는 대목에서 그 믿음이 식어버린다. 그래 과거의 친미·반공 독재에 대한 무조건적 지지가 과연 "본의가 아니었던 것"일까? 어떤 실수의 결과였단 말일까? 아니면 우연의 작용이었다는 뜻일까? 미국은 본의가 아니었는데 그 대상국가 쪽의 형편으로 그렇게 됐다는 변명일까? 아니면 미국도 그 대상인 '친미·반공 독재'가 어쩔 수 없는 불가항력적인 하느님의 섭리이기라도 했던 것일까?

그 수많은 친미·반공 독재국가들에서 그 친미·반공 독재정권들에 의해서 고문당한 신체와 헤아릴 수 없이 많은 생명들도 레이건의 "유감스럽다"는 말 한마디로 미국의 잘못을 기꺼이 과거의 망각 속에 묻어버릴 수 있을까?

미국정부 지도자들의 말은 확실히 세계 많은 나라의 민중을 기쁘게 하기에 족하다. 그렇지만 미국정부는 뒤발리에나 마르코스 같은 보잘것없는 그야말로 '인간 쓰레기' 같은 존재들을 무대에서 물러나게 하는 데 한마디 거든 '업적'으로 미국의 '도덕적 복권'을 기대한다면 그것은 "욕심이 과하다"는 충고를 할 새로운 인간 쓰레기가 나올지도 모른다.

레이건은 바로 그 같은 발언을 하고 돌아서서 니카라과의 반란세력을 군사지원하기 위한 1억 달러의 군사원조를 의회에 요청했다. 의회(하원)는 즉각 그 요구를 부결시켜버렸다. 미국정부는 여태까지 소련의 아프가니스탄 개입을 비난했던 '군사 간섭주의'를 스스로의 정책으로 선언한 것으로 해석되고 있다. 미국과 소련은 어느 점에서 다른가? 공산주의(니카라과)를 군사적으로 타도하자는 대통령의 강력한 제안을 반대한 미국의회가 결코 공산주의자들의 집합체는 아닐 것이고 보면, 한국인의 통념도 미국의회에서 배울 것이 있음직하다.

니카라과에서 쫓겨난 소모사 정권은 20년을 두고 통치하는 동안, 아이티의 뒤발리에 정권보다, 마르코스 정권보다 더 타락하고 강압적이고, 국민과 유리되고 부패했던 실적을 세계에 입증했다. 그것을 혁명으로 몰아낸 정권의 이념 때문에 미국정부가 군사반란을 조장한다면 '민족자결주의'는 이미 미국의 정치학 교과서에서는 지워져버렸다는 것일까? 몇몇 군인의 쿠데타로가 아니라 몇 해에 걸친 혁명을 계속하려면 민중의 지지와 동조 없이는 불가능하다는 것은 역사가 입증하고 교과서가 가르쳐주는 사실이다. 그렇다면 그 국민은 정부의 형태를 선택하기에 앞서 미국정부의 사전승인을 얻어야 한다는 논리가 된다.

'민족자결'의 원칙과 정신은 미국의 대통령이 일찍이 세계에 천명했던 것으로 기억된다. 민족자결은 미국인민이 200년 전에 영국의 폭정에 항거해서 궐기하여, 무력으로 싸워 획득한 권리를 바탕으로 하는 미국 자신의 숭고한 '건국이념'은 아니었던가? 그리고 그 후부터 미국은 세계의 나라와 민족들에게 자신의 건국이념과 정신을 본받으라고 가르치지는 않았던가? 미국국민의 위대함을 상징하는 민족자결의 깃발을 세계의 약소민족들은 구세주의 깃발로 우러러보아왔고, 그 기수(旗手)는 그 때문에 세계의 존경을 받아온 것은 아니었던가? (하기는 우리 민족은 제1차 대전 종결 후 윌슨 대통령의 민족자결 원칙을 성경처럼 믿었던 탓에 이준 열사가 헤이그의 평화회의에서 자결을 해야 했고, 우리 민족이 배신과 실의와 좌절에 빠졌던 과거를 잊을 수 없지만.)

니카라과가 미국의 국가이익에 이롭지 않기 때문에 미국이 군사적으로 몰아낼 권리를 보유한다면 라틴 아메리카의 국민들은 하루인들 미국의 비위를 맞추지 않고서는 살 수 없다는 이야기가 되지는 않을는지? 이것은 미국식 패권주의(覇權主義)로 해석될 위험성은 없는지? 미국을 좋아하고 미국이 상징하는 자유정신과 인권사상을 숭상하는 사람으로서 안타까움을 금할 수가 없다.

우리는 미국정부의 태도를 좀더 두고 보아야 할 것만 같다. '정책발표'가 곧 '정책'일 수는 없다. 사람의 말로 사람을 판단하기보다 사람의 행동으로 판단한다는 개인생활의 경험적 지혜는 국제문제에도 적용됨 직하다. 미국은 여태까지 세계 모든 나라와 정부가 규탄하는 남아공화국·이스라엘·칠레…… 등에 대한 유엔 총회 안팎에서의 징계 또는 제재 결의안에 대해서 한결같이 반대표를 던져온 유일한 나라다. (칠레에 대해서는 필리핀 직후 달라진 흔적이 보인다.) 팔레비, 뒤발리에, 마르코스가 과연 미국정부의 그 같은 '정책전환'이나 마음씨의 '되가짐'에 대한 역사적 증인이 되어줄 것인지? 세계는 그에 대한 판단을 내리기에 앞서서 좀더 두고 보아도 무방할 것 같다.

지구상에는 아직도 미국과의 관계에서 필리핀 같은 나라가 적지 않게 있다. 그러기에 '필리핀 문제'가 해결(아직 미지수이지만)된 오늘도 '미국의 문제'는 그대로 남아 있다.

고뇌하는 대학생에게

『한대신문』(漢大新聞)을 통해서 전달된 이군의 편지를 읽었습니다. 그 글의 구절마다에서 나는 이군의 괴로워하는 신음소리를 듣는 듯했습니다. 이군의 그 몸부림은 이 시간을 살고 있는 대학생 모두의 몸부림이 틀림없습니다. 4년 전 대학의 문을 들어섰을 때, 장미꽃 향기로 그윽하리라 생각했던 대학과, 이 나라의 현실이 차라리 암울한 가시덤불임을 깨닫게 된 4년 후의 이군의 놀라움과 고뇌는, 바로 어제 강의실에 들어갔다 자욱한 최루탄 가스의 독기에 숨이 막혀 눈물을 닦으면서 쫓겨나온 나 자신의 고뇌이기도 합니다. 최루탄 가스가 사람을 가리지 않는 것이라면 나의 눈물은 거의 모든 교수의 눈물이기도 합니다. 그러기에 이군이 토로한 심정은 이 나라의 모든 학생, 모든 교수, 그리고 모든 시민의 심정임이 틀림없습니다.

이군의 오늘의 안타까움은 이 땅에서 이 순간을 사는 모두의 '민족적' 고통이겠습니다. 그러기에 대학과 대학생의 몸부림은 대학사회라는 낮은 차원에서가 아니라 '민족의 문제'로 파악해야 할 것입니다. 흔히 말하는 '국가'의 문제라고 하지 않고 '민족'의 문제로 파악하고자 하는 데는 이유가 있습니다. 오늘 우리가 겪고 있는 이 고통은 대한민국이라는 국가 내 문제이면서 동시에 40년 이상이나 찢겨져 살아오는 남·북 민족의 대립적 생존양식의 결과입니다. 이 민족적 아픔이 해소되지 않는 한 우리의 '국가 내' 문제는 해결될 수 없고, 대학과 대학생의 아픔은 더더구나 해결될 수 없다고 생각합니다.

가열한 방식으로 생명을 불사른 대학생들을 나는 이 나라 지식인의 가장 순수하고 우수한 분자이며, 가장 뜨거운 인간애와 민족애를 체현한 사람들이라고 생각합니다. 절대로 그들의 죽음과 죽음의 방식에 찬동할 수 없다는 고백과 함께 그렇게 말하기를 주저하지 않습니다. 그들은 결코 일시적 충동이나 소아병적 영웅심에서 그 길을 택한 것이 아닙니다. 이 사회의 온갖 고뇌와 민족의 참모습에 관해서 처절하리 만큼 이론적으로 추구하고 고민하는 속에서 그 본질을 깨달은 선각자입니다.

민주주의의 나무는 피를 머금고 자란다는 말이 허위가 아님을 몸소 실증한 이 나라 민주주의의 망울들입니다. 우리는 피다 만 그 망울에 반드시 아름다운 꽃을 피워야 합니다.

모든 일을 군사적 사고방식으로 규율하려는 사람들과 사상과 제도에 대해서, 자유인으로서의 생존이 강요당한 궁극적 항의의 표시였다고 생각합니다. 어쩌면 그들은 그 같은 죽음을 '선택'했다기보다는 '강요'당했다고 말함이 적절할지도 모릅니다. 그들의 죽음에 무관심하거나 심지어는 비웃고 냉소하는 '지식인'을 보기도 합니다. 바로 그런 이들이, 그 학생들로 하여금 그 길을 가게 한 이 민족의 현실상황에 책임을 느껴야 할 것입니다. 나 자신을 포함한 살아 있는 우리 모두의 책임이기도 합니다.

그들을 생각하면서 우리는 그 같은 죽음을 택한 대학생보다도 더 많은 노동자와 농민이 같은 길을 가고 있는 사회현실을 잊어서는 안 되겠습니다. 그들의 항의의 죽음은 대학생의 경우와는 달리 우리들의 관심 밖에서 묻혀버리고 있습니다.

대학생보다 더 많은 노동자·농민이 분신자살할 때, 우리는 이 나라 단순 근로자의 남자 26.6퍼센트와 여자 84.8퍼센트가 최저 생계비에도 못 미치는 임금을 받고 있는 사실이 무엇을 뜻하는가를 생각해야 할 것입니다.

육체를 불사르는 노동자와 농민은 이 나라의 제반제도를 움직이는 현재의 지식인과 내일의 지식인인 대학생들에게 항의하는 것입니다. 그들은 기업가와 노동자가 또는 지식인과 농민이 다같이 한 나라의 형제라는 이론이나, 같은 국민이라는 설교의 허구에 대해 죽음으로써 우리들을 깨우쳐주려 했는지도 모릅니다. 가슴 아픈 교훈입니다.

분신한 학생과 노동자·농민, 그리고 그들의 죽음의 뜻에 죄의식으로 괴로워하는 많은 사람들에 대해서 그것을 비웃는 사람들이 으레 붙여 부르는 용어가 생각납니다. '불온'이니 '과격'이니 '좌'니 '우'니 하는 낱말들입니다.

그런 낱말을 즐겨 쓰는 이들은 다시 한번 차분한 마음으로 우리 사회의 모습을 겸허하게 살펴볼 필요가 있겠습니다. 그런 이들의 마음을 편안하게 해주는 낱말이 으레 '질서'와 '안정'이라는 것에 대해 이해가 안 가는 것도 아닙니다. 그렇지만 질서와 안정의 대칭어가 반드시 과격이니 불온이니, 심지어 좌니 우니 하는 것은 아니라고 생각됩니다.

우리나라만큼 철두철미 그런 흑백논리의 낱말로 다스려져온 나라가 지구상에 다시 또 있을까 싶습니다. 그런 낱말은 이 사회에서 힘을 가진 개인이나 세력이 적어도 지난 40년을 두고 온갖 억압과 불법을 합법화하고 정당화하며, 국민적 부도덕과 타락마저 미화해온 마술적 구호였습니다. 아직도 그 효험은 놀랄 만합니다. 언제까지 그래야 한다는 것일까요? 앞으로 40년은 더 그래야 한다는 것일까요?

이런 것이 이군이 가슴 아프게 지적한 기성세대와 젊은 세대의 가치관의 깊은 괴리가 아닌가 싶습니다. 학생과 교수 간의 상호불신감이 이군이 괴로워한 만큼 심각한 상태인지 불행하게도 나로서는 정확히 알지 못합니다. 그러나 마음에 짚이는 것이 없지도 않습니다. 교권(敎權)이라는 것입니다.

이 나라의 대학이 그나마 간신히 유지해오던 실오리만한 자율이 유신과 비상조치법을 비롯한 온갖 탄압으로 뭉개지던 한 시기에 대학과 교수들이 얼마나 대학과 자신들과 학생의 자율성을 지키려 했는지 몹시 궁금합니다. 교수의 한 사람으로서 이군의 질책에 낯이 부끄러워집니다.

수업거부 결정 과정에서 비민주적이거나 비자율적 양태가 있었다면 학생들은 반성해야 마땅합니다. 사회와 교수들의 비난을 받아도 변명의 여지가 없겠습니다.

마찬가지 이유로 대학과 교수가 대학의 민주적 운영과 대내외적 자율성을 지키기 위해서 국가의 폭력에 항거하지 않는다면 학생에 대한 권위는 스스로 포기한 것이겠습니다. 학생의 가슴에 신뢰감이 우러날 까닭이 없습니다. '교권'이란 아래를 향해서만 값진 것이 아니라 위를 향한 것일 때에 더욱 빛나기 때문입니다.

위에서 생각한 모든 일을 놓고 볼 때, 오늘날 우리 사회에서 이

군의 괴로움을 풀어줄 수 있는 낱말은 이른바 '질서'와 '안정'이기보다는 '비판'과 '변화'라고 확신합니다.

교수님께.

땅만 보며 진사로를 오르던 어느 날, "어! 어느새 진달래가 피었네"하는 교우의 말에 언뜻 고개를 들었을 때 갓 피어나던 진달래는 머지않은 진달래 사태를 예언이나 하듯 빠알갛게 물들어 있었는데 그만 5월의 태풍 속에 지는 줄 모르게 사라져버렸습니다.

대학 4년, 벌써란 말을 하기엔 대학 4년간 제 자신이 흡족해할 만한 어떠한 것도 남아 있지 않기에 그저 학년이 차올라가고 또 한 학기가 막바지에 오른 요즘은 그저 부끄럽기만 합니다.

대학 초년생으로 첫발을 내딛던 그날은 오늘처럼 이렇게 아득하진 않았는데 말이에요. 선배님들과 설익은 논리로 내 주장을 펴다가 선배님의 논리에 나의 세계관이 무너져내릴 때마다 논리를 강요하다시피하는 선배님들이 미웠고, 반면 자신이 깨우치지 않으면 정녕 내 자신 속에서 은폐되어버릴지도 모를 진실들을 알지 못하는 무지에 대한 두려움이 더 큰 것 같아 그것들에 도전할 용기도 있었는데…….

지난 5월이 우리에게 안겨준 많은 시련들―몸을 불살라 이 땅에 살아 있으되 깨어 있지 않은 이들에게 현실을 인식시키려 했던 뜨거운 몸짓이 벌써 세 번이나 있었고, 더 이상 죄지음의 빚짐을 감당할 수 없어 5월 푸른 강에 몸을 내던진 한 여대생이 안겨준 충격, 미문화원 점거소식과 대학가의 동맹수업거부―을 감당하기엔 저 자신을 떠받치고 있는 의식들이 너무 부족한 까닭입니다.

교수님, 주마등처럼 깜빡이는 우리의 의식은 이제 더 이상 스스로 생각하기를 멈추고 주위에서 벌어지는 상황에 맡겨진 채 난타당하고 있습니다.

하나의 충격이 안겨주는 고통을, 제 자신 내부에서 강렬히 반발로서 일어나는 의식을 어떻게든 정당화시켜놓으면 또 그 다음에 부딪쳐오는 더 큰 시련들이 그대로 우리를 지쳐버리게 하지요.

지난달에 있었던 분신자살과 수업거부라는 대학가의 현실은 심한 갈등을 느끼게 했고, 이러한 현실을 이해하는 데 많은 고통과 회의, 안타까움을 맛보았습니다. 이러한 심정은 저뿐 아니라 함께 공부하는 교우 외에 누구보다도 우리를 가르치시는 교수님들껜 더할 수 없을 만큼 착잡함과 안타까움, 충격을 안겨드렸으리라 생각됩니다.

어떤 상황하에서라도 목숨을 버리는 것은 도저히 용납할 수 없는 어리석은 행동이란 것은, 책이나 웃어른들의 말씀에서 배운 교훈이 아니라, 사랑하는 형제를 다시는 돌아올 수 없는 먼 곳으로 보낸 아픔을 맛본 적이 있는 저에게 삶이 가르쳐준 진리랍니다. 더더욱 부모님이 살아 계신 경우에 자식이 먼저 그분들 곁을 떠나는 건 제가 넘지 못한 한계였어요. 그러나 그 푸른 젊음이 갈구한 몸부림과 호소를, 남아 있는 가족이 안는 슬픔과 생명의 고귀함이라는 진실 앞에서 무모한 행동이라 일축해버리는 어른들처럼 무모한 죽음으로 만들고 싶지 않아 어떻게든, 그들의 죽음에 던져지는 많은 의문과 함께 힘들게 그들을 이해할 수 있게 되었고, 다시는 이런 비극이 우리에게 없기를 기원하는 마음뿐입니다.

또 하나, 수업거부란 현실 앞에 부딪힌 학생의 본분과 스승과

제자의 관계, 전체 학생들이 완전 동의하지 않는 수업거부란 형태의 정치적 파업의 결행이 과연 최선의 방법으로 택한 최상의 행동하는 양식인가 하는 것엔 아직도 말끔히 가시지 않은 의문이 많습니다.

교수님.

매사에 조심스럽게 우리 사회가 안고 있는 모순에 대해 언급하시는 교수님들의 흐려지는 말끝을 읽으려고 저희들은 노력을 합니다. 그러나 침묵만 지키는 교수님들에 대한 조그만 불만이 어느 틈에 교수님들과 학생 사이를 이편, 저편의 양쪽으로 갈라놓았고 불신의 강을 놓았습니다.

서로 가까워지려 하기보다는 서로 제자리를 지키면서 다른 편이 그쪽으로 오라고만 해서는 아무것도 이룰 수가 없을 거예요. 벌써 교수님들과 저희 세대는 너무 다른 환경에서 자랐고 또한 상이한 가치관과 사고, 행동양식을 자신의 것으로 만들어놓았거든요. 저희들을 교수님 세대에 맞춰 사고하도록 강요하시는 건 무리예요, 그러기엔 저희들의 피는 맹목적이라 할 만큼 너무 뜨겁고, 교수님들께선 조금 더 멀리 뛰기 위해 한번 움츠리는 지혜를 더 많이 알고 계실 거예요.

교수님.

서로가 어떤 한 목표를 갖고 서로 다르게 행동하고 사고할지라도 서로의 이해를 나눠 가질 수만 있다면 수업을 가르치시는 교수님과 그 수업을 받는 저희들을 가로막는 벽은 더 이상 문제될 게 없을 거라고 믿습니다.

파아란 5월 하늘은 아리따운 젊은 가슴들을 그대로 삼킨 채 말이 없는데 새로 6월을 맞는 우리의 가슴은 파랗게 멍울져 있습니다. 그들의 죽음이 헛되지 않고, 또 저희들 가슴에 그들이 남긴 퍼런 멍을 어루만져주실 분은 바로 당신들이십니다. 저희들만이 이 엄청난 사실을 부여안기엔 너무 벅찬 것이기에 당신들의 손길이 더 한층 필요한 순간입니다.

교수님.

오늘 우리가 안은 이 커다란 아픔과 시련은 더 큰 날을 위한 몸짓이겠지요. 깨어 숨쉬는 날의 고통스러움을 함께하는 이 땅의 젊은 가슴과 이들을 이해하시는 교수님들이 곁에 계실 때만이 동터오르는 새벽의 주인이 될 수 있으리라 믿습니다.

이정순(李丁順, 사회대 신방과 4학년)

경이로운 『만인보』의 시인

시세계와는 너무나 동떨어진 대상과 내용을 놓고 살아가는 사람에게는 시인이란 언제나 '기이'한 종으로 비친다.

이쪽이 공부하고 추구하는 것은 인과관계·법칙·실증·검증…… 따위의 말하자면 어떤 규격이랄까, '틀'일 수밖에 없다. 틀을 도구로 삼고, 틀의 원리를 사물에 적용하여 해답을 얻으려는 사고와 감정에게는 시와 시인 그리고 시의 세계는 언제나 기이할 만큼 신선하고 자유로워 보인다. 시인들과 자리를 같이하게 되면 자기도 모르게 규격을 벗어난 '자유'로운 존재가 되는 환각을 느끼곤 한다.

그런 까닭에서인지 나는 적지 않은 수의 시인들과 알게 되고 또 사귀게 되었다. 어쩌면 자유이고자 하는 시인들이 시대적 제약에 항거하는 몸부림에 동참한 덕택인지도 모른다. 어쨌든 지난 한 20년 동안 참으로 좋은 이 땅의 시인들을 알게 된 것은 나의 행복의 중요한 부분이 되었다. 그들과 부분적이나마 삶을 공유하지 않았다면 나의 삶은 훨씬 왜소했거나 메마른 것이 되고 말았을 것이다. 이것은 적지 않은 은혜다.

많은 시인들과 알게 되고 사귀는 과정에서 언제나 내 앞에 '경이'로 나타나는 이가 고은(高銀)이다. 그에게는 도대체 모든 인습이 아무런 힘을 행사하지 못하는 것같이 보이기 때문이다. "어떻게 저럴 수가 있을까" 싶을 만큼 자유이고 그저 자기 자신이다. 고은에게는 시인으로서보다 '인간'으로서 압도당하는 느낌이다. 시인은 둘째이고 '고은'이가 성큼 앞서온다.

이 사람은 도대체 어떤 인간이냐? 어딘가에서 백기완은 "민족사와 함께 전진하는 시인의식의 전형"이라고 보면서, 나아가 "분단의 역사를 갈아엎고야 말 민족혁명의 깃발"이라고 고은을 평하고 있다. "이른바 전후파 시인으로서 거의 유일하게 그 치열한 부정(否定)의 정신(情神)으로 자기 시세계를 힘차게 확립해온 고은"이라고 평한 것은 이시영이가 아니었던가 한다. 송건호는 고은의 시를 읽을 때마다 "넘치는 힘을 느끼게 한다"고 실토했고, 김영무는 "그이 시(특히 시 「3월」)는 우리 모두의 궁극적 성취가 이루어진 그 다음날이 중요한 것이 아니라 성취된 후의 우리 몫이 무덤임을 알면서도 나날의 부분적인 일에 전력투구하는 자세의 중요성을 노래"한다고 평하고 있다. 김영무가 말한 고은의 시가 "…… 우리 모두의 궁극적 목표가…… 성취된 후의 우리 몫이 무덤임을 알면서도……"는 심각한 사상과 준엄한 미래의 투시를 함축하고 있다. 그것이 고은의 시라고 한다. 고은의 시를 가장 정확하게 본 견해가 아닌가 생각한다. 나도 그렇게 느끼는 것이다. 그의 시가 "……강하고도 드세면서도 사실은 그 나름의 부드러움을 지니면서…… 그의 왕성한 창작활동은 참된 성숙에 제자리걸음이 없음을 확인해준다"는 백낙청의 해설로 나는 고은의 시의 발걸음을 알게 된다.

그 몇 분의 평은 고은의 시를 나에게 여러 모로 설명해준다. 그런데 나는 고은의 시에 앞서서 내 존재 앞에 다가서는 고은이라는 '인간'이 늘 궁금하다. 너무도 수줍어서 한 껍질 쓰고 있는 것이 아닌가 싶을 때도 있고, 너무 광란적이어서 "이 사람이 미치광이가 아닐까?"하고 의아해하는 때도 있었다. 그 같은 걷잡을 수 없는 고은을 꼼짝없이 거머쥐고 딱 한마디로 표현한 안병무의 글을 읽고서야 나는 고은을 어렴풋이 알 것 같았다.

"몇 번이고 변신하여 인생의 시궁창까지 갔으나 세상 때묻지 않은 고은이. 허허! 어린애같이 겸허한 그에게 민족을 향한 정열은 끝간 데를 몰라!"

결국 나 같은, 시와 시세계에 문외한인 사람으로서는 고은의 인간을 아는 교수의 혜안을 빌려서 파악하고, 그의 시에 대해서는 나머지 몇 분의 가르침으로 이해한 것으로 치부해두는 것이 좋을 것이다.

나는 그의 시의 내용이나 구성이나 경향이, 문학세계에서 흔히들 논쟁하는 어떤 유형인지 무슨 주의인지는 알지 못한다. 창비시선에서 나온 『만인보』(1, 2, 3), 『조국의 별』 『새벽길』을 비롯한 한 시기 한 시기의 시작집들과 민음사에서 나온 그의 전집 1, 2권을 손 가까이 놓고 틈틈이 음미하는 것이 그의 시에 대한 이해와 느낌의 전부다. 그런 어설픈 고은 이해를 통해서 어느 날 그의 시집을 펼쳐 들고 있던 나는 고은의 얼굴에 루소의 얼굴이 겹쳐져 떠오르는 경험을 한 일이 있다. 분단된 민족의 문제와 통일을 향한 정열은 두 사람 사이에 무관한 것이지만, "자연으로 돌아가라"는 외침이 두 사람의 입에서 하나의 목소리로 나오는 것을 들었다. 모든 인위적인 것, 허식, 가식, 위선, 헛소리, 편견……을 거부하고 인간본성의 자연으로 회귀하라는 외침 말이다. 그것은 당연히 자유의 외침과 한목소리가 된다. 억압·규제·부정·인습·기교·불평등·계층·계급·지배·탄압…… 모든 것에 대한 불을 토하는 것 같은 고발과 거부다. 『만인보』 속에서 잠자다가 낱장을 넘길 때마다 우리 앞에 되살아나와 만나게 되는 그 인간들은 왜 그다지도 정다운 것일까? 모두가 하나같이 못나고 찌든 사람들인데도 말이다. 인습과 제도의 무게에 짓눌려 사는 그들에게서 우리는 조선사람의 인간적 원형들을 발견하게 된다. 그들은 바로 시인, 아니 인간 고은의 분신들임을 깊은 감동으로 알게 된다.

나는 고은이에게 환속한 이유와 동기를 맞대고 물어보는 것은 삼가왔다. 별로 실례라고 생각해서도 아니고, 너무 깊은 곳을 건드리는 것이 아닌가 생각했기 때문도 아니다. 단순히 나 나름대로 고은이 같은 기질과 정열의 사나이가 푸성귀만 주워먹고 좌선만 하고 앉아 있기에는 그의 심신의 지층(地層) 깊이에서 부글부글 끓고 있는 6천 도의 지열이 오래 두지 않았을 것이라고 혼자 상상했기 때문이다.

하기는 가톨릭 신부가 되는 신학교 입학시험에서 제1조건은 신체검사에서 남성의 상징물이 빳빳이 서는 것이라고 직접 관계자에게서 들은 일이 있다. 표현이 안됐지만 중이 되는 조건도 마찬가지일 것이다. 남성의 그 물건이 축 늘어진 꼴로야 어찌 육과 색의 유혹을 물리치고 억누르며 승화시킴으로써의 해탈을 기대할 수 있겠는가? 그런 뜻에서 고은이는 그의 스승인 효봉대사를 이을 대승이 될 자격이 있다. 효봉이 얼마나 훌륭했는지는 나로서 알 도리가 없지만.

그런데 일초(一超)에 관해서라면 나는 확고한 물증을 제시할 수가 있다. 단순히 대중목욕탕에서뿐만 아니라 한 방에서 고은의 '남성'을 여러 번 확인할 수 있었기에 말이다. 그는 자기의 상징을 내려다보면서 "사내라면 물건이 이쯤은 돼야지!"를 내뱉고는, 그의 특유의 웃음인지 절규인지 분간할 수 없는 소리를 내면서 좁은 방을 딩굴곤 했다. 그런 장면을 볼 때마다 나는 생각했다.

'일초는 대승이 됐거나 환속해서 희대의 걸물이 될 인간이다.'

직접 묻지는 않았지만 그가 환속한 까닭을 나는 알 것 같다. 열아홉 살에 들어가 스물아홉 살에 나올 때까지의 승려생활에서 현재 이 나라 불교의 위선과 가식을 뼈저리게 경험한 탓이 아닌가 싶다.

부처님 끌어내려요
잘 먹어 잘생긴 부자 부처님 끌어내려요
어쩌다가 간드러진 풀잎 수염은 그 모양이어요
다음날
단청 똥갈보 대들보 내려요
용대가리는 무슨 용대가리예요
대웅전 다 허물어
중들 쫓아버리고 먼지구더기 돼버려요
할!

없는 부처님 당신이 부처예요
욕 잘하는 청계천 우리 엄마가 부처예요
우리 모두 다 부처부처부처예요
산 부처 담배 한 대
떡 치게도 거룩한 부처예요

…………

천하 없는 칠보단장 극락일지라도
사람은 날마다 이 세상 바꿔야 해요

암 그래야 하구말구
이 세상 날마다 뒤바뀌어
막 피어난 연꽃이도록 새로와야 해요
그게 부처예요
—「대웅전」 일부

칠보단장 극락보다도 이 세상 날마다 바뀌고 날마다 새로워야 한다는, 그리고 그것이 또는 그 속에 극락이 있다는 깨달음이 일초로 하여금 가사를 벗어 던지고 '부정하는 시인'으로 되살아나게 한 해탈이라고 생각된다. "이 세상 날마다 새로와야 해요"에 시인 고은의 모든 것이 집약되어 있다고 하면 지나친 말이 될까?

그러기에 그는 한시도 외치기를 멈추지 않는 것이다.

고요한 이여
개돼지 맞아 죽은 고요 버리고
이 참담한 앵발이의 날
서너 마당 덧뵈기 철천지한으로 부르짖어라
—「소리」 일부

이것이 많은 사람들에게 고은을, "외치는 시인" "강렬한 시" "행동으로 불꽃이 되어 세상을 밝히는 고은"으로 비치게 했을 것이다.

그러나 내가 고은이를 만나면서 '경이'하는 것은 그 측면만이 아니다. 오히려 어쩌면 저렇게도 조용할 수 있을까? 그 온몸에 불타는 정열을 어떻게 해서 얼음처럼 차갑게 간직할 수 있을까? 저러다간 고은이가 싸늘한 시체가 되어버리지는 않을까? 웃지도 않고 말도 하지 않고, 저렇게도 무표정할 수 있을까? 지쳐버린 것은 아닐까? 이제 더 이상 웃음과 소리는 저 입에서 안 나오게 되는 것일까를 가끔 걱정하곤 한다. 그러나 그는 나 같은 왜소하고 한 치밖에 내다보지 못하는 '현실주의자'에게는 너무나 큰 시간과 공간을 내다보고 있음을 일깨워준다.

친구여 함부로 웃지 말자
아직까지는 굳센 슬픔이 우리 것이다
비바람 속에서 웃지 않듯이
캄캄한 밤길에서 웃지 않듯이
고비사막 헤매다가
설미치기 전에는 웃지 않듯이
오늘의 삶으로 웃지 말자

두 눈 부릅뜨고
두 주먹 불끈 쥐고
한잔 술 칼이 되어
가슴속 검은 피 가득 채우자

먼 훗날 아니
먼 훗날 같은 내일이면

북악이 떠내려가도록
우리 부둥켜안고 실컷 울부짖다가
그러다가
쓸쓸히 쓸쓸히
가슴속에 잔물결 미소를 담자
—「웃음에 대해서」 일부

이 한 수를 읽으면서 나는 말없이 고요할 때의 고은이 앞에서 숙연해지는 것이다. 큰 웃음을 웃기 위해 잔 웃음과 작은 소리를 절제하는 것이다. 그러면서 그런 순간에 고은의 시심 저 깊은 곳 한구석에 저류(低流)로 괴어 있는 인간을 본다. 백낙청이 정확히 지적했듯이 "자작나무 우듬지의 떨림이 주는 강렬함"이 "사실은 그 나름의 부드러움을 지님으로써 거듭거듭 훌륭한 시로…… 성숙되어간" 인간 고은을 알게 된다. 그의 「새벽길」에서 어머니를 생각하는 마음은 고은의 한없이 따스한 심정에 접하게 해준다. 이 측면이 그의 심지(心地)가 아니고, 「화살」 「성조기」 「증오에 대하여」 「항구」 「길」…… 등과 그밖의 '부정'의 시들이 주로 그의 인간을 대표한다면 나와 고은이와의 사귐이 지금과 같이 짙은 것일 수가 없을 것이다. 그렇다 하더라도 누군가가 말했듯이 고은의 사람사귐은 어디까지나 군자지교담여수(君子之交淡如水)이지 결코 소인지교감여밀(小人之交甘如蜜) 따위가 되지 않는다. 그의 '전직'이 불승이라는 데서만이 아니라 인간과 세상사를 유연히 자기 안에 포유한 인간됨의 크기 때문으로 생각한다.

그러기에 나는 "이 세상 날마다 바뀌어야 해요"를 절규하는 고은에게서 힘을 얻고 그의 따스한 서정시들에서 불성(佛性)의 사랑과 평화를 깨닫는 것이다. 나처럼 낱낱의 인간보다 조직된 사회가 관심의 주대상이 될 수밖에 없는 사람에게는 그 같은 시들은 영원한 것과 어떤 영(靈)적인 것에 스치게 해주는 커다란 위안이 아닐 수 없다.

나는 여러 차례의 교도소와 수감조사를 겪는 일에서 고은이와 한때 한곳에 있기도 하고, 서로 스쳐가기도 했다. 그러나 재판을 한자리에 서서 받아본 일은 없다. 그래서 그가 옥중생활을 어떤 모습과 태도로 지냈는지는 문익환 목사를 비롯한 다른 분들에게서 전해 들었을 뿐이다. 고은 시집 『조국의 별』(창비시선 41)의 발문으로 문 목사가 쓴 것을 읽으면서 나는 육군교도소에 처박힌 고은이 낭랑하게 독경하는 장면을 상상해본다. 그는 마치 화엄사나 해인사의 어느 암자에서 좌선하는 것 같은 고요함이었다 하니 나 같은 소인은 감히 따를 바가 못 된다. 그는 나이가 몇 살 아래라서 나를 다른 호칭은 다 접어두고 '형님'으로 부르고 있는데 그것이 얼마나 친밀감을 주는지 모른다. 나이라고 해봐야 서너 살 차이니까 벗함에 조금도 허물이 없건만 둘이서는 기어이 그렇게 부르기를 고집한다. 나는 서슴없이 '저그니'로 대하고 있다. 나의 고향 평안도에서는 동생이나 수하의 친척을 '저그니'(적은이)로 부르기 때문이다. '형님'과 '저그니'는 말도 다정하고 구수하려니와 그 낱말이 함축하는 인간미 역시 그러해서 나는 흐뭇하다.

그런데 평소에는 그렇게 과묵하고 조용한 저그니가 한번 광란을 부리기 시작하면 나는 거꾸로 묵묵부답으로 대하는 전략을 택한다. 둘의 위치는 바뀐다.

최근에 어느 출판사가 일을 꾸며서 몇십 명의 작가, 시인, 각 분야의 교수들이 2박 3일로 경북 안동지방의 병산서원에서 학술토론회를 가졌다. 오전과 오후에는 토론하고 저녁과 밤은 마시고 노는 절차였지만 고은이는 2박 3일을 통해서 밤낮으로 푹 젖은 상태였다. 박현채·김진균·송기숙…… 등등, 모두 한잔 들어가면 알아듣지도 못할 소리 고래고래 지르는 데는 하나같이 희대의 선수들이지만, 역시 고은의 광증에는 당할 수가 없다. 밤을 지새우며 멍석 깔고 앉아서들 악을 쓰는 판에서 나는 차츰 술이 깨어갔다. 그의 천진무구한 광태에 탄복도 하고, 소리·노래·고함·매도·주먹질·발구름·박치기…… 인간의 신체가 발휘할 수 있는 온갖 작동기능이 종합·동시적으로 발휘되는 모습에 압도당해 있는데, 이 저그니란 놈이 느닷없이 내 앞에 와서 벌렁 나자빠지더니 소리지르는 것이었다.

"야! 이거 누구야! 이게 누구야! 너는 씨부랄, 얼굴에 희로애락의 표정이 없어. 표정이 없단 말이야. 감정이 없는 놈하고는 술 안 마셔!"

그 뒤 자리를 강가 모래판으로 옮겨, 희미한 등불을 가운데 놓고 캄캄한 밤하늘을 이고 수십 명이 둘러앉은 놀이판에서의 고은은 야차·석가·악마·예수·놈팽이·건달·아기·소년·청년·노인·선인·악인·시인·잡놈·깡패·군자…… 실재하는 인간과 상상할 수 있는 인간이 갖출 수 있는 모든 속성이 뒤범벅이 되어서 한판에 벌어지는 일인극을 연출했다. 시골의 맑은 공기 탓에 주먹 크기로 빛나 보이는 칠흑 하늘의 별들도 잠시 그들의 운행을 멈추고 도취된 듯 땅 위에서 벌어지는 고은의 광란극을 내려다보고 있었다.

울퉁불퉁한 모래판에서 자빠졌다간 일어나고, 버둥거리다간 벌떡 곤두서는 그의 취란극을 보면서 나는 '어쩌면 저렇게 세상에 태어날 때 그대로의 순진무구 자연무위일 수가 있을까?' 하고 깊은 생각에 잠겼다. 내가 아는 모든 시인이 한결같이 순수하지만 인간의 폭의 크기와 깊이의 가없음에는 고은이 거의 천하독존이 아닌가 싶다. 그는 큰 어린아기이고, 아마도 영원한 아기일 것이다. 어른이 되지 않고 죽을 아기!

그런 시인에게는 지능지수 같은 요소는 무관하리라. 머리가 좋고 나쁘고는 고은이라는 인간을 구성하는 요소로서 무의미하고 무가치하리라. 나는 늘 그렇게 생각해왔다. 그런데 반드시 그렇지만도 않다는 것을 비교적 최근에야 깨달았다.

1983년 초, 기독교사회문제연구원에서 각급학교의 각종 교과서에 실려 있는 '통일문제'와 관련된 내용을 연구분석하는 중·고교 교사들의 모임에서 강의한 내용이 문제되어 두어 달 동안 호랑이 아가리에 들어갔다 가까스로 빠져나와 보니 민음사 발행 『고은시전집』 1, 2권이 와 있었다. 반갑게 표지를 펼쳐보니 "이영희 형님, 어서 나오셔서 좋아해주시오. 고은"이라고 적혀 있었다. 나는 그 속에서 시를 주워 읽던 끝에 권말에 수록된 그의 약전연보(略傳年譜)를 읽고서야 그의 또 한 면을 알게 된 것이다. 해방된 그해에 군산중학교를 들어갔는데 '500명 중 수석입학'이었다. 그 5년 뒤에는 군산 북중학교 국어 및 미술교사가 되었으니 중학교를 졸업하면서 중학교 교사가 되었다는 말이다. 19세 나이였겠지. 그는 그 약전연보에서 "……그 당시에는 교사자격이 없었는데도 '×동' 운운해서 특채되었음"이라고 적고 있다. '×동'의 ×자는 아마도 '신'(神)자가 아닌가 싶다. 자신이 '신'자 써넣기가 쑥스러웠던 모양이다. 조숙했던 그 전후 시절의 갖은 기행은 우리가 익히 아는 바다. 안병무의 평대로 "몇 번이고 변신하여 인생의 시궁창까지 갔으나 세상때 묻지 않은 고은"의 다른 일면이다.

나는 그의 '×동' 학설을 보기 전까지는, 고은의 지적 창조가 종교와 시(그것도 보통 양이 아닌 어머어마한 양)는 두말할 나위 없고 비평·논평·소설의 영역을 넘어서 사회문제, 본격적인 역사연구에까지 확대되는 것을 보면서 다소 위태로운 생각을 했던 것이 사실이다. 그런 걱정은 내가 자신의 낮은 지적 능력과 좁은 인간적 경험을 기준으로밖에 생각할 수 없었던 결과임을 알게 되면서 더욱 그에 대한 경의를 품게 된 것이다.

'비범'이라는 말은, 고은이 들으면 뭐라 말할지 모르지만, 정말로 그를 표현하기 위해서 생겨난 말이라고 생각한다. 그런 '×동'적 비범과 기행의 인간이기에 나는 그가 결혼생활과 가정이라는 틀 속에 스스로 포로가 되어 들어가지는 않을 (못할) 것으로만 생각했다. 이것 역시 틀에 얽매인 사고밖에 못 하는 범인의 판단임을 알았다. 더구나 광주민주화운동으로 들어가서 거의 시체가 되어 누워 있는 그를 서울대학 부속병원의 병상에 가 문병했을 때 "아, 고은이는 이제 살아도 병신이 되는가보다"고 속으로 중얼거린 것이 엊그제의 일이니 말이다. 그때 병상에 누운 그의 모습은 참담스러웠다. 아무려면 인간의 탈을 쓴 자들이 인간을 이렇게까지 만들 수 있는 것인가 하고 이를 갈았던 것이다. 백기완의 같은 꼴을 병상에서 보았을 적의 그 분노와 좌절감이었다.

그런데 그 후 어느 날 뜻밖에도 결혼식의 '집전'을 맡아달라는 부탁이 전해왔다. 믿어지지 않았지만 알고 보니 사실이었다. 나는 생각했다.

'이 사람이 좀 이상해지기 시작하는가보다. 그래, 얼마나 황홀

한 여신을 만났기에 결혼을 하려고 할까? 어째서 갑자기 번로(煩勞)의 굴레를 짊어지고 번뇌의 틀 속으로 들어가려는 것일까?'

어쨌든 이 늙은 총각은 수유리의 안병무 씨댁 뒤뜰에서 이상화와 함께 잔디를 밟고 서서 혼례식을 올렸다. 나는 축복해야 할 자리에서 절차를 진행시키고 있으면서도 일말의 위구를 뿌리칠 수 없었다.

'고은이의 시천(詩泉)이 이제부터 고갈되어가는 것이 아닐까?'

그러나 그는 이런 따위의 걱정은 나 같은 왜소한 인간의 기준에서 나온 기우임을 곧 입증해주었다. 안성 시골로 세속적 삶의 자리를 옮긴 뒤부터 오히려 그는 아연 시적 원숙의 깊이를 더해갔다. 막혔던 둑이 터진 듯 쏟아져나왔다. 그의 시는 그때마다 시의 사회뿐만 아니라 이 사회의 정신적·사상적·정서적 저수지에 때로는 노도처럼, 때로는 잔잔한 흐름처럼 끊임없이 물을 부어주고 있다. 고은이를 이렇게 한 차원 높여준 이상화라는 여성은 어떤 존재인가? 고은의 형이상학적 비상(飛翔)에 심령적 불을 붙여주는 그 여성은 어떤 이일까 늘 궁금했다.

그러고 있던 차에 『조국의 별』이 우송되었다. 그 속에 이시영에게 보낸 시에서 나의 '명예훼손'을 하는 대목을 보았기에 안성을 내려가보아야겠다고 마음먹었다.

> 시영, 편지 잘 받았읍니다
> 그리움이 때로 먹을 것이 되어
> 그대가 준치회도 되고 짜장면도 됩니다
> 방금까지 이영희의 『10억인의 나라』 읽다가
> 달은 잊어먹고

달 가리킨 손가락이 남아서
이영희 교수의 그 생나무토막 같은 몸을 생각합니다
—「답장」 첫째 연

그렇게 마음먹고 차일피일하고 있던 어느 날 자정시간에 따르릉 전화가 걸려왔다. "선생님……"하는 목소리로 나는 상대방이 자기 이름을 말하지는 않지만 그것이 누구인가는 알 수 있었다.

메시지는 한마디였다.

"잠시 지방여행을 하고 오시지요."

나는 알아차렸다. 심야의 전화다. 내가 알았다고 대답하기도 전에 "이만 끊습니다"하고는 목소리의 주인은 다시 어둠 속으로 사라져버렸다.

세상이 왁자지껄 소란스러운 때였다. 칼과 총이 번뜩거린다는 말이 나돌고 있던 때다. 나는 잠자리 속에서 다급히 일어나 황급히 '여행'갈 채비를 하고 집을 나섰다. 1980년 5월 17일 자정에 느닷없이 나꿔채어져 갔던 기억이 휑! 머리를 스쳐갔다.

일주일 동안 공주·부여 등지를 헤맸지만 정착할 만한 은신처는 없었다. 어찌어찌하는 동안에 나도 지치고, 사태도 고비를 넘은 듯한 판단이 서기에 후줄근한 모습으로 집으로 돌아가기로 결심했다. 집을 나설 때의 위기감도 가셨기에 비교적 가벼운 기분으로 안성 시골의 고은 부부를 찾아 들어갔다.

두 사람의 보금자리는, 내가 언젠가는 꼭 그렇게 가꾸고 차려서, 그 속에서 책 읽고 글 쓰고 싶어하는 그런 환경이었다. 크지도 작지도 않은 평수의 땅에 조촐하게, 그러나 넉넉하게 지은 몇 개의 방과 마루는 나무에 둘러싸인 잔디뜰을 향해 있었다. 오후의 햇볕이 따스하게 스며들고 있었다. 여기서 나는 고은의 부인, 제수님의 사람됨을 알았다. 고은의 온몸에서 시가 쏟아져나오는 이유를 알았다.

1984년, 일본 도쿄에서 열린 무슨 세계시인대회인가에서 이 나라의 한 타락한 시인이 외국 시인들에게 "고은이는 시인이 아니에요. 운동가예요"라고 모욕했다고 한다. 그 뒤 고은이 시집 어딘가에서 "오냐 너희들에게 내가 열 번이나 시인임을 보여주마"라고 그들에게 선전을 포고했다. 그리고 그가 선전포고에 충실하기 위해서는 시상을 가다듬을 보금자리로 일단 물러서야 했을 것이다. 이제 그는 그것을 찾은 것으로 보인다.

"시가 막 쏟아져나와요. 안 쓰고는 못 견디게 시상이 잇따라 떠올라요. 나는 이렇게 충족된 때가 없었어요. 미칠 정도로 온몸에서 시가 튀어나와요."

그는 얼마 전 나에게 그렇게 말했다. 나는 그가 부처의 제자로서 대승으로 승화시키다 만 그의 전 존재를 시로 이룩하리라는 것을 믿어 의심치 않는다.

그러면서 한편으로는 괴로웠던 한 시기(지금도 변함없지만) 어느 시인이 "세상 사람이 이렇게 괴로움을 당하고 있을 때 나에게서 시가 쉽게 나온다는 것은 배신이 아닐까?"하던 자백을 잊을 수가 없다. 고은의 "미치게시리 온몸에서 튀어나오는 시"가 그렇게 말한 시인의 시인적 고뇌를 초극한 위에서의 '시적 분출'이기를 빌며 또 그렇게 믿어 의심치 않는다.

친절과 자존의 차이

몇 해 전 우리 신문에 투고한 20대 말의 한 젊은 미국인 남자의 조그마한 글이 재미있었다. 그는 자기 스스로 '뜨내기'라고 소개하면서, 미국에서 할 일이 없기에 아시아 여러 나라로 무전여행을 나섰다는 말이었다. 그리고 이 외국인 남자의 글은 한국이라는 나라에서 2년간을 지내다가 떠나는 날에 한국인들에 대해서 감사와 충고를 겸해서 쓰는 것이라고 설명하고 있었다. 그의 글의 요지는 이러했다.

돈 한 푼 없이 여러 나라를 돌았지만 한국이라는 나라처럼 '좋은' 나라는 없었다. 다른 나라들에서는 어찌어찌해서 겨우 숙식을 이을 정도였는데, 한국에서는 김포공항을 내린 순간부터 '갑부'가 부럽지 않은 대접을 받으며 살았다. 어딜 가나 길가에서 영어로 한마디 하면 젊은 남녀들이 서로 다투어 자기 집으로 초대하여 융숭한 숙식을 제공해주더라. 미처 다 놀아줄 수가 없을 정도로 줄을 지어서 자기를 환대했다. 숙식뿐이 아니다. 경쟁적으로 포켓에 넣어주는 용돈이 쓰고 남아서 2년 동안에

돈도 솔찬하게 모았다. 돈만이 아니다. 사실대로 말해서 한국인 여자도 거의 마음대로 즐겼다. '자기' 같은 외국인 남자의 품에 알몸으로 안기는 것을 영광으로 생각하는 젊은 여성들이 밤낮으로 줄지어 찾아와 온몸으로 야양을 떨었다.

대체로 이상과 같은 이야기였다. 다른 나라에서처럼 며칠쯤 구경하다가 떠나려 했던 것이, 공밥 먹고, 마음대로 여자 즐기고, 돈까지 모으게 되다 보니 어느덧 2년을 살고 간다는 말이었다.

이건 무슨 옛말에나 나오는 것 같은 외국인의 한국 경험담이다. 이 짧은 투고기사를 읽으면서 나는 얼굴이 화끈했다.

이 나라 국민은 언제부터 이렇게도 친절(親切)과 비굴(卑屈)을 착각하게 되었는가?

이 미국인 '뜨내기'는 그야말로 친절하게 자기 경험담을 글로 남기고 갔으니 망정이지, 같은 경험을 만끽하고도 말없이 빙그레 웃으며 떠난 외국인이 몇천 몇만이 될지 알 수 없는 일이다.

성경도 가르쳐주듯이 '친절'이란 자기 가까운 주변에서부터 베푸는 선행이다. 그런데 우리나라 사람들은 동포한테는 얼마나 쌀쌀맞은가. 친절이라면 아마도 버스 안에서 책가방 받아주는 정도가 아닐까. 대낮에라도 서울시내에서 누군가의 짐보따리 들어주려는 '친절'을 베풀다가는 순경이 호각 불며 달려올 판이다.

우리 사회는 동포끼리는 웃음을 잊은 지 오래다. 서로 경계하고 '밀고'하는 것을 무슨 공덕(公德)이나 되는 것처럼 권장하는 세상이 되었다.

외국인에게 대한 친절을 '국책'(國策)으로 제정하고 권장하는 나라는 지구상에서 대한민국이라는 나라밖에 없지 않을까 한다.

분명히 크게 잘못된 정치형태고 사회풍조다.

이 같은 도착된 '외국인 숭배, 자국민 멸시' 사상은 최근에 서울에서 있었던 아시아경기대회를 전후해서 극치에 달하고 구역질 날 만큼 만발했다.

어쩌면 그렇게도 후안무치하게 정부와 지도자들이 외국인에게 동포국민의 웃음을 값싸게 팔려고 하는지 어안이 벙벙해질 정도였다. 온국민이 다같이 느꼈으리라 싶기에 그 실례는 낱낱이 열거할 필요도 없을 것 같다.

그 기간 동안의 어느 날 아침, 버스 속에서 흘러나오는 라디오 방송 대담프로의 주인공은 어느 대학의 일본어 교수라고 소개된 여자였다. 이 여교수는 일본 운동선수단 안내의 책임을 맡은 사람이라고 아나운서는 소개했다. 그 아나운서가 아시아경기대회에 자진 봉사하게 된 동기를 물었다. 이 늙수그레한 목소리의 여교수는 기다렸다는 듯이 좔좔 쏟아냈다.

"저는 국가와 민족을 위해서 외국인에게 최대한의 친절을 베푸는 것이 우리 국민의 의무라고 믿어서 용약 자원해 나갔습니다."

이 일본어 여교수는 "용약"이라는 말을 마치 "국가와 민족을 위해서 용약출전"하는 군인과 같은 굳은 결의로 되풀이 강조했다. 아나운서가 온갖 잡소리를 동원하면서 이 여교수의 "용약 자원봉사"에 맞장구를 치고 있었다. 여교수의 웅변은 계속되었다.

"우리 통역봉사원들의 친절이 어찌나 감동적인지 일본인 선수님들과 임원님들께서 말씀하시기를 세계에서 이렇게 친절한 국민은 처음 보았다고 거듭거듭 말씀하셨어요. 우리들은 온갖 방법을 다해서 일본분들에게 친절을 베풀었습니다. 그분들에게 자그마한 불편이 있더라도 우리나라와 민족의 수치라는 확고한 결의로 그

분들을 모셨지요."

그러고는 몇십 번을 되풀이하는지 모를 "일본인 선수님들과 임원님들께서 말씀하시기를……"을 자랑스럽게 나불거리고 있었다. 전장에 나가서 큰 공훈을 세우고 돌아온 용사의 전투담처럼 자기도취되어 있었다. 그리고 자기에게는 대학생 딸이 있다고 했다. 그 딸도 언어교육을 시켜서 다음에 있을 "88올림픽에서는 모녀가 함께 용약 통역과 안내를 위해 자진봉사를 지망하여 온갖 친절을 다해서 민족과 국가의 이름을 빛낼 결심"이라고 했다. 그 여교수는 "일본 선수님들이 우리의 친절에 대해서 되풀이 감사와 칭찬의 말씀을 하실 때에 나와 우리 통역·안내반원 전원은 국위선양을 하는 벅찬 기쁨에 모두 눈물을 흘렸다"고 했다. 모든 올림픽 기관원들과 몇만 명의 자원봉사대원들 전체가 "외국 선수님들의 말씀에 감동했다"는 것이었다. 자기 나라 말도 제대로 가누지 못하는 저런 사람들이 들러붙어 굽실거리고 아양을 떠는 모습과 그것을 내려다보며 서 있을 외국인들의 모습이 그림처럼 눈앞에 떠올랐다.

며칠 후 서울의 한 신문에는 외국인 세 사람의 짤막한 소감기사가 실렸다. 이 신문이 인터뷰해서 취재한 글이었다. 그중의 하나는 중국인 문인의 말이었다.

이 사람은 '아시아운동회' 계획당국의 열성을 치하하고, 그들과 자원봉사원들의 '외국인에 대한 친절'에 감사했다. 그리고 이어서 대략 다음과 같은 뜻의 말을 했다.

"그런데 어느 날 경기장 입구에서 기묘한 장면을 목격했어요. 줄을 서서 입장을 기다리는 행렬 속에 서 있던 한 늙은 여자가 무슨 실수를 한 것 같았어요. 그러자 감시하고 있던 경찰이 달려오더니 그 여자에게 무섭게 눈알을 부릅뜨고 거친 몸짓을 해 보이면서 소리를 지르고 마구 야단을 치더군요."

이렇게 현장을 묘사한 그 중국인 문인은 그때의 소감을 다음과 같이 말했다.

"그 장면을 보고서 나는 이 나라의 외국인에 대한 친절 뒤에 숨은 다른 일면을 똑바로 본 것 같았습니다."

이 중국인이 보았다는 '친절 뒤에 숨은 이 나라의 다른 일면'이란 무엇이었을까? 그 기사는 밝혀 쓰지는 않았지만 알 만했다. 넌지시 부드러운 표현으로 중국인 손님답게 묘사하고 표현한 그 장면의 의미는 바로 자기 동포끼리의 관계에서는 친절이란 털끝만큼도 없으면서 외국과 외국인에게는 넋을 잃고 아양 떨고 비굴하게 아첨하는 것을 친절로 착각하고 있는 대한민국이라는 나라의 정치풍토와 사회상이 아니었을까?

가식의 친절, 강요된 친절, 도착된 인식의 외국관, 비굴을 미덕으로 착각하고 있는 국민성!

나라의 긍지와 국민의 자존심을 팔아서 얻는 금메달과 국기가 올라갈 때, 이들은 감격의 눈물을 강물처럼 흘렸을 것이다.

외국인에게 친절을 '국시'(國是)처럼 강조하는 정부가 자기 나라의 내일의 주인인 학생의 데모는 어떤 '친절'로 다루고 있는지? 외국 관광객의 눈에 망측스럽다고 도시미관이라는 명분 아래 끼니를 굶는 서울의 빈민촌 삼양동 주민들의 판잣집을 깡패 같은 무리를 동원해서 마구 헐어버리는 것은 무슨 '친절'인지? 모든 정책과 시책이 '가진 자' 위주로 발상되고 집행되는 것은 '못 가진 자'에 대한 무슨 '친절심'에서인지?

서울 서대문구치소에는 제국주의 일본인들이 설치한 스팀시설이 1960년대 말기에도 남아 있었다. 일본제국을 반대하는 조선 독립운동가와 혁명가들에게 그 국군주의·천황주의 일본당국은 연필과 종이를 지급하여 시도 쓰고, 일기도 쓰도록 허락했다. 지금 그 스팀은 철거되고 없다. 그런데 지금은 정치범·양심범이 자기 동포인데도 종이도 연필도 주지 않는다. 이것이 무슨 '친절' 철학인지?

외국인의 눈을 즐겁게 해주기 위해서라면 자기 동포국민의 생존권과 복지도 아예 짓눌러버리는 정책은 어떤 상태의 머리에서 발상되는 것인지 매우 궁금해진다. 그렇게 해서 벌어들이는 외국 돈 몇 푼이 GNP에 부가된들, 그것으로 사랑을 상실하게 되는 사회의 내면적 손실과 정신적 파괴는 소생할 수 없다. 어째서 이다지도 물질주의적 관념과 가치관이 이 사회를 틀어쥐게 되었을까?

신체 속은 곪아가는데 겉으로 얼굴에만 미소를 띠어 보이려는 노력이 얼마나 자기부정적인가를 깨달을 때도 되었는데. 그것이 얼마나 얄팍한 속임수인가는 아시아경기대회에 왔던 그 중국 문인의 눈을 속일 수 없었던 사실로도 충분히 알 만한 일인데…… 국민의 혈세와 성금을 털어서 외국인 선수들과 관계자들에게 온갖 공짜 서비스를 제공하고, 돌아갈 때 미처 비행기에 실을 수도 없을 만큼 선물을 안겨주는 것으로 '국위를 선양했다'고 착각하고 있는 정부 지도자들. 그 선전을 곧이곧대로 믿고 속아 넘어가면서도 '나라 사랑했다'고 확신하는 일본어 여교수 같은 한국의 지식인들. 그 밑에서 이 나라의 대중만 친절을 탈권당하고 있다.

기독교의 성서에도 "사랑은 이웃부터 베푸는 것"이라는 구절이 있다고 듣는다. 동양의 성현도 일찍이 '과공'(過恭, 지나친 공손)을 경계한 바 있다. "지나침은 오히려 미치지 못함만 못하다"는 교훈도 있다. 자연스러움이 최상의 친절이란 가르침이다.

아시아경기대회 기간 동안에 이 나라의 정부·지도자·언론, 그리고 덩달아 온국민이 보인 작태는 민족 니힐리즘의 극치였다고 말할 수 있다. 어쩌다가 이 나라는 이렇게까지 정신적·도덕적·인격적으로 왜소해지고 타락하게 되었을까? 아무리 선의로 해석해보려 해도 나의 정신으로는 이해할 수가 없는 일들이다.

주변에서 벌어지고 있는 꼴에 연일 휩싸이다 보니 나 자신도 넋을 잃을까 두려워진다. 총국민 인격상실 환자화 운동이 전개되고 있다는 착각에 빠진다. 외국과 외국인에게는 그렇게도 아름다운 말씨를 쓰고 알뜰한 행동을 하면서, 갈라져 있는 자기의 다른 절반의 동포민족에 대해서는 어째서 극단적인 야비한 말씨와 행동이 정치적 미덕으로 인식되는 것일까? 알다가도 모를 일이 너무나 많다. 정말 불가사의한 나라라는 생각이 든다.

다른 나라들에서는 외국인에게 유달리 친절하라는 '국시'가 없다. 그 대신 자기 동포에 대해서 대한민국처럼 잔인하고 가학적이지도 않다. 한국인을 위해서 특별히 친절을 베풀면서 "프랑스의 국위를 선양했다"고 애국심에 넘치는 감격의 눈물을 흘릴 프랑스인 여교수는 절대로 찾아볼 수 없을 것이다. 심지어 아시아경기대회에 참가한 어느 나라에 가도, 한국인이라고 해서 그런 대접을 받으리라고 기대하는 한국인이 있다면 그는 크게 실망할 것이 분명하다. 그들은 외국인에게 각별히 그래야 할 까닭을 모른다. 자기 동포에게 하는 대로 남에게도 하는 것, 이것이 친절의 정신이 아니겠는가?

외국인에게 친절한 것이 나쁠 까닭이 없다. 외국인에 대해서 정신을 못 차릴 정도로 민족적·인간적 자존심을 상실해버린 꼴이 문제라는 것이다.

진정한 친절과 후의(厚意)란, 일차적으로 자기 동포에 대한 '동포애'가 인간적 연장으로서 외국인에게 미친 것이 아니면 멸시의 대상이 되는 것이다. 실제로 나는 어떤 외국인 친구에게서 한국인의 주체성과 자존심 없는 비굴한 '친절'에 구역질이 났다는 말을 들은 일이 있다.

이 나라의 정부는 얼마 전부터 전 국민에게 영어를 마치 자기 국어처럼 권장하는 데 열을 올리고 있다. 자기 나라 국어도 올바로 쓰지 못하는 청소년에게 온갖 외국말을 강요하니 온 국민이 '외국(인) 숭배자'가 될 수밖에 도리가 없다. 해방 후 40년 동안 이 나라 지도층의 외세의존적 사고와 생태가 민족과 국민을 그리고 나라의 정신을 병들게 만들었다. 그들이 어떤 강대국 외세의 떠받침으로만 그 권력과 지위와 이권을 누릴 수 있으니 그렇게 안 되려야 안 될 수가 없으리라는 것도 이해는 간다.

몇백 년 조상 대대로 먹어 내려오던 '보신탕'이 어째서 갑자기 '혐오(嫌惡)음식'이 되어야 하는지? 필리핀인은 우리보다 훨씬 주체성이 있어 보인다. 개고기 음식을 서양 백인들이 운운하니까 한마디로 받아넘겼다고 한다.

"너희들 과거와 현재의 제국주의자들은 식민지 황색인종과 흑인종의 고기를 먹고 살찐 놈들이 아니냐!"

굶주리는 자기 동포가 길가에 몇 푼어치 노점을 펴놓고 끼니를 이어야 할 판에 "외국인에 대한 미관상 안 된다"고 구둣발로 쫓아버리는 정부를 나는 과문한 탓인지 들어본 일이 없다. 한 국가 주권의 최후의 보루인 자기 나라 군대의 지휘권을 외국에 넘겨준 지 수십 년이 지나도록 되찾지 못하고 있는 것도 '친절'이라고 해야 할 일일까? 국민(국가)생활의 나머지 일들은 물어보는 것조차 새삼스러운 느낌이다.

텔레비전의 방송 내용은 그 나라의 문화적(정신적) 자주성의 척도라고 전문가들은 말한다. 우리나라 텔레비전 방송의 뉴스를 제외한 오락물의 70퍼센트가 외국, 그것도 미국의 것이라는 조사 보고가 생각난다. 라스베이거스와 시카고의 하류층 사이에서 어떤 유행가가 "금주의 제1위가 됐다"하면, 그 이튿날 아침의 우리 텔레비전과 방송에서도 어김없이 "금주의 제1위 어쩌구저쩌구"하고 나온다. 우리나라 젊은이들은 물건의 선호도로나 정서적으로 그리고 심리적으로 미국이 '문화적 식민지'가 될 것만 같아 입맛이 쓰다.

갈라진 자기 겨레의 한쪽 동포에 대해서는 멸시와 증오로 대하면서 외국(인)에게는 밥 주고 집 주고, 돈 주고 알몸 바치는 '친절'이 미화되어도 괜찮은 것일까?

앞으로 일본이 미국의 그 지위를 대신해 들어오려고 하고 있다. 이른바 '한일 문화협력'이라는 이름 아래서다. 일본의 군대가 자연스럽게 들어올 길을 닦는 '문화협력'에 우리 국민이 또 얼마나 '친절'의 미덕을 베풀 것인지.

외국(인)에 대해서 자존(自尊)할 줄 모르는 민족의 장래가 어떤 것인지 우리는 한번쯤 역사의 거울에 비춰서 살펴볼 필요는 없을는지?

인(忍)하는 마음

나날의 생활에 쫓기다보니 올해가 벌써 해방 후 36년째의 해라는 사실을 잊는 일이 많다. 민족이 남의 지배하에서 종살이를 했던 쓰라린 36년과 맞먹는 긴 세월이다. 통일의 낌새도 없이 지나간 세월!

게다가 그 절반에 해당하는 지난 10여 년은 나에게는 인간적인 권리와 학문적인 자유를 도둑맞은 괴로운 기간이었다.

"어둡고 괴로워라, 밤도 길더니……."

나라 잃은 망국인(亡國人)의 지난 36년, 그 얼마나 지루하고 욕된 세월이었을까.

그것을 상상할 때마다 많은 애국선열·독립지사·사회혁명가 들이 그 암흑 같은 세월을 참고 견딜 수 있었던 요체가 무엇일까를 가끔 생각해보곤 한다.

내 생각에는 그 선배들의 '긴 기다림'을 지탱해준 것은 바로 '싸움'이었던 것 같다. 그들 자신의 인간적 양심과 민족적 정기(正氣)에 비추어서 자유의 강탈자인 일제에 대한 싸움만이 그들에게 '참을성'도 주고 '기다림'의 지혜도 주었을 것이다. 강력한 억압자에 대한 피압박자의 싸움은 긴 세월에 걸칠 것이며, 싸움의 기간이 길수록 참을 줄도 알아야 하고, 싸움의 끝에 올 승리를 기다릴 줄도 알아야 한다.

참음과 기다림은 우리의 독립선열에게는 바로 싸움의 형태였다. 싸움 없는 참음은 노예의 철학이다.

그 반대의 경우를 생각해본다. 식민지 시대의 우리 민족신문들을 훑어보면 한 가지 뚜렷한 변화의 경향을 발견하게 된다.

1920년대에는 신문지면에 나오는 이 사회의 지식인들이 입을 모아 일제통치 체제를 부정하고 민족의 독립, 자유, 한국인의 인권…… 등을 부르짖고 있다.

30년대 초에 들어서면서는 그중 적지 않은 지식인이 횡설수설하기 시작한다. 만주사변으로 일제체제가 확고해져 보이는 시기이다. 일제의 중국침략 전쟁이 승승장구하고 태평양전쟁의 초기에 해당하는 30년대 말과 40년대의 1~2년 사이에는 민족정기, 자유해방, 인권을 부르짖던 선배들의 이름은 신문지면에서 하나둘씩 밀려나고 사라진 그 자리에는 이모(李某), 최모(崔某), 한모(韓某)…… 따위와 이들에 빌붙는 소위 '식민지 지식인'들이 일제의 폭정을 구가하고 나선다.

일제는 이제 영원부동하고 독립은 필요 없고 탄압은 자유이고 민족수탈의 공업은 현대화이고 도조 히데끼(東條英機)는 종신적 지도자이고……라는 것이다.

그 당시 이 사회에서 머리 좋기로는 그들 이모, 최모와 친일파 지식인을 당할 사람이 없었을지도 모른다. 그러나 머리 좋기로 소문난 그 사람들은 길어야 10년, 사실은 바로 3~4년 후면 그들이 온갖 요사스러운 슬로건과 이론과 논리로 동포대중을 현혹 기만

하려던 그 체제가, 끝날 수밖에 없는 방향과 내용으로 치닫고 있는 것을 통찰할 능력이 없었다.

머리가 좋으니 반민족적 체제에서도 출세의 경쟁에 도취되고, 사회의 명사가 되고, 일본총독이 '임명'하는 중추원 참의가 되어 우쭐해지고…….

한마디로 말해서 이들은 머리만 좋았지 역사의 진행을 볼 능력이 없었다.

진실을 외면하니 역사의 방향을 통찰할 수 없고 역사를 증인으로 삼는 준엄한 삶을 거부하니 부정의(不正義)에 대해서 싸울 용기가 날 리가 없었을 것이다.

싸우는 자만이 가질 수 있는 참을성의 용기도, 기다림의 지혜도 없고 보니 친일어용(親日御用) 학자 지식인은 비열한 체제수호의 앞잡이로서 1945년 8월 15일의 변혁을 맞게 되는 것이다.

우리가 역사를 배우는 것은 그 속에서 현재와 내일을 위한 교훈을 찾으려는 것이다.

교수직에서 쫓겨난 지 만 4년, 그중 2년을 징역살이를 하고 나와 5년 만에 다시 강단에 서고 학생들을 대하게 되었다. 내가 학생들에게 가르칠 수 있는 지난 10여 년의 한 시대의 체험은 참을성의 용기와 기다림의 지혜다. 그리고 그 정(靜)적인 듯, 소극적인 듯 보이는 덕성은 사실은 사회의 진실을 볼 줄 아는 지식과 역사의 흐름을 예시하는 사상성을 전제로 해서만 가능하다는 체험이다.

그것은 또 인간성을 파괴하려는 자에 대해서 분노할 줄 알고 자유와 권리를 일방적으로 억압하려는 체제에 대해서 '싸울 줄' 아는 사람에게만 이해되는 민주주의적 덕성(Democratic Virtues)이다. '민주주의적 덕성'은 외국(인)의 지배(체제)에 대해서보다 오히려 같은 민족(同民族)의 정부(政府)라는 명목으로 파쇼적 전제정치를 정당화하려는 바로 자기의 정부나 권력에 대항해서 요구되는 현대사회의 덕성이다.

이탈리아의 무솔리니는 1922년 파쇼체제를 선포하면서 전국 대학교수에게 파쇼체제에 대한 지지 서약서에 서명하게 했다. 르네상스의 요람인 이탈리아인데도 이를 거부할 용기를 가졌던 교수는 놀랍게도 12명뿐이었다. 이 사실을 통해서 그리고 우리 자신의 과거에 비추어서 나는 우리 사회의 내일에 희망을 버리지 않는 것이다.

한때『동아일보』읽는 맛에 살았다

"요새는『동아일보』를 읽는 맛에 세상을 산다."

그동안『동아일보』를 격려하는 광고문 가운데 훌륭한 말들이 많았지만 어느 날짜의 '한 서점주인'이 한 이 말은 많은 시민의 심경을 한마디로 대변한 것으로 생각한다.

요원의 불길처럼 번지는 이 심정의 공명(共鳴)은 무엇을 말해주는 것일까. 오랫동안 힘에 의해서 가려졌거나 숨겨졌거나 왜곡되었던 사실(事實)과 진실(眞實)의 일부가 밝혀짐으로써 많은 시민은 백년 묵은 체증이 툭 티어 내려가는 기분을 느낀 것으로 해석된다.

언론자유가 왜 중요한가. 어려운 이론이나 학설이 필요 없다고 본다. 짙은 좌절감에 빠져 있는 시민들로 하여금 자기 사회와 국가와 지도자에 대한 일체감을 갖게 하는 것이다. '한 서점주인'의 말대로 대중에게 '사는 보람'을 주어 마음의 총화를 이룩하는 것이 언론자유가 아니겠는가?

그러기에 국민총화란 힘과 언어의 조작이나 사형의 위협으로 이루어지는 것은 아닐 것이다. 백성에게 사는 보람을 갖게 하는 것이다.

그것은 개방된 '비판—반성—재단결'을 두려워하지 않는 정치의 깨끗함과 민중의 사랑에 바탕을 둔 정치적 지도력을 요구한다. 『동아일보』는 바로 이 국민총화와 시민의 의식혁명이라는 큰일을 하고 있다. 그동안 사실을 말해달라고 조르는 학생들 앞에서 비겁했던 교수들의 어려운 입장도 살려주고 있다.

사람이 깨끗이 늙기가 어렵듯이 신문도 지조를 지키면서 늙기란 어려운 일이다. 역사가 55년이라고 해서 어느 신문이나 다 '민족의 대변지'를 자처할 수는 없다.

4

『우상과 이성』 일대기

격동 속에서 태어난 『우상과 이성』

『우상과 이성』은 정사생(丁巳生)이다. 1977년의 해가 저물어가는 11월 1일을 생일로 하여 세상에 태어나, 11월 23일 사형선고를 받은 단명하고도 단명한 인생을 살았다. 그러나 그 짧은 인생에는 100년의 인생에 해당하는 많은 사연이 얽혀 있다. 적지 않은 동시대의 사람들에게서 사랑도 받았고, 한편으로 심한 미움도 받았다. 사랑하는 사람들은 한결같이 힘없고 짓눌린 백성, 민초(民草)들이었다. 이 아이를 사갈시하는 사람들은 그 시대를 암흑으로 몰고 가는 권력에 눈이 뒤집힌 자들이었다. 뭣이건 바른 것, 옳은 것, 아름다운 것, 화평스러운 것, 착한 것, 진실된 것을 보기만 하면 눈알이 뒤집히고 온몸에 경련이 일어나는 정신병 환자들이었다. 그런데 그들은 하나의 위대한 우상을 믿고 있었다. 반(反)무슨 무슨주의, 냉전논리, 흑백이분법, 총검숭배……가 그것이다.

평화는 약자의 도덕이라는 믿음에서는 니체 숭배자였고, 권력의 의지만이 최고의 철학이라는 데서는 히틀러의 아류들이었다.

이들에 의해서 짓눌린 백성들은 이성을 믿고, 그 회복을 기원하고 있었다. 모든 것이 거꾸로 보이고, 뒤집혀 있고, 일그러져 있는 세상에 이성의 빛이 활짝 비추기를 손 모아 기도하고 있었다. 그런 때에 태어난 아이라서 '우상과 이성'이라는 이름을 얻게 된 것이다.

민심이 천심이라는 신앙을 믿는 이 아이는, 자기는 민심의 일부이기를 고집했다. 그 소원의 간절함이 천(天)을 움직였던지, 어느 날 새벽, 하늘에 천둥이 울리고 번개가 치더니 천년왕국을 꿈꾸던 우상숭배자들에게 하늘의 벌이 내렸다. 그 덕택으로 이 아이는 죽음에서 다시 소생하여 백성들 속에 돌아올 수 있었다. 그러나 그 후도 그의 인생은 험난하고 그의 아버지는 고달프기만 하다.

『우상과 이성』은 어쩌면 태어날 시대를 잘못 택했는지도 모른다. 그런 괴팍한 성품을 지닌 생명이 태어날 때가 아니었다. 어린 생명이 구설 없이 수걱수걱 자라기에는 환경이 너무나 각박하고 또 술렁거리고 있었다.

이 생명이 태어나기 몇 해 전에 1인 영구집권을 위한 이른바 '유신' 독재체제가 선포되었고, 연달아 '긴급조치' 7호, 9호가 발동되고 있었다.

돈도 권세도 없는 지식인들과 나라의 꼴을 걱정하는 젊은 의식분자들만이 죽을 판이었다. 그들은 어찌 됐건 이 나라에서 살아야 하는 이 땅의 아들딸들이다. 독재와 학정은 반대해야 했고, 권력자들의 속임수는 폭로해야 했다. 점점 혹심해지는 빈부의 격차를 규탄하고, 혹독하게 짓눌리는 노동자들의 권리를 대신해서 찾아줄 세력도 그들뿐이었다. 권력자들은 약한 국민에게 큰소리는 치면서, 그 뒷자리에서는 안팎의 압력에 밀려 겁을 집어먹고 어쩔 줄을 몰라했다. 그들은 총칼의 논리는 알지만 사람의 마음을 감싸잡는 철학과 지혜는 아예 가진 바 없었다. '총잡이' '칼잡이'의 포악성은 날이 갈수록 심해지고 있었다.

재판도 없이 시민을 가두어버리는 '사회안전법'이라는 것이 '법'의 이름으로 등장하는가 하면, 군대만 강하면 된다는 논리가 모든 것을 지배하고 있었다. 나라를 온통 병영화하는 동원법이니 민방위법이 선포된 것도 이 무렵이다. 젊은 대학생들을 그들이 버려둘 까닭이 없다. '학도호국단'법으로 대학교는 군사훈련소로 변했다. 교수는 자기가 강의하고 있는 교실에 어떤 자가 끼어들고 있는지 눈치를 살펴야 했고, 항상 감시받고 있다는 두려움에 움츠러들었다. 그런 판에서는 으레 재주 부리는 자가 나오게 마련이다. 파쇼정권과 1인 영구 독재체제를 옹호 변론하느라고 입에 거품을 물고 날뛰는 교수·지식인 등이 대량생산되었다. '학문 깊고 덕망 높은 저명인사'들이다. 그들은 온갖 요사스러운 궤변으로 대중을 현혹했다. 무민혹세(巫民惑世)의 시대가 온 것이다. 온 세상에 논리는 간데없고, 도덕은 얼굴을 돌렸으며, 정의는 오로지 '힘의 정의'가 난무했다.

이에 대항해야 할 언론은 권력에 강간을 당했다. 신문과 방송, 출판과 표현의 자유는 목을 졸렸다. 단말마의 신음소리가 사회에 가득 찼다. 이른바 '언론인'들이라는 많은 직업인들이 그 직업적 자리를 이용해서 권력의 시녀가 되어 알몸으로 아양을 떨고 있었다. 화간(和姦)이라 하기에조차 너무도 구역질나는 타락이었다.

아방궁에 내린 벼락

세상에 일어난 사실과 이야기는 오직 뜬소문과 귓속말로 전해지고 그것은 며칠이 가지 않아 삼천리 방방곡곡을 가득 채웠다. 백성들은 귓속말 속삭이는 소리에 눈을 번쩍 뜨고, 다음 순간 조심스럽게 겁먹은 얼굴로 사방 둘레를 살펴보는 것이었다. 그러고 나서는 "응, 응…… 그러면 그렇지……"라는 말과 함께 한바탕 크게 웃기도 하고, 이를 갈기도 했다. 웃기보다는 이를 가는 경우가 더 많았다. 백성은 관이 하는 소리에 코방귀를 뀌게 되었다. 원래 이 나라의 백성은 오랜 역사를 통해서 고약한 지혜를 터득한 지 오래다. 관의 소리가 화려하면 할수록, 크고 장엄하면 할수록 백성들은 한 손으로 입을 가리고 '킥킥'대는 버릇이 몸에 배어 있다. 그들이 킥킥대는 것은 뭔가 크게 잘못되어가고 있다는 증거다. 그것을 벼슬아치와 양반들이 모를 까닭이 없다.

하늘에서 번개가 치고 뇌성벽력이 진동했다. '유언비어' 금지법이 땅! 하고 내려쳐졌다. 말을 하는 모임은 '집회금지법'이라는 방망이로 후들겨 쫓겨났다. '말'이 죄가 된 것이다. 시인 지하(芝河)의 「말의 내력」은 상전들의 엄한 노여움을 샀다. 그 내력을 윈 시인은 당장에 쇠고랑을 차고 형틀에서 주리를 틀리는 꼴이 되었다. 수백 수천의 지식인·학생·노동자들이 형무소의 문을 줄지어 드나들었다. 아니 들어가기만 하고 나온 사람은 없었다. 이 나라의 문학은 은유와 비유와 간접표현의 전성기를 맞았다. 그 발달로 사우스 코리아(South Korea)의 문학은 세계의 문학에서 찬연한 지위를 확보한 것으로 칭송되었다. 인류의 행복에 보탤 것이라고는 한 가지도 없는 나라에서 이게 예삿일이겠는가?……

뉴턴의 물리학은 아인슈타인의 상대성이론으로 수정을 강요당했지만 그의 제3법칙은 불변하다. "압력이 있으면 그와 같은 양의 반압력(반작용)이 생긴다." 하기는 철학도 같은 말을 했다. 변증법이다. 사회과학에도 같은 원리가 있다. "인간은 빼앗길 수 없는 인권을 가지고 태어난다"거나 "폭정에 대해서는 민중의 혁명권이 인정된다"고 했다. 저항의 원리고 권리이다.

몇백 년의 학정과 가렴주구 밑에서 생을 이어온 이 땅의 백성이 한 손으로 입을 가리고 억누른 소리로 킥킥거리는 것도 한두 해지 영원할 수야 없는 노릇이 아니겠는가? 꿀먹은 벙어리가 되어 눈만 끔벅거리는 것도 10년 20년이지 몇십 년을 그러기만 할 수는 없지 않겠는가? 하물며 나라의 현관 기둥에 버젓이 달아놓은 간판에는 '민주공화국'이라고 씌어 있지 않은가. 아무리 그 색은 바래고 볼품없이 얼룩지고 일그러져버린 간판이지만 말이다.

반작용은 생겨나고 있었고 "양도할 수 없는 인권"이 꿈틀거리고 있었다. 혁명의 기운도 삼천리 강토에 팽배해가고 있었다.

보도의 자유를 부르짖는 신문기자들이 들고 일어났다. 관권으로 광고가 끊어지자 방방곡곡에서 보내온 성금으로 백지 광고면을 메우는, 세계 신문사상 유례없는 민초의 항쟁이 전개되었다. 군사훈련과 학원탄압을 반대하는 대학생들의 데모로 대학은 문을 닫았다. 전직 대통령과 가톨릭 주교가 중형을 받는 광대극이 벌어졌다. 이것을 "법률의 이름을 빌린 살인"행위라고 규탄한 변호사는 법정에서 형무소로 직행했다. 사우스 코리아는 또 하나의 '세계적 기록'을 세운 것이다. 전국 학생들의 반정부운동을 탄압하는 구실로 투옥된 혁신계 인사들 8명이 교수형에 처해졌다. 나라의 꼴을 보다 못해 목숨으로 경종을 울리려고 결심한 서울대 농대생 김상진(金相鎭) 군이 할복자살로 저항했다. 그 소식은 신문에 한 글자도 비치지 않았다. 총칼잡이들에 의해서 나라는 난장판이 되었다. '반공'은 만사의 면죄부로서 온갖 추악한 행위가 그 면죄부를 내걸고 천하를 호령하고 있었다. 모든 이성적·지성적 사고는 제단에 바쳐졌다. 반공주의는 종교가 되고 바이블이 되었다.

백성들은 하늘을 우러러보며 "천심도 너무하다"를 아침 저녁으로 외고 있었다. 그런데도 하늘은 철석같이 입을 다물고만 있었다. 이 땅의 조상들이 몇백 년을 두고 그 신통력을 믿어온 "민심은 천심이다"의 신앙도 이미 시효가 지난 듯싶었다. 겨우 두 해면 '천심'이 하늘을 뚫고 M16의 총소리를 내려고 치밀하게 정조준을 하고 있는 중이었는데도 말이다. 궁정동(宮井洞)이라는 아방궁(阿房宮)에 벼락을 내려치기 위해서 천지음양의 전기를 모아들이고 있었는데도 말이다. 하늘은 범죄인들의 목을 내려치기 위해서 도끼날을 시퍼렇게 갈고 있는 중이었는데도 말이다.

감히 천기(天機)를 내다볼 힘이 없는 백성들은 그것도 모르고 하늘을 원망하고 있었다. '천망회회소불루'(天網恢恢疎不漏)라고 누가 말했던가? 하늘의 그물은 믿을 수 없게 되었다. 조금이라도 생각이 제대로 든 '불행한' 사람들은 이제는 사람의 힘으로 하늘을 바꾸어볼 수밖에 없는 궁지에 몰렸다. 어쩌면 하늘은 허약한 백성들의 의지를 시험해보려 했는지도 모른다. 백성의 마음을 확인하기까지는 하늘은 침묵을 지키는 법이다. 그것이 '민심이 천심'인 것이다. 민심이 약동하고 있었다.

책의 탄생 내력

『우상과 이성』이 세상에 태어난 것은 이런 때의 그런 격동 속이었다. 분명히 무엇인가 한 차례의 재난을 겪지 않고는 무사하지 않을 것만 같은 예감이 있었다. 게다가 그 한 달 전에는 『8억인과의 대화』가 탄생해 있었다.

이 책이 또한 이 나라 사회의 시대적 상황으로는 받아들여지기 어려운 사주팔자를 타고나서, 내내 억세게 힘겨운 인생을 걸어야 했다. '형극의 길'이라는 것이 두 책의 인생을 말하는 것인지도 모른다. 하기는 이 두 형제만이 아니다. 맏형인 『전환시대의 논리』는 임자생(壬子生)이어서 아우들이 태어났을 때는 다섯 살이 되어 있었다. 그만하면 백일도 지내고 돌도 몇 번은 지났는데도 이 맏이에게는 끊임없이 한파가 불어닥쳤다. 결국 세 형제는 부모를 잘못 타고난 셈이다. 부모의 한쪽인 어머니는 출판사일 수밖에 없는데, 그쪽에는 아무런 죄가 없다. 결국 아버지를 탓할 수밖에 없을 것이다.

그러고 보면 책의 아버지의 내력부터 문제가 아닐 수 없다. 그 세 책의 아버지 이름은 리영희(李泳禧)라고 한다. 본관은 강원도 평창(平昌)이고, 출생지는 지금의 지구상 어느 곳에 있는지 이 나라에서는 아는 이조차 없어져버린 북녘도 아득한 압록강(鴨綠江) 가까운 곳이다. 정확하게 말하면 평안북도 운산군(雲山郡) 북진면(北鎭面)의 면사무소 소재지에서 태어났지만, 철들기 전에 삭주군(朔州郡) 외남면(外南面) 대관동(大館洞)에서 자랐기 때문에 그곳을 출생지로 쓰고 있다. 태어난 북진면은 우리나라 여류명사인 이태영(李兌榮) 씨의 고향이고, 자라난 대관동은 박 정권하에서 원인도 밝혀지지 않은 채 비운에 간 장준하(張俊河) 씨의 고향이기도 하다. 그런 연유로 해서 그의 아들인 세 책의 안표지에는 아버지의 출생지가 그대로 그들의 호적으로 적혀져 있다.

그 아버지는 세상에 내놓고 자랑할 만한 것이 없는 위인이다. 그럴 경우에 흔히 아는 대로 남의 이야기를 빌려 자기자랑(도 아니지만)을 하자면, 소월(素月)의 시에 나오는 '삭주구성'(朔州龜城)이 그의 고향인 것이다.

물로 사흘 배 사흘
먼 삼천 리
더더구나 걸어 넘는 먼 삼천 리
삭주구성은 산을 넘는 육천 리요.

물 맞아 함빡이 젖은 제비도
가다가 비에 걸려 오노랍니다.
저녁에는 높은 산
밤에 높은 산

삭주구성은 산 넘어
먼 육천 리
가끔가끔 꿈에도 사오천 리
가다오다 돌아오는 길이겠지요.

서로 떠난 몸이길래 몸이 그리워
님을 둔 곳이기에 곳이 그리워

못 보았소 새들도 집이 그리워
남북으로 오며가며 아니합디까.

들끝에 날아가는 나는 구름은
반쯤은 어디바로 가 있을 텐고
삭주구성은 산 넘어
먼 육천 리

소월의 시를 빌려서나 자기소개를 해야 할 책의 아버지가 이 글을 쓰고 있는 나다.

그해 초여름 어느 날, 『동아일보』 언론자유투쟁의 일원으로 '쫓겨난' 과거의 김언호(金彦鎬) 기자가 나의 집을 찾아왔다. 이야기인즉 출판사를 하나 차렸다는 것이다. 출판사를 '차렸다'면 그럴듯하게 들리지만 사실은 자기집 안방 책상 위에 차렸다는 말이었다. 나는 거짓말을 못 하는 사람이니까 정직하게 말하면, 그때 나는 속으로 이렇게 중얼거렸던 것을 기억한다.

'아, 이 친구가 남이 출판사 한다니까 아무나 다 할 수 있다고 생각하는 모양이군. 할 수 없지. 하겠다는데 말릴 수는 없고, 건성으로 들어줄 수밖에…….'

그는 첫사업으로 내려는 몇 권의 책 가운데 하나로 나의 책을 내고 싶다는 것이었다.

'점점 안 될 소리를 하는군. 공연히 수고만 하고, 책은 못 나오고, 돈만 꼬나박으려는가보다.'

그래도 하여간 대화는 진행되었고, 그러는 동안에 '만만치 않은 결심'인 것을 알 수 있었다.

나는 벌써 4년 전에 『전환시대의 논리』에 웬만한 글은 골라서 수락했기 때문에 당장에 대단한 글을 새로 쓸 수는 없고 시간도 없어서, 넣을 만한 글이 없을 거라고 말했다. 그런데 놀라운 것은, 이 친구가 들고 온 대학노트를 펼쳐 보이는데 그동안 내가 발표한 글들을 소상하게 조사해 갖고 있지 않은가. 어디서 어떻게 추렸던지, 100매가 넘는 본격적인 것에서부터 10매 안팎의 짧은 수필류까지 죽 기록돼 있었다. 나는 혼자 생각했다.

'음…… 이만하면 할 수 있을 것도 같다.'

그렇게 해서 원고를 추려주기로 일단 이야기가 되었다. 따져보니 『전환시대의 논리』에 넣지 않은 것도 상당 분량이 있고, 또 그 책이 나온 이후에 쓴 것도 제법 분량이 되는 것을 알았다. 그 후 몇 차례의 왕래 끝에 목차도 대강 짜여졌고, 그만하면 한 권이 될 만하다는 자신을 얻게 되었다. 아마 6월 말쯤이지 않았나 싶다.

그런데 그는 미발표의 새 글을 넣어야 신선할 터이니 본격적인 것을 꼭 한 편 써달라는 주문을 붙인다. 그때는 이미 7월도 중순이 다 되어서, 글을 쓰기는커녕 쓸 생각만 해도 골치가 지끈지끈할 정도로 무더운 날씨가 계속되던 때다. 웬만하면 그냥 넘어가자고 몇 번이나 달랬지만 막무가내였다. 꼭 한 편 넣어야 되겠다는 것이다. 그렇게 열성을 가지는 것을 보니 오히려 이쪽이 감동해버렸다.

'저만한 열의면 작품을 만들어낼 수 있을 것 같은데…….'

그날부터 나는 지하실에 책상을 옮겨다 놓고 돗자리를 깔고 없던 전기를 가설했다. 지하실이라고는 하지만 방이 아니라 움으로 쓰는 콘크리트벽 그대로의 공간이다. 그래도 냉방시설을 못 갖춘

나로서는 한증 같은 집안의 어느 방보다도 여기가 시원했다. 여기서 팬티 바람으로 죽치고 앉아서 쓴 것이 그 후 책의 제2편에 들어간 「불효자의 변」이다.

이 해에는 86세의 어머니는 전혀 기동을 할 수 없을 만큼 쇠약해 계셨다. 자리에서 혼자 일어나지도 못하고, 며느리가 입에 떠넣는 미음으로 생을 유지한 지 벌써 몇 달이 됐다. 건강해서 80 노령에도 맷돌 들고 장독대를 오르내리던 분이었다.

남자도 당하지 못할 만큼 기골이 강했던 어머니가 아들과 며느리에게 소리 한번 지르지 못하고 돌아가실 날만 기다리는 상태가 되어서야, 우둔하고 자존망대한 나의 마음속에 비로소 어머니에 대한 연민과 함께 불효스러웠던 지난날에 대한 참회가 솟았다. 무슨 소용이 있단 말인가. 그래도 어머니가 돌아가시기 전에 참회의 글을 써야겠다는 생각에서 그 주제를 택한 것이었다.

하지만 「불효자의 변」은 그것만은 아니다. 나는 그 당시, 반공주의 외에는 아무런 이념도 없는 정권과 권력자들이 낡은 예교(禮教)를 들고 나와 '충효' 윤리로 독재체제를 굳혀가려는 데 항의하는 뜻으로 그것을 역설적으로 꾸몄던 것이다. 종적 지배와 예속질서를 분식하려는 그들의 의도를 장개석(蔣介石) 등의 중국에서의 전례를 인용하면서 풍자하고 야유했다. 또 중국의 당산시(唐山市)를 황폐화했던 대지진 속에서 중국인들이 혈육 간의 믿음과 사랑의 윤리규범을 모든 타인에게까지 확대적용한 사회주의적 인간애와, 12시간의 단전(斷電)으로 암흑이 된 미국 뉴욕시의 미국인들이 가족·혈육은 보호했지만 그 관계범위를 넘어선 다른 시민에게는 '만인이 만인의 적'으로 온갖 행패를 일삼은 기독교와 자본주의적 인간애의 한계를 대치시켜 독자들의 눈을 뜨게 하려고 생각했던 것이다. 이 비교이론에 게마인샤프트와 게젤샤프트의 인간 관계론을 적용한 것은 나로서는 처음 해본 시도였다. 그리고 성공했다고 생각했다.

살아 있는 글을 쓰기 위하여

여러 해 동안 글을 쓰다 보면 탈고하고 나서 흐뭇한 글이 있는 반면 못내 꺼림칙한 글이 있게 마련이다. 후자의 경우가 더 많은 것은 당연하다. 제법 많은 글을 써온 셈인데, 발표해놓고 가끔 다시 읽어보고 싶어지는 것 가운데 하나가 이 「불효자의 변」이다. 다른 것들 중에는 제1편에 수록한 「광복 32주년의 반성」이 있다. 이것은 이미 그 당시 정권의 탄압으로 폐간돼버린 월간 『대화』지에 발표했던 것이다. 그리고 역시 같은 편에 들어 있는 「다나까 망언(妄言)에 생각한다」*도 언제 읽어도 흐뭇해지는 글이다. 이 세 편은 나도 모르는 사이에 일본의 권위 있는 평론지 『세계』와 『전망』 등이 그때마다 어떻게 알았는지 입수해서 번역 전재했다.

물론 내게는 국제관계가 사실상 전공이나 다름없기 때문에 그 같은 사상적·이념적 내지는 사회비평적인 글보다는 국제관계의 글이 본령이다. 중국혁명에 관한 주제들, 그 당시 인류의 최대 관심사였던 베트남전쟁, 미·소관계…… 등의 주제가 더 많다. 그리고 그것들이 어느 정도 본격적인 글들이다. 논문이라 해도 괜찮을 것들도 그런 주제의 글들이다. 나는 자기의 장점과 결점, 또는 내

---

* 편집자주: 「다나까 망언(妄言)에 생각한다」는 『우상과 이성』 초판에 실렸다가 증보판에서 삭제되었다.

가 할 수 있는 것과 손을 대서는 안 되는 것을 엄격히 분간했다. 자신의 제한된 능력을 잘 알기에 소위 '국제정치'의 범주에 드는 주제는 일절 가까이 하지 않았다. 대학교육이 그런 전공도 아니었을 뿐더러, 이른바 '이론조작'은 나의 지적 장기가 아니다. 그 대신 살아 있는 국제관계, 나날이 변하는 동적인 사태와 사건, 그것을 움직여 나가는 사람들에 대해서 더 관심이 있었고 흥미를 가진다. 신문사와 통신사의 외신부에서 순간마다 뜨겁게 꿈틀거리는 국제적 사건과 관계 변화들을 여러 해 동안 다루어온 탓이라 생각된다.

그런 분야와 주제는 '국제정치'처럼 남의 이론서를 읽어서 되는 일은 아니다. 살아서 꿈틀거리는 자료와 문서를 그것들이 식기 전에, 뛰기를 멈추기 전에, 뜨거운 상태에서 그리고 뛰는 상태대로 포착을 해야 한다. 그러자면 자료수집이 거의 승패를 좌우하게 마련이다. 특히 베트남 사태처럼, 미국정부가 발표하는 것은 거의가 거짓말이고, 부정하거나 가려진 것이 진실인 특이한 사태에서는 진실된 근거의 자료를 수집한다는 것은 보통 어려운 일이 아니었다.

예를 들면 「펜타곤 페이퍼」(미국 국방성 비밀문서)가 그것이다. 미국 군부는 북베트남을 폭격하고 싶은데 '북폭'을 정당화할 수 있는 근거가 없었다. 미해군 최고 수뇌부는 온갖 지혜를 짠 끝에 묘안을 생각해냈다. 하노이 앞 통킹만 공해상에서 북베트남 어뢰정 2척이 미국 구축함 매독스호에 어뢰공격을 가해왔다고 중대발표를 했다. 그러고는 국제법상 '자위'행위로서 북베트남을 폭격한다고 발표한 것이다. 나는 베트남전쟁에서 교전 당사자들의 이데올로기, 정책, 장기전략과 단기전략, 각기 집단의 도덕성, 그 주요인물들의 철학과 세계관, 그리고 국면국면의 의미와 대처하는 각기의 전술…… 등을 면밀히 그리고 비교적 정확히 관찰하고 있었기 때문에 '통킹만 사건'이라는 발표 내용에 납득이 가지 않는 부분이 있었다. 그렇지만 나의 의심을 뒷받침할 만한 자료는 없었다.

그러고 있는데, 북폭을 기정사실화하는 데 성공한 미국정부가 의회에 대통령의 전쟁권한 부여를 요구하는 결의안을 제출했다. 무제한의 북폭과 해안봉쇄를 하려는 것이다. '미국식 애국주의에 머리가 돌아버린 미국의회는 반대 2표를 제외하고는 만장일치로 그 결의안을 통과시켰다. 그런데 반대표를 던진 상원의원 웨인 모스(Wain Morse) 씨가 그 반대이유로 소위 통킹만 사건에는 밝혀져야 할 일이 있다고 말한 것이 보도되었다. 그가 알고서도 공개적으로 밝히지 않았는지, 확고한 증거가 없어서 그 정도로 그쳤는지는 모르지만 어쨌든 나는 북베트남으로서는 그때의 정세와 상황으로 공해상에서 6명이 타는 소형 어뢰정으로 미국함정에 무모한 공격을 할 이유가 없다고 판단하고 있었다. 모스 의원의 말 뒤에 뭔가 있다고 직감한 나는 그때부터 온갖 자료와 정보에서 진실을 가려내려고 애썼다. 우리나라 신문은 물론 세계의 모든 신문이 미국정부 발표만을 대대적으로 보도하고 있을 때다.

그러는 차에 미국의 베트남전쟁 수행의 전 과정에서 비밀정책 결정에 참여했던 국무성 관리 다니엘 엘스버그 씨가 뭔가 중요한 비밀문서를 『뉴욕타임스』와 『와싱톤 포스트』에 누설했다는 기사가 나왔다. 미국정부가 그 극비문서를 공개하지 못하도록 두 신문을 법원에 고소했다. 그러는 동안에 그 극비문서의 일부가 다시 신문사 밖으로 흘러나왔다는 정보를 입수했다. 나는 『와싱톤 포스트』 편집국에 근무하는 옛 친구에게 급히 편지를 써서 그 속에 통킹만 사건과 관련된 것이 있지 않느냐고 문의했다. 얼마 후 미국 법원이 정부의 고소를 물리치고 신문의 보도자유를 지지하자 비밀문서는 게재되기 시작했다. 나는 그때 그 전문의 사본을 손에 쥐고 있었다.

이것이 베트남 사태(전쟁)에서 언제나 내가 한국 내에서 '이상한 노선'을 걷는 사람으로 지목되고 '위험시'돼온 배경이다. 많은 베트남 사태의 논문은 그같이 끊임없이 예민한 촉각을 곤두세운 노력으로 쓴 것들이다. '각고'(刻苦)는 이것을 두고 하는 말이다. 정말 피땀 나는 노력의 결정이었다. 안이하게 미국정부의 발표문이나 미국군부의 공표문서 따위에 의존하는 태도는 나의 의식과 책임감에서 용서되지 않는 것이었다. 이 때문에 그리고 그밖의 비슷한 다른 글 때문에 얼마나 고초를 당했는지 새삼스럽게 여기에 적을 필요가 없다. 일본과의 관계에서도 그러했다.

그 모든 '특종'적 또는 '예언'적 글들은 한마디로 진실을 추구하려는 집념의 결정이었다. 이 한 가지만은 평생에 자랑할 것이란 아무것도 없는 나인데도 주저없이 말할 수 있다.

이와 관련해서 훨씬 훗날, 뜻밖에 재미나는 이야기를 들었다. 박정희 말기에 바로 『우상과 이성』『8억인과의 대화』를 구실로 2년간의 징역살이를 마치고 나온 뒤이다. 『전환시대의 논리』에도 같은 종류의 글이 있으니 그때부터 친다면 나의 책이 읽히기 시작한 지 8년이나 지난 후다. 나와 친한 한 젊은 독자가 무슨 자리에서 나의 책에 관해서 이야기하던 말끝이다.

"이 선생님에게는 저 자신도 상당한 기간 동안 오해하고 있던 부분이 있어요. 저만이 아니라 그런 사람이 더러 있지요."

"오해야 사람이 살아가는 세상에서 있게 마련이지. 그게 뭐 대단한 일이겠어?"

"아니에요. 그렇지 않아요."

그는 내가 관심을 보이면서 한번 알고나 지나자고 말하자 멋쩍은 듯이 뒷머리를 긁적긁적하면서 말했다.

"사실은 말이지요……."

"괜찮아, 말해봐. 나는 아무렇게도 생각하지 않으니까."

"그러면 말하지요. 사실은 어떤 사람이 이 선생님은 USCIA나 KCIA와 상당히 깊은 관계를 맺고 있다고 말했어요. 물론 여러 해 전이지만 말이에요. 저도 조금은 그렇게 생각한 적도 있었어요."

세상의 모든 것과 '밀접한 관계를 가질 수 있다 해도 설마 그 두 기관과 내가 깊은 관계를 가졌다는 말이 나올 수 있다는 것은 천만뜻밖이었다. 그것은 나의 시원찮은 상상력으로는 이해할 수가 없는 일이었다. 무엇이 그런 오해를 낳게 했을까? 악의에서 나온 어느 쪽의 의도적 중상모략이 아니라면 말이다. 그래서 나는 어째서 그런 말이 나오게 됐느냐고 반문했다. 젊은이는 그러면 오해도 이미 풀린 바이니 솔직히 이야기하겠노라고 했다.

"사실은 말입니다…… 선생님이 국제문제나 국제관계의 논문을 발표할 때마다 도저히 국내에서는 입수할 수 없는 정보와 자료·문서들에서 인용했습니다. 저희들은 깜짝 놀라면서 솔직히 이런 비밀자료·정보를 어떻게 리영희 교수는 재빨리 쉽게 입수할까? 하고 놀라는 한편으로 의아스럽게 생각했던 것이 사실입니다. 그게 한두 번이 아니었으니까요. 70년대를 통해서 선생님의 글이 언제나 화제가 되고 연구나 토론의 대상이 되었지요. 그럴 때마다 우리들은 USCIA와 같은 관련이 없고서야 세상에 알려지지도 않은 그런 고급기밀에 관한 미국정부의 자료·문서를 재빨리 소상히 인용할 수 있겠는가 하는 생각을 했던 거지요. 한때의 이야기였지만 말입니다."

"하하하, 그랬구만. 나는 전혀 낌새도 못 채고 지났는데 그래, 하하하……."

사실 말이지 나에게 있어서 글 쓰는 작업은 자료수집이 거의 90퍼센트라고 할 수 있다. 그러자니 그 고생은 보통이 아니었다. 매순간마다 국제관계 전반에 대해서 날카롭게 살펴야 하고, 하찮은 것같이 보이는 어떤 힌트가 있어도 그것이 빙산의 일각으로 돌출한 그 수평 아래 숨어 있는 거대한 진실의 덩어리를 찾아내려고 갖은 애를 썼다. 이런 일은 소위 국제 정치학자들은 하지 않고 또 하지도 못하는 일이다.

1960년대 중반에 일본군대는 한반도에 출병(出兵)하는 대규모 가상훈련을 실시한 적이 있다. 물론 극비훈련이었다. 나는 그 몇 달 후에는 그 훈련의 대체적 윤곽을 그릴 수 있을 만한 작은 힌트를 입수했다. 그리고 백방으로 세부 정보의 수집에 힘썼다. 그 결과 드러난 것이 유명한 '미쓰야(三矢) 계획'이다. 일본군대는 이미 한일회담이 막바지 단계에 접어들었던 그 당시, 남한을 지원한다는 명분이기는 하지만 북한군을 대상으로 하는 한반도전쟁에의 직접개입 계획을 모의훈련했던 것이 밝혀졌다. 물론 미국군대의 대한반도 전략의 일환이었고 미·일·한 3국 군사체제는 한일회담 타결 후의 군사적 구상이었다. 그 글이 나가자 나는 당장에 중앙정보부로 끌려갔다. 어떻게 그런 극비정보를 입수했느냐는 추궁이었다. 굉장히 높은 직책에 있는 사람의 문책이었다. 그는 자기 기관도 그것을 알지 못하고 있었는데 도저히 한 개인으로서는 불가능한 일이라는 것이었다. 그가 실제로 '미쓰야 계획'에 관해서 정보가 없었는지는 알 수가 없다. 어쨌든 그는 내가 USCIA나 일본 정보기관과 관련이 있지나 않은가 추측했을지도 모른다. 그러다보니 재미나는 일이다. 이쪽저쪽에서 의혹의 대상이 되었으리라는 짐작이 간다.

그 모든 것의 비결은(비결이라고 할 수 있다면), 진실을 철저하게 구명해야 만족하는 나의 성격 탓이다. 그리고 나의 이공학 분야 대학공부도 크게 도움이 되었다. 마치 건축구조물을 구성하듯이 또는 어떤 신경·세포체계를 해부 또는 재구성하듯이 수백 가지의 정보와 자료를 치밀하게 제자리에 맞추어본다. 반드시 빈 칸이나 단절이 생긴다. 그것을 집중적으로 찾는다. 결과적으로 하나의 완전한 구도가 형성된다. 그때 비로소 나는 만족하고 글로 옮기는 것이다. 이 방식을 만족하게 시험하지 못한 주제가 하나 있다. 한반도의 남·북한 관계와 분단민족의 재통합에 관한 현실분석, 그리고 가능한 통일방식에 관해서다. 너무도 금기(禁忌)가 많고 위험이 분명한 상태로 앞을 가로막기 때문이다. 그 한계 내에서 최선을 다한 것이 「한반도 정세의 질적 변화와 민족적 과제」(「한반도는 초강국들의 핵볼모가 되려는가?」)였다. 이 논문은 세계 여러 나라에서 소개되었다.

달이 태초부터 반쪽이 아니라는 인식

자료수집과 함께 상황판단의 다면적 시각도 비결의 하나라면 하나다. 다행히도 일어·영어·프랑스어·중국어를 하는 덕택에 자료와 정보도 다방면일 수 있었다. 같은 사건과 관계를 놓고서도 여러 관점, 여러 가치관, 여러 이해관계에서 뜯어볼 수 있다. 이데올로기와 동·서 세계의 이해가 대립하는 주제에서 미국정부의 허위 발표문이나 공식문헌만을 위주로 하는 소위 '미국유학파'가 몰입해 있는 함정에 빠지지 않은 것도 그 때문이라 할 수 있다. 한때 중국혁명, 베트남전쟁, 미·소 대결, 아프리카의 민족해방 시기, 그리고 중동사태의 풍운이 급습할 때, 나는 서울에 있는 주요 대사관 도서실과 홍보기관을 매주 1회씩 차례로 순례했다. 관련된 자료를 수집하기 위해서다. 몇 개 국어의 능력도 중요하지만 집념과 끈기는 더욱 중요하다. 문제의 가려진 부분을 기어이 파헤쳐서 이 나라의 독자에게 진실을 알리겠다는 사명감이 있었다. 그리고 무엇보다도 60년대와 70년대의 나는 젊었다. 그 모든 작업은 건강 없이는 불가능하다. 친구가 좋아서 거의 매일이다시피 술을 마시면서도 밤새워 자료를 읽고 분류하고 정리하는 작업은 건강해야만 될 일이었다. 비서도 조수도 없이 처음부터 끝까지 혼자서 해야 하는 갖추어지지 않은 조건에서는 더욱 그러했다. 아내가 그런 교육을 받지 못했고, 집안살이밖에는 관심이 없는 여성이다 보니 한층 힘겨웠다. (물론 가정을 잘 꾸려준 그 공을 모르는 바 아니지만, 남편의 글 때문에 겪은 아내의 고생과, 그 긴 고난을 웃으면서 견뎌온 이해심과 정신적 건강에 나는 무한한 경의를 품고 있다.)

마르크스 이론과 변증법의 공부도 크게 기여했다. 그것은 일찍이 나에게 사물·관계를 평면적이 아니라 총체적으로 관찰하고 생각할 필요성과 방법을 가르쳐주었다. 모든 현상을 정적(靜的)이 아니라 동적(動的)인 것으로 보는 시각도 제공해주었다. 관념론과 주관주의에서 탈피할 수 있었다. 물(物)적 관계를 토대로 하지 않는 도덕주의와 추상론, 신비주의적 경향에 빠지지 않은 것도 그 덕택이다. 역사성을 무시한 소위 '현실론'과 상대주의에서도 해방되었다. 자본주의적 가치관·윤리도덕·세계관·사관…… 들과 함께 사회주의적 그것들에 대한 인식을 갖게 됐다. 50년대 후반과

60년대 기간이다. 그때부터 나는 한 눈이 아니라 두 눈으로 세상과 사물을 볼 수 있게 되었다. 많은 서적을 사 모았고, 적지 않은 분량을 독파했다. 그때까지 절반밖에 보지 못했던 인간사회와 세계의 다른 절반이 인식의 시야 속에 들어오기 시작했다. 맹목적 애국주의나 집권세력과 기득권자들의 논리인 '국가지상주의'의 허구를 드러내려는 것이 나의 수필류의 주된 의도였다. 시민의 의식을 잠재우고 최면술을 걸려는 감상주의·복고주의·낭만주의에 맞서 싸우려는 것이 수필류의 정신이었다. 그렇게 해서 달(月)의 뒷면을 볼 수 있게 하고, 달이 태초부터 반쪽의 물체가 아니라는 진실을 알게 하려 했다.

그로 인한 인식력의 확대는 국제분야에 못지않게 국내문제, 사회문제, 그리고 분단된 민족문제를 대하는 시각을 어느 정도 넓혀주었다고 생각한다. 거꾸로 서 있던 대상이 바른 모습으로 새로 나타났고, 일그러진 것으로 알았던 현상이 균정된 면모로 파악되었다. 부분과 함께 전체가 사유되고, 부분은 전체이고 전체는 부분이라는 역설 같은 변증법적 관계가 선명하게 렌즈 속에 포착되었던 것이다. 이것을 가능하게 해준 50년대, 60년대를 통한 이 공부는 나에게는 코페르니쿠스나 갈릴레오가 느꼈을 경이와 희열이었다. 1974년에 나온 『전환시대의 논리』의 첫머리에서 코페르니쿠스에게 헌사를 바친 것은 그 때문이다. 태양이 돌고 있는 게 아니라 지구가 돌고 있다는 것을 알게 된 코페르니쿠스는 정치권력과 교회권력의 핍박을 받았을 뿐만 아니라 강요된 허위를 진실로, 환상을 실체로 믿고 또 그렇게 믿어야 마음이 편한 민중의 박해까지 받아야 했다. 그로부터 531년이 지난 1970년대에도 우주의 한 구석 대한민국이라는 나라에서는 여전히 태양이 지구의 둘레를 돌아야 했다. 감히 코페르니쿠스와의 비교를 자청하는 것은 아니었지만, 『전환시대의 논리』를 발간하면서 『천체의 회전에 관하여』라는 책을 '가설'이라고 궤변해야 했던 그의 심정과 처지만은 충분히 실감할 수 있었다. 그러나 나의 글로 해서 두 눈을 뜨게 된, 그리고 지배하는 자의 논리로서가 아니라 지배받고 있는 입장의 논리로 생각하게 된 많은 젊은이들에게 나는 큰 죄를 지었다. 수없이 많은 젊은 지식인들이 '의식화'되어 그로 말미암아서 고행을 해야 했던 것이다. 나 자신이 겪은 고생은 차라리 '자업자득'으로 치부해두자.

노신(魯迅)을 바라보며

어려운 시대를 살면서 생각하고 글을 써야 하는 나에게 많은 영향을 준 사람은 노신(魯迅)이다. 나는 그를 무척 사랑한다. 존경한다기보다 먼저 사랑한다.

나는 글을 '쉽게 쓴다'는 평을 가끔 듣는다. 지식이 달리고 사유의 깊이가 얕아서 어려운 글은 아예 나의 미칠 바가 아니다. 쉬운 것밖에 쓸 능력이 없다는 것이 이유의 전부다. 그렇기는 하지만 '평이하게 알기 쉽게' 쓰기 위해서는 일정한 마음가짐이 앞서야 하고, 부단한 자기반성과 훈련이 따라야 한다는 것도 사실이다. 그냥 쉽게 쓰여지는 것은 아니다.

노신의 글에는 하나도 어려운 글이 없다. '난삽'하거나 '현학'적인 글은 아예 그와는 무관하다. 그런 종류의 글은 그가 살던 중국 사회와 학계에서 주로 유럽과 미국에서 유학하고 돌아온 '박사'들이 즐겨 썼다. 그들은 외국어를 많이 섞어 쓸수록 학문적으로 사상적으로 자기를 과시하는 것으로 생각한 흔적이 있다. 그들의 글은 학자들끼리의 대화였지 중국민중을 위하거나 대상으로 한 글이 아니었다. 사실 '유학박사'들에게는 억눌리고 무식한 동포를 구해야 한다는 생각보다는 외국(특히 미국)에서 배워온 지식을 밑천으로 해서 입신출세하는 것이 더 중요한 일이었다. 물론 몇몇 예외가 없는 것은 아니다.

내가 『우상과 이성』의 첫머리에 노신의 글을 인용하면서 그에 대한 헌사로 삼은 까닭은 그에 대한 나의 빚을 갚으려는 생각에서였다. 그에게서 진 빚이 무엇인가?

그의 삶의 기본자세에서 배운 빚이다. 일본유학 때 중국인의 몽매함을 절감하고 의학공부로 신체의 병을 고치기보다 동포의 정신의 병을 고치겠다고 문학수업으로 전환한 내력은 모르는 이가 없다. 그는 원래 뜻했던 소설문학으로서보다는 평론으로 중국민중의 정신적·의식적 몽매를 깨우치는 역할을 했다. 그의 마음은 언제나 민중과 함께 있었고 민중 속에 있었다. 민중을 속이는 모든 허위와 권력에 대해서는 용감한 전사였다. 민중에 대한 무한한 사랑은 그의 글을 평이하고 이해하기 쉬워야 한다는 각성으로 이끌었다.

그의 글에는 현학적인 요소가 없다. 고매한 학설이나 이론으로 탁상공론하는 것은 동포에 대한 지식인의 배신행위로 생각했다. 그리고 그는 중국 지식인의 전통적 인생관인 "영원히 청사(靑史)에 이름을 남긴다"는 허황한 생각을 거부했다. 그렇게 과대망상적이 아니었을 뿐 아니라 자신이 사는 시대에서의 일정한 한정된 역할로 만족한 것이다. 나는 노신의 이 점이 좋다. 영원·허망·허영·허식·허욕을 마음에서 떨쳐버리면, 눈앞의 현실을 개혁하기 위해서 무엇을 해야 할 것인가는 자명해진다. 노신이 그 시대의 중국사회에서 해야 할 일은 전통과 지배계급의 허위를 까밝히는 일이었다. 몽매한 민중의 의식을 깨우치는 작업이었다. 그러자면 글을 어떻게 써야 하는가? 쉬운 말을 가지고 알기 쉽게 써야 한다. 복잡하고 어려운 사물·관계를 평이하게 풀어 써야 한다. 추상적 용어를 덜 쓰고, 구체적 낱말로 표현해야 한다. 이론으로 해명하려 하지 말고 구체적 증거와 자료를 풍부히 동원해서 제시해야 한다. 학자·전문가·교수·박사 따위의 자화자찬의 높은 자리에서 '가르쳐준다'는 교만한 자세가 아니라 '함께 고민하고, 함께 생각해보자'는 친절함이 원바탕이어야 한다. ……이것이 노신이었다.

그가 글을 쓴 시대의 상황은 70년대 오늘의 우리나라 상황과 비슷하다. 정면으로 글을 쓰지 못하는 '반지성'의 시대였기 때문에 역설·해학·완곡·비유…… 등으로 뜻을 전한 것이 많다. 그 기법을 그에게서 배우려고 했다. 나는 평론류의 글을 쓰기에 앞서 『노신전집』에서 아무 글이나 책이 펼쳐지는 대로 읽는다. 글을 다 써놓고 노신의 마음이 되어 음미해본다. 이런 습관이 든 지 벌써 30년이 가까워간다. 나는 그에게 많은 빚을 지고 있다. 그 마음의 표시라도 하고 싶어서 『우상과 이성』의 첫머리에서 "빛도 공기도 들어오지 않는 단단한 방속에 갇혀서 죽음의 시간을 기다리는 사람에게, 벽에 구멍을 뚫어 밝은 빛과 맑은 공기를 넣어주는 것이 옳은 일인지 아닌지를 궁리하"는 노신의 고민을 인용하여 그에 대한 헌사에 대신했던 것이다. 내가 이 나라의 한 시대를 사는 '반의식'의 철통 속에 갇혀서 사는 학생들에게 어느 만큼의 신선한 공기와 빛을 넣어주었는지는 나도 계량할 수 없다. 하지만 권력을 쥔 쪽에서 말끝마다 '의식화의 원흉'이라고 호통을 치는 것으로 미루어 헛수고만은 아니었다고 자위한다.

내가 나 자신을 생각해도 나는 참 우스운 사람이다. 노신처럼 대학시절에 대오각성해서 동포의 정신적 구제에 헌신할 대전환을 할 정열도 의식도 없었다. 해양대학이라는 곳을 꼬박 4년간 다니면서 시간을 낭비했고, 7년간을 6·25 속에서 사는 동안 배웠다는 것은 권총사격술뿐이다. 나의 권총 쏘는 솜씨는 대단하다. 작년 가을, 권총을 놓은 지 32년 만에 전방시찰을 나간 기회에 시험했더니 조금도 녹슬지 않았음을 확인했다. 백발백중이었다. 배를 타는 대학을 나왔으나 배 근처에도 못 가보고 6·25 피난길에 육군에 들어가버렸다. 7년간의 보병생활은 최전방에서였다. 후방에 남아 있는 동창·동기생들은 졸업 직후 전란 중에 학사학위(이학사) 수속을 밟아, 그나마 학위라는 것을 가지고 있다. 그러나 나는 최전방에서 전전하는 동안 학교와 연락이 두절되어 그 수속절차를 거치지 못했다. 그런 과정이 필요한지도 몰랐고 그런 절차를 대학과 문교부에서 하고 있다는 것도 몰랐다. 그래서 나는 학사학위가 없다.

언론계에 들어온 뒤에 미국의 노스웨스턴대학 대학원의 연수과정에 잠깐 가 있었으나 그것은 물론 석사학위를 주는 과정이 아니었다. 그래서 석사학위도 없다. 예편 후에 곧바로 언론계에 들어가 실무에만 17년을 종사했으니 박사학위도 없다. 그런 것을 위해서 시간을 보낼 형편도 아니었고 필요도 없었으니까. 외신부장 당시에 대학에 강사로 나가게 되었다. 그리고 고려대학에 군대가 진주했던 1971년 말, 그것을 규탄하는 지식인 64명의 성명을 낸 것이 화근이 되어 언론계에서 쫓겨났다. 『동아일보』에서 천관우(千寬宇) 씨가 함께 그 시련을 당했다.

그러기에 나는 이력서를 써야 할 때마다 이 '학위'란에 와서는 주춤하곤 한다. "그거, 남이 다 하는 학위라는 것을 해둘걸"하고 중얼거리기도 한다. 가벼운 후회가 없는 것도 아니지만 그것도 이 나이가 되어서는 돌이킬 수 없는 일이다. 다만 중국의 노신도 아무런 학위의 후광 없이 그의 역할을 다했다는 사실로 자기를 격려하곤 한다. 그러나 사실 말이지 몹시 힘에 겹다.

어머니 임종 못한 '불효자'

권력에 의해 언론계에서 몰려난 것이 차라리 전화위복이었는지 그대로 그 대학에 조교수로 발령을 받아 주저앉게 되었다. 1972년 초다. 한국에서 정부가 승인한 최초의 대학부설의 중국문제연구소를 개설하여 한참 학교와 연구에 재미를 붙일 참이었다. 중국현대사와 혁명에 관한 공부에 몰두했다. 그러나 나에게 그런 복이 오래 허용될 리가 있겠는가? 유신체제와 긴급조치를 발동한 정부는 대학교수의 숙청을 개시했다. 소위 '교수재임용법'이라는 것이다. 대학에서 자리잡은 지 만 4년 후인 1976년 2월 재임용법 제1회 적용으로 대학에서 쫓겨났다. 언론계에서 두 번 쫓겨나고, 세 번째다.

나만이 당한 것도 아니었고, 언론계에서 이미 두 번이나 같은 경험이 있으니 비교적 태연했다. 아마 교수를 천직으로 삼고 조교에서부터 시작해서 각고해온 다른 교수들은 정말 앞이 캄캄했으리라 생각된다. 파쇼체제가 영원할 것만 같아 보였던 시절이니까.

이때부터 주로 번역으로 호구지책을 삼는 생활이 시작되었다. 번역으로 밥을 먹으면서 시간을 쪼개어 저술을 게을리하지 않았다. 본래 최저한 수준의 생활을 해왔고, 그것이 몸에 밴 인생이라서, 처음 언론계에서 쫓겨났던 1969년 당시에 비하면 가족들도 마음에 여유가 있었다. 그것이 나에게 힘이 되었다. 이 기간에 2권의 책을 출판했으니 그것이 창작과 비평사에서 나온 『8억인과의 대화』와 한길사의 『우상과 이성』이다.

먼저 나온 『8억인과의 대화』 초판의 표지 안쪽을 보면 이렇게 적혀 있다.

단명의 책

1977년 8월 26일 서점에 처음으로 선을 보이다.

1977년 9월 10일경 당국의 판매보류 · 회수 지시 내리다.

1977년 10월 초에 비공식적으로 다시 판매 허용하다.

1977년 11월 1일 정식으로 정보부 심의결과에 따라 회수 · 판금조치 내리다.

바로 그와 같은 조치가 취해진 11월 1일에 『우상과 이성』이 세상에 태어난 것이다. 만약에 그의 중형인 『8억인과의 대화』가 조금 더 일찍 세상에 나와서 물정을 익히고 철이 들었더라면 동생에게 탄생을 서둘지 말라는 위험신호를 보낼 수 있었을지도 모른다. 불행하게도 그러질 못해 형제는 두 달 사이로 거의 동시에 탄생했다. 그렇게 해서 두 형제는 '반공법'이라는, 세상에서도 무서운 형틀에 나란히 묶이게 된 것이다.

1977년 11월 23일 아침 7시, 나는 집에서 세 사람의 낯선 손님의 방문을 받았다. 그들은 다짜고짜로 서재로 올라가 몇백 권의 책을 훑어 꾸렸다.

"잠깐 조사할 일이 있으니 함께 갑시다"라는 말로 끌려간 곳은 남영동에 있는 높은 담에 둘러싸인 건물이었다. '치안본부 대공분실'이라고 했다.

조사의 목적이 『우상과 이성』과 『8억인과의 대화』를 반공법으로 묶으려는 것임을 비로소 알았다. 조사의 과정은 적을 필요가 없을 것이다. 그 시기와 그 후 오늘날까지 너무나 많은 지식인이 같은 고통을 겪었으니 이 나라에서는 그 이야기는 이미 '생각하는 사람'들에게 일상적인 체험담에 지나지 않게 되어버렸기 때문이다. 여기서 20일간 닦달을 받고, 검찰에서 다시 20일간의 같은 절차를 거치고 12월 27일 '반공법 제4조 23항'이라는 법률 위반으로 기소되었다.

기소된 그날 새벽 5시, 병석에 누워 계시던 어머니가 86세로 세상을 떠났다. 기소되었으니 검찰이 부를 까닭이 없는데, 서대문 구치소에서 '검출'(檢出, 검사의 호출)이라고 또 오랏줄에 묶어 세운다. 영문을 모른 채 호송되어 검사실로 들어서니 뜻밖에 아내가 거기 있지 않은가. 40일 동안에 꼭 두 번 구치소에서 면회가 허용되었는데 그때는 볼품없는 죄수복일망정 묶인 꼴은 아니었다. 처음으로 꽁꽁 묶여서 들어서는 남편을 보자 아내는 눈물을 쏟았다.

검사는 웬일인지 간수에게 포승을 풀어주도록 지시했다. 아내를 불러다 놓은 이유도 궁금한데 포승을 완전히 풀어준다는 특별 대우에 심상치 않은 예감이 스쳤다. 인사의 말도 없이 나는 아내의 손을 부여잡고 물었다.

"어머니는 어때요?"

아내는 대답 대신 더 크게 흐느끼기만 하더니, 잠시 후 얼굴을 바로 들고 나를 똑바로 바라보면서 낮은 소리로 말했다.

"오늘 새벽에 돌아가셨어요."

나는 그 순간 "드디어 왔구나"를 속에서 뇌었다. 그러나 너무도 여러 날 지속된 긴장 탓인지 몽롱해진 머리에서는 눈물이 미처 나오질 않았다. 한참 후에야 충격과 체념 그리고 분노가 범벅이 되어 눈물로 쏟아져 흘렀다. 앞에서 흐느끼고 있는 아내의 어깨를 꽉 껴안았다.

40일 전 관헌들의 재촉으로 집을 나서던 아침, 어머니 방 문을 열어 잡고 선 채 내려다보면서 작별한 어머니의 여윈 얼굴이 흐르는 눈물 속에 떠올랐다. 나는 태연한 목소리로 "어머니, 잠깐 어디 다녀올게요"라고 말했다. 듣기는 하시지만 말은 이미 못 하게 된 어머니의 입술이 가볍게 떨리면서 눈으로만 "어딜 가니 얘야, 곧 돌아오니?"라고 물었다. 나는 "잠깐이에요"라고 대답했던 것이다. 정말 '잠깐'인 줄 알았다. 설마하니 평생 동안 모셔온 어머니가 세상을 떠나는데 임종도 못 하게 되리라고는 생각지 못했다. 이 나라의 잘됨을 위해서 정성과 충성을 다해온 사람에게 법률의 이름으로 2년의 '반공법' 징역을 살라 하리라고는 더더구나 상상조차 못 한 일이었다.

잠시 후 검사의 독촉으로 나와 아내는 붙잡았던 손을 놓고 검사실의 문을 열고 밖으로 나왔다. 아내는 어머니의 장례를 치르기 위해서 집으로, 나는 다시 아침에 나온 서대문구치소의 추하고 섬뜩한 녹슨 철창의 감방으로 되돌아가기 위해서. 아내는 검찰청 마당에 서서, 오라에 칭칭 묶인 몸을 뒤뚱거리면서 구치소 버스를 올라타는 나를 넋을 잃고 바라보고만 있었다. 영하 15도의 섣달 바람이 두 사람 사이로 먼지를 날리며 불어갔다.

아내 윤영자와 나

나와 윤영자(尹英子)라는 여성이 서로 남편이 되고 아내가 되어서 살기 시작한 것이 엊그제 같기만 한데, 햇수를 따져보니 올해로 30년이라는 적지 않은 세월이 흘렀다. 생전에 듣도 보도 못했던 사람끼리 만나서 함께 산 인생으로는 결코 짧다고는 말할 수 없는 세월이 흘렀다. 새해를 맞으면서 불현듯 생각나서 돌이켜보니 세월이 물과 같다는 어른들의 말이 서글프게 실감이 난다.

결혼을 한 것이 6·25전쟁의 휴전 직후, 모두가 고달팠던 시절이었기도 했지만, 그런 이유보다는 차라리 남편이 못났기 때문에 그 30년 동안 아내는 남달리 한 많은 삶을 살았다. 나는 아내의 고생을 잘 알면서도 나의 세상 사는 태도를 고치지 못(안)한 까닭에 아내에게 일방적인 희생을 강요한 셈이 되었다. 인간으로나 능력으로나 구제할 가망이 없다고 일찌감치 판정을 내렸다면, 그는 일찌감치 나를 떠나 훨씬 행복한 인생을 누릴 수 있었을 것이다.

그런데 그녀는 남편이 마음을 돌려잡아 한 시절의 '학식 많고 덕망 높은' 사람들의 부류에 섞이게 될 것을 기대했음인지는 모르지만, 어쨌든 나를 떠나지 않고 30년 동안 온갖 어려움과 시대의 수모를 겪으면서 곁에 있어주었다. 생각할수록 고마워진다. 이제 그 긴 시간이 흐르고서야 겨우 아내의 심성을 어렴풋이 알아차릴 것 같은 느낌이 들고 보니, 윤영자라는 여성은 정말로 한심한 남편에게 시집을 온 셈이다.

오늘은 토요일.

학교를 쉬고 아랫목에 누워서, 지나간 한 시기의 험난했던 생존의 기억들을 정리할 셈으로, 그동안 미루어두었던 문서(文書)니 기록이니 교신(交信) 따위의 해묵은 다발을 끌어내어 들추고 있는데, 누렇게 색이 바랜 아내의 일기장이 나온다.

'이 사람이 혼자서 무슨 생각을 하고 있었을까?'

나는 남의 보지 못할 곳을 들여다보는 것 같은 야릇한 죄의식과 호기심으로 대학 노트의 겉장을 넘긴다. 서투른 글씨지만 또박또박 적혀 있었다.

1978년 9월 29일

오늘은 여러 달 동안 계속되어온 재판의 항소심 마지막 결심(抉審)의 날이다. 나는 한발 한발 조용히 발을 옮기면서 법원으로 갔다.

날씨는 맑고 하늘은 높았으나 나는 무거운 마음으로 방청석에 나온 인사들을 맞았다. 오늘 석방되리라고는 생각하지 않지만 그래도 마음 한구석에는 조그마한 희망이 없지도 않았다. 어젯밤에는 김치도 담가놓았고, 아침에 집을 나오기 전에 목욕물도 데워놓았다. 하지만 방청 온 분 누구에게도 이런 이야기는 하지 않았다.

뜻밖에도 징역 2년이라는 판결을 받는 순간, 나는 분노와 증오심으로 몸이 떨렸다. 걷잡을 수 없이 흐트러진 마음을 억누르면서 친구들과 함께 집으로 돌아왔다. 실컷 목놓아 울고만 싶었다. 그러나 친구들에게도 아이들에게도 엄마의 이런 가련한 모습을 보이기는 싫었다.

앞으로도 1년이 넘는 세월을 어떻게 보낼 것인지 암담하기만 하다.

저녁에 아이들이 돌아왔다.

"아버지 재판 어떻게 되었어요?" 나는 아이들의 물음에 짐짓 태연한 표정을 지으면서 대답했다.

"2년형을 받았단다. 앞으로 1년 이상 더 기다려야겠다. 너희들은 몸 건강하게 공부 잘하면 그것이 아버지를 생각하는 길이다."

나는 하루분의 일기를 읽고 나서 공책을 내려놓고 잠시 눈을 감고 회상에 잠긴다. 1977년 11월 23일 아침, 느닷없이 찾아든 네 사람의 사복경관에게 끌려가 영문도 모른 채 조사를 받은 결과 『8억인과의 대화』와 『우상과 이성』의 저서가 '해외 공산집단을 고무 찬양한 것'이 된다는 것이었다. 온갖 항변도 소용없이 한 달 뒤인 12월 27일에 기소되었고, 바로 기소된 날 새벽 4시에 늙은 어머니는 오랜 숙환 끝에 "아들이 어디 갔느냐?"고 채 말을 다 맺지 못한 채 마지막 숨을 거두었다(물론 이 이야기는 2년 후 출옥해서 들었다). 그리고 제1심에서 징역 3년이 언도되었고, 항소심에서 2년의 판결이 난 것이다.

그날 밧줄에 묶여서 공판정을 끌려 나가는 나와 눈이 마주친 아내가 말은 못 하고 손만 흔들어 보였던 모습이 한 옛날의 꿈을 회상하듯 아련히 떠오른다.

"아, 그날 당신은 내가 나오기를 기다려 김치를 담그고 목욕물도 데워놓고 나왔구려."

나는 다시 일기장을 펴들고 넘긴다.

9월 30일

아침 일찍 일어나서 아이들을 학교에 보내놓고 집안을 치운 다음 홀로 밥상머리에 앉았다. 벌써 남편이 끌려 나간 지 1년 가까이 이런 생활을 해왔지만 오늘따라 왜 이렇게 허전하고 괴로운지 모르겠다.

나는 수저를 놓고 목놓아 울었다. 아무도 듣는 이 없고, 보는 이 없다. 실컷 울고 나니 마음이 좀 시원해졌다. 나는 미친 듯이 "여보, 여보"하고 불렀다. 그러자 또 울음이 터져나왔다.

2층으로 올라가 주인 없는 서재에 들어갔다. 책장에 가득 꽂힌 책들을 하염없이 바라보면서 한없이 앉아 있었다.

정신을 차려 밑으로 내려와 먹다 만 아침을 먹었다. 먹어야 한다. 아이들을 위해서 굳세게 살아야지. 앞으로 1년을 열심히 뛰어야지. 1년이다. 1년만 참자.

판결소식을 들은 친구들이 몰려왔다. 남편의 후배친구 이○○ 씨가 다녀갔다. 생활에 보태라고 돈을 놓고 갔다.

오늘은 몹시 피로하다. 머리가 아프다.

아내가 이렇게 괴로워서 울부짖던 그 시간에 나는 좁은 감방에서 무엇을 생각하고 있었을까? 식구통 앞 옹이구멍이 뚫린 마룻바닥에 콩밥 덩어리와 옥용찬을 받아놓고, 나도 역시 먹다 말고 아내와 아이들을 생각하고 울었을까? 6년 전의 어느 날 아침의 정경을 아득히 더듬어본다. 생각은 더 거슬러 올라가 지난 세월의 상념이 한 편의 필름처럼 망막 속에 영상이 되어 지나간다.

60년대부터 글쓴 것이 말썽이 되어 이리저리 끌려다니기 몇 차례였는지 헤아릴 수도 없다. 그때마다 아내는 이런 고통을 겪으면서 못난 남편을 속으로는 원망했을 것이다. 이성을 상실한 독재자가 종신왕국을 꿈꾸던 70년대 중반에는 무엄하게도 언론자유니 민주주의니 인간의 권리니, 폭군의 귀에 거슬리는 소리만 골라 하다가 그 좋은 언론계 직장에서 두 번이나 쫓겨나는가 하면, 대학 교수직에서도 몰려나 4년 동안 실업자가 되는 통에 아내는 관헌의 눈치만 살피는 나날을 보냈다. 80년대 초에 '서울의 봄'을 맞아 복직되어 월급봉투를 받게 되었는가 하던 찰나에 석 달도 못 가서 다시 끌려가, 몇 달 만에 하늘의 태양을 보게 되었을 적에는 또 실업자가 된 상태였으니 아내의 심정이 어떠했으리라는 것은 설명할 나위도 없다.

어느 아내치고 그런 남편을 좋아할 까닭이 없다. 이왕이면 권세와 세태에 아부해서 지식을 팔고 지조를 팔아서 떵떵거리고 사는 남편의 아내가 되기를 바라는 여자의 심정은 이해하고도 남음이 있다. 짧은 인생 하필 고생을 사서 할까보냐. 그런 여자의 허영과 극성이 남편을 욕보이고 신세를 망치게 하는 경우를 정권이 바뀔 적마다 보아온 터다. 나의 집사람이 남편의 정치적·사상적 '정조'의 소중함을 깨닫기까지는 오랜 세월이 걸렸다. 남들이 부러워하는 좋은 신문사에서 베트남 파병에 '비판적'이라는 이유로 정부의 압력으로 사표를 강요당하고, 고려대학에 군대가 쳐들어간 데 반대하여 학생의 주장을 옹호하면서 위수령 철폐를 요구하는 성명 때문에 통신사에서 쫓겨났다. 유신독재건 긴급조치건, 종신 대통령이건 정치적 타락이건, '죽었습니다'고 잠자코만 있으면서 학생 가르치면 월말마다 꼬박꼬박 월급 나오는 대학교수직을 굳이 "죽은 척 지낼 수는 없지 않느냐"고 말하고 글쓰다가 쫓겨나기를 거듭하는 동안 집사람과 나의 사이에는 갈등이 일기도 했다.

> 여보, 당장에 먹고 살 문제도 그렇거니와 아이들 교육문제를 생각해서라도 제발 평범하게 삽시다. 이렇게 쪼들려서야 지조고 양심이고 다 뭐하는 거요. 식구가 살고 나서 국가도 민주주의도 있는 거지, 이렇게 시달리면서 민족이니 사회정의니 해본들 무슨 소용이 있소.

그렇게 애걸하는 말끝에 나오는 결론은 언제나 "당신의 고집 때문에 식구들이 끝내 햇볕을 못 보고 살게 될 게요. 알아서 하세요"라는 선언이었다. 집사람의 울음 섞인 호소에 나의 마음은 여러 번 흔들렸다. 이렇게 살아오기를 30년이 되었으니 아내에게는 무던히도 고생을 시킨 셈이다. 큰일이 있을 때마다 아내의 목멘 하소연을 듣고 서재에 돌아와서는 혼자 괴로워했다. 가족만을 생각하고 만족하는 남편이 되어주지 못하는 자신의 인생관이나 성격에 대해서 가슴 아픈 반성을 하기도 했다. 그러다가는 "이렇게 이해하지 못하는 아내와 언제까지 참고 살아가야 하나"하는, 아내에 대한 회의가 일어나는 때도 없지 않았다. 아내 쪽에서는 입 밖에 내지는 않았지만 남편에 대한 절망감은 나보다 오히려 몇 배나 더 심각했을 것이다. 가정의 물질적 살림을 맡고 자식들의 교육과 장래를 걱정해야 할 주부로서는 국가니 독재니 민주주의니 인권이니 언론과 사상의 자유니 하는 따위의 가치는 저만치 구름 잡는 이야기일 수밖에 없었다. 여자의 대학교육이라고 별것은 아니지만, 해방 전후기에 고등학교밖에 안 나온 아내로서는 남편의 평안과 자식들의 현재와 장래가 인생 사는 보람의 전부였다. 그리고 그것은 너무나도 당연했다.

그런 성향과 생각을 가진 한 주부이던 윤영자에게도 어느 날 남편의 세계에 공감하는 커다란 정신적 변화가 일어났다. 사상적 비약이라고도 할 수 있는 인생의 큰 전환점을 넘어섰다. 나는 그것을 지금 아내의 일기에서 뒤늦게 확인할 때 오히려 여태까지의 나의 신념을 버리고 아내가 간절하게 소망하던 단순한 '좋은 남편, 좋은 아버지'가 되어주어야겠다는 충동을 느끼지 않을 수 없다. 이제 나는 아내가 나의 세계로 다가오려 했다는 것을 알게 되자 거꾸로 아내의 세계로 끌려 들어가고 있는 나 자신을 발견한다. 어느 날의 일기는 이러하다.

1979년 10월 20일

오늘은 종로 5가 기독교회관에서 특별히 구속되어 있는 교수들을 위한 기도회가 있었다. 많은 해직교수들이 왔다.

오늘 강사는 전 서울대학교의 한완상 교수님이었다. 설교라기보다는 정치강좌 같았다. 나는 마치 대학생이 된 기분으로 한 교수님이 말하는 오늘 이 나라의 정치적 현실, 지배하는 강자인 정권과 지배만 당하는 약자로서의 국민대중의 입장을 비교하면서 설명하는 설교를 들었다. 많은 것을 배우고 많은 것을 느꼈다. 무언가 조금씩 깨닫게 되었다.

그전에는 우리 주변에서 당신만이 고집을 부리고 젊은이들을 위해서 사서 고난의 길을 걷는구나라고 원망을 했는데, 요즈음 당신이 들어가고 나서 내가 사회에 나가보니 많은 사람들이 당신과 비슷한 생각에서 나라를 위해서 민주회복을 위해서 부귀영화를 버리고 투쟁하는 것을 봅니다.

반드시 승리할 거예요. 정의는 승리합니다. 나는 이 나라의 민주주의를 위해서 박해받는 이들을 위한 기도회에 나갔다 오면 용기가 생기고 결코 외롭지 않다는 확신을 갖게 됩니다. 여태까지 답답하기만 했던 마음이 후련해지는 느낌입니다.

기도회가 끝나고 구속된 교수님의 사모님께서 나오셔서 간단히 인사말을 하라고 하는데 큰일났어요. 많은 사람들 앞에서 말을 해본 일이 없는 내가 뭐라고 할 것인지. 나는 하는 수 없이 나가기는 나갔지만 강단에 올라서니 몸이 떨리기도 하고 몇 마디 무슨 말인지 건잡을 수 없는 말로 인사를 하고 내려왔어요. 내려와서 생각하니 '이렇게 말할 것을…… 이 말을 했어야 할 것을……'하는 생각에 후회가 되는군요.

지금 11시 5분, 자야겠군요.

30년 전 우리는 군산에서 결혼했다.

부산에 있는 군부대에 근무 중이던 육군대위 리영희와 제주도가 원고향인 윤영자라는 여성이 그의 거주지인 군산에서 결혼한 것은 두 사람을 다 같이 아는 어떤 이의 중매를 통해서였다.

이 땅의 북단인 압록강변에서 내려온 청년과 이 땅의 남단인 한라산 기슭에 뿌리를 둔 여성과의 결합이 뜻하는 지리적 격차만큼이나 우리 두 사람의 성격도 대조적이었다. 나는 논리를 따지는 성격이고 그는 모난 것이 딱 질색인 성격이다. 나는 까다롭게 분석하고 시비를 가려야 만족하는 형인데 반하여 그는 나의 까다로운 성격이 딱 질색인 덤덤하고 두루뭉술한 형이다. 내가 만사에 정삼각형적이고자 할 때 그는 타원형으로 나타난다. 만약 그의 성격이나 마음이 삼각형이거나 사각형이었다면 두 사람의 생활은 30년을 잇지 못했고 어느 단계에서 모가 부딪쳐 불꽃을 튀기고 헤어졌을지 모른다. 그러기에 나는 요사이 교육받았다는 젊은 여성들이 만사에 남편에게 따지고 덤비는 양키식 풍조에 익숙치 못하다. 남자 위주의 생각인지 모르겠지만, 아내는 남편에게 '지면서 이기는' 것이고, 남편은 '이기면서 지는' 배합이어야 한다고 생각하게 되었다. 나는 아내에게 작은 일에서는 제법 이론적으로 어쩌구저쩌구하면서 이긴 듯했다가도 말싸움이 끝나고 보면 결국 내가 졌다는 자각에서 아내를 존중하게 되었다. 인간관계에서 서투른 이론이나 논리는 사랑의 너그러움을 이기지 못한다는 것을 30년이 지난 결혼생활을 하고서야 겨우 터득했으니 한심한 남편이었다고 할 수밖에 없다. 그런 경험의 탓인지 나는 '남녀의 결합은 50 대 50의 기회'라는 나 나름대로의 결혼철학을 신봉한다. 하느님은—또는 부처님도 좋고 하늘(天)도 좋지만—한 인간에게 결코 100을 갖추어주지는 않는다고 믿게 되었다. 100을 갖춘 사람이란 하느님의 실수로 만들어진 예외적 존재이지 평범한 사람들이 기대할 수 있는 것이 못 된다는 생각이다. 옛날 우리의 조상들은 생전에 보도 듣도 못한 남녀가 타의에 의해 결합했지만, 통틀어 50쌍은 행복하게 살다 죽고 50쌍은 불행스러운 결혼생활을 마치기도 했을 것이다. 결국 인간이란 인간을 '판단'할 수 있는 능력을 가지지 못한 피조물이다. 서로 부족한 점을 보완하면서 100이 되도록 애쓰는 과정이 인생일 것이다.

나도 그렇다. 그러기에 나는 요사이 결혼하는 젊은 남녀들이 연애결혼만이 행복의 조건이라고 생각하는 경향에 대해서 적이 회의적인 사람이다. 연애결혼으로 말하면 미국인들만큼 철저한 개인주의는 없다. 그런데 미국정부 보건후생당국의 어떤 조사보고에 따르면, 미국인 남녀의 결혼은 100쌍 중 30쌍 이상이 2년을 못 가서 파경하고 만다. 그 후 몇 해 사이에 나머지의 상당수도 파탄하고 평생을 해로하는 쌍은 절반을 훨씬 미달한다는 것이다. 마치 결혼이란 파혼과 재혼, 3혼, 5혼을 위한 예행연습에 지나지 않는다는 느낌이다.

몇 해를 두고 연애를 하고 고르고 관찰하고 따졌다는 사이들인데도 요사이 젊은이들의 결혼은 왜 그다지도 값싸게 붙었다 떨어졌다 하는지 이해가 잘 가지 않는다. 왜 그런지 인생을, 결혼생활을 장난으로 여기고 있다는 인상마저 받는다. 사람이 사람을 판단하려는 것부터가 어쩐지 오만인 것 같다. 우리가 인위적으로 좌우할 수 없는 수천 수만 가지의 조건 속에서 만나게 되는 남녀 사이에서의 선택이란 역시 크게는 우연일 수밖에 없지 않겠는가? 그렇다면 그 같은 인간의 한계성을 겸허하게 받아들이면서 인간적 최선을 다하는 '애씀'이 차라리 부부가 결혼생활이라는 예술품을 창조하고 가꾸어가는 길일 것만 같다.

우리 가정에는 식구의 숟가락을 제외하고는 같은 물건으로 두 가지(개) 있는 것이 거의 없다. 순탄치 않은 나의 사회생활 때문에 가난하게 살 수밖에 없는 이유도 있지만 어려서부터 '검소'를 미덕으로 훈도받은 아내의 가정교육의 결과이기도 하다. 아내는 일제시대나 해방 후에도 제법 괜찮은 상업을 하는 가정에서 자랐기에 나보다는 오히려 물질적 혜택을 경험한 여자다. 나 자신의 철학이나 취향이 여성의 인조눈썹, 손톱·발톱 물들이기, 귀걸이 따위의 양키식 유행과 몸치장을 혐오하고 멸시하는 탓이기도 하지만 결혼생활 30년이 지났는데, 결혼반지라고 금반지 하나 준 이후로 그 흔한 백금반지 하나, 보석반지 하나 해준 적이 없다. 아내는 동창회니 뭐니 하는 모임에 갔다와서, 머릿속은 텅 비었는데 겉치레만 번쩍거리는 어떤 친구들을 부러워한 일이 없다. 그런 여자들의 남편과 자기 남편을 패물로 비교하는 생활이었다면 나도 별수 없이 오래전에 '학식 많고 덕망 높다'는 이 사회의 그 흔한 찌꺼기들의 대열에 끼어들었을지 모를 일이다. 생각할수록 고마운 일이 아닐 수 없다.

그러나 내가 식사를 끝내고 두 끝을 깎은 이쑤시개를 끄집어 입에 물려고 할 때 "그것 절반 꺾어주시오"하는 데는 좀 지나치다고 생각이 드는 것도 사실이다. 다 큰 아이들은 "엄마는 창피하게시리, 이쑤시개까지 아껴서 뭐하려는 거예요?"라고 핀잔을 주기도 하지만 그녀는 태연하다. 아내의 답변은 당당하다. "그래, 내가 쓰는 이쑤시개 하나 아낀다고 해서 너희들 먹을 것 입을 것 하나 안 사준 적 있니?" 그 말은 진실이고 그런 까닭에 실증(實證)된 권위의 무게를 지니고 있다. 이제는 나의 쪽에서 먼저 절반을 꺾어주는 습관이 몸에 배게 되었다.

나와 그의 생활에는 자랑도 아니고 쑥스러움도 아닌 일이 한 가지 있다. 우리의 30년 결혼생활 동안에 우리 집에는 어쩌다 굴러들어온 경우 외에는 그 흔한 소위 '여성지'라는 주간지나 월간지가 놓인 일이 없다. 아내 자신이 원한 일도 없고 나도 사다주거나 구독한 일이 없다. 어쩌면 이것을 반교양적이라고 멸시하는 여성도 있으리라 생각한다. 그래도 할 수 없다. 그대로가 사실이니까.

그렇다고 나의 서재에 그 많은 '여성지'들이 제공하는 소위 '교양'보다 훨씬 고급의 교양을 담은 책들이 많이 있으니까 그런 것들에 시간을 낭비할 필요가 없다는 뜻에서는 아니다. 사실대로 말하면 별로 높은 교육을 받지 않은 아내는 남편의 서재에서 가볍게 읽을 만한 책을 발견하기 힘들다.

이유는 다른 곳에 있다. 몇백 페이지가 넘는 그 소위 '여성 교양 잡지'라는 것들이 첫장부터 끝장까지 왜 그런지 관능적 향락주의와 선정적 유행을 부채질하는 쓰레기 양키문화, 소비주의적 무절제를 미덕으로 착각하는 부패한 일본문화들만을 골라서 시큼한 냄새가 나기 때문이다. 그와 나는 여성지들이 주(週)에 주를 이어서 달이면 달마다 싫증도 내지 않고 끈질기게 펼쳐 보여주는 헐리우드의 무슨 배우와 무슨 가수의 정사 이야기, 파리의 최신 의상 유행과 새로운 액세서리의 치장법, 도쿄 밤거리의 섹스왕국의 작태, 우리나라 남녀 탤런트의 결혼과 이혼, 심지어는 남녀의 야간 침대 속 '에티켓'이니 따위에 아까운 시간과 돈을 낭비할 필요까지는 느끼지 않고 살고 있다.

그런 것을 탐독하는 '현대여성'이 아닌 덕택에 나의 아내는 고맙게도 나에게 시집 와서 나 같은 세계관의 남편을 뒷바라지해주면서 이혼을 하자고 요구하지 않았다. 더욱이 그런 여성지의 양키식 '교양'과 '문화'의 해독에 병들지 않은 까닭에 20년 동안 까다로운 시어머니를 돌아가시는 날까지 정성껏 모셨다. 남편 된 나로서 이보다 더 고맙고 측은한 일이 어디 있겠는가.

나의 어머니는 며느리에게 반드시 너그럽고 다정한 시어머니는 아니었다. 때로는 충돌도 있었고 돌아서서 흐느끼는 눈물도 있었다. 더구나 군복무를 마치고 언론계에 취직하여 서울에서 살게 된

1950년대 중반에서 60년대 중반까지의 가난한 셋방살이 기간 중에는 젊은 부부의 생활에 불편도 적지 않았다. 언론계라는 이름은 화려하지만, 전쟁이 바로 끝난 그 당시의 언론계는 봉급도 제대로 나오지 않는 경우가 있었다. 나는 통신사에서의 본직을 마치면 두 군데의 아르바이트 직장을 매일 쳇바퀴 돌듯이 숨가쁘게 돌면서 겨우 생계를 꾸려나갔다. 그런 힘겨운 생활 속에서도 아내는 자기를 희생해가면서 고통스럽다는 불평 한마디 없이 어른들을 모시고 늘어나는 아이들을 키워주었다. 아내 세대의 교육과 도덕은 시부모를 모시는 것이 남편과의 살림과 다름없이 마치 사람이 공기를 마시며 사는 것처럼이나 당연한 일이었다. 요사이 젊은 여성들 역시 공기를 마시는 당연함처럼 소위 남편과 자식들만의 '핵가족'을 내세우는 일은 생각조차 할 수 없었다. 때때로 어려움이 없는 것은 아니었지만 그럴수록 남편의 따뜻한 이해와 위로로 마음의 상처는 씻겨갔다. 이 긴 과정을 통해서 나에게는 아내에 대한 사랑과 존경심이 더해갔다.

나의 나이도 50대의 중반을 넘으니 젊은 남녀가 주례를 맡아달라고 청을 해오는 일이 드물지 않다. 적지 않은 회수의 주례를 서주었지만 새 청탁이 있을 때마다 같은 생각으로 고민한다. "나처럼 세상을 역경으로만 살아온 사람이 이들 두 젊은이의 인생의 출발에 무슨 의미를 부여할 수 있을까" 하는 망설임이다. 그러다가도 끝내 청에 응하고 마는 것은, 그런 대로 나와 나의 아내가 한 남자와 한 여자의 만남으로 시작되는 결혼생활에서 반드시 사회생활에서와 같이 실패작만은 아니라는 자부심 때문이다.

나의 주례사에는 신랑 신부의 각기의 경우에 따라서 다소는 차이가 있지만 반드시 빼놓지 않고 간곡히 부탁하는 한 가지가 있다. 남녀의 결합에서 '사랑'이야 기정사실이지만 서로가 '존경받는' 상대가 되도록 노력하라는 부탁이다.

요새처럼 으레 연애하다가 결혼에 이르는 젊은이들한테는 이성간의 사랑이야 무쇠와 차돌도 녹일 만큼 열렬한 것임이 틀림없다. 그러나 그토록 뜨거웠던 사랑이 그토록 단시간 내에 싸늘해지고, 몇 해가 안 가서 벌써 이혼서류를 들고 재판소를 드나든다느니, 원수도 불구대천지 원수가 되어 집을 가르고 아들딸을 가르고 하는 작태를 너무도 자주 보고 듣게 되니 주례를 서는 일조차 두려워진다. 여러 가지 조화되지 않았거나 갖추어지지 않은 여건과 환경으로 말하면 나와 아내의 경우만한 예도 드물 것이다. 그러한 우리였지만 어려움이 거듭되는 삶의 과정을 거치는 동안 아내는 점점 더 존경스러운 큰 존재로 비치게 되었다. 나는 아직도 사사건건 따지고 괴팍스러운 성격상의 결점을 고치지 못한 채 아내에게는 별로 존경스러운 남편이 못 되었다. 나의 집사람은 내 서재에 있는 서적들을 충분히 이해할 지식은 없다. 그리고 인생의 본질적 의미나 가치와는 아무런 관계도 없는 경조부박한 국내외의 그 '여성지'라는 것들도 읽지 않는다.

그렇지만 어느새 이 나라 정치의 폭력화, 이 사회의 민주주의의 위기, 인권탄압, 억눌린 자의 권익 같은 문제에까지 의식을 넓히고 또 행동으로 싸우게까지 되었다. 유신체제와 긴급조치에 의한 변칙적 통치의 시기에 그는 이 나라의 인권탄압을 방조하는 미국이라는 나라의 대통령 카터의 내한에 반대하여 미국대사관 앞으로 항의데모를 감행하여 권력의 제재를 받고 한번은 20일간의 구류도 살았다. 그의 오른손 새끼손가락의 끝매듭은 경찰의 우악스러운 손으로 부러진 채 지금도 구부러져 있다. 폭력화한 국가권력이 그의 신체에 남겨놓은 민주주의를 위한 투쟁의 흔적이다.

나는 이 나라에 잠시 봄이 깃들었던 1980년 봄에, 2년간의 옥고를 치르고 나와 아내의 일기와 구부러진 손가락을 보고 그것이 말해주는 한 여성 윤영자의 정서적·도덕적·사상적 그리고 행동적 성장을 확인하면서 벅찬 감정에 사로잡혔다. 남편에 대한 사랑이 그를 투사로 만든 것이다.

오늘 한가한 틈을 타서 그의 지난날의 일기장을 읽다보니 나도 모르게 마누라 칭찬을 하게 되었다. 예로부터 마누라 자랑은 옹근 병신이라 했으니 과연 나 같은 남자를 두고 한 말이 틀림없다. 그것이 사실인 데야 항변한들 무슨 소용이 있겠는가. 이제 함께 30년을 살았으니 앞으로 더도말고 30년만 더 병신 부부로 살 수만 있으면 좋겠다.

D검사와 이 교수의 하루

2층 서재의 소파에 앉아서 책을 읽던 이 교수는 천천히 책을 무릎에 내려놓고 뭔가 깊은 생각에 잠겼다. 우연히 눈길을 돌렸던 앞집 슬래브 지붕 위 하늘의 구름을 봤기 때문이었다.

5월 초의 어느 날 오전, 그가 속해 있는 대학에서는 아침부터 연거푸 전화가 걸려왔다. 며칠 전 인천에서 있은 학생과 노동자들의 데모에서 다소 귀에 거슬리는 구호를 외쳤다고 해서 세상이 왁자지껄 소란한 때다. 신문과 텔레비전들이 입을 모아 야단들이었다. "노동자가 데모를 하는 것은 반국가적이다……." 입 가졌다는 사람마다 떠드는 꼴이 마치 당장에 나라가 어떻게 될 것인 양 소란스러웠다. 전화 소리가 또 울렸다.

대학본부 직원의 목소리는 금세 숨이 넘어갈 듯 다급했다.

"이영희 교수댁입니까?"

"예, 난데요……."

"오늘부터 전체 교수의 비상근무 소집령이 내렸습니다. 개교기념 축제 주간이어서 학생들이 모이는데, 교수님들이 지정된 장소에 나와서 학생들의 동태를 살펴주셔야겠습니다. 곧 출근해주셔야겠습니다."

교무처 직원의 휘— 하고 숨을 길게 내쉬는 소리가 수화기에서 새어나왔다. 그러고는 충실한 직원답게 마지막 전달사항을 전하는 것을 잊지 않았다.

"교수님들을 위해서 점심식사는 학교 측에서 제공한다고 합니다. 회식장 입구에서 단과대학별로 출석을 점검한답니다."

그는 마지막 사항이 더 중요하다는 듯 강조했다.

수화기를 내려놓은 이 교수는 "잘들 논다"고 중얼거렸다. 그리고 서재로 올라온 것이었다.

사실은 출판사가 청탁한 원고를 쓸 생각으로 그날 아침 학교 연구실에 나갈까 하던 참이었다. 마침 개교 기념 축제주간이어서 수업은 없고, 원고마감은 벌써 지난 상태였다.

이 교수는 학교에 나가려던 생각을 돌려 서재로 올라가 자기의 저서 『우상과 이성』을 책장에서 꺼내 들었다. 그 책을 낸 출판사가 연번호 100호 출판기념으로, 자신의 책에 관한 저자의 이야기를 써달라는 것이었다. 원고마감을 알리는 출판사의 전화가 여러 번 있었다. 편집부 여직원이 원고를 독촉하는 음성이 또 그의 귀에서 울렸다. 이 교수는 중얼거렸다.

'무슨 이야기를 쓸까?'

책을 들여다보며 한참 동안 골똘히 생각하다 말고 창 밖으로 눈을 돌린 이 교수의 상체가 소파 속에서 가볍게 떨리는 것 같았다. 그의 눈은 앞집 슬래브 지붕 위에 멀리 푸른색을 배경으로 떠 있는 구름을 응시하고 있었다. 멋대로 변화하며 푸른 바탕에 흰 무늬를 한가하게 수놓고 있는 구름의 형상이 마치 책상을 가운데 놓고 마주앉아 있는 두 사람같이 보였던 것이다. 아마 그 자리 그 순간 다른 사람의 눈에는 그 모양은 세 개의 아무런 의미도 없는 뿌우연 형상으로밖에 보이지 않았을지도 모른다. 사실 그것은 몇 개의 구름덩어리에 지나지 않았다.

그러나 이 교수의 두 눈 속으로 꽉 차 들어온 구름의 모양은 그의 머릿속에서 책상을 사이에 놓고 마주 앉아 있는 한 사람의 공안검사와 포승에 묶인 몸으로 마주 앉아 있는 반공법 피의자로 굳어져 있었다. 그는 10년 전인 1977년 12월 어느 날의 환상에 빠져 들어가고 있었다.

공안검사는 얼굴이 빤질빤질 기름이 돌고, 불그스레한 좋은 혈색이 신체에 넘치는 영양을 말해준다. 나이는 마흔이 될까말까. 그 앞에 빳빳한 나무의자에 등을 대고 꼿꼿이 앉아 있는 피의자는 헝클어진 머리에 희끗희끗한 게 보이는 것으로 미루어 검사보다 열 살쯤 위는 되어 보인다.

검사의 위엄 있는 커다란 책상 위 정면에는 군대의 지휘관들이 겉모양을 돋우기 위해서 애용하는 것과 같은 흑단으로 만든 명패가 놓여 있다. 두 자는 족히 되어 보이는 기다란 명패에는 금박으로 '검사 D○○' 라고 쓰여져 있다.

말없이 마주 보고만 있는 두 사람의 얼굴은 긴장되어 있다. 분위기로 미루어 여태까지 무엇인지 격론을 벌이다 말고 잠깐 서로 숨을 몰아쉬고 있는 순간 같다. 방안은 스팀의 효과로 훈훈하지만 두 사람 사이의 공기는 냉랭하다.

의자에서 삐걱 하는 소리가 나고 검사가 몸을 책상 앞으로 밀면서 입을 연다. 그의 음성에는 독기가 서려 있다.

"이 교수, 그래 『우상과 이성』이라는 책 속의 「농사꾼 임군(林

君)에게 보내는 편지」[1] 글이 모택동식 농민혁명을 교사·선동한 것이 아니란 말입니까?"

D검사는 책상 위에 펼쳐 있는 책의 어느 부분을 손가락으로 짚으면서 스타카토로 묻는다. 그리고 피의자의 얼굴을 노려본다. 그 눈에는 피의자의 마음속을 꿰뚫어보고 있다는 자신감이 빛나고 있다. 노련한 공안검사임이 분명해 보인다.

"대답해보시오. 우리나라 농촌이 언제 오늘처럼 풍요한 때가 있었소? 텔레비전이 없는 집이 어디 있소? 생활은 일일권이구……."

검사는 잠깐 쉬고 다시 시작한다.

"피고인은 농민에게 자기 권리를 위해 뭉쳐 싸워야 한다구 했지 않았소? 농촌문화는 서울문화의 식민문화이고 서울문화는 쓰레기 양키 문화의 소비장이니까 농촌문화는 양키 문화의 시궁창이라구?…… 그래서 힘을 모아 일어서라구?"

검사의 음성은 높아지면서 떨려 나온다.

D검사는 다시 한 권의 책을 내놓고 페이지가 접혀져 있는 부분을 펼친다.

"이것 보시오, 이 교수! 당신은 「모택동의 교육사상」에서 모택동이 중국농민과 노동자의 낡은 의식을 개조해서 기존의 지식인·유산자 위주의 제도를 뒤엎었다고 쓰지 않았소?"

이 교수라고 불린 피의자가 입을 열려고 하자 검사는 급히 손을 저으며 막는다.

---

1) 「농사꾼 임군(林君)에게 보내는 편지」는 『우상과 이성』 1977년 초판에 들어 있었지만, 검찰이 이 글을 나의 반공법 기소장에 넣어 2년형의 유죄판결이 난 뒤 80년 2월 증보판 발행시 전면 삭제했다. 이 글은 그 뒤 84년 『분단을 넘어서』에 「어느 젊은 농사꾼에게」라는 제목으로 다시 실렸다.

"내 말 들어보시오. 그러니까 결론적으로 말하면 「농사꾼 임군에게 보내는 편지」는 우리 사회에서와 같은 교육을 받은 인텔리가 제도를 움직이는 한 진정으로 농민이나 노동자를 위한 정책 발상을 할 수 없다고 했고, 그래서 「모택동의 교육사상」에서와 같이 농민의 의식을 개조하여 권리를 찾도록 해야 한다, 이렇게 주장하지 않았소? 이것이 모택동을 고무·찬양하고 한국농민의 모택동식 혁명을 교사·선동한 것이 아니고 뭐란 말이오?"

그러고는 책상을 오른손 손바닥으로 한 번 딱 내리친다.

"대한민국의 국체 부인, 해외 공산주의 고무·찬양, 농민혁명 교사·선동…… 이거야 반공법이 규정한 바로 그대로지! 반공법 위반이 아니고 뭐요. 여부 있나!"

검사는 자신의 논리구성에 적이 만족하는 눈치다. 의자의 높은 머리받이에 뒷머리를 기대고 비스듬히 몸을 빼면서 피의자를 여유 있게 바라본다. 그는 속으로 '여부 있나!'로 맺은 자신의 화술의 점수를 매기면서 흐뭇해하는 눈치다.

앞으로 굽혔던 허리를 펴면서 피의자는 어이가 없다는 듯이 입을 연다.

"그런 논리가 어디 있습니까. 검사님이 방금 인용한 글은 첫째, 내 문장 그대로도 아니려니와, 둘째로 그것은 각기 다른 시기에 쓰여진 다른 글이 아닙니까? 어떻게 별개의 글들을 한 줄로 묶어서 그런 결론을 내릴 수가 있습니까?"

그는 열심히, 그러나 논리적으로, 검사의 '여부 있나'를 반박해 나간다. 문장이란 문맥으로 해석해야 한다는 것, 문장을 멋대로 거두절미해서 이어 붙이는 게 아니라는 것, 더구나 그 글의 하나는 본인의 글이 아니라 에드가 스노라는 중국 전문학자의 글이라는 것, 백보를 양보해서 한국의 농촌현실에 그런 측면이 있지 않느냐는 것 등등을 강조한다. 혁명을 선동한 대목이 어디 있느냐고 반문하기도 한다. 두 권의 전혀 다른 책 속에 수록된 몇십 편의 글 속에서 검사가 필요한 몇 줄씩을 연결하여 결론짓는 것이 반공법의 해석이냐고도 따진다. 말하고 있는 그의 머리에 좋은 생각이 스친 듯 눈이 빛난다.

"검사님의 논법으로 한다면 이런 것도 가능합니다. 어떤 사람이 소학교 열 살 때 글짓기 시간에 쓴 글에 쇠 금(金)자가 있다고 합시다. 중학교 때 쓴 일기의 어딘가에 날 일(日)자가 있고, 대학교 때 쓴 연애편지에 이룰 성(成)자가 있다 합시다. 충분히 있을 수 있지요. 10년간의 글을 모조리 뒤져서 그것들을 뜯어 맞추면 김일성이 어쩌구저쩌구라는 문장을 만들 수 있습니다. 간단한 일이지요. 이게 반공법의 문장작성 방식입니까? 도대체 공산주의자를 만들려는 것이 반공법입니까, 아니면 예방하려는 것이 반공법입니까?"

이 교수는 처음의 이론적인 문장론보다도 뒷부분의 비유에 더 힘을 주었다. 그도 앞서 검사가 '여부 있나!'라는 자기의 표현에 도취된 것처럼 자신의 비유에 만족한 듯 검사의 얼굴을 지그시 바라본다.

D검사는 형세가 역전되고 있다는 불안을 느끼며 생각을 굴린다. 재빨리 공격으로 반전하지 않으면 중견 공안검사의 권위가 위태롭다. 이론이나 논리는 법을 쥔 사람이 개의할 바가 아니다. 그는 『8억인과의 대화』와 『전환시대의 논리』를 가지고 공격을 하면 꼼짝 못할 것이라는 생각을 한다.

피고인은 답변을 준비하고 있는 듯 말이 없다. 두 팔목에 두 겹으로 묶였던 포승의 둥그러미에는 녹 낀 두 개의 수갑이 매달린 채 풀려서 무릎 위에 놓여 있으나, 팔은 검사실에 들어올 때대로 두 겹으로 결박되어 몸통 둘레에 단단히 묶여 있다.

몇백 번 빨아서 퇴색하고 줄어든 죄수복은 팔목과 발목에서 각기 두 어치나 올라와 있다. 죄수복만큼이나 낡고 때묻은, 단단하고 굵은 포승으로 결박되어 있는 것이 고통스러운지 그는 가끔 몸통과 팔을 비비적거리곤 한다.

검사는 책장을 아무렇게나 넘기면서 여기저기서 주워 읽는다. 윌리엄 힌튼의「열매의 분배」, 솔즈베리 기행문「중공 여성의 성도덕」, 야마다 게이지의「새로운 타입의 지식인」등 손가락에 짚이는 대로 몇 구절씩 읽는다. 그러고는 책을 내려놓으면서 피고인을 또 한 번 노려본다.

"이래도 반공법 위반이 아니에요? 우리나라 학교의 교과서에서 가르치고 있는 내용과는 전혀 다르지 않습니까? 그렇지 않습니까, 이 교수? 우리나라 국정교과서에 공산주의 사회에서는 인민이 굶주리고, 헐벗고, 모든 권리를 빼앗기고, 지도자들은 억압과 탐욕으로 호화스러운 생활을 하는 지옥과 같은 사회로 기술되어 있어요. 그런데 이 책에서는 그렇지 않은 것으로 기술되어 있어요. 그래도 고무·찬양이 아니라고 우깁니까?"

그는 '고무·찬양'이라는 법률용어를 힘주어 발음한다.

피의자는 허리와 팔의 뼈를 막무가내로 죄어 들어오는 형틀의 압력을 느낀다. 그는 부자유스러운 손으로 팔의 윗부분과 허리에 휘감겨 있는 딱딱한 밧줄을 가볍게 더듬어 만져본다. 악의적이고 허황한 논리에 분노를 느낀다.

"그것은 진실이 아닙니다. 적어도 심한 과장입니다. 반공국가의 우리로서 공산국가 사회가 진실로 그렇다면 다행이겠지만 사실은 반드시 그렇지가 않습니다. 가난하기는 하지만 먹을 것은 먹고, 사치스럽지는 않지만 입을 것도 입고 있습니다. 병이 나면 치료도 받고 있는 것이 객관적 사실입니다. 사실을 사실대로 묘사하여 우리나라 사람들의 편견과 인식착오를 바로 잡으려는 의도로 쓴 글이 고무·찬양이 될 수는 없습니다. 오히려 공산주의 사회의 진실을 이데올로기적 고정관념과 30년 전의 냉전의식을 토대로 해서 신앙처럼 믿고 있는 인식착오는 자기기만일 뿐입니다. 진실을 진실대로 볼 수 있게 하려는 것이 『전환시대의 논리』나 『8억인과의 대화』에 실린 글들의 참뜻입니다."

나무의자에 반듯한 자세로 결박되어 있는 것처럼 보이는 피의자는 이렇게 말하고는, 자기 말의 반응을 상대방의 얼굴에서 읽으려는 듯 D검사를 응시한다.

D검사는 펜을 들지 않은 왼손바닥으로 또 책상을 딱! 하고 내리친다.

"무슨 말을 해요. 객관적 진실이냐 아니냐 하는 것은 여기서 문제가 되지 않아요. 우리나라 학교의 교과서에 쓰여 있는 대로냐 아니냐가 문제인 거예요."

그의 목소리는, 처음에 심문을 시작했을 때의 회유적인 온유함을 잃고 노기를 띠고 있다. 피의자는 '고무·찬양'이라는 낱말이 반공주의의 이 나라에서 의미하는 바를 다시 한번 음미하려는 듯이 머리를 뒤로 젖히고는 눈을 감는다. 그러나 D검사의 독기 어린 음성이 그의 눈을 뜨게 한다. 네 눈동자가 마주친다.

"이 교수, 이것 봐요!" 자유를 빼앗긴 피의자를 한참 동안 노려본 D검사는 위엄을 가다듬으며 말을 잇는다. "당신은 이 책 내용이 이북 이야기가 아니라 중국의 이야기라고 우기지만 마찬가지 이야기예요. 당신은 반공법이 북괴에만 적용되는 줄 알지만 모든 해외 공산주의에 다 적용된단 말이에요. 중공이면 죄가 안 되는 줄 알아? 어림도 없지."

D검사는 '어림도 없지'라는 자신의 표현에 다시 한번 적이 만족해하며, 일은 그 한마디로 끝났다는 표정이다. 피의자는 자기에 대한 호칭이 '이 교수'에서 당신으로 바뀐 의미를 머릿속에서 씹어본다. 앞서 검사가 내뱉은 '어림도 없지'와 연결시켜본 문장적 함축이 갑자기 불길하게 느껴진다. 검사의 호된 추궁에 잠시 잊고 있던, 아침에 나온 추하고 음산한 서대문의 냉랭한 감방과 녹슨 차디찬 철문이 망막에 커다랗게 떠오른다.

"이것 봐요, 이 교수! 당신은 「해방 32년의 반성」이라는 글에서 이런 소리를 했단 말이야. '유엔총회에 대한민국 대표와 함께 동시 초청되어 처음으로 등단한 북괴 대표가 그의 첫 연설을 영어나 외국어로 하지 않고 우리의 민족어로 했다'고 쓰고, 이데올로기의 차이나 정치적 입장을 떠나서 볼 때, 그것은 한국인으로서 반가운 일이다' 이렇게 말했단 말이야. 이것이 바로 북괴 고무·찬양이 아니고 뭣이오. 어때?…… 안 그래요? 북괴 대표의 연설을 한국인으로서 반가운 일이라고?"

D검사는 이것으로 피의자의 덜미를 꽉 쥐었다는 승리감으로 다시 노려본다. 검사의 독기 어린 시선을 맞은 이 교수는 입을 한 절반 벌린 채 할말을 찾지 못하고 있는 것 같다. 어이가 없다는 표정이다. D검사는 자기를 바라보고만 있는 피의자에게 짜증을 낸다.

"북괴를 찬양하다니 될 말이요?"

단정적인 법률용어를 들은 이 교수는 그제서야 정색을 되찾고,

자세를 가다듬으면서 대꾸한다.

"검사님, 그렇다면 이 민족의 대표는 어떤 국제회의에서든지 영어나 기타 외국어로 연설을 해야지, 자기 민족어로 하면 안 된다…… 그래야 반공법에 저촉되지 않는다는 겁니까? 게다가 이데올리기와 정치적 입장의 차이를 떠나서라고 단서까지 붙였지 않았습니까?"

그는 잠시 말을 멈추었다가 잇는다.

"검사님 논리대로 한다면 이 민족이 민족적 긍지와 자주성을 상실한 상태가 훌륭한 일이고, 이 민족에게는 세계에 자랑할 만한 민족어가 있다는 것을 세계 최대의 인류의 대회의장에서 당당히 과시한 것을 옳다고 하면 반공법이 된다…… 이런 건가요?"

여기까지 단숨에 말한 이 교수는 이제는 검사의 말에 관심이 없다는 표정으로 나무의자에 몸을 젖히고 천장을 바라보고 있다.

D검사의 안락의자가 삐걱거리는 소리에 이 교수는 어지러워지던 머리를 몇 차례 짧게 흔든다. 정신을 바짝 차려야겠다고 생각한 것 같다. D검사는 몸을 일으켜 실내를 천천히 돌기 시작한다. 방 한끝에서 멈추어 창틀에 기대어 선다.

"이것 봐요! 당신이 뭐라고 변명하든, 무슨 학문적 이론을 내세우든 검사가 '반공법 위반이다'하면 위반인 거요. '우상과 이성'이라니, 누가 우상이고 누가 이성이라는 말이야! 건방지게시리!"

D검사는 이 교수의 책이름이 바로 자기를 겨냥한 것으로 생각한 듯 소리를 지른다. 반들반들하던 그의 얼굴의 잔 근육들이 입가에서 실룩거린다.

검사의 느닷없는 소리에 놀란 조(趙) 계장이, 검사와 하나 건너 있는 책상에서 필기하고 있던 손을 멈추고 고개를 들어 상관의 얼굴을 바라본다. 피의자의 뒤, 얼마쯤 떨어진 의자에 앉아 있던 두 사람의 교도관들도 뭔가 소곤거리던 귓속말을 뚝 멈추고 검사와 피의자를 번갈아 바라본다. 방 한구석 책상 위에 엎드린 자세로 무료하게 낙서를 하고 있던 여직원 타자수도 몸을 일으켜 놀란 얼굴로 방안을 살핀다.

이 교수는 책이름을 잘못 지었다는 가벼운 후회와 불안감을 느끼면서도 애써 그것을 감추며 짐짓 태연한 자태를 취하려고 애쓴다. 그러나 그는, 자기에 대한 검사의 호칭의 변화와 노기 띤 음성이 반공법의 조문과 구형량에 어떻게 연결될 것인가를 측정해본다—6개월은 더 추가하려는 것일까, 아니 1년일지도 모르지, 저렇게 화를 내는 것을 보아 6개월일 수는 없을 거야.

이런 생각과 함께 그의 눈은 또 자신도 모르게 허리와 두 팔을 죄어맨 색 바랜 오랏줄을 더듬어보고 있다. 수천 명의 몸을 묶었을 굵고 딱딱한 반공법의 끈이 더 큰 힘으로 두 팔과 옆구리로 죄어드는 것을 느낀다.

바락 소리를 지른 검사도 실내에 흐르는 긴장감에 당황한 듯 천천히 발을 옮겨 높은 등받이 의자에 돌아와 머리를 기대고 앉는다. 무거운 침묵과 억눌린 정숙이 여섯 사람이 자리잡은 열 평 남짓한 검사실의 공간을 가득 채우고 있다. 한순간 여섯 인간이 미라로 진열된 방안에는 고대 이집트 박물관의 정일(靜逸)처럼 모든 소리가 정지해 있다.

반공법에서 빠져나올 수 없게 되었다는 생각이 들자, 이 교수는 머리를 짓누르고 있던 짙은 불안감이 오히려 증발하듯 두개골 밖으로 사라져가는 것을 느낀다. 이상한 일이다. 검사실에 발을 들여놓은 순간부터 멈추지 않았던 심장의 가벼운 고동도 가라앉기 시작한다. 마음과 머릿속에 신선한 공기가 흘러드는 듯 차분히 가라앉는다. 20일 전 아침에 영문도 모른 채 세 사람의 사복경찰관에 의해서 연행돼 들어온 이후 처음으로 맛보는 마음의 안정이었다.

그는 검사실에 묶여 들어온 뒤 줄곧 몇 시간을 D검사의 눈과, 손에 쥐어진 펜대에 머물고 있던 눈길을 밖으로 돌린다. 처음으로 창밖으로 시선을 돌릴 만한 마음의 여유를 되찾은 것이다. 섣달의 잎 떨어진 나뭇가지들이 돌담 너머로 내려다보인다. 덕수궁 안뜰인 것을 알 수 있다. 어린이 놀이틀인 크고 둥근 공중회전차의 울긋불긋한 철재 골격물이 정지한 채 서 있다. 까마귀 두 마리가 앙상한 정원 숲 위를 날며, 그가 바라보고 있는 검사실 창문틀 한쪽으로 들어왔다가는 한참 날갯짓을 치다가 다른 쪽 밖으로 자취를 감추곤 한다. 그는 눈 아래 보이는 덕수궁 뜰의 등나무 그늘을 찾던 지난 여름의 기억을 회상한다.

마음의 진정을 회복한 탓인지 방음벽에 뚫린 이중창 너머로 소음이 아련히 들려온다. 검찰청 건물과 덕수궁 사이의 샛길을 달리는 자동차들이 내는 소음이리라. 모든 높고 낮은 음정의 소리가 합쳐져, 만물이 생겨나던 창세기의 우주에 찼던 혼돈처럼 우웅—하는 소리로만 전해져 온다. 가끔 유달리 높은 경적 소리인 듯 낮고 둔한 단절음이 바깥세상에서의 인간의 활동을 전해준다. '밖에서는 여전히 사람들이 살아가고 있구나……' 그에게는 그것이 현실같이 느껴지질 않는다. 아득한 옛날의 꿈을 더듬는 것 같다. 겨우 20일의 격리일 뿐인데, 그는 갑자기 외로움을 느낀다. 함께 숨쉬고 부딪치고 미워하고 사랑했던 저 밖의 사람들과 다시는 어울리지 못하게 된다는 무거운 고립감에 빠져든다. 넓은 세상에서 공간을 같이하는 인간은 마주 앉은 검사와 조 계장, 옆에 비켜 있는 여사무원, 그리고 뒤에 그림자처럼 앉아서 보이지 않는 간수 두 사람, 합쳐서 다섯뿐이다. 그들도 시간이 지나면 각기 갈 곳을 향해 사라질 것이다. 온 세상에 자기만이 묶인 채 팽개쳐질 것이다.

이 교수는 조금 전에 내면에 가득했던 안정과 평온이 밀려나고, 그 자리에 다시 영원한 고통과 불안과 괴로운 몸부림만이 남을 자기의 운명에 생각이 미친다. 냉혹한 반공법의 사슬에 묶인 몸이면서도 편안한 시절에는 한낱 허황한 신화나 재치 있는 우화로 넘겨버렸던 그리스 신화의 프로메테우스가 죽음의 몸부림을 치는 모습이 그의 감은 눈의 망막을 가득 채우고 나타나 보인다. 신화의 책장에서 꿈틀거리던 프로메테우스는 검푸른 때묻은 죄수복 속의 두 죽지를 두 겹으로 묶고 다시 허리를 두 둘레로 결박하고 남은 철사의 끝에 두 팔목이 두 겹으로 묶인 위에 다시 정교한 톱니로 된 자물쇠가 채워진 묵직한 수갑을 차고 있었다. 열 겹 스무 겹의 결박줄은 등뒤로 돌려져 하늘에 닿은 이끼 낀 바위에 칭칭 감겨 있다. 프로메테우스의 발끝에서 심장부를 지나 축 늘어진 머리를 넘어 천천히 훑어 올라가던 이 교수의 시선이 바위의 한 점에서 순간 얼어붙는다. 몇억 년 묵은 이끼가 긁혀져 떨어진 바위의 흰 살갗에서는 선혈이 흐르고 있다. 피는 바위살에 새겨진 글자에서 흐르고 있었다. 글자는 바위를 덮은 검푸른 이끼와, 뜯겨진 이끼가 그 뒤에 드러낸 순백의 살갗과 섬뜩한 색의 대조를 이루면서 새겨져 있다. 그 세 글자가 그의 시야를 꽉 채운다.

'반공법'

그 글자는 이 교수에게 1977년의 현실을 생각하게 했다. 폭정과 탄압이 온갖 요사스러운 이론과 궤변을 동원하여 모든 진실과 순정을 짓누르고 있었다. 이 교수는 자기 힘으로 시대를 변혁할 수 있다고 믿을 만큼 과대망상에 빠진 것은 아니었지만 하나의 지식으로 조그마한 십자가를 져야겠다는 신념에 도달했던 것이다.

그는 독자들이 보내온 편지를 회상한다.

"……선생님의 『전환시대의 논리』와 『우상과 이성』을 읽다 말고, 너무도 두려워져서 이불을 뒤집어쓴 채 괴로움에 떨면서 꼬박 밤을 샜습니다"라고 쓴 대학생의 심경을 생각해본다. "……고등학교까지의 주입식 학교교육으로 구축된 신념체계가 저의 내면세계에서 소리를 내며 무너져내리는 것을 경험했습니다. 그것은 저에게 코페르니쿠스적 대전환이었습니다. 하지만 여태까지 거꾸로 서 있던 온갖 사물과 관계와 색깔들을 제 모습 제 색깔대로 볼 수 있다는 것은 차라리 형벌이라는 사실도 알게 되었습니다."

많은 대학생들과 젊은 지식인들이 비슷한 경험을 그에게 토로했다. 그런 젊은이들을 만나고 그 같은 이야기를 들을 때마다 이 교수는 괴로워했다. 그러면서 한편으로는 한 시대를 헛되게 살지는 않았다는 자기확인으로 자위하곤 했던 것이다.

지금 공안검사의 앞에 묶여 나와 있는 순간에도 그는 추궁의 대상이 되고 있는 「베트남 35년 전쟁의 총평가」라든가 「농사꾼 임군에게 보내는 편지」처럼 비교적 긴 글은 물론, 「0.17평의 삶」같이 원고지 10여 매밖에 안 되는 단문의 정신을 되새기면서 '할 일을 했을 뿐'이라는 자기확인으로 용기를 얻고 있다.

D검사는 피의자의 책이름이 바로 자기를 겨냥해서 작명된 것으로 생각하는 눈치다. 이 교수는 책이름을 달리 지었더라면 좋았을 것을 하고 다시 가벼운 후회감에 사로잡히며, 책의 서문을 쓰느라고 머리를 짤 때의 고민을 반추해본다. 그는 그 서문에서 노신의 글 한 구절을 인용했다. "빛도 공기도 들어오지 않는 단단한 방 속

에 갇혀서 죽음의 시간을 기다리는 사람에게, 벽에 구멍을 뚫어 밝은 빛과 맑은 공기를 넣어주는 것이 옳은 일인지 아닌지를 궁리하면서 고민하는" 사람의 심정을 썼다. 밀폐된 방안의 사람들은 감각과 의식이 마비되어 있는 까닭에 그 상태를 고통으로 여기기는커녕, 오히려 자연스러운 상태로 착각하고 살아(죽어)가고 있다. 그런 상태의 사람들에게 진실을 보는 시력과 생각할 수 있는 판단능력을 되살려주는 것은 차라리 그들에게 죄악일 수도 있지 않느냐 하는 생각도 하지 않은 것은 아니다.

오랫동안 주입되고 굳어진 신념체계와 세계관과 가치의식이 새로운 빛과 공기 때문에 내면에서 무너질 때에 겪을 독자의 고통도 생각해보았다. 그러면서도 한편으로는 그와 같은 시대적 역할이랄까, 조금 낯간지럽기는 하지만 한 사회의 조그마한 역사적 역할을 할 수 있으리라는 사명감을 자신에게 타이르곤 했다.

괴로움의 연속이었던 지난 10여 년간의 자기 모습과 생각들이 초고속으로 아무렇게나 감겨 돌아가는 필름의 영상처럼 그의 망막 위에 헝클어져 지나가다가 그 필름이 끊어지는 순간, 한참 전에 보았던 프로메테우스가 손에 횃불을 높이 치켜들고 천공을 날아가는 모습이 보인다. 크게 삐걱거리는 소리에 이 교수는 깜짝 놀라 환각에서 깨어난다. 그는 꿈결 같기도 한 프로메테우스에 대한 환각이 몇 초밖에 안 되는 짧은 시간에 이루어진 것이었음을 느낀다. D검사가 크게 몸짓을 하면서 안락의자에서 일어난다. 간수들과 여직원 그리고 계장은 앉아 있던 자리에 그대로 있다.

"자 다시 시작하지!"

D검사는 책상 위에 놓였던 경찰 진술조서철에서 맨 윗부분 꼭

지를 손에 들고는 선 채로 들여다보고 있다. 그 서류는 경찰과 검찰에서 수십 번은 거듭 썼을 이력서와 그 관련서류다. 이 교수는 바짝 긴장한다. 환각의 세계에서 현실로 돌아온 심경으로는 이제 심문은 제발 그만해줬으면 하는 생각뿐이다. 또다시 검사의 무지한 모욕을 받아야 한다고 생각하니 역겨워진다.

벌써 며칠을 두고 몇십 번은 읽었을 그 피의자 이력서를 들여다보고 서 있는 D검사의 얼굴에 만족의 빛이 피어오른다. 그의 표정은 회심의 미소를 띠고 있다. 그것을 눈치챈 이 교수의 표정도 한결 누그러진다. 그는 검사의 심경에 어떤 변화가 일어나고 있다고 생각한다. 방금 전까지만 해도 가슴을 죄던 불안이 조금씩 가벼워짐을 느낀다.

그의 입에서는 "후유-하고 한숨이 새어 나온다. '아, 오늘은 이것으로 지겨운 모욕에서 해방되는가보다' 한나절을 부대낀 지금의 심정으로는 서대문구치소의 똥오줌내 나는 더러운 그 제2동 제6호 감방이 차라리 보금자리처럼 그리워진다. 바깥 기온 영하 12도, 실내온도 영하 4도의 추위는 차라리 멸시와 악의로 가득 찬 검사실의 후끈한 공기보다 쾌적하게만 생각된다. 그런 환상으로 이미 서대문 감방에 가 있던 그의 마음은 다음 순간 D검사의 한마디로 다시 지방검찰청 공안부 제○○호 검사실로 무참히 끌려온다.

"음…… 이 교수 학력은 별거 아니구만."

그렇게 말한 검사는 자기 말의 효과를 음미하듯 입가에 가벼운 웃음을 띤다. 그러고는 서류에서 이 교수의 얼굴로 천천히 시선을 돌린다.

"최종 대학이 국립 한국해양대학이라…… 음, 그리고 미국 노스웨스턴대학에 잠깐 가 있었구만…… 그것뿐이지요? 맞지요?"

이 교수는 "예"하고 가볍게 대답한다. 그는 D검사의 조금 전의 회심의 웃음의 뜻을 잘못 점쳤다는 것을 어렴풋이 알아차린다. 몇십 번 읽었을 이력서를 어째서 새삼스럽게 들고 서 있는지도 짐작이 간다. 그는 마음의 준비를 한다. 새로운 형식의 모욕이 준비되고 있음을 깨달았기 때문이다.

이력서 뭉치를 꼬나 쥔 D검사는 선 채로 내려다보면서 말을 이어간다.

"최종 대학이 해양대학, 그것도 항해과인데, 어떻게 사회평론이니 문명비판이니…… 그것은 또 그렇다 치더라도 국제정치니 베트남전쟁에다 중국혁명까지 논할 수가 있나요? 게다가 당신의 말은 모두가 궤변이에요. 당신은 그 궤변으로 한국의 대학생들과 젊은 지식인들의 사상을 병들게 했어요. 우리가 건국 이후 온갖 힘을 기울여 공고하게 구축한 젊은 세대의 반공사상을 허물어버렸어요. 아주 근저에서부터 허물어버렸어요. 당신이 의식화의 원흉이라는 걸 알고 있습니까? 몽땅 의식화시켜버렸단 말이야. 반성합니까?"

검사의 말투는 분명한 멸시 속에 비꼼과 희롱과 협박의 요소들을 담고 있다. 이 교수는 이미 대공반 경찰과 여기에 온 뒤에도 몇 번 되풀이했던 대답을 또 한 번 반복해야 할 입장에 서게 된 것을 깨닫는다. 그리고 당당하게 맞받아야겠다고 마음을 가다듬는다.

"나는 지금 대학의 교수를 하고는 있지만 한국 대학교육의 민주주의적 시민의 문제의식과 비판정신을 함양하는 교육기능에 대해서는 절망을 느끼는 사람입니다. 내가 책에 쓴 그런 지식과 정보와 의식을 갖게 된 것은 대학교육에서가 아니라 20년 가까운 신문사의 정치부 기자와 외신부장으로서의 직업적 훈련의 경력 탓입니다."

그는 오랜만에 속이 후련해지는 것을 느낀다. 반격의 기세를 늦추어서는 안 될 국면에 처했다는 판단이 다급하게 든다.

"그 경력기록에 적혀 있듯이, 나는 6·25전쟁 첫날부터 자진 입대하여 하루도 어김없는 만 7년을 최전방 일선 전투부대에서 싸운 사람이올시다. 많은 유력자 가정의 아들들이 권세와 돈의 힘으로 자기 나라의 생사를 결판내는 전쟁에서 숨고 도피할 때 말이에요. 나는 그 처절한 극한상황 속의 체험을 통해서 이 나라와 사회의 본질을 알게 되었고, 그것을 바로잡으려고 결심했던 겁니다. 그래서 예편과 동시에 신문사에 들어갔지요. 그것은 그 당시 대학의 교수들이 상상도 못 했던 살아 있는 많은 정보와 자료와 지식을, 그리고 넓은 시야를 나에게 제공해줄 수 있기 때문이었소. 그리고 대학으로 직을 옮긴 후에도 계속 그 정신과 정열과 의지로 연구했지요. 그만하면 그런 글을 쓸 자격이 안 됩니까? 내 자격에 대한 검사님의 질문에 대해서는 따로 대답할 필요를 느끼지 않습니다. 내 경력과 저서, 논문을 통해 판단하십시오. …… 의식화의 원흉이라는 비난에 대해서 말하면……."

이 교수의 입에서 '의식화'라는 말이 나오자 D검사는 반신을 급히 일으키며 형무관들을 향해 말한다.

"두 사람은 잠깐 나가 있으시오. 나가 있어도 좋아요. 다시 부를 테니까."

간수들은 직무상 피수감자의 곁을 떠날 수 없다고 더듬더듬 말한다. 그러나 검사의 다그치는 말과 권위에 눌려 슬금슬금 방문을 열고 나간다.

간수들이 나간 것을 확인한 D검사는 급히 묻는다.

"그래, 반성합니까? 반성한다는 뜻만 문서 형식으로 표명하면 사건은 잘 해결될 수 있어요. 유신체제에 대한 반대도 마찬가지입니다. 협력하겠다고 하면 일은 간단히 끝납니다. 내가 책임집니다. 무슨 말인지 아시겠지요?"

D검사는 두 눈을 가늘게 하고 피의자를 바라본다. 유신체제와 긴급조치를 찬성하고 학생들의 의식화를 '바로잡는' 글을 써달라고 요구했다. 육법전서의 지식이 미치는 온갖 이론을 동원하여 군사독재체제의 정당성을 역설하기 시작했다. 그의 열변은 한참 동안 계속되었다. 그의 여러 가지 설명과 갖가지 암시로 미루어 이 사건의 동기와 목적이 여태까지 추궁해온 책의 내용보다는 피의자의 유신반대와 반정부적 언동을 금지시키려는 데 있음이 분명해진다. D검사는 몇 번이고 같은 말을 같은 이론으로 되풀이한다. 그의 요청에 공개적으로 응하기만 하면 사건이 백지화되리라는 것도 거의 분명하다. 검사가 책임진다고 하지 않는가.

듣고 있던 이 교수의 심경에 잔파도가 일고 있다. '반공법'이 떼어진다? 그 혹독한 반공법의 멍에에서 벗어날 수 있다? "그럽시다"라고 한마디 하는 순간에 몸과 팔과 손목에 칭칭 감겨 있는 더럽고 단단한 밧줄이 스르르르 풀려버리는 것이다.

집을 나올 때 중태로 병상에 누워 있는 어머니께 "잠깐 어디 다녀올게요"라고 말했던 것이 떠오른다. 이미 말을 못 하시게 된 어머니는 입술만 떠는 듯 움직였고 눈으로만 "어딜 가니 애야. 곧 돌아오니?"라고 물었다. 그때 이 교수는 "잠깐이에요"라고 말했던 것이다. 정말 '잠깐'일 것으로만 생각했다.

영문도 모르고 부엌에서 뛰어나와 겁에 질린 얼굴로 어쩔 줄 몰라하던 아내의 얼굴도 떠오른다. 아내는 "빨리 검사가 하라는 대로 하겠다고 말하세요"라고 숨가쁘게 간청하고 있다. 그 뒤로 자식들의 얼굴이 세 번 차례로 지나간다. 그들은 어머니의 말을 반복한다. 푸른 하늘과 태양이 눈부시게 비추고, 햇볕을 받으며 책가방을 들고 발걸음도 가볍게 학교의 문을 들어가는 교수의 뒷모습이 보인다.

이때 이 교수의 얼굴을 살핀 사람이 있었다면 그가 생사의 결단을 내리기 위해서 간장을 쥐어짜는 아픔을 겪고 있음을 보았을 것이다. 그러나 그것은 오래 계속되지 않았다. 그의 표정은 곧 부드러워진다. 결심을 한 것이 분명하다. 그의 입에서 조용하게 말이 새어 나온다.

"검사님 말의 뜻을 잘 알았습니다. 대답을 하지요."

검사의 얼굴에 일순간 긴장의 빛이 지나간다. 그의 눈은 피의자의 입을 지켜본다.

"나는 유신체제를 찬성할 수가 없습니다. 현 정권을 지지할 수도 없습니다."

이렇게 조용한 어조로 선언한 이 교수는 그 까닭을 차근차근 설명해간다. 흥분한 기색도 없고 필요 이상으로 꾸민 오만도 없어 보인다. 용기라기보다는 깊은 체념 같은 것이 느껴지는 표정이다.

"처음부터 군대는 정치에 개입하질 말았어야 합니다. 군대의 정치적 중립은 민주주의의 기본입니다. 이 나라 역사상 처음으로 치러진 완전한 자유선거로 선출된 민정을 총칼로 쓰러뜨려야 했을 이유가 없습니다. 그 후의 현 정권은 영구집권을 제도화했습니다. 그것이 유신체제올시다. 그 대통령은 몇 차례의 강권행사로 사실상의 종신제를 굳혔습니다. 그 개인의 유능 무능은 크게 중요한 요소가 못 됩니다. 판단은 국민에게서 나와야 합니다. 국민에게서 그 기본적 권리를 박탈한 것이 문제입니다. 인권은 철저하게 유린되고 있습니다. 또 현재의 타락과 부패를 보십시오. 우리 역사상 이처럼 심한 예가 언제 있었습니까? 또 비이성적인 맹목적 반공주의를 애국심으로 착각하고 있습니다. 이것은 국민의 건전한 민주주의적 의식을 배양해야 할 인류사적 조류에도 역행하는 것입니다."

이 교수의 설명을 듣고 있는 D검사의 얼굴이 심하게 일그러진다. 그는 급히 손을 흔들며 제지한다. 손에 든 이력진술 서류의 낱장이 부딪치며 차르르 소리를 냈다.

"그만하시오, 그만해! 알았어. 당신의 훈시를 들을 필요는 없소. 그것은 모두 변명이오. 변명은 법정에나 가서 하시오. 나는 반공법 위반만 결정내면 돼요."

D검사는 다시 등받이가 머리 위까지 높은 의자에 앉아 상체를 쭉 뻗고 기댄다. 크고 육중한 검사 의자는 확실히 그에게 직권적 위엄을 더해주는 것 같다. 검사는 이미 감정을 억누르고 유들유들한 태도로 바뀌어 있다.

이 교수는 검사가 취하는 몸짓과 거동의 능란한 변화에 속으로 감탄한다. 음성의 높고 낮음, 말투의 강온, 감정의 변화를 적절히 가려 쓰는 솜씨에 정신을 차릴 수가 없다. 아침부터 몇 시간째 D검사의 숙련된 심문방식에 희롱되다보니 심신이 흐느적거릴 정도로 피로하다. D검사는 이미 그것을 간파하고 있다는 듯이 오만하게 몸을 좌우로 천천히 흔든다. 설득에는 실패했지만 반공법의 칼날은 여전히 자기가 쥐고 있다는 자신감이 우러나온다. 그는 다시 의젓한 여유를 회복한다. 그러고는 책들을 덮어버린다. 무엇인가 새로운 작전을 개시하려는 것이 분명하다. 비웃는 듯한 웃음마저

띠고 있다.

"이 교수, 나는 서울 법대를 나왔어요. 서울대학교 법과대학을 졸업했어요."

이렇게 이야기의 운을 뗀 D검사는 여전한 냉소의 눈매로 피의자의 표정을 살핀다. 그러나 국립 해양대학 항해과를 나온 반공법 피의자의 표정에는 별 다른 감동의 표시가 일어나지 않는다. D검사는 천천히 흔들던 상체의 운동을 멈춘다. 운동을 멈춘 상체를 높은 등받이 뒤로 쭉 뻗고, 작은 구멍이 무수히 뚫려 있는 한 자 네모꼴의 베이지색 방음판으로 되어 있는 천장을 올려다보면서 말을 잇는다.

"나는 고등학교에서 수재라는 말을 들었는데, 서울 법대를 들어가보니까 그게 아닙디다. 놀랐어요. 모두가 하나같이 천재들이었어요. ……정말 천재들이었지……."

D검사는 감탄조로 '천재들'을 되풀이한다. 느긋이 천장을 바라보며 30도가량 뒤로 젖힌 의자 위에서 상체와 두 다리를 일직선으로 쭉 뻗은 D검사는 말을 이어간다.

"전국 방방곡곡에서 대한민국 최고의 난관을 돌파하고 들어온 쟁쟁한 천재들 속에 끼었을 때, 나는 장래의 목표를 고등고시에 합격하고 검사가 되는 것으로 작정했지."

그는 피의자에게 들려주기보다는 자신에게 지난 시절을 회상시키고 있는 것 같다. 황홀경에서의 독백 같기도 하다.

한 책상 떨어져서 필기하고 있던 조 계장은 선망에 찬 표정으로 상관을 바라보고 있다. 대학 때부터 세 번이나 고시에 낙방하고 13년째 검사서기를 하고 있다는 조 계장은 D검사보다 네댓 살 위로 40은 훨씬 넘어 보인다. 조 계장에게 '고등고시'라는 말은 이제 영원히 이룰 수 없는 사라져버린 꿈, 자기 손이 도저히 미치지 못하는 저만큼 밖에서 빛나고 있는 별이다.

언제 다시 들어왔는지 피의자의 의자 뒤에 한참 떨어져 벽에 기대앉아 있던 간수들도 아까부터 D검사의 '서울대학교 법과대학론'과 '수재론'을 열심히 듣고 있다. 검사의 입에서 '고등고시'와 '검사'라는 낱말이 발음되는 순간, 두 형무관의 몸이 전기에 닿은 것처럼 긴장했던 것을 D검사는 아까부터 벌써 곁눈질로 알고 있다. 두 형무관 중의 한 사람이 특히 그런 데는 이유가 있다. 그는 시골 음성에서 고등학교를 졸업하고 형무소 간수가 된 후에 8년간을 별도 안 들어오는 서대문구치소 간수로 '반죄수' 생활을 하고 있는 청년이다. 어깨에 잎사귀 두 개를 단 간수들은 자신들을 언제나 '반죄수' 또는 '까마귀'(검은 제복 때문에)라고 비하해 부른다. 정부 직제상 최하급인 그의 꿈은 승진시험에 합격하여 잎사귀 세 개를 어깨에 달아보는 것이다. 잎사귀 세 개는 형무소에서 '부장'이라고 호칭된다. 부장은 하루 교대로 형무소에 출근하면 (출퇴근 때는 간수 정복을 싸들고 반드시 평복을 입지만) 사동(舍棟)에서는 왕인 것이다. 감방 20개에 처박혀 있는 100명의 죄수를 거느리는 중책이다. 음성군 농가 출신 젊은이의 평생의 꿈은 '말똥' 하나를 달고 정년퇴직하는 것이다. '말똥'은 잎사귀 세 개의 상관이다. 무슨 풀 잎사귀인지도 모르는 뾰족뾰족한 볼품없는 잎새 세 개를 55세까지 달지 못하고 사라지는 간수가 태반인 것을 생각하면 말똥을 싸질러놓은 모양의 둥그스레하고 큼직한 '주임' 계급장을 단다는 것은 여간 어려운 일이 아니다. 간수로서의 온갖 수모와 고달픔을 몇십 년 참고 나야, 몇백 명에 한사람 돌아올까말까 한 직위인 것이다. 게다가 그 '말똥'은 황금색으로 도금한 것이어서 어둠침침한 형무소 사동 안 복도의 교차점에 섰을 때 열십자로 뻗은 사동의 저 끝까지 휘황찬란하게 빛나니 말이다. 모든 죄수는 너절한 파렴치범이건 수십억 원의 사기를 치고 들어온 경제범이건, 몇천 만원의 뇌물을 먹고 고랑을 찬 공무원이건 '말똥' 앞에서만은 설설 기게 마련이다. 기지 않는 죄수는 '긴급조치'와 '반공법'의 정치범밖에 없다. 그러고 보면 '말똥'을 평생의 꿈으로 삼고, 우선 당장에 잎사귀 세 개를 목표로 하고 있는 그에게는 지금 눈앞에서 눈을 지그시 감고 높은 머리받이 의자에 한일 자로 비스듬히 누운 듯 앉아 있는 검사, 그것도 출세의 지름길을 달리는 공안검사는 눈부신 존재일 수밖에 없다. '서울대학교 법과대학'이라는 말과 '고등고시'가 발음되고 드디어 '검사'라는 소리가 귀에 파동을 미친 순간 두 형무관의 온몸에 전기가 흐른 이유는 짐작하고도 남음이 있다.

한글 타이프가 직무인 여직원만이 예외다. 상업고등학교를 나와 타자 교습소를 거쳤다는 그녀는, 커피를 날라온 것을 제외하면 결박된 반공법 피의자가 방안으로 호송되어 들어온 아침부터 줄곧 권태로 몸을 비틀고 있다. 어린 그녀에겐 별로 흥미 없는 화제다. D검사의 이야기에 아무런 경의도 표하지 않는 것이, 피의자가 바뀔 적마다 몇백 번 되풀이 들어온 낡은 이야기라는 반응이 역력하다.

D검사가 '서울법대'와 '수재'를 되풀이하고 있는 동안 이 교수는 두 눈을 감고 생각에 잠겨 있다. 그에게는 '서울 법대'라는 낱말이 조건반사적으로 연상작용을 일으키는 한 가지 생활경험이 있다. D검사의 도취된 이야기를 듣고 있는 동안 그의 연상은 10여 년 전의 시간을 거슬러 올라가 있었다.

그의 몸은 서울시내 광화문통의 길가에 자리잡은 어느 신문사의 널따란 편집국 공간, 중간벽을 등으로 한 외신부장의 의자에 앉아 있다. 그 옆에는 요란하게 따닥거리는 소리를 내며 영문 외신기자의 종이 두루마리를 토해내는 네 대의 텔레프린터가 탁자에 받쳐져 있고, 그 위 먼지 낀 회벽에는 커다란 달력이 걸려 있다. '1965년'의 로마자가 검고 굵게 인쇄되어 있다. 온갖 책자·신문·원고지 들이 너저분하게 흩어져 있는 몇 개의 낡고 넓은 책상 둘레에는 7, 8명의 젊은 기자들이 앉아 있기도 하고, 원고를 쓰기도 하고, 텔레프린터와 책상 사이를 바삐 왕래하기도 한다.

한두 사람을 제외하면(물론 부장 자신을 포함해서) 나머지 젊은 외신기자들은 모두 서울대학교를 봄에 졸업하고 들어온 수습기자들이었다. '대한민국 방방곡곡'에서 D검사의 말대로 '대한민국 최고 난관'을 돌파하여 서울대학에 들어와, 졸업과 동시에 그 당시 또 하나의 '대한민국 최대 난관'의 하나이던 그 일류 신문사의 입사시험을 돌파해 들어와 수습훈련을 받고 있는, 그야말로 전국 방방곡곡에서 모여온 '수재'들이다. 박정자라는 여자 수재를 포함해서 다섯 젊은 수습기자의 얼굴에는 '수재'라면 갖출 모든 자질의 요소가 또렷또렷하게 흐르고 있다. 국립 해양대학을 졸업한 이 부장은 서울대학 졸업 수재들을 온 정력을 기울여 지도했고, 연일 밤을 새워가면서 신들린 사람처럼 외신기자로서의 직업적 기능에 도취되어 있었다. 젊은 수재들은 그의 직업적 선배의 정성과 강렬한 언론인으로서의 사명의식에 감응하는 듯 보였다.

그들의 관념이 철저한 냉전사상으로 왜곡되고, 편협한 시야일 수밖에 없었던 것은 이 나라 교육의 일반적 결과였다. 그들 같은 수재도 16년간의 안티(反)교육과 세뇌선전에 노출되고 보면 그것은 당연한 현상이었다. 어쩌면 수재였기 때문에 더 그랬을는지도 모를 일이었다. 1960년대는 베트남전쟁, 아프리카 식민지 해방, 중국혁명, 세계적 규모의 반전운동, 여러나라 학생들과 지식인의 사회개혁 현실참여운동 등의 시대였다. 대학을 갓 나와 신문사 외신부에서 시시각각 들어오는 생생한 뉴스와 사건들을 접할 때, 그들 수습기자의 제한되고 왜곡된 세계관으로는 납득이 가지 않는 것이 많았다. 그 본질을 파악하기는커녕 해석하기도 힘들었다. 당연한 일이었다.

그렇지만 몇 달의 수습기간을 마칠 무렵에는 베트남전쟁이 단순한 '반공주의와 공산주의의 전쟁' 이상이라는 성격을 깨닫게 되었다. 대한민국의 파병이 어째서 세계 도처에서 비난의 대상이 되는가를 알고 경악하기도 했다. '월남파병'이 '반공의 성전(聖戰)'일 수도 없다는 시대정신적 감각도 갖추게 되었다. 중국대륙에서는 8억 인민이 모두 굶어 죽고 있는 것도 아니라는 사실을 어렴풋이 인식하게 되었다. 어째서 군인 독재국가들에서 민중의 반란이 그치지 않느냐 하는 의문도 풀려가고 있었다. 20세기의 세계는 자본주의와 사회주의가 경쟁적으로 협력 또는 적어도 공존해야만 인류의 파멸을 피할 수 있다는 논리를 깨닫게 되었다. 어느 한 가지 주의(主義) 또는 반주의(反主義)만이 영원한 진리라는 주장이 허위라는 데도 눈이 뜨이고 있었다.

이 나라의 2,123개 면 가운데 의사가 없는 면이 어째서 절반이 넘는 1,200개나 되느냐는 사회제도와 현실 문제의 본질을 그들이 납득하는 데는 시간이 걸렸다. 세계에서 가장 빈곤하다는 중국 상해(上海)의 병원 병상수가 세계에서 제일 부유한 미국 뉴욕시의 병상수보다 더 많다는 사실을 그들은 처음에는 믿으려 하지 않았다. 부장이, 그것은 미국경제학회 회장 갈브레이스 박사의 현지탐방 후에 나온 글에서의 비교자료에 의한 것임을 확인시켰을 때 그들은 고뇌스러운 표정을 지었다.

이 나라에서 어째서 일제시대의 친일파·민족반역자들이 반공을 빙자한 '애국자'로 권세와 영달을 누리고 있느냐는 문제에서 그들은 젊은이답게 더욱 괴로워했다. 그 사실과 이 나라의 외세의 존적 자세가 무관한 것이 아님을 깨달으면서 그들은 상황에 대한 새로운 시각을 찾아야 했다. 분단된 남북한의 한민족 간에서 전쟁만이 해결책일 수 없다는 상황지식을 얻었을 때, 학교에서 주입되어온 것과 다르다는 사실에 곤혹을 느끼고 고민하기도 했다.

그런데 서울대학교 졸업의 수재들 중에서 딱 한 젊은이만은 그 모든 것을 끝까지 깨닫지 못했다. 다른 동료들과는 달리 그 기자는 번번이 질문했다. 아니 반문이라 함이 옳았다.

"부장님, 베트남전쟁은 자유진영이 공산주의 세력을 무찌르려는 것인데 이런 기사가 나온다는 것은 언어도단이 아닙니까?"

김○○이라는 그는 흥분해 있었다. 큰 체구에, 둥글고 유달리 흰 얼굴에 눈이 각별히 작아서 더욱 반들거리는 김군은 '서울대학교 법과대학' 졸업생이었다. 그의 손에는 방금 텔레프린터에서 뜯어낸 외신기사가 쥐어져 있었다. 그것은 버트런드 러셀, 아인슈타인, 사르트르…… 등 수많은 세계의 석학들이 베트남 사태에 대한 미국의 군사개입을 비난하는 성명의 기사였다.

어느 날 그는 또 외신기사를 찢어 들고 부장의 옆에 와 앉았다. 둥글고 큰 얼굴은 붉게 흥분해 있었다.

"이 부장님, 공산주의자 중에서도 현대의 괴수라고 할 모택동을 유럽이니 일본의 지식인들이 폭군이 아니라고 말하고 있습니다.

어쩌면 그럴 수가 있을까요. 공산주의를 모르는 탓이지요. 큰일이 아닙니까?"

수습기간을 끝내고 정치부·문화부 또는 사회부·경제부 등으로 배치될 때까지 그는 수습을 시작했던 당시의 상태에서 발전하지 못했다.

이 부장은 각부로 배치되어 가는 젊은 후배들의 뒷모습을 보면서 큰 보람을 느꼈다. 그의 가슴은 동시대를 사는 후배들 중의 최고분자들을 몇 사람 배출하는 데 일조를 했다는 만족감으로 뿌듯하게 부풀어 있었다.

그러나 한편으로는 주로 체제유지적 성격의 공부(교육)에 대해서 미처 알지 못했던 불안감을 갖게 되었다. 육법전서(六法全書)로 한계가 지어진 좁은 학문의 무서움을 깨달았다. 수재일수록 문제가 크다는 것도 알았다. 물론 이 부장은 그것으로써 결론을 내릴 만큼 성급하지는 않았고, 하나로 전체를 가늠할 수 없다는 정도는 알 만큼 세상을 살아온 터였다. 그런데도 법대와 고등고시, 게다가 '수재'까지 곁들여진 낱말은 그 후부터 그의 머리에 늘 씁쓸한 뒷맛을 남겨놓았다.

그런데 이 부장의 그 같은 판단이 미숙했다는 것이 현실로 밝혀지기까지는 여러 해가 걸리지 않았다. 그가 그토록 정열로 지도했고, 이 사회의 장래를 떠맡을 훌륭한 언론인이 되리라고 기대했던 그 영특하고 곧은 마음씨의 젊은이들이 그로부터 꼭 10년 뒤인 1974년 신문사에서 쫓겨난 것이다. 법대를 나온 김○○ 기자만을 제외하고.

악몽 같은 유신체제와 긴급조치의 언론탄압에 항거하여 신문기자로서의 정도를 지키고자 했던 정○○, 신○○, 백○○ 기자는 힘겨운 언론자유투쟁을 주도한 끝에 밀려나고 말았다.

지극한 동지적 사랑으로 그들과 맺어졌던 직업적 관계는 이 부장 자신이 같은 이유로 1969년 그 신문사에서 밀려남으로써 신문사 밖에서 이어질 수밖에 없었다. 가장 촉망했던 후배들이 패배자가 되는 것을 보면서 그는 가슴을 에는 괴로움으로 살았다. 그러나 그보다 더 참기 어려운 것은 그가 가장 기대하지 않았던 한 '법대' 출신 '수재'의 이름이 그 후 10년 후에도 신문지면에서 화려하게 춤추는 것을 보는 일이었다.

흘러간 10여 년의 괴로운 회상에서 깨어나 눈을 뜬 이 교수는 D검사가 자기를 들여다보고 있었음을 깨닫는다.

검사는 의미를 가눌 수 없는 웃음을 빙그레 웃는다. 그러고는 기다리고 있었다는 듯이 입을 연다.

"나는 고등고시를 재학 중에 합격했어요. 그 많은 서울법대 학생 중에서 세 사람뿐이었지? 아니, 넷이었구나. 그래 넷이었어. 재학중에 고등고시에 합격한다는 것은 서울법대생에게도 쉬운 일이 아닙니다. 소문이 대단했지요."

그는 마냥 신이 난 음성으로 유쾌하게 말한다.

"육법전서를 거의 한 줄 빼놓지 않고 암송할 수 있었을 정도였다면 알 만하지요. 입학식 때 산 육법전서의 낱장들이 걸레처럼 될 때까지 공부했으니까요. 나와 마찬가지로 입학날부터 고시공부를 시작한 친구들이 대부분 도중하차했지…… 그게 누구나 할 수 있는 일인가? 하하하……."

D검사는 통쾌하게 웃는다. 그러고는 무슨 생각이 들었는지 이 교수 쪽으로 몸을 밀어내면서 묻는다.

"이 교수의 이력서와 진술서를 보니까 외국어를 네 가지나 하고, 압수해온 책목록을 보니 굉장히 독서를 많이 한 것 같은데…… 그만하면 차라리 고등고시 공부를 했더라면 좋았을걸. 아까운데…… 난 말이지요, 솔직히 말해서 굉장히 가난하게 자랐어요. 시골에서 정말 세 끼를 제대로 먹기 힘들었으니까. 그러나 머리가 좋았기 때문에 모두가 장차 뭔가 될 것이라고들 했지. 나 자신도 기어이 서울대학에 들어갈 결심으로 공부했고, 그들을 깜짝 놀라게 해줄 생각이었지요. 다른 사람들은 고등고시를 어렵다고 생각하는 것 같은데, 나는 그렇지도 않습디다."

그는 몸은 여전히 피의자 쪽을 향한 채 책상 위에 엎드린 자세로, 옆에 있는 조 계장과 멀리 있는 형무관들을 차례로 살핀다. 그들은 감격한 얼굴로 검사의 시선을 맞는다. D검사는 여직원은 살필 필요가 없다고 생각하는 것 같다.

그는 다시 의자 속에 깊숙이 몸을 파묻는다. 그러고는 자기의 종교가 불교라는 것, 이 교수는 어째서 종교를 갖지 않느냐는 의문, 자기가 가난하게 자랐기 때문에 약한 사람들과 가난한 사람들을 부처님의 자비정신으로 보살피려 한다는 등의 소신을 장황하게 피력한다.

이 교수는 묵묵히 듣고만 있다. 겉으로 보기에도 권태를 견딜 수 없는 것 같다. D검사의 말 도중에 가끔 딱딱한 의자에서 몸을 가볍게 이리저리 움직이고 고개를 운동해 보이는 것이 이제는 형무소의 음산한 감방이 차라리 그리워진다는 표시인 성싶다. 그래도 D검사는 또 시작한다.

"그런데 물어봅시다. 이 교수는 어째서 박정희 대통령 각하를 반대하지요?"

그는 '박정희 대통령 각하'라는 직명 호칭이 자기 입에서 발음

돼 나오는 것과 동시에 책상에 엎드리듯 흐트러졌던 상체를 의자 위에 빳빳이 세운다. 그 동작은 잘 훈련된 사병의 민첩함을 연상케 하기에 충분하다. 그는 그 자세를 유지한 채 말을 잇는다.

"나는 말이지요, 박정희 대통령 각하는 한민족이 낳을 수 있는 가장 현명한 지도자라고 확신합니다. 그런 분을 반대하는 이 교수의 사상을 알 수가 없어요. 그런 분이 몇 번을 대통령한다고 해서 안 될 이유가 어디 있어요? 그분은 종생토록 대통령을 해야 한다고 나는 확신합니다. 안 그래요? 대답해보시오."

답변을 추궁받은 피의자는 피할 수가 없다고 느낀다. 이 교수의 가슴에서는 벌써부터 분노가 치밀어 오른다. 그러나 그는 애써 평온을 꾸미면서 대답한다.

"그런 논리대로 한다면 북한에서 김일성이 평생을 집권한다고 비난하는 우리의 논리는 자가당착이 되지 않을까요? 북한의 대중 국민이나 그 사회의 공안검사들도 그들의 논리로는 김일성을 숭배하고 평생집권을 확신으로 희망하고 있는지도 모르니까 말이에요."

이 교수는 말을 끝내면서 온당치 않은 예증을 했구나 하고 후회한다. D검사는 그러나 논리적인 공박을 정면으로 부정하려 들지는 않는다. 그 대신 그는 화제를 돌린다. 그는 여전히 부동자세다.

"내가 박 대통령 각하를 존경하는 이유가 또 하나 있어요. 각하가 언젠가 말씀하신 것을 생생하게 기억하는데, 각하는 가난하게 자라 어려서부터 우유를 마셔본 일이 없다는 거예요. 그래서 지금도 우유를 마시면 설사를 하고, 그래서 우유를 못 잡수신다는 거예요. 이게 얼마나 솔직하고 허심탄회한 말씀입니까. 그런 위대한 지도자가 말이에요. 나는 감격했어요."

이 교수는 아무 말 없이 의자 위에서 또 몸을 좌우로 몇 번 비틀고 머리를 빙빙 돌려서 목의 근육을 풀었다. 순간 D검사의 눈에 불쾌한 빛이 선뜻 지나간다.

그에게도 이 교수의 동작의 의미가 분명해진 것 같다. 그는 책상 위에 놓여 있던 『우상과 이성』『8억인과의 대화』를 한쪽으로 밀어 치우더니 단호한 어조로 말한다. "좋습니다. 심문을 계속합시다."

그는 '심문'에 힘을 준다. 그러고는 조 계장에게 "책들을 가져오시오"라고 명령한다. 잠시 후 조 계장은 무거운 마대주머니 두 개를 힘겹게 끌고 들어와 상관 책상 옆에 책들을 쏟아놓는다. 그것을 본 이 교수의 두 눈에 순간 안개가 감도는 것 같다. 그는 묶인 부자유스러운 손을 올려 손등으로 눈을 비볐다. 책더미는 얼핏 보기에도 200권은 넘을 것 같다.

이 교수는 자기가 연행돼온 후에 많은 책들이 압수되어온 사실은 경찰관에게서 들었지만 다시 대면하기는 처음이다. 마루에 쏟아져 흩어져 있는 책들을 보는 그의 뇌리에는, 10여 년간 가난한 월급생활에서 절약하고 아낀 돈으로 한권 한권 사들이던 때의 고통 섞인 기쁨이 되살아난다. "생활은 어떡하려고 또 책을 사들여와요?" 하고 나무라던 아내의 얼굴이 책더미 위에 떠오른다. 아내의 꾸지람을 듣지 않으려고, 대문 밖 기둥 뒤에 포장된 책을 숨겨놓고 태연하게 방으로 들어가서는, 옷 갈아 입고 다시 나와 기회를 보아서 서재로 들여다 책장에 꽂던 죄책감 섞인 스릴도 되살아난다.

검사실 바닥에 내동댕이쳐진 책들이 차츰 안개에 가려지고, 물젖은 유리를 통해 보듯 형태가 일그러지고 뿌우연 모습으로 떠오른다. 그는 다시 힘겹게 묶인 손을 올려 두 주먹으로 눈을 비빈다. 그동안 '압수품 목록' 서류를 들여다보고 있던 D검사의 중얼거리는 소리가 들린다.

"전부해서 252권이구만…… 그리고 대공분실의 의견서를 보면, 여태까지 한 피의자에게서 압수한 불온서적으로는 최고란 말이지. 음…… 많이도 소지하고 있었구만!"

그러고는 피의자를 향해 묻는다.

"이 교수! 이 교수는 장서가 얼마나 되오? 이렇게 많은 불온서적이 있는 것을 보면 책이 꽤 많은 것 같은데……?"

피의자가 세어보지 않아서 정확치는 않지만 한 2천 권쯤 될 것이라고 대답하자 그는 서류에서 시선을 들어 피의자의 얼굴을 바라본다.

"그래요?"

그는 확실히 감동한 기색이다.

"이 교수는 아까운 두뇌를 썩혔어. 난 외국어는 영어 한 가지도 잘 못해요. 그런데 이 교수는 그 많은 책을 읽은 결과가 뭐요? 반국가적 사상을 갖게 된 것뿐 아니요? 두뇌의 낭비였어. 차라리 고등고시를 했더라면 벌써 하고도 남았을 텐데…… 안 그래요?"

서울법대 출신은 정말 한심하다는 표정을 짓는다.

압수한 서적에 관한 격식대로의 심문이 시작된다. 차례로 책이름을 대고 저자는 누구며, 어떤 사상의 인물이며, 출판사는 어디고, 내용은 뭐며, 언제 어디서 얼마에 사서 어느 정도 읽었느냐는 등의 질문이 계속된다. 그에 대한 대답도 계속된다. 조 계장은 분주히 기록한다.

조 계장이 다음 책을 상관에게 건네준다. 두툼한 세 권의 일본어책이다. 책을 받아든 D검사가 격식대로 묻는다.

"이건 뭐요?"

"『자본론』올시다. 일본어판입니다.

검사는 잠시 머뭇거린다.

"『자본론』? 무슨 책이오? 저자가 누구지요?"

그때까지 고분고분 사무적으로 간략하게 대답하던 피의자도 멈칫하는 듯하다. 검사의 질문의 뜻을 이해할 수 없다는 표정으로 검사의 얼굴을 바라본다. 그러자 검사가 되묻는다.

"저자가 누구냐니까? 내용은 뭐고?"

그제서야 피의자는 의문이 풀린 것 같다. 검사는 정말 『자본론』을 손에 쥐고 그것이 무슨 책인지, 저자가 누군지를 모르고 있는 것이다.

이 교수는 어처구니가 없다. 처음에는 검사가 무슨 흉의를 품고 시치미를 떼고 있지나 않는가 의심했다. 무슨 농담을 하려는가고도 천착해본다. 그러나 D검사의 얼굴과 눈동자에서 그것이 아님을 역력히 읽을 수 있다. 당황한 것은 오히려 이 교수다. 책의 저자 이름과 책의 성격 내용을 밝혀 대답하면, 모르는 공안검사에 대한 모욕이 될 것이 걱정스러워진다. 그는 어색하고 난처해진다. 그는 더듬는다.

"아 아니, 그거야…… 뭐, 말할 필요도 없는……" 그는 "……없는 일이 아닙니까?"까지 말을 잇는 것이 상대방에 지나친 욕이 될 것 같아서 말을 맺지 않는다. 그런 마음으로 검사의 눈을 쳐다보고 있는 피의자에게 검사는 재차 독촉한다.

"빨리빨리 합시다. 나도 피로해요."

이 교수는 하도 어이가 없어서 다시 더듬는다. 어쩔 수 없이 조소의 빛도 약간 섞인 채,

"그거야…… 『바이블』이 어떤 책이냐고…… 묻는 거나, 『훈민

정음』을 누가 지었느냐고…… 묻는 거나…… 다름이…… 없지 않겠어요?"

D검사는 발칵 화를 낸다.

"누가 당신과 농을 하자고 했어? 무슨 그 따위 소리가 있어? 빨리 끝냅시다. 나도 피로해요."

이 교수는 체념한다. 그도 벌써 서대문의 감방이 그리워진 상태다. 빨리 오늘의 수모와 고욕에서 해방되고만 싶다.

"책의 내용은, 모든 경제제도 특히 자본주의의 역사적 형성과정을 과학적으로 분석한 것이고……."

"응, 응…… 그리고 저자는?"

검사는 저자의 이름을 재촉했다.

"칼 마르크스라는 19세기의 독일인 학자입니다."

D검사는 마르크스라는 이름에 찔끔 놀란 것이 분명하다. '피의자 진술서'를 쓰느라고 서류에 떨구고 있던 얼굴을 홱 들어 피의자를 쳐다본다. 그의 입에서 무의식적으로 말이 새어 나온다.

"마르크스!…… 자본론!…… 마르크스?"

D검사는 벌떡 일어선다. 안면근육들이 격하게 짧게 경련한다. 속에서 일어난 어떤 감정을 억누르려고 애쓰고 있다는 것이 피의자의 눈에도 역연하다. 섣달의 짧은 해가 저물어가는지 제○○호 검사실의 북창 밖은 어둠이 덮여가고 있다. 이 교수는 물에 젖은 솜처럼 눅신했던 심신이 상쾌해짐을 느낀다.

D검사가 느닷없이 형무관들을 향해 소리지른다. 불그스레하던 그의 얼굴이 창백해 보인다.

"이 피의자를 호송해서 돌아가시오!"

그러고는 이 교수에게는 눈길도 돌리지 않은 채 문을 쾅 닫고 황급히 검사실을 나가버린다.

이 교수는 천천히 의자에서 일어났다. 그의 얼굴에는 오늘 처음 보는 가벼운 미소가 흐른다.

이 교수는 쾅! 하는, 검사가 세차게 닫은 문소리에 깜짝 놀라 눈을 떴다. 주위를 살펴보니 그는 자기 집 2층 서재의 창가에 놓인 소파에 앉아 있었고, 무릎 위에는 책이 펼쳐진 채 그대로 놓여 있었다. 그제서야 그는 자기가 소파에 앉은 채 긴 환각에 잠겼던 것을 깨달았다.

길 건너 앞집 슬래브 지붕 위로 5월 초의 푸른 하늘이 시원하게 트여 있고, 연한 구름이 형상 없는 무늬를 수놓으면서 흘러가고 있었다. 불현듯 출판사의 원고독촉 생각이 났다. 그는 '무엇을 쓸까?'라고 중얼거리면서 책상으로 가 원고지를 펴고 천천히 펜을 들었다.

어떤 한국인

小林文男

내가 그 사람을 만난 것은 작년도 저물어가는 어느 날 추운 밤이었다. 장소는 서울 어느 번화가에서 가까운 뒷골목 조촐한 술집의 한구석이었다. 그 사람은 가벼운 전작이 있는 듯 보였다.

초대면의 인사를 하고 있을 때도 그 사람은 시종 얼굴을 아래로 하는 느낌으로 시선을 쳐들지 않았다.

"히레사께(정종에 지느러미를 넣어 데운 일본 술)를 할까요?"

그 사람의 입에서 나온 첫 말이 이 질문이었다. 그러고는 "생선회는…?"하면서 얼굴을 바로 쳐들었을 때 비로소 시선이 마주쳤다. 숱이 많고 검은 머리칼에 매서운 얼굴, 그 깊은 곳에서 눈이 날카롭게 빛났다.

안주가 들어와 잔이 채워지면서 우리는 여러 가지 이야기를 주

저자주: 이 글은 고바야시 후미오(히로시마대학 교수, 중국현대사 전공) 씨가 1975년 7월호 『아시아 時報』(아사히 신문사 발행)에 기고한 것이다. 그는 1974년 일본의 종합잡지 『世界』에 번역 전재된 저자의 글 「다나까 망언에 생각한다」를 읽고, 아시아경제연구소가 저자를 1년간 초대하는 결정을 가지고 서울에 찾아온 일이 있었다. 이 글은 그때의 만남을 쓴 것이다.

고받았다. 아니, 정확하게 말하면 나 혼자 주로 지저거렸던 것 같다. 오랜 시간이 지났다. "장소를 바꿀까요?"라며 2차로 가자는 제의를 하면서 그는 갑자기 억누른 울음과 같은 소리를 냈다.

"내가 여태까지 쓰고 발언해온 것이 담벼락을 향해서 한 것만은 아니었군요."

첫 순간 나는 그 의미를 감득치 못해서 놀랐지만 곧 그의 뜻을 알아차렸다.

"그렇습니다. 그렇고말고요. 인간이 있는 곳에는 인간이 있고, 지성은 반드시 지성의 메아리를 부르는 법이라고 생각합니다."

나는 그렇게 대답했다. 지금 돌이켜 생각하면 좀 잘난 척한 말투 같은데 어쨌든 나는 그렇게 말했던 것이다.

"나는 일본인을 잘못 생각하고 있었는지 모르겠소. 당신이 나의 글을 보고 여기까지 찾아오리라고는 상상도 못 했던 일이올시다. 이렇게 기쁜 일은 없습니다."

그는 이렇게 말하면서 일어나 나의 손을 꽉 잡았다.

한국의 겨울은 정말 춥다. 그러나 그는 스웨터만을 걸친 차림으로 네온이 켜진 거리의 저쪽 어둠 속으로 사라져갔다.

그 사람, 그 이름을 지금은 밝힐 수가 없지만, 그는 한국의 유수한 지식인의 한 사람이며 비평가이기도 하다. 그는 그의 반체제적인 언동 때문에 많은 불행을 걸머지고 살아왔다. 나는 그의 독자이면서 그의 공명자(共鳴者)이기도 하다.

하지만 그의 비평 중에서도 가장 뛰어난 분야인 일본비평에는 분명히 오해가 있었다. 나는 그의 사상에 공감하는 까닭에 그 오해를 고쳐주고 싶었다.

내가 그에게 전하고 싶었던 것은, 오늘의 일·한 관계가 주로 과거의 이른바 일제 36년의 조선지배 통치의 연속선상에 서거나 그것만으로는 파악할 수 없는 것이 아닌가 하는 견해였다. 김대중(金大中) 씨 사건을 계기로 해서 일한 관계를 걱정하는 일본 지성의 집결은 '36년'에서는 나오지 않는 것이 아닌가 하는 그런 견해였던 것이다.

반일론(反日論) 속에서 그것에 반론하는 것은 어려운 일이다. 그렇지만 반론하는 일도, 그것이 역사를 발전으로 파악하고자 한다면 해야 할 일이다. 그리고 그는 그 점을 이해해주었다. 나는 그렇게 생각하고 싶다. '연대'(連帶, 提携)라는 것이 자주 입에 오르내리지만 진정한 연대, 지성인들 간의 연대란 그런 것이 아니겠는가.

그럴수록 우리들 사이의 이 같은 연약한 제휴마저도 비정하게 가로막고 있는 거대한 정치권력과 금력을 나는 미워하지 않을 수가 없다.

이영희 투옥에 대한 항의문

菊池昌典

한국에서 출판된 『8억인과의 대화』의 편역자 이영희(李泳禧) 씨와 그 책을 출판한 '창작과비평사'의 사장 백낙청(白樂晴) 씨가 반공법 위반으로 각기 징역 3년·공민권 정지 3년, 징역 1년·공민권 정지 1년의 판결이 서울지방법원에서 언도된 것은 5월 19의 일이다.

『8억인과의 대화』는 그 이름대로 8억의 중국민중과 대화를 한 바 있는 21명의 유럽·미국·일본인 학자들의 논문을 모은 책이다. 책 전체는 6부로 구성되는데, 제1부 「이해를 위한 기초교양」, 제2부 「구체제의 청산」, 제3부 「신체제의 논리」, 제4부 「8억의 얼굴—고(苦)와 낙(樂)」, 제5부 「빈곤 속의 변화」, 제6부 「권력의 성격과 의지」로 나뉘어 있다.

이씨는 그 서문에서 친공산주의적 시점에서 쓴 글은 처음부터 배제했다고 적고 있으며, 사회주의 국가의 학자의 글도 역시 배제

저자주: 이 글은 기꾸찌 마사노리(菊池昌典) 씨가 『世界』 1978년 9월호에 썼던 「李泳禧 교수의 受難」을 옮긴 것이다. 기꾸찌 씨는 도쿄대학 사회주의론 전공교수이다.

했다고 적고 있다. 또 중국민중 속에 들어가서 직접 견문한 바를 기초로 분석한 공정한 논문들을 선택했다고도 쓰고 있다. 이처럼 이씨가 지극히 신중하게 『8억인과의 대화』를 엮었다는 사실과, 이씨 자신의 주견을 개입시키지 않고 한국의 민중에게 가능한 한 정확한 중국상(中國像)을 그려내고자 노력한 외국인들의 논문을 소개하려고 애쓴 것은 그 책의 내용으로서도 분명하다.

경제학자 조운 로빈슨, 케네스 갈브레이스, 얀 뮈르달 교수의 여러 논문은 일본에서도 이미 주목된 중국 관찰기록이다. 『뉴욕 타임스』의 전 편집국차장 해리슨 솔즈베리, 윌리엄 힌튼, 로스 테릴 교수들, 그리고 에드가 스노 씨의 논문 또한 그렇다. 그중 대부분은 일본에서도 번역·소개된 바 있고 많은 일본인이 관심을 가지고 읽은 그런 것뿐이다.

이와 같은 여러 논문이 공산주의의 선전·선동을 위한 문서라고는 도저히 생각할 수 없음은 너무나 자명한 사실이다.

이 『8억인과의 대화』에는 일본인 학자 여섯 사람의 논문이 들어 있다. 오웬 라티모어, 가이즈까 시게끼(貝塚茂樹), 이와무라 시노부(岩村忍) 세 교수의 「전통중국(傳統中國)과 공산중국(共産中國)」이라는 제목의 좌담회(『마이니치 신문』, 1971.6.17~25)를 비롯해서 요네자와 히데오(米澤秀夫), 야마다 게이지(山田慶兒), 후루까와 만따로(古川萬太郎), 그리고 나 자신의 개별 논문이다. 나의 논문이란 「인간변혁(人間變革)의 논리와 실험」(筑摩書房, 1971)에 들어 있는 것으로, 1967년 4월 중국의 문화혁명을 시찰한 기록이다. 이씨가 말하듯이 직접 중국민중 속에 들어가 견문한 사실들을 그대로 기록한 것으로서 귀국 직후 『아사히 신문』에 5회에 걸쳐서 연재했던 것이다.

이씨에 대한 기소장에서는 이 글들이 중공예찬, 공산주의 사상 고무·선전, 한국의 현 체제 타도의 시도…… 등으로 되어 있는데 내용은 그런 목적과 전혀 무관한 것들이다.

중국의 현상을 가능한 한 객관적으로 역사적으로 파악해서 현실을 기술하는 데 시종일관한 논문들이다.

하지만 『8억인과의 대화』에 관해서는 나 자신은 이씨가 체포된 뒤에 비로소 그 책의 존재를 알게 되었다. 내 논문이 그 속에 번역되어 수록되어 있다는 것도 물론 그때 알았다. 한국이 국제저작권협정에 가입해 있지 않은 사정이 있기는 하겠지만 석연치 않은 감이 있었던 것은 사실이다.

그렇지만 우리들 논문의 번역·소개가 한 가지 원인이 되어 반공법 유죄가 된 것은 틀림없는 사실이므로 그냥 침묵하고만 있을 수는 없는 일이었다. 여섯 분과 연락을 하여 이씨와 백씨의 무죄를 바라는 것을 주안점으로 하여 다음과 같은 문장을 합의 작성했다.

> 우리들 일본인 학자는 우리들의 중국관계 논문을 번역 출판한 이영희(李泳禧)씨와 백낙청(白樂晴) 씨가 반공법 위반으로 체포되고, 각기 징역 3년과 1년의 형판결이 내려졌다는 데 대해서 큰 충격을 받았습니다.
>
> 우리는 중국을 조사·연구하는 사람의 원칙으로서 이데올로기를 배제하고 언제나 객관적 사실을 존중하여, 주로 현대중국의 실정을 공평하게 일본의 독자에게 전달하는 일에 전념해왔습니다. 그 논문들에서 보시면 분명하듯이, 그 속에는 공산주의 선전 같은 내용은 아무 데도 없습니다.

우리의 논문을 번역 출판한 귀국의 두 사람의 지식인이 우리의 학문적 성과를 소개한 것이 원인이 되어 유죄판결을 받았다는 것은 우리에 대한 커다란 오해 내지는 편견이라고 말하지 않을 수 없습니다.

부디 청하거니와 우리의 논문을 한번 정독하셔서 그 내용의 학문적 검토를 통하여 객관적으로 판단해줄 것을 희망하는 바입니다.

그리고 우리의 학문적 성과를 소개한 노고 때문에 유죄가 된 이·백 두 분에게 무죄의 판결이 내려지기를 충심으로 희망하는 바입니다.

1978년 7월 20일

가이즈까 시게끼(貝塚茂樹)　이와무라 시노부(岩村忍)
요네자와 히데오(米澤秀夫)　기꾸찌 마사노리(菊池昌典)
야마다 게이지(山田慶兒)　후루까와 만따로(古川萬太郎)

대한민국특명전권대사
김영선(金永善) 각하

이 문서는 당연히 김 대사에게 직접 수교되어 그 자리에서 우리의 진의를 자세히 설명해서 유죄판결이 얼마나 부당한 일인가를 우리의 논문에 입각해서 설명하는 절차를 밟아야 했다. 그런데 마침 대사는 1주간 부재중이라는 한국대사관의 통보에 따라서 이원홍(李元洪) 공사와 연락을 취하려고 애썼다. 4~5회 연락 노력을 했지만 다망한 탓인지 부재중이라는 상태가 계속되었기 때문에 마침내 7월 21일 오전, 우리는 비서를 면담해 우리의 취지를 설명하고 이 공사에게 정확하게 전달해줄 것을 부탁했다.

7월 24일 오전, 나는 비서에게 전화를 걸어 우리 문서가 정확히 전달됐는지의 여부를 확인하려고 했다. 그러자 강범석(姜範錫) 참사관이 전화에 나왔다. 그는 재판이 진행 중이니 만큼 그것에 영향을 주게 될 행동은 삼가주었으면 좋겠다는 의견을 말하는 것이었다. 그 영향이란 좋은 뜻에서인지 나쁜 뜻에서인지 알고 싶다는 나의 질문에 대해서 양쪽 다라는 대답이었다. 그리고 매스컴을 통해서 하는 것은 온당한 일이 아니라는 그쪽의 의견도 말하는 것이었다.

우리는 우리 자신의 논문에 입각해서 견해를 개진하고 있을 뿐이다. 우리는 한국의 재판소가 우리의 논문을 허심탄회하게 정독해줄 것을 요구하고 있는 것이다. 그들이 정독하기만 한다면 틀림없이 이씨는 유죄가 될 수 없다고 확신하고 있기 때문이다.

7월 24일 오전, 속달등기로 그 문서를 김 대사 앞으로 우송하고, 오후 3시 언론회관에서 기자회견을 열어 일의 경과를 설명했다.

미국에서는 갈브레이스 교수, 도널드 프레이저 하원의원, 크레이본 벨 상원의원 등이 국무성으로 찾아갔다. 그들은 미국정부가 이 재판의 결과에 주목하고 있다는 취지의 의견을 한국정부에 전달했다는 해명을 들었다. 솔즈베리 등의 관련자들도 곧 항의 성명을 발표하기로 되어 있다고 듣는다.

우리는 논문이 번역된 다른 관계 학자들과 앞으로 꾸준히 연락을 유지하면서 제2심 판결의 방향을 지켜보려고 생각하고 있다.

• 1978.7.26

사상재판

• 1978년 5월 16일 발신

이 달의 싸움 소식을 전하기에 앞서 오늘은 먼저 사상을 단죄하는 법정: 이영희 교수의 재판에 관해서 조금 소급하여 그동안에 메모한 가운데서 주요한 내용을 전해드리고 싶다. 내가 아는 학생들은 "토요일이 되면 우리는 여기 나와서 강의를 듣습니다"라고 말한다. 그만큼 방청인석은 젊은 학생들로 꽉 채워졌다. 이 교수는 제1심에서 3년 징역형을 언도받아 지금도 구금 중이다.

2월 24일 공판에서

변호인 『8억인과의 대화』를 출판하게 된 동기는?

이영희 중공에 대한 빈약한 지식과 편견, 사실과 다른 비과학적 오류로 오도되고 있는 이 나라 국민을 계몽해야 한다고 생각한 것

저자주: 이 글은 『8억인과의 대화』, 『우상과 이성』을 이른바 '의식화 교과서'라고 하여 저자를 반공법으로 기소했던 사건의 제1심 공판에서 진행된 심리과정 녹음기록의 일부다. 11회에 걸친 제1심의 심리는 1978년 1월부터 5월까지 4개월에 걸쳤다. 그 전체의 녹음기록은 없다. 다만 『世界』지가 박정희 정권의 '긴급조치' '유

이 그 주된 동기다. 지난 몇 해 동안에 중공에는 1년에 200만 명의 외국인이 출입하고 있다. 중공은 이처럼 외부에 개방된 사회인데도, 외국에서라면 초등학교 생도들도 알고 있는 일 정도도 우리나라에서는 지식인들에게조차 알려져 있지 않다. 한심한 상태다. 국제정세가 급격히 변화하고 있는 지금 중공에 대한 지식이 이렇게 빈약해서는 국가의 장래가 위태롭다고 생각했다. 제2차 대전시의 파시즘의 나라들 그리고 장개석, 최근에는 베트남·라오스 등에서의 사태를 보면, 정권유지에만 급급하여 국내외에서 벌어지는 사실을 국민에게 알리지 않는 나라는 예외없이 망한다는 사실을 알 수 있다. 잘못된 정치권력이 반공(反共)만을 구실삼아 학문적 연구를 억압하고, 외부정세에 대해서 국민의 눈을 가리고, 무모한 전쟁으로 치닫고…… 이렇게 해서 마침내는 수백만의 국민을 죽음으로 몰아넣었다. 이 같은 오류와 위험을 다소라도 예방할 수 있으면 하는 생각에서 이 책을 세상에 내놓았다. 국민이 올바른 정치판단으로 국제정세를 파악해야만 그에 올바르게 대응할 수 있다. 또 다른 나라들의 장점은 우리도 수용함으로써 스스로 발전할 수 있는 것이다. 싫다고 생각하는 나라와 사회로부터도 배울 것은 배워야 한다. 사실을 허위로써, 지식을 환상으로써 매도해서는 안 된다.

변호인 우리나라에서 중공에 관한 연구가 활발히 이루어지고 있는가?

신체제' 발동 이후 매호마다 한국의 정치적 탄압상과 이에 맞서서 싸우는 민주화·인권운동의 소식을 게재한 「한국으로부터의 통신」에서 보도한 것이다. 2월 24일부터 4월 8일까지의 이 글은 『世界』, 1978년 7월호에 실린 공판기록의 부분인데 그 내용은 필자의 기억과 거의 완전히 일치한다.

이영희 그렇지 않다. 연구와 학문이 대중과 동떨어져 있다. 학문의 결과가 대중생활의 지식이 돼야 하는데, 반공법이라는 장애와 학자들의 현학적 태도 때문에 연구의 실제적 효과가 없다. 슈람이 쓴 『모택동』이라는 책을 육군사관학교의 한 교관이 번역하여 육군 보안사령부의 허가로 출판한 것이 있다. 나는 그 책의 서평을 부탁받은 일이 있다. 사관학교 교관이기 때문에 번역출판이 허용된 슈람의 그 책 속에는 나의 저서 『8억인과의 대화』에 들어 있는 내용이 다 들어 있을 뿐만 아니라 오히려 더 깊이 다루어져 있다. 그 책은 지금도 시판 중이다.

변호인 검사는, 중공에 관해서 우리에게 불리한 것, 잘못된 판단을 일으킬 염려가 있는 부분은 글에서 삭제해야 했는데 그것들을 삭제하지 않았기 때문에 유죄라고 주장하는데……?

이영희 학문을 한다는 사람의 가장 비열한 행위가 남이 쓴 글을 도용하는 것이다. 도용보다도 더 비열한 행위는 다른 사람의 문장을 마음대로 삭제하거나 가필하는 행위이다. 그럼에도 불구하고 국가권력이 임명한 법의 대행자가 남의 문장을 마음대로 삭제해야 한다고 요구하는 것은 도저히 납득이 가지 않는다. 중국에 관한 대가들의 논문에 대해서 내가 비판적인 글을 쓸 단계가 아니다. 그들은 현지에서 제1차 자료로 연구하고 있는데 우리는 그들의 글을 통해서만 간접적으로 자료를 얻어서야 연구를 할 수 있는 실정이다. 그들은 직접 현실에 맞부딪쳐서 그 같은 학문적 결론을 내고 있다. 그렇기 때문에 나는 학문사회의 보편적 규칙과 윤리로도 그들의 논저를 자의로 비판하거나 삭제할 자격이 없다. 분명히 편파적인 내용이거나 오식이 아닌 한 나로서는 그런 행위를 할 수 없다.

변호인 공소장에 의하면 "문화혁명은 찬양할 만한 일임과 동시에…… 소름이 끼치는 일이기도 하다"는 내용이 문화혁명을 찬양한 것이라는데…….

이영희 그런 논리에 입각한 단죄에는 정색하고 답변하는 것조차 창피한 일이다. 대만에서도 이렇지는 않을 것이다. 세계의 146개 나라가 각기 그 특수성을 주장하고 있다. 중국도 마찬가지다. 문화혁명은 중공에서 물질(제도)적 혁명을 이룩한 뒤에 마땅히 뒤따를 변화로 간주되고 있다. 사람의 도덕·습관·이념 등은 바꾸기가 어렵다. 문화혁명은 그것에 도전한 것이다. 그것을 소개한 것이 어째서 범죄가 되는가? 그것이 어떻게 해서 이 나라에 악영향을 미친다는 것인가? 알다가도 모를 일이다.

변호인 모택동을 진시황 이후 처음으로 중국을 통일한 인물이라고 기술한 대목이 반공법 위반이 된다고 생각하는가?

이영희 역사적 사실과 진실은 오히려 법의 보호를 받아야 한다. 그런 역사적 사실의 기술조차 반공법 위반이 된다니 창피한 이야기다. 자기가 믿고 싶은 것만을 진실이라고 주장하면서 객관적 사실을 말하면 처벌하는 체제·권력·정권은 오래간 일이 없다. 나는 현재의 박(정희) 정권이 오래가지 않기를 바란다는 뜻이 아니라, 그런 정권은 학자적 양심에서 없어져야 한다고 말할 뿐이다.

변호인 공소장에서는 중공인민이 (토지개혁으로 농토를 분배받고) "지옥에서 천국에 온 것 같다" 또는 "해방되었다"…… 등의 말로 인사를 했다는 기록이 중공을 찬양하고 공산주의에 동조한 것이라고 되어 있는데…….

이영희 그것은 중국 사람들의 말이다. 나의 말이 아니다. 세상에서 가장 혹독하게 수탈당하던 중국의 빈농들로서는 농토를 분배받았다는 사실만으로도 한없는 기쁨이며 천국에 온 것 같은 기분이 되었을지 모른다. 누가 그 농토를 주었는가는 문제가 되지 않는다. 그 감사는 공산당이었건 누구였건, 토지를 준 세력에 대한 당연한 감사일 것이다. 그리고 그 글 속에는 '공산당'이라는 말은 한마디도 나오지 않는다.

변호인 "중공이 효율적인 경제 형태를 창출했다는 데는 의심의 여지가 없다"라는 말은 중공을 찬양한 말인가?

이영희 그것은 갈브레이스의 평가다. 낙오한 사회의 초보적 발전단계로서는 효율적이라는 의미이다. 중국의 현실로서는 비교적 효율적인 경제 형태를 수립했다는 말이다.

변호인 검사의 공소장은 또 "상해(上海)시의 의료시설이 뉴욕시의 의료시설보다 낫다"라는 관찰을 문제시하고 있는데?

이영희 의료의 질적 비교가 아니라 대중의료의 양적 비교를 두고 한 말이다. 중국 공산혁명은 농촌에서는 토지혁명, 도시에서는 의료개혁·의료대중화를 우선했다. 중공의 의료는 우리 사회처럼 기업적으로 제도화되어 있지 않다. 기업·학교·공장·농촌…… 등에서 자율적으로 독특한 병원과 의료방식이 실시되고 있다. 중공의 의학은 심장이식이라든지 뇌수술 같은 분야에서는 서구에 뒤떨어짐이 틀림없다. 다만 그들의 뛰어난 점은 일류 대학병원의 시설이 아니라 대중적 의료제도의 보급에 있다. 이 사실은 중국을 방문한 사람이면 누구나 인정하고 있다. 아무런 비밀도 아니다. 지극히 초보적인 상식에 속하는 이야기다.

3월 11일 공판에서

변호인 『우상과 이성』이라는 저서를 출판한 동기는? 그리고 그 책이름이 뜻하는 바가 무엇인지?

이영희 그 책을 발행한 '한길사' 사장은 『동아일보』에서 자유언론투쟁 때문에 추방된 전직기자다. (해직 후) 77년부터 양서출판을 하겠다면서 나에게 논문들을 골라 모아달라고 부탁하기에 그렇게 해준 것이다. 책의 이름은, 이 사회에서 진실이 아닌 것을 진실인 것처럼 강요당하고 있는 것을 '우상'이라고 이름 짓고, 그에 대해서 사실과 진실이 무엇인가를 대치시켜서 추구하려 한 것이다.

변호인 「다나까 망언에 생각한다」라는 글을 쓴 이유는?

이영희 다나까라는 일본의 총리대신이 일제하의 조선 식민지통치가 경제·문화적으로 한국의 발전에 기여한 바가 크다는 망언을 했기 때문이다. 이에 대해서 한국 지식인의 한 사람으로서 한마디 하지 않을 수 없어서 쓴 글이다. 이 글은 친정부적 잡지인 월간지 『세대』(世代) 1974년 5월호에 발표한 것이다. 우리나라 지식인들의 반성을 촉구하는 목적도 아울러 있었다. 한 예로 우리나라 문학자 대표가 일본에서 열린 한일회의에 참가하고 귀국해 하는 말이, "우리나라 대표들의 일본어가 어찌나 유창한지 일본인들이 혀를 차고 감탄했다"는 따위의 자랑스러운 소리를 했다. 나는 그들의 그런 정신상태에 분개했던 것이다. 스웨덴이나 인도의 학자가 유창한 일본어를 하는 것과 우리가 그러는 것과는 의미하는 바가 다르다. 그들에게는 그것은 외국어 연구와 훈련·노력의 성과지만 우리들에게 그것은 식민지적 지식인의 정신상태의 잔재인 것이다.

변호인 북한의 대표가 유엔총회에 처음으로 공식 초청되었을 때 영어나 기타 외국어가 아니라 자기 모국어(조선말)로 처녀연설을 한 것을 칭찬했다고 하는데, 그리고 그것이 '북괴 고무찬양'이라서 반공법 위반이라고 검사는 주장하는데……

이영희 앞에서 답변한 것과 마찬가지 뜻에서 나는 민족의 자주성·독립성·긍지를 중요시하는 사람이다. 우리나라(남한) 대표는 유엔총회에서 20여 년간에 걸쳐 연설을 유창한 영어로만 해왔다. 북한의 대표가 처음으로 세계 최대의 정치적 모임에서 우리 민족 고유언어로 연설한 것은, 정치적 입장이나 이데올로기의 차이를 넘어서 민족으로서 좋은 일이었다고 말한 것이다. 자기 나라 말을 쓴 것이 반공법 위반이 되고, 언제나 남의 나라 말을 써야 반공법 위반이 안 된다는 논리라면 나로서는 납득이 가질 않는다. 한일회담에서도 첫과 끝의 공식인사를 제외하면 우리나라 대표는 언제나 유창한 일본말로 회담을 해온 그런 자세를 비판한 것이다.

변호인 이 교수는 지금 4년 전에 쓰고 발표한 그 글 때문에 기소되었는데, 그 글 때문에 당국의 조사를 받은 일이 있는가?

이영희 일본의 어떤 유명한 종합잡지가 「다나까 망언에 생각한다」라는 글을 나의 승낙 없이 번역하여 그해의 9월호에 전재했다. 일본의 어떤 대학교수가 우리나라를 방문했을 때 나에게 말한 바에 의하면, 일본에서도 좋은 논문으로 평가되어 대학의 세미나에서 읽혀지기도 했다고 한다. 한국 사람으로서 한국 자신의 문제도 그같이 생각하는 사람이 있다고 생각한 탓인 것 같다. 그 직후 중앙정보부의 조사단이 그 논문에 관해서 경과를 들으러 온 일이 있었지만 그 이상 문제된 일이 없다. 또 그 일본의 잡지가 전재한 일에 관해서 말하자면, 필자의 사전 양해 없이 전재했다고 분명히 밝히고 있지 않은가.

변호인 「모택동의 교육사상」이라는 논문의 내용에 관해 간략하게 설명해주시오.

이영희 그 논문은 월간지 『대화』(對話) 1976년 12월호에 발표한 것이다. 모택동이 문화혁명으로 추구한 교육이념과 효과에 관해서 썼다. 그것은 민중의 마음속에 있는 이기주의·출세주의를 바꾸어 공동선(共同善)을 추구하는 가치관을 갖게 하려면 어떻게 해야 할 것이냐를 모택동이 모색한 것을 소개한 내용이다.

변호인 검사는 그 논문에서 인용하고 있는 에드가 스노의 문장을 문제시하고 있는데…….

이영희 모택동을 역사적으로 어떻게 평가할 것인가를 설명하기 위해서 스노의 기술에서 인용한 것이다. 무릇 한 사람에 대한 평가에는 양면이 있게 마련이다. 나는 그 양면을 객관적으로 소개하려고 그 기술을 인용했다. 그럼으로써 나는 중립적 입장을 취했다. 그런데 검사는 나의 중립적 자세는 무시하고 모택동에 대한 좋은 평가 쪽만을 골라내었다. 나는 모택동에 대한 여러 가지 세론을 소개했을 뿐이다. 스노도 자기의 생각보다는 중국인들의 견해를 객관적으로 전한 것이라고 생각한다.

변호인 「농사꾼 임군에게 보내는 편지」에서 "오늘의 소비주의 문화의 형태는 무엇인가?"라는 부분이 문제시되고 있다. 그 뜻하는 바가 무엇인가?

이영희 그 내용은 지금 우리나라의 농촌문화는 자생적 문화가 아니라 농촌과 농민을 희생으로 한 서울문화·대도시문화라는 비판이다. 외세의존적 산업화·공업화 때문에 농촌은 피폐하고 퇴폐하여 전통적 아름다움은 압살되고 있다. 그 위에 만들어진 것이 서울문화다. 그 문화를 만들어내는 사람들은 외래의 소비주의 문화에 빠져 있어 우리 고유문화의 전수·보존·보급은 생각지도 않고 있다. 농촌은 지금 경제적 수탈과 문화적 소외라는 이중적 희생을 강요당하고 있다. 이 같은 현실을 고발해야 할 지식인들은 외래사조에 마비되어 있다. 최면술에 걸려 있는 꼴이다. 정신없이 바뀌는 유행과 소비를 조장하는 상품과 과장된 광고 때문에 농촌은 정신을 차리지 못하고 있다. 이런 상태를 비판하려 한 것이다.

3월 18일 공판에서

변호인 지난번 공판에서 심리하다 만 「농사꾼 임군에게 보내는 편지」와 관련해서 검사는 또 "농민·영세민·노동자……이것이 문제다"라고 한 부분을 지적하고 있는데…….

이영희 소비주의 문화의 생활양식과 가치관 속에서 사람들은 공동선과 이웃사랑을 입으로는 외치면서 실제로는 자기이익 추구만을 위해서 행동하고 있다. 그 상부구조적 체제를 이 나라의 경제·정치적 구조가 떠받치고 있다. 농민들의 이 같은 존재 피구속적 상황에 가슴이 아프다. 얼마 전 김종필 전 총리는 "소비는 미덕"이라고 전 국민에게 소비주의를 국책으로 권장한 일이 있다. 특히 "일본의 소비상품 기업 하나가 한국에 투자해 들어오는 것은 한국의 안보를 위해서 1개 사단병력의 지원과 같은 효과가 있다"고까지 말한 일이 있다. 그리고 이 나라의 교육은 이 같은 사회체제·구조 속에서 출세·성공하여 남을 지배하는 것만을 목표로 가르치고 있다. 이런 현실에서 농민·영세민·노동자…… 들은 패배자로 남을 수밖에 다른 도리가 있는가? 이것은 정말로 가슴 아픈 일이 아닐 수 없다. 그래 가지고서야 민족적 공동선의 목표가 어떻게 추구될 수 있겠는가?

변호인 "그런 문화가 가난한 계층의 의식을 마비시킨다" "창피스럽다"라는 등의 표현을 검찰은 문제 삼고 있는데?

이영희 어째서 그런 표현이나 용어에 신경을 곤두세우는지 알 수가 없다. 그런 낱말이 공산주의의 용어라고 생각하는 모양인데, 그것은 희랍(그리스)시대에도 쓰이던 용어가 아닌가. 가난한 사람들은 이 나라에 넘친다. 그들은 그들의 손이 미치지 못하는 사치스러운 상품들을 보면서 상대적 좌절감에 빠지게 마련이다. 그런데 이 나라의 교육과 선전기관들은 그들이 그런 것을 소유·향유할 수 있다는 환상을 만들어내기에 정신이 없다. 소박한 우리 민족의 전통을 짓뭉개버리고 그들을 퇴폐하게 만들기 위해 '가진 자'들은 자신들의 소비주의 생활을 자랑하고 선전하고 있다. 텔레비전·라디오·잡지·영화·음악…… 모두가 이 목적에 동원되고 있다. 이런 현실을 보면서 어찌 "창피스러운 일"이라고 말하지 않을 수 있겠는가.

변호인 검사는 이 교수가 "지식인의 의식구조를 개혁하는 것은 불가능하다고 단정하여 모택동의 자기개조 방법을 소개하면서 그것을 찬양하고, 모택동 지도하의 중공과 그 제도를 찬양했다"라고 말했는데, 이것이 사실인가?

이영희 결론부터 먼저 말하겠다. 그렇지 않다. 오늘과 같은 소비주의 문화와 생활양식에 젖어버린 지식인의 의식을 고치는 것이 얼마나 어려운 일인가를 강조하기 위해서 모의 의식개조의 어려움에 관한 말을 인용했을 뿐이다. 법관이 법률 문장을 쓸 때에는 자기주장을 전개하기 위해서 법조문이나 판례를 인용하는 줄 안다. 나는 중공 연구가로서 의식수정 교육의 세계적 전문가라 할 수 있는 모택동의 말을 인용한 것뿐이다. 그것은 중공의 정치·경제의 혁명에 관련된 말이 아니다. 인간의 행위와 가치관을 좌우하는 것이 의식인데, 그 자기성찰·비판 그리고 자기혁신이 쉬운 일이 아니라는 점을 강조한 것이다. 이것을 이해할 수 없다면 반공법과 육법전서밖에 읽지 않는 교양 수준이기 때문이라고 판단할 수밖에 없다. 그렇지 않다면 법률 외의 동기로 나를 얽어매려는 의도이거나 사람을 짓누름으로써 쾌감을 느끼는 사디즘적 성격 탓이라고 생각한다.

(이때 검사가 본건과 관련 없는 인신공격이라고 항의했다.)

변호인 「크리스찬 박(朴)군에게 보내는 편지」라는 글에서 박군은 도시 인텔리의 크리스찬이 아닌가 추측되는데, 그 박군과 같은 크리스찬의 사상적 비약을 칭찬한 것이 아닌가?

이영희 나는 그 글줄기까지도 문제 삼아 나를 얽어매려고 하는데 대해서 분노를 금할 수 없다. 나는 누구를 모욕하려고 그러는 것은 아니다. 검사도 좀 참고 들어주기 바란다. ……

변호인 다음 문제로 옮기겠다. 검찰은 글 속에 나오는 "정치는 내가 한다…… 너희들은 노동만 하고 있으면 된다"라는 말을 문제 삼았다. 검찰은 "현 정부를 타도하고 노동자 · 농민을 주축으로 하는 공산혁명으로 모택동식 공산체제를 구축할 목적으로 민중을 선동하려 했다"고 고소했다. 이것을 어떻게 생각하는가?

이영희 농민은 역사의 주체가 되지 못하고 객체적 존재일 뿐이었다. 도시 인텔리에 의해서 소외되어왔지만 그럴수록 앞으로는 역사의 주체가 되기 위해서 문제의식과 정치감각을 가져야 한다고 희망한 것뿐이다. 여성이 육체를 팔아도 GNP를 증대한 것으로 되는, 인간이 소비재가 되는 그런 사회는 용서될 수 없다. 나는 크리스찬은 아니지만 그리스도교가 말하는 인간화를 추구하는 것이 나의 심정이다. 이런 뜻의 희망을 말한 것만으로도 구속되는 것이 이 나라의 현실이다. 이 같은 현실 상태를 놓고서도 정치는 "내가 할 테니 학생들은 잠자코 공부만 하거나 노동자는 노동만 하고 있으면 된다"는 식의 지배자적 사상은 비판받아야 한다. 그런 정신을 그렇게 상징적으로 표현했다.

변호인 농민·노동자들이 "순응할 뿐 저항할 줄 몰랐다"라는 말의 뜻은?

이영희 우리나라 농민이 오늘날까지 탈출할 수 없었던 운명적 상태를 말한다. 해방 후 오늘에 이르기까지 농촌은 도시 지배하에서 발언권을 상실하고 인간적 권리도 부르짖어본 일이 없다. 구체적 실례로, 농민의 87퍼센트가 농협에 가입해 있지만 그 농협은 농민의 권익을 위해서 한 일이 없다. 오히려 농협은 농민을 속이고 수탈하고 장사하는 기관이 되었다. 이런데도 농민은 오로지 순응해왔다. 도시인은 이 같은 농민의 실태를 인식해야 한다.

검사는 '저항'이라는 표현을 무서운 말이라고 생각하는 모양인데 그것은 다만 농민들이 역사적 주체가 돼야 한다는 생각을 가지고 마땅히 할 일과 이루어져야 할 일들을 요구하고 주장하는 자세를 말한 것이다. 그 자세에 역학적 표현을 부여하여 '저항'이라고 이름했을 뿐이다. 자신의 권익을 주장할 줄 아는 농민의 모습을 보고 싶다고 말한 것이다.

검사는 내가 공산주의자는 아니지만 나의 행위가 공산주의를 찬양·고무했다고 말하는데, 공산주의자가 아닌 사람이 공산주의 혁명을 선동한다는 것은 이치에 맞지 않는다고 생각하지 않는가.

변호인 공산주의에 대한 평소의 의견을 말해주시오.

이영희 검찰은 나의 글이 노동자·농민·영세민을 주축으로 삼는 공산혁명을 기도한 것이라고 주장하는데 황당무계한 소리다. 단순한 쿠데타 같은 것이 아닌 혁명을 일으키려고 한다면 주위의 상황조건이 성숙해 있어야 한다. 모택동식 공산혁명을 시도했다고 하는데, 모택동 당시의 중국 상황과 우리나라의 현재 상황을 비교해보자. 모택동 등 중국 공산주의자들이 혁명을 본격화했던 1930년대의 중국은 인구 4억 2천만, 그 중 농민이 92퍼센트, 공업인구는 76만, 즉 전체인구의 2퍼센트 미만이고 나머지가 상업 등 기타 업종이었다. 문맹률은 71퍼센트로 높고, 그 대부분이 농민이었다. 경제구조로는 광공업 등 제2차 산업에 종사하는 자가 합쳐서 4퍼센트에도 미달했다. 전국적 행정능력은 없었으며 지역마다 독립되고 혼란이 극심했다. 이런 상태에서는 농민혁명이 가능하다. 실제로 그래서 중국 공산당 주도하의 중국혁명이 성공한 것이다.

그런데 우리나라의 현실을 이와 비교해보자. 그런 식의 농민혁명이 가능한 상황이 아니다. 1970년도의 통계로서 농민은 인구의 절반이 안 되는 47.7퍼센트다. 농업과 기타 생산부문의 GNP 기여도, 전국이 1일 교통권으로 축소된 생활조건, 강력한 행정력과 중앙 통제적 군대의 존재…… 이런 제반 사실들을 분석해볼 때 도대체 한국에서 모택동식 농민혁명이 가능하다고 생각하는 것은 망상이 아니겠는가. 검사는 혹시 불가능하더라도 시도하려 했다고 강변할지 모르지만, 적어도 중국혁명을 연구한 사람, 역사적 분석력과 정상적 판단력을 갖춘 사람이 한국의 농민에게 공산혁명을 충동질해보려는 따위의 망상을 가질 수 있겠는가. 그런 허황된 소리를 내가 했다고 주장하려면 나를 반공법으로 얽어매려고 하기보다는 정신병자 요양소에 수용하는 것이 이치에 맞을 것이다.

3월 25일 공판에서

변호인 이 조서는 11월 25일자로 작성된 것이라고 하는데, 어떤 경로와 배경, 과정에서 쓰여진 것인지 설명해주시오.

이영희 처음에는 소위 '학원침투 간첩'으로 조사를 받았다. 3일 동안 한잠도 못 자고 주야로 의자에 앉은 채, 반장 1인에 조사관 3인으로 구성된 조사반에게 심문을 당했다. 11월 23일 아침 7시 20분에 집에서 연행될 때에는 관할지의 성동경찰서에서 왔다고 하면서 "잠깐 물어볼 일이 있다"고 했다. 그래서 가볍게 입은 채로 따라갔다. 그러나 실제로 연행된 곳은 간첩만을 전문으로 다룬다는 치안본부 대공분실이었다. 그곳이 어디에 있으며 어떤 시설이며 피의자 심문에 어떤 도구가 사용되는가…… 등에 관해서는 여기서 말하고 싶지 않다. 그 시설은 1977년 바로 내가 연행된 해에 새로 건축된 특수시설이라고 들었다.

나는 그들의 심문 목적과 추구하는 자세로 미루어서 도저히 빠져나갈 수 없음을 알았다. 한 지식인으로서 국가를 위해서 생각하고, 쓰고, 발언한 것인데 간첩으로 몰리면서 혹독한 정신적 고통을 당했다. 그것은 육체적 고통보다 훨씬 괴로운 것이었다.

그 결과로 쓰여진 '진술서'는 조사관의 논리에 맞추어진 것에 불과하다.

그것 이전에 이미 두 개의 진술서를 쓰게 했다. 조사관은 하나를 쓰고 나면 가지고 돌아갔다가는 빨간 밑줄을 쳐 가지고 돌아와서는 그 부분에 대해서 물었다. 이쪽의 답변과는 관계없이 마음대로 답변이라고 써 가기 때문에 처음에는 논쟁이 계속되었다. 3주야를 새우면서 이렇게 계속되니 마침내 나의 주장을 관철할 마음의 여유를 상실했다. 심문 도중에 '간첩혐의'는 풀렸다고 하기에 안심된 심리적 상태도 그들의 요구대로 쓰게 된 이유의 하나다.

변호인 진술조서, 심문조서는 8회에 걸쳐서 작성되었는데, 그것은 이 교수의 자의에 따른 것이 아니라 불가피한 상황 속에서 쓰여진 것인가?

이영희 그 대부분은 나의 의사와 다른 것이다. 그것은 검사의 의사에 지나지 않는다. 검사는 나에게 "반공법 해당 여부의 판단 문제는 검사의 유권해석으로 결정되는 것이다. 피의자는 견해가 다르면 법정에서 판사 앞에서 진술하라. 조서작성 단계에서는 검사의 말대로 따라야 한다"고 강요했다.

검사의 그 같은 강요의 예를 하나 들자면 중공에서의 대중의 식생활에 관한 대목이다. 검사는 "한국의 학교교육은 중공에서는 식량부족으로 대중이 굶고 있으며, 모택동은 흉악한 인간이라고 가르치고 있다. 국가가 실시하는 각급 학교교육의 내용과 다른 것은 그것이 사실과 합치하느냐 안 하느냐와는 관계없이 공산주의를 고무 찬양한 것이 된다. 이에 이의를 제기할 수는 없다"라는 말로 조서작성을 끌고 갔다. 그래서 나의 의견은 모두 거부당했다.

변호인 백(백낙청) 교수가 연행된 것은 언제인가?

백낙청(『8억인과의 대화』를 출판한 창작과비평사 대표, 서울대 교수) 이 교수가 구속된 이튿날, 11월 24일이었다. 치안본부에서 와서 사무실을 수색하고, 서적판매 관계 서류를 조사했다. 그날 연행되어 다음날 밤 10시에 석방되었다.

변호인 어떤 식의 조사를 받았는가.

백낙청 24일 밤은 한잠도 자지 못하게 했다. 그곳은 긴급조치나 정치적 사건을 다루는 곳이 아니라 간첩을 다루는 곳이라는 말을 해주었다. 직감적으로 중앙정보부와도 전혀 다른 분위기라고 생각했다. 이 교수는 완전한 공산주의자로 온몸이 새빨갛게 물들어 있다고 그들은 말했다. 조사관이 그런 식으로 쓰라는 대로 쓰라고 명령했다. 몇 번을 쓰고는 또 찢고 새로 쓰라고 강요당했다. 직접 육체적 고문은 안 받았지만 여러 번 책상을 치면서 위협적으로 소리치곤 했다. 조사관은 이 교수가 중공을 긍정적으로 평가했다고 단정하면서 한 치도 후퇴하려 하지 않았다.

변호인 검찰에서는 어떠했는가.

백낙청 검찰의 분위기는 달랐다. 두 시간 정도 조사받고, 세 시간쯤은 검사가 신변잡담을 하기에 잠자코 듣고만 있었다. 조서의 줄거리는 인정하지만 용어의 선택에 대해서는 이의를 제기한다.

4월 8일 공판에서

변호인 증인이 76년 11월, '농민운동' 잡지에 이 교수의 글을 게재한 동기는?

김기석(변호사 측 증인. 농민잡지 『가나안』 편집자) 이 선생은 자신의 이해득실을 떠나서 양심적으로 쓰는 분이라고 생각했다. '가나안' 농군학교 교장인 김 선생과 같은 고민을 하는 분이라고 생각하고 있었기 때문이다.

변호인 원고청탁을 할 때에 어떤 취지의 글을 요청했는가.

김기석 흔히들 농민은 지식도 없고 한심한 사람들이라고 생각하는 경향인데, 그것은 잘못이다. 도시의 퇴폐적이고 소비주의적 문화의 양태가 농민의 건전한 생활을 파괴하고 있는 것이다. 도회인들이 농민에게 고맙게 생각해야 한다는 방향으로 써주시라고 부탁드렸다. 이 선생의 원고는 농군학교의 이념과도 부합하는 것이어서 아무런 문제도 없었다. 그런 논문을 자주 게재해달라고 많은 분들로부터 격려의 편지가 왔다.

변호인 문장이 과격하거나 불온하다는 따위의 반응의 편지는 없었나?

김기석 그런 내용의 편지는 전혀 없었다.

변호인 이 교수는 스스로 무슨무슨 주의(主義)라는 말을 쓰고 싶지 않지만, 굳이 사용해야 한다면 자기는 민족주의자라고 말할 수 있을 것이라고 앞서 법정에서 진술한 바 있다. 증인은 이에 대해서 어떻게 생각하는가.

송건호(전 『동아일보』 편집국장) 이 교수와는 정치에 관해서 이야기한 일은 별반 없지만, 한일회담 당시 한일 관계는 험난하지만 우리가 올바른 자세를 가지고 임하기만 하면 그렇지도 않을 것이라는 말을 들은 것을 기억한다. 민족주의자는 나라와 민족을 사랑하는 사람이라고 생각하는데, 그렇다면 이 교수는 성실한 민족주의자다.

변호인 이 교수의 저서들을 읽었나? 읽었으면 그 인상은?

송건호 거의 다 읽었다고 생각하는데, 인상은 두 가지로 요약할 수 있겠다. 이 교수가 국내문제에 관해서 쓴 내용들은 지식인들이 사(私)적인 대화에서는 누구나가 말하는 것이다. 다만 이 교수는 그런 것을 솔직히 글로 썼을 뿐이다. 그런 것은 지식인의 일반적 견해에 불과하다. 다음으로 공산권 문제에 관해서는 찬양도 반대도 아닌 객관적인 자세로 독자에게 알려야 할 것을 알린 것이라고 생각한다.

변호인 「다나까 망언……」이라는 글을 읽은 일이 있나? 읽었다면 그 인상은?

송건호 일본을 비난함 못지않게 우리 자신의 자세를 바로잡아야 한다고 말한 것이다.

변호인 「다나까 망언……」이라는 글에서, 북쪽(북한) 대표가 유엔에서 우리나라 말로 연설을 했다고 쓴 것을 가지고 검찰 측은 북한에 대한 고무찬양이라고 주장하고 있다. 북쪽이 한 일이면 뭣이든, 옳은 것마저도 나쁘다고 말해야 한다고 생각하는가.

송건호 우리가 유엔총회 같은 회의장에서 어떤 약소국가의 대표가 설사 자기나라 말이 모두에게 잘 이해되지 않는다손 치더라도 자국어로 말한다고 가정하자. 가령 그것이 북한대표의 연설이라고 했을 때, 우리로서는 다소 마음에 걸리는 점이 없지 않겠지만 역시 어떤 기쁨을 느끼지 않을 수 없을 것이다. 그런 감정은 민족적 본능이 아니겠는가. 그 사실을 우리는 활자로 표현하지 못했는데 이 교수는 그렇게 한 것뿐이다. 이 교수는 그 점에서 우직하다고 말할 수는 있을 것이다. 그러나 그 기쁨의 감정은 이 민족 국민의 숨길 수 없는 감정인 것이다. 게다가 그 글은 정부 계통의 어느 잡지에 발표한 것이고, 그 시기도 74년, 즉(민족적 화해를 합의했던) '남북공동성명'이 발표된 직후다. 이 공동성명으로 남북의 정부는 사상과 이념의 차이를 넘어서 민족적 단결을 이룩하자고 국내외에 제창하고 있을 시기다. 그런 시기가 아니었다면 이 교수도 그 논문을 발표하지는 않았으리라고 생각한다.

변호인 「모택동의 교육사상」이라는 논문을 읽은 일이 있는지? 그 감상은? 그 글 속에서 에드가 스노의 말로서 "대중 속에 있는 오늘의 모택동의 이미지는 사형집행인 같은 것이 아니다…… 교사이자…… 역사적으로 가장 위대한 해방자라는 것이다. 중국에서는 모택동은 공자·맹자·석가·마르크스를 하나로 한 인물이다"라는 부분을 인용한 것이 문제되었는데?

송건호 그 논문을 읽었다. 모택동의 인물과 사상을 객관적으로 소개한 것이라고 생각한다. 스노의 그 부분을 인용한 목적은, 의식구조 변혁의 어려움을 강조하려는 것이었지 공산주의 찬양과는 무관하다. 중국농민 속에서 살아온 모택동의 생각이 지금 한국농민의 현실을 생각하는 우리의 마음에 통하는 것이 있다고 해서 놀라운 일은 아니지 않나.

변호인 그 논문의 마지막 부분에서 "저항(抵抗)할 줄 아는 농민"의 모습을 보고 싶다고 쓴 것이 반공법 위반이라고 하는데?

송건호 우리나라가 민주주의를 백 퍼센트 부정하고 있다면 저항이라는 낱말 자체가 불온하다고 할 수 있을지 모른다. 하지만 정부도 민주주의를 부정한 일이 없고, 오히려 민주주의를 지향하고 있다고 강조하고 있다. 그렇다면 농민의 저항을 인정해야 할 것이다. 그 저항이라는 단어는 '정부전복'을 의미하는 것이 아니다. 다만 자각 있는 농민이 자신의 권리를 되찾고자 저항한다는 뜻으로 사용돼 있다고 생각한다.

변호인 『8억인과의 대화』를 읽은 적이 있나? 그 책의 내용이 중공을 고무 찬양한 것이라고 생각하는가?

송건호 그렇게 생각하지 않는다. 중공에 대해서는 무슨 일이든지 그것이 진실이라도 무조건 백 퍼센트 부정해놓고 봐야 한다는 태도가 어떻게 이 나라와 정부에게 이로운 일일 수 있는가? 그들의 업적과 부정적 측면을 사실대로 전달하는 일이 좋은 정부를 위해서도 필요한 일이라고 생각한다.

변호인 이 교수의 구속은 언론인·문인·학자들의 탄원서에 의

할 것 같으면 국가이익을 위해서도 좋은 일이 아니라고들 하는데……?

송건호 이 교수는 우리나라의 몇 안 되는 중공문제 전문가다. 그는 이 나라에 많은 공헌을 하고 있다. 그의 학문적 연구는 계속돼야 한다.

상고이유서

본적: 서울특별시 동대문구 이문동 318-3

주소: 서울특별시 성동구 화양동 16-64

성명: 이영희

연령: 1929년 12월 2일생(49세)

적용법령: 반공법

사실적 사항

이 사람은 애당초 본인의 저서에 대한 반공법의 기소가 부당하며, 그 후 제1심, 제2심의 판결이 승복할 수 없는 것이라고 믿는 까닭에 상고했습니다. 이제 상고의 이유를 저서 집필에서 제2심 판결까지의 각 단계에 대한 간략한 사실적(事實的) 사항과 종합적 견해의 두 부분으로 나누어 기술하겠습니다.

먼저,

(1) 집필, 저술의 동기·목적 등에 대하여

(2) 집필, 저작 과정, 내용, 구성, 성격에 대하여

(3) 경찰, 검찰의 조사·조서에 대하여

(4) 하급심의 판결 및 과정에 대하여

편집자주: 이 글은 1977년 『우상과 이성』, 『8억인과의 대화』 필화사건으로 구속 당시 리영희 교수가 대법원에 낸 상고이유서다. 독자의 이해를 돕기 위해 원래의 상고이유서에는 없는 제목들을 편의상 나누어 붙였음을 밝혀둔다.

이상에 대한 간략한 사실사항이 끝나면 각 항목의 사실에 관한 본인의 견해와 이 사건에 대한 입장과 주장을 종합적으로 진술하도록 허용해주십시오. 본 피고인은 법률을 전공한 학자가 아니며, 한 사람의 선량한 시민으로서 평소에 법을 개의(介意, 留意)하고 살지도 않은 까닭에 법률에 대한 지식이 없습니다. 따라서 본인은 상고이유의 순수한 법률 측면은, 본인의 이 상고이유를 보완할 변호인(복수)의 그것을 원용(援用)합니다.

본건은 300페이지가 넘는 저서 2권, 그 속에 수록된 약 50편의 글이 관련되어 있는 까닭에 공소장과 판결문이 긴 만큼 이 상고이유서도 다소 길어지겠습니다. 부득이한 일이오니 양해하여주시기 바랍니다.

집필동기, 목적 등에 대하여

본인은 1957년부터 71년까지 신문사·통신사의 외교담당 기자로서 그리고 외신부장으로서, 주로 동북아지역 특히 중국(공)을 주요소로 하는 지역정치 문제를 연구했고, 1972년 한양대학교로 직을 옮긴 후부터는 동대학교 부설 '중소문제연구소' 창설을 도와 상임 연구위원(교수직 겸임)으로 중공연구에 종사해왔습니다. 한국전쟁을 거친 직후 정치·사상적 조건의 특이성으로 인하여 모두 중공연구를 위험시하고 기피하던 1957년부터 77년에 구속되기까지 22년 동안 중공을 학문적·시사적 연구대상으로 하는 생활을 해왔습니다. 중공을 연구하기 시작한 동기는, 본인이 1950년 한국전쟁 발발과 동시에 국군에 입대하여 57년에 예편하기까지 7년간의 절반인 3년 반을 최전방에서 중공군과 전투한 시기의 전쟁경험이었습니다. 중공연구는 예편과 동시에 직을 택한 언론계에서 실무적으로, 그리고 대학연구소에서는 학문·이론적으로 계속하게 된 것입니다.

20년간의 중국연구 과정에서 날이 갈수록 절감되는 것이 있었습니다. 그것은 이 나라의 일반대중은 두말할 것도 없고 대학에서는 대학생 심지어 교수들까지 그리고 지도적 사회계층의 지식인들이 중공에 대하여, 전문가적 입장에서 볼 때 전적으로 허구이거나 왜곡된, 아니면 비현실적이고 비과학적인 인식을 갖고 있다는 사실입니다. 중국 땅에서의 정치·군사·문화적 상황 발전과 변화가 한반도에 작용한 역사적 사실은 새삼스럽게 강조할 필요조차 없겠습니다. 옛 중국의 역성혁명과 왕조의 교체 하나만 들더라도 그것이 이 땅의 왕조와 민중에게 정치적인 영향을 미쳤던 것은 이 민족의 쓰라린 역사적 경험으로 남아 있습니다. 한국과 중국의 그와 같은 지정학적·문화적·전통적 상호작용 관계는, 중국본토에 공산정권 생활양식이 확립되었다고 해도 조금도 변함이 없으리라는 것은, 우리 민족 생존의 기본적 상식에 속하는 사실입니다. 6·25 전쟁에서의 중국의 정치·군사적 개입은 지난 2,500년간 수없이 반복된 중국민족의 간섭(또는 교섭)관계가 20세기의 오늘에서도, 그리고 예상할 수 있는 상당한 장래에 걸쳐서도 한·중 양 민족과 국가 사이에 어떤 형식이건 접촉관계가 불가피하다는 것을 말해주는 것입니다. 싫건 좋건 우리의 주관적 입장과 희망과는 상관없이 그 상호작용은 필연적일 것입니다. 이 인식은 정권과 국민일반, 지도적 계층이나 서민에게 자리보호의 한 생존본능처럼 뿌리깊이 인식되어 있는 사실입니다.

그럼에도 불구하고 중국본토에서의 변화 과정과 오늘의 현실상태에 대해 이 나라는 지식인도 무식인도 없는 한결같이 몽매하고 무지한 실정입니다. 단순히 아는 바가 없어 지식적으로 백지 상태이고 반응양식(反應樣式)에서 중립적이라면 이제부터라도 객관적이고 현실적이며 진실에 입각한 합리적 관찰·비판·판단·평가를 위한 지적 작업을 시작함에 아무런 저해요인이 안 될 것입니다. 그런데 현실은 그렇지 않습니다. 중국에 관한 이 나라 국민의 일반적 지식은 상대방이 '공산주의'라는 단 한 가지 이유로 취해진 정책적 억압·위험시·왜곡 때문에 30년간의 선입·고정관념으로 일그러져 있습니다. 일반적으로는 그러합니다. 조금 관심이 있다는 사람의 경우는 과대평가와 그에 따르는 장래의 공포감을, 어떤 사람은 과소평가와 장래에 대한 방심 및 소위 '중국부재론'에 이르기까지 극단적 반응으로 나타나고 있습니다. 이 같은 극단론은 모든 다른 경우에도 그렇듯이, 중공을 대하는 태도에서도 근거도 없고, 그런 까닭에 위험스러운 것입니다. 진실은 그 어느 중간점에 있습니다. 그런데 이 진실은 그것이 정보(information)이건 지식이건 정치·사상적 이유로 우리 국민에게 거부되어왔습니다. 이 결과로 피해를 입는 것은 중공이 아니라 바로 대한민국의 정부와 국민이라고 본인은 확신합니다. 오늘날 이 사실을 부인하기에는 국제정세 전반 특히 동북아지역 정세는 너무도 옛날과 달라졌습니다. 이제는 중국에 대한 정확하고 균형 잡힌 과학적 인식능력을 배양하는 것이 국가와 민족의 안전 및 번영을 보장하는 중요한 길이라고 본인은 확신했습니다. 이 신념이 문제의 저서 『8억인과의 대화』를 편역 출판하게 된 동기입니다.

본인은 그와 같은 중요하고 긴급한 일을 함에 있어서 제일의적(第一義的)으로는 교수들과 대학생 그리고 이어 지식인 계층에게 정확한 중국관계의 지식을 공급함으로써 그들의 고정관념을 씻고

몽매(蒙昧)의 눈을 뜨게 할 수 있기를 바랐던 것입니다. 그렇게 할 수 있다면 그것은 중국 연구가로서의 시대적 사명이라고 생각했습니다. 그럼으로써 중국에 대한 올바르고 통찰력 있는 국민적 창의력이 형성되도록 도울 수 있다면, 그것은 국가의 안보와 발전을 염원하는 한 시민으로서의 '나라사랑의 길'이라고 생각했던 것입니다. 또 학자로서 자신이 연구·축적한 지식을 사회에 환원하는 것이 지식인으로서의 특혜에 대응하는 사회적 책임이라고 자부하고 있습니다. 이것이 『8억인과의 대화』를 편역하게 된 동기와 목적입니다.

다음 공소장에 제기된 사회비평 형식인 에세이 「농사꾼 임금에게 보내는 편지」와 「다나까 망언에 생각한다」 및 평론 「모택동의 교육사상」은 본인의 평론집 『우성과 이성』에 수록된 30편 가까운 평론·수필·논문 가운데 일부입니다.

그 글들은 지난 10년 동안에 여러 신문·평론지·잡지 등의 청탁에 응해서 집필·발표된 것입니다. 그 글들은 시간적으로나 주제로서나 또 내용상으로도 아무런 상호 관련성이 없이 그때그때의 요청에 의해 쓴 것들입니다. 이처럼 10년간에 걸친 각기 자기완결적인 글들을 다만 한 권의 책으로 모았다는 것뿐이며, 집필의 목적 및 동기, 글의 내용에 일관된 맥락이 없습니다. 한마디로 말해서 그것들은 어떤 뜻에서나 어떤 의도에서도 하나의 목적이나 결론을 내기 위해서 엮어질 수 있는 성격의 글들이 아닙니다. 각지 단편적·자기완결적임을 강조해둡니다.

저서의 내용·구성·성격, 저자의 집필과 발간작업상의 조치에 대하여

이에 대한 기술(記述)에 앞서 한 가지 부기해둘 일이 있습니다. 재판에 증거물로 제시되어 있는 2권의 책 『8억인과의 대화』와 『우상과 이성』은 본 상고이유서 작성을 위해서 본인이 참고할 수 있어야 할 것입니다. 그럼에도 불구하고 그 책들은 서울구치소의 서적영치(차입) 불허(不許) 결정 때문에 참고할 수 없는 채 본 상고이유서를 쓰게 되었습니다. 따라서 책 내용의 상세한 자료 인용이나 일자 등은 정확하지 않을지도 모릅니다. 기억에 따라 기술함을 양해하여주시기 바랍니다.

『8억인과의 대화』는 본인 자신의 집필이 아니라, 저명한 서방세계 국가의 중공 연구가들과 인간생활 각 분야에 걸친 세계적 최고 권위자들의 중국 방문·시찰기를 선정, 번역·편집한 것입니다. 전기(前記) 제1항에서 기술한 바와 같이 본인의 동기와 목적이 학자적 양심과 학문적 능력의 한도 내에서 가장 정확하고 공정하며, 전문가와 권위자들의 세계에서 학구되고 현장적(現場的)으로 확인·논증된 중국에 관한 진실과 객관적 사실들을 '있는 그대로' 충실·정직하게 전달·소개하는 것을 기본과제로 삼았습니다. 그에 따라 다음과 같은 구체적 원칙을 세웠으며, 집필의 각 단계와 전 과정에서 어긋남이 없이 따랐습니다. 원칙에 따라서

① 글의 원저자는 서방국가 특히 한국의 우방국가 시민만을 선택했고 사회주의권의 시민은 제외했습니다.

② 그 필자들 속에서도 각기의 연구나 활동분야에서 중공과의 개인적 이해관계가 없고 학자적 성실성에서 세계적 평가를 받는 사람만을 다시 추렸습니다.

③ 연구가적 공정성·성실성과 아울러 각기의 전공분야에서 세계적 최고 권위나 독특한 자격을 가진 사람만을 골랐습니다. 내용의 높은 수준 때문입니다.

④ 그 작업으로 축소 선택된 저자들 가운데 다시 영국 왕립중국연구원 원장 맥파커 박사처럼 우리나라 정부의 초청으로 내한한 일이 있는 학자를 우선하기로 했습니다. (그러나 정부가 공개적으로 초청한 중공 전문가는 많지 않아, 이 책에는 많이 수록할 수는 없었습니다.)

⑤ 이렇게 엄선된 필자와 저서 속에서 다시 글 내용의 학문적 수준·비편파성·객관성·진실성 등에 대해 세계의 유수한 중국 연구 전문지들이 일치해서 높이 평가한 글들만을 최종적으로 결정했습니다.

⑥ 원저의 번역에서는 본인(편역자)의 주관적 견해나 원문과 우리말 사이의 번역 기술상의 편차(원뜻의 확대·축소·이탈 등)를 최대한으로 막기 위해서 원문대로 취사함이 없이 전문 완역을 했고, 거의 'word to word' 식으로 번역했습니다.

⑦ 이상과 같은 원칙적 주의를 다하고 나서, 이어서 각 편의 머리부분에 필자, 원전 출처, 출판사 및 출판연월일, 시찰시기와 목적, 그 여비(旅費)의 부담자, 방문자격, 발췌한 글의 성격, 글 전체 속의 위치, 학계의 평가, 읽을 때 유의할 일……을 참고자료로서, 본인이 입수할 수 있는 한도 내에서 상세하게 '편역자 주'로 부기했습니다.

이와 같은 상세한 주를 달아주기 위해 노력한 이유는 글의 전후관계·배경·수준 등, 이를 테면 원전(原典)의 '이력서'를 소개함으로써 독자가 자칫 천박하고 성급한 평가나 결론 같은 것을 내리지 않도록 경계하기 위해서였습니다..

⑧ 본인의 주관적 견해나 평가 및 입장 같은 것은 모두 배제했습니다. 다만, '편역자 주' 외에 독특한 중공사회의 용어나 논증적 사실·자료 등 우리 독자들의 이해에 필요한 간략한 해설 메모를 각주 형식으로 적어주는 데 그쳤습니다. 편역자가 원저 내용에 개입하지 않은 이유는, 그들의 글을 비평하기 위해서보다는 엄정한 기준에 따른 높은 수준의 글을 소개하는 데 그치고, 더욱이 한국 학자의 현 중국연구 전반적인 수준이 이 책에 수록한 세계 최고급의 외국 중국 전문가들의 현지보고를 비판할 수준이 아니라는 학자적 양심에서입니다. 글 가운데 간혹 우리 독자들에게는 새롭거나 의외인 중공의 발전상·장점 같은 것이 있다 하더라도 글의 전체 맥락에서 보면 권위자들의 평가와 판단답게 장단점, 밝음과 어두움, 웃음과 울음, 발전과 낙후 등의 예리한 비판으로 균형을 이루고 있습니다. 그러므로 원문에 대한 소아병적이고 비학문적인 삭제나 사족(蛇足)은 금기일 뿐더러 불필요하다고 판단했기 때문입니다.

『우상과 이성』에 수록된 글들 중에서 검찰이 골라서 기소한 내용의 부분은, 본인이 과거 언론인으로서 사회의 비판적 직업 기능을 수행하고 있던 당시 현실비판 형식으로 집필·발표했던 것들입니다. 그밖에 한 편은 한양대학 재직 중 중국문제 연구가로서 중국 관계 글을 발표한 가운데 평론 내지 에세이식으로 쓴 한 편입니다.

1971년 발표한 것을 위시하여 77년 것까지 8년간에 발표한 것들입니다. 그것들은 발표될 당시에 신문이면 신문 검열당국이, 잡지면 잡지 검열당국이 검열하여 문제될 것이 없기에 발표 후에도 아무런 말이 없었던 것입니다. 그와 같은 묵은 글들을 단행본으로 출판하고 싶다는 출판사 측의 요청에 응하여, 과거에 인쇄된 신문·잡지를 그대로 넘겨주어 한 권의 책에 수록·발행된 것입니다. 각 권마다에 그 첫 발표연월과 발표지명이 밝혀져 있고, 글 내용의 성격분류로 수필·단문·평론·논문 등으로 장이 나뉘어 있습니다. 이 책의 글들은 앞서의 『8억인과의 대화』와는 달리, 각기 독립된 가벼운 내용의 글이므로 글을 연결짓는 어떤 일관된 동기도 연관성도 목적도 없습니다.

「다나까 망언에 생각한다」는 1974년 『세대』(世代)지 4월호에 게재된 것으로, 다나까 일본수상의 대한(對韓) 망언을 규탄 비판함과 동시에, 한국인 스스로의 자기반성을 촉구하면서 민족정기와 민족주체성을 확립해야 할 필요성을 우리 국민생활의 각 분야에 걸쳐서 검토 비판한 내용입니다. 「모택동의 교육사상」은 1976년 11월호 『대화』지에 게재된 평론으로서 '문화혁명'의 의미를 모택동의 교육사상의 측면에서 해명해달라는 『대화』의 요청으로 쓴 것입니다. 이 글 속에서 모택동에 대한 에드가 스노의 인물평은 『8억인과의 대화』에 실은 스노의 글에서 인용한 것입니다. 검찰은 『8억인과의 대화』의 신문 과정에서 그 글은 "문제될 것 없다"고 말하고 넘어갔던 것입니다. 「농사꾼 임군에게 보내는 편지」는 1976년(책이 없어 게재일 미상) 성남시(城南市) 소재 '가나안농군학교'의 도시산업 분야 중간 지도자 정신훈련 강습용의 토론 · 논의 재료로 쓰기 위한 청탁을 받고 집필하여, 동학교 기관지 『가나안』에 발표되었던 것입니다. 김(이름 미상) 목사[1]가 창설, 운영하는 이 '가나안농군학교'는 '막사이사이' 사회사업상을 받은 도시·농촌

개척자 양성기관입니다. 이 글이 필요했던 이유는 그 당시 동학교가 정부 관리를 포함한 각계의 많은 중간 지도자의 '정신 재교육' 과정을 실시하고 있었기 때문입니다. 도시산업 각 분야의 '새마을 지도자'인 이 피교육자를 위해 썼던 본인의 가벼운 글을, 2년이 지난 후에 '농민혁명을 선동했다'고 기소하는 것도 부당하거니와, 유력한 증인의 증언에도 불구하고 일, 이심(一, 二審)이 공소를 받아들인 것은 더욱이나 언어도단이 아닐 수 없습니다. 이 부분에 관해서 제1심의 심리기록을 특별히 주의해서 검토해주시기를 각별히 부탁드립니다. 기소장은 특히 이 글을 가지고 전후의 의미적·문장적 맥락을 무시하고 대목 대목을 끊어내어 연결시켜서 원문의 뜻과는 전연 무관할 뿐더러, 심지어 정반대의 뜻으로 '결론'이라는 것을 조작해냈습니다.

글을 읽는 상식에서 벗어남이 이에 더할 수가 없습니다. 계획적이고 악의적인 견강부회로써 기소문의 총 결론을 삼고 있습니다. 이에 대한 하급법정들의 과오가 반드시 대법원의 고차적이고 공정한 판단으로 시정되기를 간절히 바라 마지않습니다.

조사기관의 신문·조사에 대하여

1977년 11월 23일, 아침 7시 30분경에 집에서 연행되어 25일 심야까지 3주야를 불면·속행으로 조서작성을 위한 신문이 계속되었습니다. 처음에는 미리 작성해놓은 것으로 보이는 대본(臺本)대로, 부르는 대로 '공산주의를 고무·찬양·동조했다'는 취지의 자술서를 받아쓰도록 요구했습니다. 본인은 "그런 용어도 아는 바

1) 정확하게는 김용기 장로다.

없고 글의 내용도 그렇지 않다"는 주장으로 이를 거절했습니다. 강요와 거부로 일주야가 지난 뒤, 그러면 본인의 의사대로 진술서인가를 써보라기에 앞에 기술한 제1항·제2항의 집필동기, 목적, 저서내용, 원저자의 선택에 쏟은 세심하고 엄격한 원칙과 기준, 그리고 순수한 학구적 공헌욕(貢獻慾)에서 발행한 사실, 그리고 '고무·찬양·동조'와는 반대로 '나라사랑'의 한 방법으로 객관적이고도 균형 잡힌 중국 소개에 불과하다는 진술서를 썼습니다. 조사관 백(白, 이름 미상) 경위(警尉)는 그것을 상부에 가지고 갔다 오더니 "이것은 안 된다"고 말하고, 다시 미리 작성해둔 내용과 형식에 따라서 자필로 쓸 것을 요구했습니다. 이때에는 이미 계속적인 신문이 3일째가 되었고 한 잠도 자지 못하고 의자에 앉아서 시달린 결과 정신적·육체적으로 그 이상 자기의식을 가질 수 없는 상태가 되었습니다.

그곳은 처음 본인의 거주지 관할인 성동경찰서에서 왔다고 가볍게 따라간 것과는 달리, 후에 알게 되었지만 치안본부 대간첩조사·공작의 '대공분실'이었습니다. 4명의 관리가 2명씩 교대로 감시하는 밀실에서의 분위기는 간첩 또는 그 협력자를 만들려는 듯한 무시무시하고 위협적인 것이었습니다. 본인은 반공사업에 누구 못지않게 찬동하는 시민이므로 연행에서부터 신문 과정까지 오히려 자발적으로 협조했습니다. 그런데도 육체적·물리적 피해는 안 받았습니다만 간첩이나 '공산주의자'로 '만들어져버릴 수'도 있다는 것을 알게 되었습니다. 지속된 긴장, 극도에 달한 정신·육체적 피로에다가 '조작될 수 있는 가능성의 공포'가 겹쳐 결국 사전 준비된 방향과 내용대로의 진술형식을 대체로 복사하지 않을 수 없었습니다. 이같이 해서 쓰여진 것이 세 번째의 자술서

이며, 그것이 경찰의 증거로 제시되어 있는 것입니다. 억압·위협적 분위기 속에서 인간적 저항의 힘을 상실한 상태에서 기계적으로 받아쓸 수밖에 없는 문서를 자의(自意)에 의한 것인 양 재판에 제시하고, 그것을 재판부는 그대로 받아들인다고 말했습니다. 이와 같은 재판에 본인은 승복할 수 없습니다.

다음은 소위 '고무·찬양' 운운의 해석기준에 관해서입니다. 조사관은 이에 관한 본인과의 논쟁이 벌어지자, 중공에서 사람들이 "밥을 먹고 살고 있다"는 웬만한 식생활의 현장묘사가 바로 고무·찬양이라고 단언했습니다. "대한민국의 교육방침과 내용은 공산사회에서는 제대로 밥을 먹고 살 수 있다고 되어 있지 않다. 교과서 내용과 상위하는 것은 고무·찬양이 된다." 마찬가지로 모택동이나 그밖의 중공 지도자들의 "인간적 자질, 지도자적 능력을 인정하는 것"과 중공사회의 운영과 경제기구 및 활동이 "그런 대로 잘 기능을 발휘하고 있다"는 평가와 묘사(갈브레이스의 말)도 모두 반공법의 고무·찬양이라고 시인하기를 강요했습니다. 소위 자술서에서 시인을 강요한 반공법 제4조 1항의 해석기준은 "공산사회·경제가 기능을 하고 있다는 것은 우리 국시관(國是觀)에 어긋나기 때문"이라는 것이었습니다. "정부가 국민에게 교육하는 내용 및 평가와 다른 것은 그 객관적 진실 여부는 문제가 안 된다. 진실 묘사 그 자체가 고무·찬양·동조의 행위가 된다", "모택동에게 인간적 자질, 지도자적 능력이 있다는 말이 고무·찬양이 아니고 뭐냐!"

검찰(檢察) 신문에서도 마찬가지였습니다. 본인은 치안국 조사관의 그 기준은 부당하며 따라서 그 조서·자술서 들은 시인할 수 없다고 했지만 검사는 "객관적 진실은 문제가 아니다. 사실을 사실대로 기술·표현해도 반공법 위반이다"를 유일한 기준으로 고집했습니다. "반공법 조사는 검사가 위반이라고 하면 위반인 것이다. 당신은 법률을 모르지 않는가. 피의자의 주장은 판사 앞에서 하면 된다. 여기선 시인만 하는 것뿐이다"라고 하여 심문과 조서가 작성되었습니다. 본인이 주장하는 유리한 진술은 반공법 조서의 내용을 구성하는 요소가 아니며, 반공법 관계 조서의 작성 방법도 아니라고 검사는 일방적으로 거부했습니다. 검사는 조서의 맨 끝장에 이르렀을 때, 본인이 정부의 대중공정책 작성 과정에서 자문적(諮問的) 협력을 한 사실과, 정부의 중공정보 분석 목적을 위한 연구 역할을 담당한 사실 한 가지만을 한두 줄 적었을 뿐입니다. 이것은 그 조서의 공정성을 꾸미기 위한 의도적인 것으로 보입니다.

치안본부와 검사는 본인의 반공법 위반 신문보다도 더 많은 시간을 '유신체제'에 대한 본인의 반대 입장과 태도에 대해 집중했습니다. 유신체제 반대자는 '공산당'이라는 정의로 진술서 작성을 유도했습니다. 또 검찰조서를 보면 나타날 일이지만, 정작 반공법 위반 조사는 1일에 1매 또는 고작해서 2매 쓰는 분량과 시간이었습니다. 20일간 오전 오후에 걸렸던 '검취'(檢取)는 실제로는 '유신체제' 반대의 추궁으로 시종했습니다. 유신 지지를 조건으로 하는 사건의 원만한 해결도 제시되었습니다. 반공법을 들고 나온 행정권력의 본인에 대한 조사행위의 진의가 과연 어디에 있는지를 짐작하고도 남는 노골적인 표현이었습니다.

실제로 조사담당 황(黃) 검사는 신문 과정에서 "이 교수가 반체제인사로 지목된 사람이 아니고 정부와 친한 관계였다면 이 책들도 문제가 되지는 않았을 것"이라고 분명히 말한 바 있습니다. 이와 관련된 더욱 구체적 사실들을 다음 항목에서 말씀드리겠습니다.

제1, 2심 심리와 판결에 대하여

저는 소송법상의 절차나 조문·법규 등은 모릅니다. 그러나 법조문에 앞서는 민주사회의 법적 통념과 일반적 상식의 차원에서조차 우선 제1심의 판결은 상궤(常軌)를 벗어난 것이라고 믿습니다.

2권의 저서 중 하나인 『우상과 이성』의 10년간에 걸친 글 중에서 문장의 뜻과 흐름의 맥락을 제멋대로 거두절미하여 연결, 엮어가지고 '모택동식 농민혁명을 책동했다'라는 최종결론을 조작해낸 검사의 기소장은 길이가 14매, 자수(字數) 8,286자의 장문입니다. 제1심 공판은 증인(2인)의 증언까지를 합쳐 11회인가 그 이상 걸렸습니다. 피고인 측의 진술과 증인 증언, 변론, 제출자료 등 재판기록은 상당한 분량에 달합니다.

그런데 웃지 못할 일은 제1심 판결문의 '이유(판결이유)' 부분의 길이가 어쩌면 그렇게도 정확히 14매, 자수로서 8,286자입니다. 십수 회의 공판에서 7명의 변호인이 변호하고 2명의 피고인이 진술한 만 6개월간의 법적 자료에서 피고인 측이 자신에게 유리한 단 한 가지의 사안(事案)도 제시하지 못한다는 말입니까. 국내 언론기관은 재갈을 물리어 있어 한마디도 보도하지 못했지만 외국 보도기관의 기사(법정취재)를 보아도 사실을 알 수 있습니다. 법정 안에 걸린 시계 같은 무생물을 묘사하라 해도 검사와 판사의 글짓기의 길이·표현·글자수가 꼭 같을 수는 없을 겁니다. 그런데 판결이유는 기소장에서 글자 하나, 마침표 하나, 말 순서 하나 틀림없이 정확히 일치합니다. 진실로 경이적인 솜씨가 아닐 수 없습니다. 진실은 단순하고 간단합니다. 8,286자의 그 복잡하고 많은 내용의 기소장을 한 자의 고침도 없이 복사한 것입니다.

10여 회의 심리를 담당한 판사가 언도공판(言渡公判)에서 형량만 말하고 판결이유는 말하지 않겠노라고 맺은 것이, 생각하면 당연하다 하겠습니다. 1만 자에 가까운 기소장을 그대로 복사해놓고서야, 일말의 양식과 양심이 있는(또는 용기가 있는) 법관이라면, 그것을 수백 명의 방청객이 지켜보는 앞에서 읽지는 못할 것이기 때문입니다. 제2심은 그 판결이유를 그대로 추인(追認)했습니다.

본인의 집필과 저서 속에서 그려내어 기소한 그런 표현 · 내용 · 묘사와 동일하거나 같은 뜻의 글들이 일간신문 · 잡지 · 방송 보도기사로 보도되고 출판된 지 오래이며, 그 분량은 방대합니다. 심지어 『모택동』 제목하의 미국의 슈람(Schram) 교수 저서가 번역 · 출판되어 전국 서점에서 판매되고 있는 지 4년이 넘습니다. 그 내용은 본인의 두 책 특히 『8억인과의 대화』와 상당 부분이 중복되는 것입니다. 본인의 변호인단은 김상협(金相浹) 교수의 『모택동사상』을 비롯해서 그와 같은 내용을 입증하는 수많은 출판물을 자료로서 제출했습니다. 그럼에도 불구하고 동일한 내용의 글에도 상이한 법률 적용이 있다는 이른바 '이중(二重)의 법기준'을 목격했습니다.

경찰과 검찰에서의 신문내용, 그 목적과 방향, 법원에서의 8,286자의 판결문, 이중의 법기준…… 등을 종합할 때, 이 사건에 시종일관 정치적 의도, 적어도 법률 외적 동기가 작용하고 있다고 확신하는 이유를 수긍하시리라고 믿습니다. "당신이 반체제인사가 아니라 친정부적 교수였다면 이 저서들이 문제되지는 않았을 것이오"라는 검사의 언명은 그 확신을 더욱 확고히 해줍니다.

그의 말은 본인의 사건의 성격을 그 이상 분명히 할 수 없을 만큼 적나라하게 단적으로 밝혀준다고 생각합니다. 이것이 가려져야 할 핵심입니다.

이 모든 사실과 상황을 통해서 종합될 수 있는 것은, 이 재판의 판결이 사법부의 독립성과 법원의 권위 및 법관의 양심과 양립하기 어렵다는 논리적 귀결입니다. 이 사건의 전 과정을 통해서 본인이나 수많은 방청객들이 도출하는 불가피한 결론은, 본인의 이 재판이 과연 법원과 법관에 의해서 주관 결정되는 것인지, 행정권력의 대리인에 의해서 주관 결정되는 것인지를 자신 있게 말할 수 없는 깊은 회의에 빠져버렸다는 불행입니다. 이 나라의 최고 재판인 대법원에 기대하는 것은 오로지 국법의 존엄성을 믿고 있는 본인과 많은 선량한 시민이 품는 이 회의가 깨끗이 풀어지는 것이올시다.

또 재판부가 그대로 받아들인 기소 내용의 결론부는 이 나라에 모택동식 농민혁명을 선동했다는 것입니다. 법률에 깊은 지식은 없는 사람이지만 그런 것을 선동했다면, 반공법 4조 2항 정도의 대항조치로서가 아니라, 형법·국가보안법의 내란죄(음모·책동 등)가 훨씬 적절한 법률이라고 생각합니다. 설사 그렇다 가정하더라도 그 책동이 '고의적'이고 '직접적'이어서 내란적 범죄행위가 본인의 저서의 결과라는 책임이 구명·입증되지 않는 한 그런 결론과 판결은 증거화할 수 없다고 생각합니다. 그렇지 않습니까?

농민혁명이란 1930년대 또는 그 후의 중국처럼 인구·산업·문화·정치의 구조가 어느 측면에서나 90퍼센트 이상 압도적으로 농민·농업·농촌적·전통적 사회에서만 가능한 것입니다. 이것은 세계정치사가 고증하고 있는 교과서적·초보적 지식입니다. 우리나라는 어떠합니까. 우리는 지금(또는 본인이 이 글을 집필한 1976

년) 이미 중진 공업사회로 접어든 지도 상당한 시간이 지난 단계에 있습니다. 농민혁명 따위는 망상에 지나지 않는 선진사회 구조입니다. 모택동식 농업혁명을 낳게 한 조건은 우리나라의 이조 말기에 이미 통과했습니다.

본인은 20년간 중국문제를 공부해온 사람으로서, 중국 농업혁명의 가능조건과 현재 한국의 제반조건을 얘기하면서 과학적 근거와 이론을 들어가며 그런 백일몽 같은 글을 쓸 만큼 무지하지는 않음을 강조했습니다.

이상의 모든 엄연한 사실에 아랑곳없이 재판부는 기소장을 한 글자의 수정도 없이 그대로 받아들였습니다. 이상으로써만 보더라고 1심, 2심 재판은 피고인의 정당하고 합법적인 입장과 권리와 이익을 전적으로 무시했음이 확실합니다.

이상으로써 사실사항에 관한 진술을 마치겠습니다. 다음에 본인의 이 사건에 대한 종합적 견해를 진술하겠습니다. 주관적 의견의 일반론적 개진(開陳)의 형식을 취하겠습니다. 따라서 기술식(記述式) 평문체(平文體)를 사용하겠사오니 양해해주시기 바랍니다.

종합적 견해

무릇 한 시대 한 사회의 구성원이 그 사회를 지배하는 관념이나 사상 및 제도를 비판하거나, 전적으로는 동의하지 않는 입장을 취하기란 쉬운 일이 아니다. 우리는 모든 민족의 역사를 통해서 그와 같은 행위와 인간은 만행이거나 아니면 반대로 '진정한' 용기 있는 자임을 잘 알고 있다. 한 사회를 지배하는 사상과 제도는 그 사회 지배세력의 이해관계를 주로 나타내는 것이다. 따라서 그들은 그 신념체계와 제도의 전부 또는 일부에 대해서 이의를 제기하는 자에게 언제나 물리적인 복종을 강요할 수 있는 권력체계를 장악하고 있다. 진정한 민주주의적 절차가 허용되지 않는 사회에서는 그것은 언제나 소수자의 권력이게 마련이다. 그 소수권력의 이익을 위한 '특수주의 이데올로기'에 대한, 다수를 위한 '보편주의 이데올로기'를 가진 자는 언제나 이 물리적 형벌을 각오하지 않고서는 사고(思考)도 행동도 할 수 없다.

그렇지만 인류사의 전 과정을 볼 때 역사는 지배세력과 피지배대중, 지배적 가치관과 마이너리티적 이상주의, 정통과 '이단'…… 등의 모순·갈등·대립관계가 인간의 창조적 진보와 행복의 영역을 부단히 확대하고 심화해가는 원동력이었음을 가르쳐준다. 여기에 마이너리티의 입장, 비주류의 문제의식, 권력에 의해 '공인'된 '제도적 사상'에 대한 반(反)권력 측의 '이단'적 개혁사상의 존재가치가 있다. 한 사회 속에서 그 두 입장이나 사상은 상호 반발·배척하는 가운데 새로운 통일과 발전적 고양을 구현하는 '협력자'인 것이다. 그 양자(兩者)는 협력적 상대자(partner)이지 적(enemy)이 아니다. 이 사상과, 그것을 지속적으로 또 점차적으로 효능화시키는 제도와 생활양식이 민주주의임을 우리는 상식으로 알고 있다.

국민을 소외시키는 반공법

이 원칙에 적용해볼 때 반공법과 그 적용 방법에는 중대한 문제점이 있다는 것을 이번 사건을 통해서 발견했다. 그에 대한 교정이 이루어지지 않는다면 반공법은 그 입법정신과 목적을 배반하여 이 나라의 시민과 사회 전반 그리고 마침내는 국가·민족의 창조적 발전에 거대한 장애요소가 될지도 모른다는 우려를 하게 되었다. 이것이 본인의 책 2권에 대한 반공법의 기소와 재판의 1년간 과정을 통해서 얻은 결론이다. 그러므로 자유롭고 창의적 인간이기를 원하며, 동시에 이 나라의 국가적 안녕과 발전을 충심으로 걱정하고 갈망하는, 나라를 사랑하는 한 시민으로서, 그 우려되는 바가 아무리 오늘의 지배적 관념과 상충하는 일이 있더라도 그 위험을 지적하지 않을 수 없다.

민주주의 사회에서는 "집단에 대한 봉사는 단 한 가지 방법이 있을 따름이며, 그 관념과 방법은 지도자와 정부 및 관료들이 결정하는 것이다"라는 철학을 절대로 받아들일 수 없다.

조사·심문 과정에서는 반공법과 그 규제 대상의 내용은 정부의 통일견해로 정해진 것이며, 검사나 조사관이 '반공법 위반이다'하면 위반인 것이지 일절 반대·비판을 제기하지 말라는 것이다. 이같이 해서 일단 기소된 사건에 대해 법원과 법관이 어느 만큼의 독자성과 양심으로 처리할 수 있을지 의심스럽다. 앞서의 사실사항에서 상세하게 지적했듯이, 법원과 법관은 8천여 자의 기소장의 글자 하나, 마침표 하나에 손도 대지 못했다. 그 과정, 배경, 절차적 상황은 충분히 설명되었다고 생각한다.

그렇다면 지금 반공법은 집권자에 의해 '신성 불가침'하고 '절대적'인 규범임을 넘어 하나의 '종교'가 되었다는 뜻이 아닌가?

그 어떤 반대와 비판과 회의조차 일절 허용하지 않고 오직 복종이 있을 뿐이라면 그것은 법률이기보다는 종교라고 함이 적절하리라 생각한다. 종교는 인간이 지구상에서 충족할 수 없는 깊은 욕구, 이를테면 영생이나 자연의 위협으로부터의 해방 그리고 죽음의 공포 등 인간적 약점을 토대로 인간이 창안해낸 것이다. 인간의 자기보호의 필요성의 산물인 것이다. 신(神)을 어떻게 규정하느냐는 어려운 문제지만, 약한 인간이 자기보호와 이룩할 수 없는 욕구를 위해 초인간적·초자연적 신을 숭상하게 된 것이다. 그런데 인간 능력의 산물인 신은 절대화되고 추상화되어버림으로써 인간에게서 독립하여 그 자체로서 존재하게 된다. 그 결과, 앞에서 인간의 절대복종이라는 '인간소외' 현상이 생겨난다. 즉 인간(또는 사회·국가)이 자기보호를 위한 수단으로 창제(創制)해낸 것이 거꾸로 제도화되고 추상화된다. '절대적 존재'가 됨으로써 인간과 사회를 지배하게 되는 것이다.

우상화되고 또 권위가 부여됨으로써 주물(呪物)적 마력을 발휘하게 되면, 종교나 관념이나 법률이나 제도나 이데올로기……는 그 창조자인 인간(사회·국가)을 거꾸로 지배해버리게 된다. 이로부터 인간성(주체·창조성)의 회복이 절실한 과제로 제기되는 것이 현대의 인간고(人間苦)다. 반공법은 민주주의 이념·제도·관념·생활양식, 즉 시민의 다양한 개성·사상의 발전원리 및 설득에 의한 사회질서…… 등 가치를, 그를 부정하는 것으로 이해되는 공산주의로부터 보호하려는 목적으로 생겨난 법률로 이해한다. 무조건 복종이 아니라 이성적(최소한 합리적) 판단을 장려하고 '다수' 견해에 못지않게 '소수' 견해도 존중·보호하는 사회를 위한 수단으로서 제정된 것이 반공법이라고 국민들은 알고 있다.

중공문제에 대한 의견에서는 북한간첩 문제를 주 임무로 하는 대공반 경찰관에 못지않게, 7년간을 공산군과 싸운 예비역 소령이고 20년간 중공문제를 연구한 교수의 견해도 존중되고 보호돼야 하지 않겠는가.

'내란을 선동'하는 것과는 거리가 먼 사회비판적 에세이를, 사회와 나라가 잘 되기를 원하는 나라 사랑의 한 방법으로 지식인들에게 농촌과 농민을 생각하자고 쓴 글을 반공법으로 처벌한다면, 반공법은 그것으로써 시민과 사회와 국가를 소외시킨 존재가 되는 것이다.

권력이 공인한 궤도(軌道)와 범주의 고정적 가치체계 속에서만 나라를 사랑할 수 있다고 한다면 그것은 전체 국민을 소외시킨 것이다. 국가제도의 이데올로기만이 용인되는 사회라면 그것이 바로 공산주의 사회와 다를 것이 무엇인가? 특수주의 이데올로기가 지배하는 사회에서는 정치적 반대자의 애국심은 그 표현과 실천의 기회를 상실하고 말 것이다. 이것이 반공법의 기능일 수는 없다. 관용과 '상대적 권리'의 개념으로 지켜져야 할 사회질서는 오직 권력자의 강제수단에 의해서만 유지될 것이다.

이것은 중세 유럽의 기독교(교회)가 미신적 '종교과학'(그릇된 확신)으로 그 많은 위대한 두뇌와 정신을 말살하려 했던 헛된 노력을 연상시킨다. 마찬가지로 자기가 생각하는 애국의 방법만이 유일한 나라 사랑이라고 애국심을 '독점'하는 '정치적 종교'는 진심으로 나라의 발전을 위해서 지식과 몸을 바치고자 하는 사람을 소외시키게 마련이다.

반공법은 민주사회 건설을 위한 조건과 수단이고, 그 목적은 창의적 시민을 길러 관용과 상대주의의 폭넓은 가치관을 설득과 이해로써 통합하는 민주사회를 건설하려던 것인데, 그것이 현재와 같이 운용된다면 마치 종교의 한 형태처럼 '인간소외'의 공인체제가 되어버릴까 염려스럽다.

반공법을 진정 변화하는 내외정세에 부응해서 본래의 의도대로의 '국민의 법률'로 만들기 위해 다음과 같이 제안한다. 즉 신앙화된 것을 '비(非)신앙화'할 것, '절대화'된 것을 '상대화'할 것, 특수주의 이데올로기로 '신성 불가침'화된 것을 비판대상의 영역으로까지 '격하'할 것 등이다. 그럼으로써 잃을 것은 지성과 애국심을 소외시켜온 억압과 공포감이요, 얻을 것은 인간지성의 개화(開花)와 명랑한 민주사회의 구현이다. 비판과 반대는 지지와 독단만큼 민주사회 · 민주적 개인을 기르는 영양제다.

법집행 관리의 지적 수준

다음으로 그 운용의 개선에 관해 제언하고자 한다. 결론적으로 말해서 '진실'이 '반국가' '비(非)애국'으로 배격되고, 거꾸로 허위·허구·왜곡이 '합법'과 '애국'으로 조장되는 일이 있어서는 안 될 것이다.

앞에서 누누이 언급했듯이, 행정권력의 대행 관리들은 '중공(또는 이른바 적성국가)에 관해서는 사실이나 진실이라도 반공법 위반이다'라는 뜻의 '유권적(有權的) 법해석'을 고집하고 있다. 그 구체적 기준으로, 밥을 먹고 살고 있다는 것, 지도자가 민중의 지지를 받고 있다는 것, 경제와 사회적 기능이 발휘되고 있다는 것…… 등이다.

백보를 양보하여 그것이 북한에 대해서의 반공법 적용 기준이라면, 그 나름의 어느 정도 강변(強辯)을 허용할 수 있는 상황적 여지를 생각할 수도 있겠다. 중공에게 그래봐야 무슨 정치적 · 사상적 이득이 있다는 말인지 이해할 수가 없는 것이다.

미국경제학회 회장이 상해(上海)에는 뉴욕시보다 양적으로 많은 의료시설이 있다고 보고한 대목이 끝까지 문제되었다. 갈브레이스 박사의 그 기행문에 대해서 '그럴 수가 없다'는 것이 조사 검사의 '고무·찬양론'의 근거였다. 그런 원저의 보고에 대해서는 '그렇지 않다'는 뜻의 편역자의 주석을 붙여야 하며, 그랬으면 '반공법으로 걸리지 않았을 것'이라는 것이었다. 『8억인과의 대화』 속의 모든 글에 '사실이 아니다' '사실과 다르다'는 편역자의 가필(加筆)·삭제(削除)·단서(但書)·변명(辨明)······ 등을 하라는 법률 강의를 들었다.

세계 최선진 경제대국의 '경제학회 회장'이 직접 시찰하고 확인하고 쓴 보고서를 한국인이 서울에 앉아서 '아니다'라고 해야 합법적이라는 논리는 기상천외로만 들린다. 미국인 자신이 미국인의 이해와 견지와 현지(現地)적 증거에 입각해서 그렇게 말하는 것을 한국인이 미국인보다 더 흥분하고 앞장서서 부정해야 할 절박한 이유는 무엇인가? 그야말로 '미국인보다 더 미국인적'인 한국인이 돼야 한다는 말인지 모르겠다. 학자와 학문적 연구, 타인의 학문적 저술에 대한 근거 없는 삭제·가필 등의 행위가 학문사회에서 어떤 의미를 가지는가쯤은 이해하는 법운용이기를 간절히 바랄 뿐이다. 반공법의 이름으로 이런 행위가 강요된다는 것이 바로 문제점이다.

이런 경험은 법집행 관리들의 지적(知的) 수준의 문제와도 관계되므로 행정부는 그 면도 배려하면 폐단을 어느 정도는 배제할 수 있을 것으로 생각한다. 법관의 경우도 마찬가지일 것이다. 왜냐하면 취조검사는 중공에 관한 책을 읽기는 본인의 『8억인과의 대화』가 처음이라고 실토했다. '배우는 바가 많았다'면서, 그래서 반공법을 다루는 공안부 검사들에게 압수한 『8억인과의 대화』 20여 부를 한 부씩 나누어 읽기를 권했다는 말이었다. 본인으로서는 과외의 영광인 셈이지만, 그 말로 미루어 공안부 검사의 중공 지식이 직접 보고 듣고 연구한 미국 경제학회 회장보다 못하리라는 것은 추측하기 어렵지 않다. 그런 지식으로 국내문제나 북한 관계 문제도 아닌 중공에 관한 일에 반공법의 칼을 휘두르는 것이 얼마나 위험스러운 일이겠는가를 생각해볼 필요가 있다.

반공법을 다룬다는 이 검사는 또 압수한 책에 관한 신문 과정에서 『자본론』에 이르자 그 저자가 누구냐고 묻는 것이었다. 반공법을 다룸에 있어 검사의 말이 '유권적'이라고 하는 처지에 『자본론』이 어떤 저서이며, 그 저자가 누구인지도 모른다면, 중공(또는 문제에 따라서는 어떤 나라에 관해서건) 생활상의 지극히 구체적인 사실(이를테면 상해시의 환자 수용능력, 침대수)에 관해, 그 수가 얼마면 고무·찬양이 되고 얼마(어떤 수치)면 아니라고 판정할 자격이 있는 것일까? 결국은 그런 (지적) 상태에서는 모든 진실과 사실을 부정하는 것으로써 반공법 해석의 기준으로 삼으려 하는 것도 무리가 아니다.

국민의 알 권리에 대하여

지식욕은 인간본능이다. 이 생산적인 본능을 한 시대의 지배세력이 어떻게 방향 짓고 어떻게 대처했는가의 형태에 따라서 그 민족 그 국가의 인류문화 속에서의 지위와 가치가 결정되었음을 우리는 알고 있다. 현대국가의 중요한 기능과 소임은 그 구성원의 과학적 인식능력을 적극 보호·육성하는 것이다. 오늘의 중국인민이 '굶고 있다'는 것으로 된, 반공법에 따르는 교과서로 교육받은 우리의 제2세들의 인식능력을 상상해보라. 그래가지고서는 세계의 많은 민족과 국민이 치열하게 겨루는 진보의 경쟁에서 존경받는 인간형을 양성하기는 어려운 일이다. 그런 세계관으로 자란 시민과 국민은 인류의 문화발전에 아무런 기여도 할 수 없을 것이다. 일그러진 방침과 내용의 교육에서 어떻게 개방적이며 창의적인 인간이 태어날 수 있겠는가? 강대하고 발전하는 이웃나라 사람들이 '밥을 먹는다' 하면 형(刑)을 살게 하는 그런 법률을 고치거나, 아니면 그 기준이 된다는 국민교육 교과서를 고치거나 해야 할 일이다. 나라의 장래를 위해서는 그들을 모두 고쳐야 하리라고 생각한다.

이 상고이유서를 여기까지 쓰다가 눈을 돌려 본 서울구치소의 얼룩진 벽에는 '대통령 박정희'의 이름으로 된 「교육헌장」이 붙어 있다. 잠시 손을 멈추고 읽어보니,

> ……성실한 마음과 튼튼한 몸으로 학문과 기술을 배우고 익히며 타고난 저마다의 소질을 개발하고 우리의 처지를 약진의 발판으로 삼아 창조의 힘과 개척의 정신을 기른다…….

'창조의 힘과 개척의 정신'은 곧 나라 안팎의 진실과 새로운 지식을 '있는 그대로'의 내용과 상태로 받아들일 수 있는 조건에서만 실현될 수 있는 미덕이다. 진실과 사실을 허위로 제시하거나, 허위와 조작을 진실로 가르치는 교육과 법에서는 '창조의 힘과 개척의 정신'은 육성되지 못한다. 그런 고귀한 정신의 소유자도 나올 수가 없음은 당연하다.

국민이 내외의 진실을 아는 것을 어째서 두려워해야 하는가? 넓은 세계적 시야를 가진 국민, 안팎의 진실을 통찰하고 있는 지식인, 자(自)국과 타(他)국의 장·단점을 허심탄회하게 관찰·비교할 줄 아는 자각된 대중, 그것을 통해서 자기성찰을 할 줄 아는 의

식 높은 개인…… 이것은 정부나 집권세력의 명예다. 두려워해야 할 존재는 결코 아니다.

이 사람은 "우리나라 교육방침과 교과서 내용이 그렇게 되어 있으니까"라고 고무·찬양의 근거를 제시한 그 조사관리가 「교육현장」을 욕되게 하지 않기를 바란다. 남북한 관계와 현 정치정세, 그 밖의 각종 '정치적 이유'를 들어 억압의 필요성을 '애국'의 이름으로 강조하는 사람들도 있었다. 개인적으로는 십분 이해할 수도 있는 애국심의 발로다. 그렇지만 그런 생각에 대해서는, 미국의 정치가·학자·외교관·교육자로서 코넬대학 창설자의 한 사람이며 동대학 초대총장이던 앤드루 디킨스 화이트 박사가 참으로 적절한 경고를 한 것이 기억난다. 그의 말의 '종교'를 정치·국가·집단·권력·권력자 또는 소수 특수주의적 이데올로기…… 등으로 바꾸어놓고 읽으면 된다.

> 종교를 보호하기 위한 것이라는 생각에서 과학(지식·학문)에 가해진 간섭은, 그것이 아무리 양심적인 동기에서 나온 것이라 하더라도 근대의 역사 전체를 통해서 종교와 과학 쌍방에게 다같이 참을 수 없는 불행한 결과를 초래하는 것으로 끝났다. 그것도 **예외없이** 말이다(진한 글씨는 원전에서 인용). 이와는 반대로 모든 자유스러운 지적 탐구는, 그것이 어느 단계에서는 한때 종교에 대해서 위험스러운 것으로 비치는 일이 있다 해도 끝내는 **예외없이**(진한 글씨는 원전에서 인용) 종교와 과학의 양쪽에 최선의 결과를 선사했다.

다음은, 그렇다면 국민은 어느 시기에 이르면 내외의 여러 가지 사실과 진상을 알 권리를 인정받을 것인가 하는 데 문제가 미친다. 조사과정에서 되풀이 논쟁의 씨가 된 것은 "그런 것은 대중에게 알릴 단계와 시기가 아니다"라는 견해였다. 국민은 중국의 진실에 대해서(같은 논리로 외부세계의 진실에 대해서) 지성적으로 받아들일 만한 지적 수준이 아니라는 주장이다. 여기에는 몇 가지 문제점이 있다. 소위 '현실주의자'임을 자랑스럽게 자처하는 일부 학자나 지도자들은 "그것은 국민의 지적 수준이 향상된 후에 알아도 될 일이다. 지금 수준에서는 이상론에 불과하다"라는 주장을 '시기상조'론의 근거로 삼고 있음을 볼 수 있다. 본인의 심문에서도 그것이 한 판단기준이 되었다. 이런 주장을 하는 사람들은 어느 임의(任意)의 순간에서의 '현실'이 사실은 '역사적 현실'임을 알지 못한다. 1978년 11월 21일의 우리나라 대중이 그와 같은 지적 훈련이 되어 있지 못하다면, 그것은 해방 이후 32년 동안 교조주의적 반공정책으로 대중의 사상적·지적 훈련을 금지·억제해온 역사적 결과인 것이다. 물질적이건 정신적이건 존재하는 것은 모두 역사적이고 사회적인 것이다.

사상·정치이론의 영역에서 중공이건 무엇이건, 우리 국민일반이 그것들을 "소화할 수 없는" 수준이라고 가정해보자. 그렇다고 하더라도 국민일반의 생물학적 뇌조직이 열등한 것도 아니며, 모두가 후천적으로 인식기능에 장애를 일으킨 것도 아닐 것이다. 그렇다면 국민의 '지적 소화능력'이 생래적으로 지도자들이나 관료들보다 열등하다는 논리는 별로 설득력이 없다 할 것이다. 유일한 답변은 지난 50여 년간 그와 같은 기회가 봉쇄되고 박탈되었던 '역사적 결과'로 보아야 하지 않겠는가. 언론·출판의 자유와 권리의 문제만 나오면 반드시 시기상조의 이유를 국민의 소화능력 미개발에서 찾으려는 것은 "현실주의" 같으면서 사실은 엄청난 '비현실적'인 것이다.

"국민이 무식하니까 이 교수의 책을 읽혀서는 안 된다"면, 이 순간부터라도 국민의 지적 소화능력을 향상·강화하기 위한 사상적 관용정책을 채택해야 할 것이다. 그 실천이 이르면 이를수록 국민의 사상적 깊이와 폭은 그만큼 빨리 향상될 것이다. 그러지 않고서 국민을 책(責)하는 것만으로 문제를 회피할 수 있다고 생각한다면 우리 국민은 지적·사상적 저개발 상태에서 언제까지나 구제되지 못할 것이다. 그런 사고방식이 반공법을 지배하는 한 10년 후에도 50년 후에도 『8억인과의 대화』 정도의 책이 '특수지식'으로 남게 될 것이다. 이보다 더 큰 국민의 불행이 어디에 있겠는가. 그것은 바로 정부와 지도자의 불행이기도 하다. 언제까지나 자기 문제를 자기능력으로 해결할 줄 모르는 대중을 다스려야 할 지도자가 불행하지 않고 어떻겠는가?

이 나라의 지도층을 자처하는 사람들은, 국민대중을 그토록 긴 세월 '지적 무능력자'로 처박아둔 정치적·도의적 책임을 뼈저리게 느껴야 할 것이다. 그들이 대중의 지적 혜택의 수혜자가 아니라면.

지식의 사회적 본성

문제는 여기서 끝나지 않는다. 반공법의 현재의 운용은 지식의 사회적 본성을 '비사회화'하려는 강한 경향이 있다. 심문과정에서의 관리의 관심으로 보아 본인은 다음의 이유에서도 반공법 위반이 되었다. 즉 "그와 같은 연구는 연구실 안에서나 하라는 것인데, 그 결과를 연구실 밖으로 전하거나 책으로 출판하니까 문제다."

검사의 '위법기준론'의 후반부는 "그런 지식은 훗날 정부가 필요로 할 때 정책 자료로 쓰이기 위해서 이용돼야 할 것"이라는 것이었다.

현대지식의 어떤 것은, (기술도 포함해서) 정치단위인 국가의 이익과 직결되어 있다. 국경을 벗어나면 국익에 반하는 용도에 쓰일 가능성이 있는 그런 것들이다. 작게는 산업지식의 그런 것처럼.

정부의 통일적 견해를 대표한다는 그 반공법 담당검사의 지식관은 이런 것이다. 즉 지식이란 어떤 것이건 '정부의 필요'를 자격의 제1요건으로 한다는 의미다. 다음으로 지식이라는 것은 본질적으로 만인(萬人)에 의해서 요구되는 것이고 만인의 행복의 조건이 되는 정신적 보화(寶貨)인데도 불구하고, 그것을 개인이나 한 연구소 또는 정부가 독점할 수 있는 '이기적 소유물'로 간주하는 관념이다.

지식이란 그 본성으로서 느닷없이 어느 한 개인에 의해 아무런 앞뒤의 연관성 없이 착상되고 발표되는 그런 생산물이 아니다. 한 두뇌의 지식적 부가가치는 그에 앞서는 일련의 많은 지적 노력의 릴레이식 발전의 토대 위에서 이루어지는 것이 보통이다. 그 발전의 계보가 분명히 체계적인 것일 수도 있고 그렇지 않을 경우도 있다. 어느 경우이건 지식과 사상의 전 체계를 어느 한 학자나 연구자가 무(無)에서 착상하여 그 완성까지 종결짓는 그런 마술은 불가능한 것이다. 장구한 시간의 흐름 속에서 수많은 두뇌의 뇌분비작용의 결과로서 지식이나 그 결집(結集) 형식인 저서·이론·사상 등은 이루어진다. 즉 지식이나 저술은 '역사적·사회적' 인간정신의 산물이라는 이야기가 된다.

다른 각도에서 보아도 역시 그렇다. 지식탐구에 종사하는 사람은 동시대의 알고 모르는 많은 사람들의 정신적·물질적 협력을 받고 있다. 연구수단인 선행(先行)적 지식·기술을 학교교육과 선생을 통해서 습득했을 것이다. 호남평야의 어느 농부가 땀 흘려 가꾼 쌀과 고기를 먹고, 청계천 다락방의 여공의 손을 거친 옷을 입고, 강원도의 지하갱에서 광부가 캐낸 석탄을 피우는 연구실에 앉아 프랑스의 저명한 학자의 논문을 참고 삼는 가운데 지식은 생산되는 것이다. 그 지적 생산물은 필연적으로 '역사적'이고 '사회적'인 성격을 타고난다. 그것을 돈으로 사고 팔 수 있는 독점물로 보는 것은 잘못이다. 하나의 지식에 도움을 준 농부·광부·여공·제본공……의 모든 동시대적 동포에게 그 지식의 혜택은 돌려져야 하는 것이다. 이것이 지식의 '사회성'이라는 것이고, 그것을 만인에게 돌리는 행위가 '지식의 사회적 환원'이라는 것이다. 이 역사성·사회성을 인식하지 못하는 데서 학문과 지식은 어용(御用)화된다. 『8억인과의 대화』가 연구실 안으로 퇴장할 것이 아니라 국민일반에게 널리 읽혀야 할 이유가 여기에 있다.

'정부의 허가와 소요(所要)'만이, 지식이 개인두뇌와 연구소에서 나올 수 있는 조건이라는 관료적 사고가 지식과 교수와 지식인 전반의 '어용'화를 초래한 것이다. 그런 가치관이 반공법이라는 권력적 공인을 받음으로써 국민일반의 지성적 향상은 저지되는 것이다. 지적·정신적 소산은 사회에 환원되어야 한다. 지식인은 자신의 성장에 기여한 무명(無名)의 대중을 자기와 같은 수준의 지적·정신적 기쁨에까지 끌어올리기 위해 글을 쓰고 발표하고 출판하는 것을 사명으로 삼아야 한다. 본인의 저서들이 설사 반공법에 위반(검사의 기준으로 하면)되었다 하더라도 본인의 지식이 사회에 환원되어야 한다는 믿음에는 아무런 변함도 없다.

반공법이, 대한민국의 기밀(機密)을 출판·유포하는 행위를 방지하려는 것이 아니라 외부세계의 정보(information), 그것도 오늘날 세계의 공통적 상식이 되어 있는 '사실'과 '진실'을 국민이 아는 것을 억제하기 위해서 이용된다면 건전한 상식으로서는 도저히 이해할 수 없는 일이다. 지식과 정보란 예나 지금이나 인간 상호간·민족간·국가간의 교류를 통해서 인류의 발전을 촉구하는 매개물이다. 중공의 그것이라고 해서 예외일 수는 없다. 어느 민족, 어느 국가, 어느 사상체계건 그 자신만으로 자기충족·자기완결적일 수는 없는 법이다. 그렇게 전능한 개인·민족·국가는 과거에도 없었고 지금도 없고 영원히 없을 것이다. 지식의 접촉과 교류를 거부하는 개인·정부·국가·민족은 정신적으로 침체에 빠지며 인류문화에 아무런 기여도 하지 못하는 존재가 된다.

금세기에 들어와 급속한 현대화를 이룩하려는 후진국가들은 경제사회적 분야에서 연차적 '몇 개년(何個年) 경제사회 개발계획'을 중요한 전략적 수단으로 채택하고 있다. 이른바 '5개년 경제계획' 같은 것이다. 이것은 본시 공산주의 소연방에서 레닌과 그 후계자들이 창안·시도했던 것임을 모르는 사람은 없다. 우리나라도 벌써 제5차 경제개발 5개년 계획을 마치는 가운데 '중진국가' 대열에 들어선다고 자랑하고 있지 않은가? 계획경제를 수단으로 채택한 나라의 정부나 지도자가 그 발상지(發祥地)의 호적조사(戶籍調査)를 한다는 말을 들어본 적이 없다. 그것은 이미 인류 공동의 지적 재산이 되었다. 자본주의적 시장경제 이론의 일부를 공산주의 체코슬로바키아가 채택하고 있고, 공산주의 동독에서 일반화한 플라스틱 차체(車體)는 우리의 남북한 관계와 같은 서독에서 시험되고 있다. 대한민국의 주관적 소망이야 어떻든 소련·중국 등을 위시한 공산권 세계나 국가가 가까운 장래에 지구상에서 소멸될 것처럼 보이지는 않는다. 미국과 자본주의권 국가들은 이런 인식하에서 앞을 다투어 공산체계·국가와의 공존(共存)관념을 발전시키고 있음을 본다. 중공에 대한 세계적 동태는 새삼 여기서 강조할 필요조차 없을 것이다. 이제는 중공에 관한(즉 공산권에 관한) 지식과 정보들을 반공법과 견주어보지 않고서도 읽고 듣게 해도 무방할 만큼은 우리 국민의 반공의식이 굳다고 믿는다. 경제·사회·문화·정치·군사적 측면에서의 국민적 자신도 충실하다고 나는 확신한다. 만약 그렇지 않다면 '세계적인 기적'을 이룩했다고 정부가 주장하는 조국 근대화, 중화학공업화, 중진국화, 국민생활수준의 극적 향상, 100억 달러 수출, 국민소득 4,000달러…… 등등의 자랑은 거짓이거나 속임수란 말인가? 그럴 수는 없다. 결코 그렇지는 않을 것을 믿는다. 그렇다면 국민의 자신감을 좀더 신뢰해도 좋을 만한 조건 성숙은 되었다고 생각한다. 이만한 성장을 한 사회에서 상해시의 의료시설 운운의 보고가 아직도 반공법 위반이니 "적성국 찬양·고무·동조"니 하는 말은 우습지 않을까?

반공법의 현(現) 운용은 이 나라 국민의 진취성을 병들게 하는 것이다. 국민도 개인과 마찬가지로 다른 국민의 성취·업적과의 비교·반성을 통해서 자기성장의 계기로 삼는다. 남의 우수함을 수용하고, 자신의 부족과 결점은 남의 경험을 거울삼아 개선해나가는 데 국가와 민족의 비약의 길이 있다. 만약 상해시 병원의 환자 병상수가 많거나 의료시설이 좋다면 우리는 그것을 시기하거나 부정하는 것으로 자기기만을 일삼지 말고, 우리의 의료시설 개선·충실화를 위한 계기로 삼으면 되는 것이 아닌가? 그것이 진취성이라는 것이다. 진취적 국민은 무한한 수용능력을 기를 것이지 남의 장점과 성취에 눈을 감는 패배주의·자기기만적이어서는 안 된다. 반공법의 운용, 사실은 그 법의 4조 2항 자체가 패배주의의 표현이라고 생각한다.

검사는 말했다. "1967년까지는 북한의 공업·경제 등이 남한보다 앞서 있었기 때문에 북한에 관한 사실도 반공법으로 금지해야 했다"고. 그러나 지금 그 수준은 우리가 월등 우세해졌다는 말까지 그는 덧붙였다. 사실 이 말은 중요한 핵심이 된다. 여태까지 이 상고이유서에서 그 법과 운용에 관해 많은 의견을 진술했지만, 그 법이 어떤 법이며, 어떻게, 왜 그렇게 운용되고 있는지는 이 검사가 스스로 설명해준 셈이다. 즉 어느 한 시점까지의 국가적 패배주의의 표현이라고 말할 수 있을 것이다. 그 검사 말대로 또 정부와 국민의 지난 십수년간의 노력의 결과로 이제는 패배주의는 사라지고 자신감이 넘치고 있다. 단편적 지식·정보에 대해서까지 반공법으로 방패삼을 시기와 상황은 아니라고 생각한다. 진취적인 나라를 위해 반공법의 운용방식에 대전환이 있어야 할 것이다.

막스 베버가 평생에 저술한 40여 권의 책 가운데 한국에 관해 언급한 것이 꼭 한 군데 있다. 그의 유작(遺作)『사회경제사』 제5편이다. (그의 저서를 빠짐없이 섭렵하지 못했으니 장담할 수 없지만 다른 교수들의 견해도 그러했다.) 불과 5,6행에 불과한 이 한 국민족에 관한 평은, 한국 지배계급(그는 구한말을 지적)이 외부 세계의 상이(相異)한 문화와 사상 및 변화·발전을 요사시(妖邪視)하고, 그것이 국민에게 '전염'될 것을 두려워해서 법으로 탄압하는 반동적 자세를 취한 까닭에 마침내 세계사조 문명에 뒤떨어져 망국(亡國)의 비운을 맛보게 되었다는 요지의 짧은 글이다. 남의 나라의 학자에게서 지적받을 필요도 없이 너무도 쓰라린 우리 자신의 민족적 경험이다. 이 과거의 민족적 비운(悲運)은 오늘의 법의 운용에 진취적으로 반영될 때 비로소 교훈적 가치가 있다.

이중기준의 법 적용과 판사의 경향성

법의 운영에 차별이 없어야 함은 민주사회의 기본적 법원칙이다. 동일한 가벌(可罰) 내용에는 동일한 법적 대응이 있다는 생활적 상식이 있기에 우리는 그것을 기준으로 사회생활을 하고 있다. 그럼에도 불구하고 본 사건은 그 정신과 원칙에 위배되는 이중 삼중 기준의 선택적이며 자의(恣意)적인 차별을 받았다.

먼저 『8억인과의 대화』에 대해서 말한다면, 우리나라에는 중국 연구소가 많지는 않지만 그런 대로 지난 약 10년 동안 해마다 몇 권 정도의 중공 관계 저술이 출판되었다. 그 저서·논문·보고·토의록……들은 취급한 주제는 다를지 모른다. 그러나 현대중국을 다룬 점에서는 "중국인민은 밥을 먹고 살고 있다"는 현장묘사를 반공법 4조 2항의 고무·찬양·동조로 판정하는 검찰과 법원의 기준에서 본다면 그 어느 하나도 반공법에 위반되지 않는 것이 없다. 이것은 같은 분야의 연구가로서 그 내용들을 읽고 알고 있는 까닭에 단언할 수가 있다.

사실사항(事實事項) 관계에서 이미 언급했듯이, 이 나라에는 현재 미국인 교수 슈람 박사가 지은 『모택동』(김동무(金東武) 옮김)이 4년째 공공연히 전국 서점에서 판매되고 있다. 그 내용은 『8억인과의 대화』의 내용과 상당한 분량이 중복되고, 실질적으로 또는 유사한 표현·평가·판단이 들어 있다. 이것만이 아니지만 한 실례로 들 뿐이다. 그밖에 중공에 관한 (국내)신문·잡지·방송의 기사는 방대한 양에 달하며 그것들을 모두 모은다면 대(大)도서관에 넘칠 것이다.

본인과 변호인단은 그 사실을 입증하기에 부족함이 없을 만한 분량의 세심하게 수집되고 분류된 증거자료를 법정에 제출했다. 그러나 아무 소용이 없었다. 심지어 『모택동』은 그 역자가 군(軍) 관계 민간인 교관이라 '보안사령부'의 (검열) 출판허가까지 얻어서 발행된 것이다. 반공법적 규제권한에서 경찰, 검사, 중앙정보부와 보안사령부는 대동소이한 것으로 알고 있다. 『8억인과의 대화』와 많은 내용이 같다는 것은 이 사람 자신이 그 번역자를 위해서 국내 신문에 서평을 써준 것으로도 알 수 있다. 그런데 제2심은 그 사실을 인정하기를 회피했다.

> (판결문은 말했다) "……위 주장(피고인과 변호인들의)과 같이 슈람의 저서인 『모택동』이 이미 국내에서 번역 출판되었고, 『우상과 이성』에 실린 글들은 이미 국내에서도 각종 정기간행물에 게재되었던 것으로, 이들을 그대로 한데 묶어 위 책자로 발행한 사실 등은 일전 기록에 의하여 인정되나, 『8억인과의 대화』에 실은 글의 내용이 위 적시된 글들의 내용과 유사하다고 단정할 수 없고, 또한 위에 든 사실들만을 가지고 피고인에게 있어 그 행위가 법령에 의하여 범죄가 되지 아니한다고 오인함에 정당한 사유가 된다고 단정할 수 없으므로 위 첫째 주장은 이유 없고……."

이 사람은 중국 연구가의 한 사람으로서 슈람의 저서 같은 것이 이처럼 행정부·군·사법부의 승인을 받게 되는 것을 기뻐할 뿐이다. 다만 비전문가인 판사가 아니라 같은 분야를 전공하는 연구가의 눈에 동일 또는 '유사한 내용'으로 인정되는 글이라면 다른 사람의 책에 있을 경우에도 행정 권력기관과 법원은 마찬가지로 관대하기를 바라는 것이다.

이 사건의 재판은 또 하나의 걱정거리를 드러내주었다. 반공법을 다루는 판사의 경향성이다. 행정권력에 대한 경향성이다. 제2심 재판장은 『8억인과의 대화』의 피고인들에 대해, 슈람의 『모택동』 번역 출판처럼 "정부기관에 왜 '사전섬열'을 받으려고 생각 안 했느냐?"고 물었다. 헌법에도 법률에도 없는 '사전검열'은 행정권력의 횡포(불법적 권리 남용)가 아닌가? 그런데 헌법에 엄연히 규정되어 있는 학문과 출판의 자유(권리)를 행사하려는 시민에게, 그 권리와 자유의 보호자여야 할 사법부의 법관이 "어째서 사전검열을 받으려고 하지 않았느냐"는 것은 단순한 문제가 아니다. '사전검열'을 스스로 청해 나간다는 것은 시민에게 법적 권리와 민주주의적 자유를 자진해서 포기하라는 권고와 다를 것이 있을까? 본인의 사건은 이런 법 관념의 재판장에 의해서 결론지어졌다. 무릇 어떤 제도, 어떤 사회에서나 시민의 권리·자유에 대응하는 국가권력은 강력하고 조직적인 제어장치가 없는 한(있을 경우조차), 무한정으로 비대화하려는 속성을 가지고 있다. 이 경향과 실례는 선진 민주주의 국가들에서 정치·사회적 과제로 대두되고 있음을 본다. 국가권력과 시민의 자유·권리가, 권력의 분명한 정당성이 없이 대체로 균형 있는 대립을 했을 때는 법은 마땅히 시민의 권리를 편들어야 한다는 것이 민주사회의 법정신인 줄 안다. 하물며 시민의 권리가 압도적으로 열세한 경우에서랴. 행정권력을 편드는 재판의 문제점이다. 사실 이 사건의 1, 2심을 거치는 공판의 현장에서 언제나 느낀 것은, 판사에게서 재판을 받고 있는지 검사에게서 재판을 받고 있는지 분간하기 어려운 심정의 착잡함이었다.

현대판 이단재판소

다음의 문제로 옮겨간다. 이해(理解)의 편리를 위해 다음과 같은 가상을 해보자. 어떤 사람의 긴 생애에서 국민학교 때의 글짓기 연습장에서 '김'(金)자를, 중학교 때 물리 노트에서 일(日)자를, 고등학교 시절의 연애편지에서 성(成)자를 그리고 대학 졸업논문 속에서 만(萬)자 등을 골라낸다. 그것을 이으면 '김일성 운운'이 될 것이다. 한 사람의 긴 생활 속에서 아무런 연관성도 없는, 쓰인 그 당시에 그 자체로서 자기완결적인 글과 글자를 들추어 연결하면 우리는 만들고 싶은 어떤 문장도 원하는 대로 만들어낼 수 있다. 그것으로 상(賞)도 줄 수 있고 벌(罰)도 줄 수 있을 것이다. 본인의 사건과 관련된 핵심적인 이야기를 하기 위해서다.

『우상과 이성』에 관해서는 전혀 부연할 필요가 없을 정도로 내용은 명명백백하다. 1971년부터 77년까지 아무런 상호 연관성 없이 써서 발표한 30편의 글 속에서 머리 자르고 꽁지 잘라 한 구절씩 엮어가지고 "……라고 결론을 내려, 결국 노동자·농민·영세민들이 자기들을 위한 정치·사회제도를 가지기 위해서는 우리나라의 현 정치·사회제도를 유지하고 있는 정치인·기업가들·지식인들을 타도하는 길밖에 없다는, 즉 노동자·농민·영세민들을 주축으로 하는 혁명을 해야 한다고 선동함과 동시에 농민 중심의 모택동의 공산혁명 사상을 은연중 찬양 고무하여 중공의 활동을 찬양 고무했다"라고 공소장의 결론으로 삼고 있다.

이것은 그대로 판결문(의 결론)이 되어 있기도 한 것이다. 이 얼마나 얼토당토않은 문장의 악의적 조작인가. 문제의 「농사꾼 임군에게 보내는 편지」라는 글은 신변잡화를 줄거리로 삼아 사회비평을 겸한 가벼운 에세이다. 시종일관하는 주의(主意)도 없고 더군다나 '결론' 따위는 애당초 이 글의 목적이 아니다.

부처님, 이 나라를 굽어보소서! 이 나라에는 법적으로는 출판검열 제도가 없는 것으로 되어 있다. 그렇지만 모든 정기간행물과 출판물이 '당국'의 검열을 받고 있음은 지식인 사회에서는 주지의 사실이다. 그것은 사전검열이 아니라 사후적인 것으로 안다. 재판관 자신이 사전검열을 왜 받으려 하지 않았는가를 물은 것도 정부의 눈이 항시 출판물 위에 빛나고 있음을 뜻하는 것이다.

그렇다면 1974년 4월에 검열되어 나간 「다나까 망언에 생각한다」와 76년 말의 「모택동의 교육사상」, 그리고 같은 해의 「농사꾼 임군에게 보내는 편지」가 단순히 한 책 속에 묶여 나왔다는 변화만으로 갑자기 고무·찬양이 되고 '농민혁명' 선동이 되는 것일까? 아무리 생각해도 알 수 없는 일이다. 해묵은 낡은 것을 추려내어가지고 반공법으로 엮는 의도 속에 무언가 음흉한 것을 느끼게 한다. 어째서 형벌을 받는지를 납득할 수 있게끔 좀 투명하고 솔직하면 좋겠다. 다음은 바로 그 문제에 관해서다.

제1심 판사는 판결의 자리에서 다음과 같은 '판결이유'를 말하였다.

> 이 사건에 대해서는 그동안 여러 차례 걸친 심리과정에서 두 피고인은 충분한 소명을 했다고 생각합니다. 피고인들의 그 충분한 주장과 변론에 대해서 이 자리에서 판결의 이유를 말하지는 않겠습니다. (그리고 이·백 두 피고인에 대한 형량 언도.) 이 사건은 그 성격이 김지하(金芝河) 사건, 한승헌(韓勝憲) 사건

과 같아서 대법원이 두 사건에 유죄를 판결하고 있으므로 그 판례에 따라 유죄를 선고하는 것입니다. 두 분은 항소해서 잘 되도록 하십시오.

시인 김지하 사건과 한승헌 변호사 사건은 이 사회에서 알 만한 사람은 다 알고 있는 '불가사의'한 사건이다. 이 두 사람을 법의 이름으로 기소하여 판결할 때까지의 과정·절차에서의 그 많은 말을 들으면 들을수록 상식으로는 점점 더 알 수 없어지는 것이 이 두 사건이다.

"충분히 밝혀진 피고인들의 입장과 주장"을 10여 회의 심리를 통해서 청취한 판사로서, 그 과정을 빠짐없이 지켜보고 들은 수많은 방청객들이 빤히 보는 앞에서 검사의 기소장 14매, 8,286자를 그래도 판결이유라고 낭독하기는 거북했으리라고 생각한다.

또 "그런 성격의 사건"이란 것이 문제다. 재판은 그에 대해 개운한 해답을 하지 못한 채 지나가고 말았다. 아무런 죄상(罪狀)의 지적도 설명도 없이 "대법원 판결이 유죄니까 유죄"라는 것도 고통을 당하는 피고인의 입장에서는 석연치 않은 판결형식이다. 재판장도 딱히 밝히기를 꺼리는 듯한 불투명한 '그런 성격'의 재판 결과 피고인은 유죄가 되고, 몇 해를 형무소에서 살아야 하며, 나오면 전과자 그것도 '반공국가'에서 '반공법' 전과자가 되는 것이다.

이 불투명한 판결이유를 들으면서 이 사람은, 중세 유럽세계의 불가침의 권위였던 로마교황이 이단재판소에서 교황의 금기를 건드린 지동설(地動說)의 갈릴레오에게 내린 명쾌하고 확신에 찬 판결문을 생각했다.

태양이 우주의 중심이며 지구의 주위를 회전하지 않는다는 제1의 명제는 신학적으로 우매(愚昧), 불합리 및 허구며, 명백히 성서에 반하는 까닭에 이단이다. 또 지구는 우주의 중심이 아니며 태양의 주위를 돌고 있다는 명제는 철학적으로는 불합리하고 허구이며, 신학적 견지에서는 적어도 올바른 신앙에 반한다.

적어도 이 정도의 조리 있고 확신에 찬, 이론적이고 철학적 구명(究明)을 다한 나머지의 판결이라면, 어떤 피고인에게도 불만은 없을 것이다. 그것은 지금으로부터 360년 전인 (서기) 1615년, 이단 심문소의 지하실에서 내려진 선고다. 360년 후의 우리 재판이 여기서 한 점의 진전도 없이 '대법원의 유죄판결이 있으니 유죄'라고 끝난다면 피고인은 다만 하늘(天)을 우러러볼 따름이다. 악명 높은 그 이단 심문법정도 '그런 성격의 사건'이라는 말로 얼버무리지는 않았다. 우리 국민이 사법부와 법관에게 거는 최후의 기대는 그 간절함이 눈물겨울 정도다. 반공법에 의한 '이단'을 이 사회에 가득 채우는 일에 협력하는 사법부와 법관이 안 되기를 바라는 마음에서도 이 사건에 대한 대법원의 주체적·독립적 자세와 슬기로운 판단이 요청되는 것이다. 대단히 유감스러운 일이지만 다소라도 정치적 성격이거나 정부의 이해관계 또는 체면에 관련된 사건의 재판에서 법원과 법관이 얼마나 독립적일 수 있느냐 하는 문제도 생각해볼 만하다.

'통치행위' 론의 위험성

"반공법 조서는 검사의 질문에 '예' 하는 것이 그 내용이 되며, 피해자의 주장이나 해명은 판사 앞에서 하라"고 잡아뗀 검사는 이런 말을 했다. "'유신헌법'이 발표되었을 당시에는 검사들은 긍정과 부정이 반반이었고 판사들은 압도적으로 부정적이었다. 그러나 그로부터 몇 해가 지난 현재에는, 유신체제를 적극 지지하는 검사는 약 80퍼센트인데 비하여 판사는 90퍼센트 이상이라고 말할 수 있을 정도다—"이런 분석이었다.

이 말은 여러 가지로 들린다. 검찰에서 기소만 하면 유신체제 비판 내지 반대자는 재판을 하나마나하다는 뜻일 수도 있고, 검사가 80퍼센트의 형량을 생각하면 판사는 90퍼센트의 벌을 생각할 것이 틀림없다는 뜻일 수도 있다. 8,286자의 기소장을 복사한 채로 판결이유로 내놓는 판사나 그것을 그대로 추인하는 상급 재판장을 보면서, 본인은 그 검사의 말을 되새겨보았다. 모를 일이다. 법률은 사회적 상황의 산물이라고 한다. 피고인들과 변호인들은, 법률이라는 것은 제정 당시의 환경이 변하면 그 정도에 따라서 법의 폐기·수정 또는 적어도 운용상의 변화가 있어야 한다는 당연한 사실을 법정에서 강조했다. 반공법이 제정된 지 20년이 되려는 그 사이에 국내외 조건의 급격하고도 광범위한 변화상을 낱낱이 지적했다. 중국인의 일상적인 생활양태를 주로 묘사한 내용인 『8억인과의 대화』를 다룸에 그와 같은 주·객관적 상황변화를 참작해야 한다는 뜻의 법률론이 변호인들에게서 제기된 것은 당연하다. 법정은 이를 거부했다. 그 이유는 정부가 그동안 주·객관적 상황변화에(대해서) 대응한 조처들은 모두 '통치행위'이기 때문이라는 것이다. 들어보자.

……둘째, 우리나라 정부가 국내외 정세변화에 적절히 대처하기 위해 대외적으로 위 주장과 같은 여러 가지 새로운 조처를

취했음은 공지의 사실에 속하는 바이나 이는 법원의 판단대상 이 될 수 없는 일종의 통치행위에 속하는 것으로서 형법 제20조 소정의 사회상규와 동일시할 수 없음은 설명을 요하지 않는 것 이니, 설령 피고인의 행위가 중공을 있는 그대로 소개함으로써 위 조처에 어느 정도 부응한 결과를 가져왔다 하여도, 이를 가 지고 사회상규에 부합하는 행위라고 단정할 수 없고 달리 위 주 장을 인정할 자료가 없으므로…… 이에 대한 주장은 받아들이 지 아니한다.

이 사람은 법률전공이 아닐 뿐더러 법률해석학적·기술적 법률론을 운위할 깊은 소양은 가지지 못했다. 다만 '통치행위'란 법률적 개념이기에 앞서 정치(학)적 개념이므로 이에 대한 깊은 관심은 없을 수 없다. 이 용어와 개념은 특히 1930년대의 파쇼 초기시대에 나치 독일, 파쇼 이탈리아, 천황제 파쇼 군국주의 일본, 프랑코 총통 스페인…… 등 국가에서 법적 추궁을 배제하기 위해서 자주 쓰였음을 알고 있다. 파시즘 체제의 집권자들이 그 절대적 독재권력을 기정사실화해가는 과정에서 취한 크고 작은 내외행위를 '통치행위'라고 강변했다. 법은 다만 그것이 법원의 판단대상이 아니라는 것만으로 추인하고 묵인하는 사이에 파쇼권력은 프랑켄슈타인이 됐던 역사를 우리는 안다.

본인의 재판 판결과 그 역사적 현상 사이에 유추할 내용은 없을 줄 안다. 그런 전제하에 말하더라도, '통치행위'라는 낱말이 구체적으로 사용되었던 것은 '7·4남북성명'과 그에 앞서는 이후락 중앙정보부장의 평양 방문, 북한대표의 서울왕래…… 등, 당시의 일련의 남북 정치외교 접촉에 대해서가 처음이었던 것으로 안다. 야당과 정계·언론계에서 그 정치적·헌법상 책임의 규명문제가 논의되었을 때, 정부는 '통치행위'라는 한마디로 모든 논박과 비난을 침묵시켜버렸다. 그 합헌 여부가 헌법재판 형식으로 제청된 일도 없고, 정치적 '통치행위'에 해당할지도 모른다. 그러나 중공에 대한 접근노력이라든지, 중화인민공화국의 국명호칭이라든지, 심지어 어부송환 등까지를 합친 외교행위들을 모두 '통치행위'의 개념이나 정의로 면책해버릴 수 있는 것인가는 아직 미제의 문제로 남아 있는 것으로 이해한다. 정치·외교적 행위라고 해서 행정부의 대외(對外)행위를 하급법원이 그렇게 간단하게 '통치행위'로 일괄처리(단정)할 수 있는지 의심스러운 일이다.

이와 관련해서 본인이 지적하고 싶은 것은 다음과 같은 우려다. 즉 검사가 정확하게 분석했듯이, 검사들보다 이 나라의 판사들이 훨씬 적극적인 '유신경향'이라면(개인적으로는 자유지만) 지난 몇 해처럼 정부와 정부의 정치적 조처가 법적 논란의 대상이 될 경우, 그와 관련이 있는 소송사건 또는 어떤 형태로건 정부 및 정책이 쟁점이 되고 있는 사건에서 법원은 으레 '통치행위' 이론으로 정부나 지도자를 면책하게 될지도 모른다는 가능성이다.

근거 없는 공론을 일삼으려는 것은 아니다. 그 가능성과 실례를 우리는 금세기의 파시즘 흥망사에서 아주 똑똑히 봐왔다. 독일의 나치체제는 국내적으로는 '아리안 민족의 우월성'이라는 신화로 각종 정치적 범죄행위를 자행하고, 밖으로는 '민족생존권' 이론이라는 해괴한 것을 내세워 침략과 파괴의 야만행위를 정당화했다. 그 모든 범죄행위가 '통치행위'라는 법적 '재가'(裁可)로 정당화되었다. 이탈리아의 파시스트와 일제군부가 역시 그러했다. 정부의 내외 정치·외교행위에 대해 '통치행위'의 성스러운 후광(後光)을 부여하는 일이 자칫하면 어떤 결과를 초래하는가를 역사에 물어 보자는 것이다.

위에서 말한 파시즘 국가들에서도 각급 법관들은 민주주의 국가들의 직업적 동료들과 마찬가지로 어렵고 긴 수업과정을 거쳐서 그 명예로운 의자에 앉은 것이다. 그렇지만 행정권력에서 독립적이어야 할 그들의 법관으로서의 지위와 기능은, 그들이 지배세력의 소위 '통치행위'를 합법화하고 법적 승인을 부여하는 과정에 정비례해서 약화되어갔다. 그 나라들에서 마침내는 사법부가 행정권력의 단순한 한 기관으로 전락해버린 사실도 우리는 알고 있다.

그러는 사이에 국가는 소수의 권력광(勸力光)들의 사유물화(私有物化)되고 말았다. 금세기 전반부에 괴물처럼 나타나 세계를 불바다로 만들고, 수천만의 인간을 무덤까지 동반해간 이들 파쇼체제가 법적 측면에서 남긴 교훈은 자못 귀중하다. 즉 권력자와 정부는 기회만 있으면 그 행위를 '통치행위'라는 신비스러운 주술(呪術)적 슬로건으로 법적 추궁을 무장해제하면서 기정사실화하려 한다는 것이다.

법의 임무는 바로 이와 같은 권력의 타락을 초기단계에서부터 방지하는 것이어야 할 것이다. 정치적 프랑켄슈타인은 법의 뚜껑을 열어주면 벌써 법을 삼키게 되는 것이다.

책을 출판하려는 학자와 출판사에게 권력의 '사전검열'을 자진해서 받았어야 할 것이라는 시민 권리관과 그의 판결이유의 '통치행위' 운운에서 금세기의 어두운 한 장면을 연상했다. 우리 자신과는 아무런 관련도 없는, 다만 남의 민족의 과거사일 뿐이기를 바라는 마음 간절하다. '통치행위'이기 때문에 처벌기각(處罰棄却) 사유 주장을 인정할 수 없다는 2심 결정에 대해 최고심의 현명한 판단을 고대하는 마음에서 이와 같이 기우(杞憂)의 일단을 표명했다.

지도층의 인식 정지증

다음으로 반공법 위반 여부에 대한 판단은 좀더 높은 지적 수준에서 이루어져야 한다고 생각한다. 『8억인과의 대화』의 구절들을 중공에 대한 고무·찬양이라고 고집하는 검사의 판단근거는 다음과 같은 자기체험이었다.

> 당신이 전문가라고, 아무리 그렇지 않다고 하더라도 그럴 리가 없어요. 나는 6·25때 열네 살이었는데, 그때 중공군인들을 직접 보았어요. 그게 어디 사람 같았어? 똥뙤놈이야! 똥뙤놈! 25년이 지났다고 해서 똥뙤놈이 별수 있겠어?

자기의 14세때의 경험과 인상을 근거로 하여 그 책은 '적성(敵性)계열의 찬양'이 틀림없게 되었고, 법원은 역시 14세의 (지적) 판단에 따라 유죄를 인정하는 것이다. 이론적·과학적 인식에서의 반론은 14세의 인식 정지증(停止症) 앞에서 모든 논리를 상실하고 말았다.

제2차 대전이 끝나 패전 파시스트 일본의 점령군 책임자로 온 연합군 총사령관 맥아더 장군은 "일본인의 지적 인식능력은 아홉 살 수준"이라고 평한 유명한 말이 있다. 일곱 살 수준이라고 한 것 같기도 하다. 맥아더의 평은, 일본인 대중을 두고 한 것이 아니라 정상적 판단력으로서는 상상도 할 수 없는 무모하고 광적인 정치와 전쟁을 국민에게 강요했던 그 지도자를 두고 한 말이다. 이 점이 중요하다. 지도자와 그 관료·군세력을 두고 한 말이다.

1억의 국민대중을 송두리째 아홉 살의 지능적 '치매증' 환자로 만들어버린 것은, 악명 높은 '치안유지법'을 위시한 온갖 억압적 법률과 법체제로 국민의 지적 개발의 기회를 억압하고 그 권리를 박탈한 탓이다. 현대 세계정치사에서 일본의 지배세력만큼 옹졸하고 졸렬하고 편협하고 광신적이며 편집광(偏執狂)적인 집단은 찾아보기 힘들다. 야만적일 만큼 잔인하고, 자신과 자국(自國)을 외부세계의 실제적 현실에서 차단해놓고, 천황과 '국가'의 이름으로 국수주의적 애국심을 종교화(실제로 신도(神道)라는 것이 이것이다)하여 모든 이의(異議)와 비판을 탄압했던 것이다. 물질적 기술분야는 어느 정도 발전은 했지만 지적·사상적·정신적 인간은 극도로 왜소화했다. 외부세계의 지식·사상·사실적 정보는 '비(非)국민'적 또는 '적성'(適性)적이라는 낙인이 찍혔다. 천황을 신격화하여 그 권위를 이용해서 권력을 농단(壟斷)한 지배군부는, 그들 이익의 '특수주의' 이데올로기를 마치 보편주의 이데올로기인 양 스스로 착각하고 국민에게 강요했다. 그로 말미암은 국내의 누적되는 모순·긴장·부조리·불만이 폭발점에 이르게 되면 그것을 '위험사상'이니 '외부세력'의 책임으로 전가하는 수법을 썼다. 그러고도 국내정세의 안정과 해결이 어렵게 되자 국민의 시선과 관심을 밖으로 돌기 위해 주변 약소국가에 대한 군사적 간섭·침략을 꾸몄다. 그리고 그 대외적 모험을 애국주의로 숭배시키려고 시도했다. 그 첫 희생물이 한국민족임을 우리는 잊어서는 안 될 것이다. 국민대중은 집권군부와 그 전위적 어용 지식분자들에 의해 독점된 매스컴의 허위선전에 속아, 50년에 걸친 국가 총파탄의 길로 몰려나갔다.

국민의 불만을 돌려, 집권세력에게 향하는 적개심을 '가상적'

(假想敵)을 외부에 설정하는 것으로 배출시키는 것이 그 수법이었다. 이데올로기와 제도가 다른 미국·영국·중국 및 그밖의 민주적 국가들은 '적성계열'로 규정했다. 소위 모든 '적성국가'적 사상·지식·정보·습관·사고……를 '적성계열'의 '고무·찬양·동조'로 처벌했다. 국민 한 사람 한 사람을 온통 '밀고자'와 '상호감시자'로 만들었다. 일본군부 지도자들에게 '적성국가' 나라들의 민주주의적 강점과 개인의 자유와 존엄은 전혀 국민들에게 알릴 수 없는 지식이었다. 그 '적성계열'의 국민은, 일본군부 세력 같은 전제(專制)·무법(無法)적 권력에 대해서는 죽음으로 싸운 전통이 있다는 사실, 지도자들은 넓은 세계적 인식을 갖고 있으며, 국민들은 강요에 의해서가 아니라 자유로운 시민으로서 자발적으로 결속하고 있다는 장점, 그것은 다양한 가치관과 생활양식 및 토론과 설득으로 국민적 통합을 이룩한 결과라는 사실…… 이런 모든 것은 그들에게 있어 '적성'적인 지식이자 사상이며 정보였다.

이처럼 유치한 인식능력밖에 없는 지배세력과 그 하부 집행 대리관료들의 인식수준은 이런 것이었다. "그 서양놈들, 중국 '짱꼴라'들, 내가 열네 살 때 보았는데 그게 인간이야? 단결심도 없고 개인주의이고…… 형편없어. 지금인들 별수 있을라구! 그들은 적성계열이야. 그들에 대한 것은 글이건 말이건 무엇이건 모두 고무·찬양이야. 사실·진실의 여부는 문제가 아니야. 그저 그것만으로도 적성계열의 고무·찬양인 거야!"

일본의 장래를, 진정으로 올바른 인식능력으로 걱정한 양심적 지식인들이 얼마나 많은 고통을 당해야 했던가. 9세의 세계관, 인식능력 수준! 그것은 위에서 장황하게 지적한 바와 같은 발생학적 법칙의 결과다. 그와 같은 발상, 같은 사고방식, 같은 지도이념,

같은 이데올로기, 같은 법체제, 같은 법률, 같은 법운용을 하는 나라에서는 꼭 같은 과정으로 꼭 같은 결과를 맛보았다. 이탈리아·독일과 그밖의 수많은 나라들을 우리는 알고 있다. 이 국민적 비극은 국민의 무지(아니 지도층의 자기기만적 무지)에서 온다.

그들의 눈에는 외부의 지식을 추구하는 '지식인'은 '위험분자'였다. 지식인의 진정한 기능이자 사명인 학문·사상·신앙·양심의 자유, 폭력의 반대, 그 모든 것의 사회·정치적 보장인 언론·보도·출판의 자유권…… 등 민주주의적 가치관과 그 구체적 제도들은 일절 허용되지 않았다. 그러고서도 국민이 9세 수준이 아닌 지적·정신적·도덕적 인격발전을 하리라고 기대한다면 그 기대하는 것 자체가 우스운 일이다.

결국 일본의 지도세력과 국민은, 그들이 형편없는 '적성계열'이라고 무조건 위험시하고 또 멸시했던 그 상대에 의해서 일패도지(一敗塗地)당하는 것으로 비로소 정신을 차리게 되었다. 본인이 『8억인과의 대화』와 『우상과 이성』을 집필 또는 편역한 가장 중요하고 애절한 동기는, 그와 같은 나의 일제시대의 쓰라린 체험을 통해서 얻은 교훈을 오늘의 우리 자신에게 살리고 싶은 데 있었다. '진실을 아는 국민' '진실에 토대한 인식능력이 있는 시민'이 가장 훌륭한 민주주의적 국민이다. 그런 민주주의 정신의 소유자만이 진정 공산주의보다 우월한 사회를 기르고 지켜갈 수 있다고 믿는 까닭이다. 본인은 이상과 같은 생각으로 글을 써왔다.

『우상과 이성』 속의 글들은 우리 사회와 우리 자신의 반성을, 『8억인과의 대화』는 외부세계에 대한 인식의 개안(開眼)을, 이 지적·정신적·인격적 작업을 하려는 것이 그 2권의 글의 목적이다. 감상적인 반공 '주의'가 아니라 합리적이고 이성적 반공 '사상'을 위한 내용을 부여하려는 것이 그 목적이다. 불행하게도 본인은 이 사건의 전 과정을 통해서, 본인을 힐난하고 심문한 조사관들과 유죄판결을 내린 재판장들에게서, 진정한 '사상'으로서의 반공이라기보다는 일종의 '히스테리'적 감성론에 가까운 반공을 많이 보았다. 그들에게는 '지성적 시민'이야말로 공산주의를 이기는 기둥이라는 확신보다는, 어떤 절망적인 공포감(6·25로 고정관념화된)에 사로잡혀 있는 듯한 인상을 받았다. 자기들은 '반공전문가'이니 이론적 문답이 일절 무용(無用)이라는 태도에, 이 나라의 장래에 대한 걱정이 앞섰다.

역사적 상황의 변화

다음은 우리의 주체적 자의식(自意識)과 역사적 상황변화의 관계가 제기하는 문제다. 동시에 반공법 제정이 필요했던 당시의 상황, 또는 상황이라고 주관적으로 생각했던 그 상황과 오늘의 현실 상황 사이의 변화가 우리 국가·사회 생활의 존재양식에 변화를 가져왔던 것과 마찬가지로, 반공법도 그 조건의 변화와 함께(적어도 그에 뒤따라서나마) 변화해야 할 것이라는 필요성이다. 이것은 개인이나 사회가 객관적 '환경'의 변화에 의해 피동적으로 변화하기만 하는 존재라는 뜻에서가 아니다. 인간은 자신과 사회에 자의적 변화를 가하고, 그 사회(또는 자신)의 변화가 개인에게 작용하며, 주객관(主客觀)의 변화가 다시 인간의식에 작용하는 변증법적인 존재양식을 법칙으로 보는 것이다. 이처럼 인간이란 엄격하게는 영원히 변화(진보이기를!)하는 미완성적 존재다. 마찬가지로 사회·제도·국가……도 사회적 발전법칙에 순응할 때 가장 건전하고 생산적일 수 있는 것이다. 반공법도 그 예외일 수 없다고 생각한다.

한국의 내부적 변화(발전)는 물질적 부문에서는 눈부신 바가 있다. 이 사실만도 이 법의 제정 당시의 남북한 경제·공업수준의 실상과는 이제는 판이한 우리의 현실적 우월을 중시하는 것이다. 그렇다면 현재와 앞으로 문제될 일은 국제사회에서의 이 나라의 존재양식이라고 생각한다.

해방 당시와 같은 냉전 이데올로기는 오늘날 그것을 고집하는 사람을 웃음거리로 만들어버렸다. 6·25 당시와 같은 이른바 '대공성전'(對共聖戰)론은 한 시기의 정치적 신화로서 덜레스 미국무장관과 함께 사라져갔다. 중·소 등을 중심으로 한 국제 공산주의의 '한덩어리 바위'관은 미신이 되었다. 중·소 대립과 민족주의적 공산주의의 성장으로, 이제는 가장 완미(頑迷)한 공산주의자도 그 미신을 버린 지 오래다. 중·소 관계는 오히려 공산주의와 자본주의를 대립시켰던 전통적 국제관계 이론을 수정하게 했다. 당장에 지구상에서 일소(一掃)될 것이라던 공산주의도 확립된 듯하며, 당장에 소멸될 것이라던 자본주의도 소멸될 기미는 없다. 반공법 담당 검사들의 편협한 지식과 환상적인 희망과는 거꾸로 위의 현실은 굳어만 가고 있는 것이 사실이다. 한국에서 격돌한 미·중 양국은 오히려 어쩌면 한·미 관계보다도 우호적인 듯(다소의 과장으로)한 느낌마저 주고 있다. 일본과 중국의 평화조약 조인은 두 나라 사이에 근 100년간 지속됐던 특히 지난 50년간의 침략과 원수의 관계에 종지부를 찍었다. 한국과 미국·일본 및 그 우방국가들과의 이해관계는, 중공에 대한 그 나라들의 이해의 고려로 조건지어지고 제약받고 있음을 안다. 이 상태는 중국의 강화·발전으로 앞으로 더욱 촉진되고 지속될 것이라는 게 세계의 일치된 견해다.

우리나라가 일본과 체결하려던 대륙붕·해저 석유자원 개발 등 주요한 협력안에 일본이 주저하는 이유는 무엇인가?

한국의 원자력 개발이 원자탄 생산으로 연결될까봐 미국이 그토록 경계조치를 취하는 것은 누구를 의식해서인가? 한반도에서의 새로운 남북 존재양식을 모색하는 우방 정부들은 어째서 북경과의 합의를 제1차적 조건으로 중요시하는가? 중국의 이른바 '세계질서 개편' 철학을 따르는 많은 제3세계 국가들과, 그에 반대해온 그리고 아직도 소극적인 한국과의 관계는 앞으로 어떻게 발전될 것인가? "14세 때 본 똥뙤놈" 관으로 중공을 보는 지능정지증과 14세의 지식수준으로 반공법을 기계적으로 적용하려는 안이한 태도에도 변화가 있어야 하지 않을까? 가령 소련에 대해서는 나라의 대통령이 항공기 사고와 관련해 공식적 사의를 표하고, 소련의 발전상은 아무런 제한 없이 보도 저술되고…… 등은 어떻게 해명하려는가? 반공 대한민국의 대통령이 공산주의 소련에 감사를 타전(打電)하다니! 그것도 '통치행위'인지는 모르지만 '중공인들이 밥을 먹고 산다'도 반공법 위반이라는 관료적 논리에서 본다면 그것은 불가사의다. 소련은 '국외 공산계열'의 정의에서 해제되었는가?

동북아의 일각에 위치한 한국이 중국을 보는 시각과 법률적 반응방식도 바뀌어야 할 것이다. 중공이 지난 3, 4년간 외국 관광객에게도 문호를 널리 개방한 탓에 중국 내의 생활상은 지금 세계 국민학생의 상식이 되어가고 있을 정도다. 악마만이 사는 곳도 아니며 선인(仙人)들만이 사는 곳도 아닌, 평범한 중국의 '있는 그대로'의 모습은 우리나라 국민에게만 '위험물'이 되어야 할 비밀은 아닌 것이다. 가릴수록 폭발력이 커지는 것, 그것이 지식 · 사상이며 막스 베버가 지적한 것이다.

그렇다면 우리의 사고를 여기서 정리해볼 필요가 있을 것 같다. 6·25로부터 25년이 지난 지금도 '14세'의 인식으로 중국에 관한 글을 탄압함으로써 궁극적으로 발전을 저지당하고 지식의 발전기회를 박탈당하는 것은 누구일까? 막스 베버가 세상에 소개한 구한말 지배세력의 그런 사고와 자세는 그때 그것만으로 충분하다. 오늘의 우리는, 나라와 민족의 생존에 크게 작용할 중국을 알면 알수록 우리의 안전을 강화하는 것임을 새로이 인식해야겠다.

본 사건을 재판하는 제2심 재판부는 반공법이 제정된 당시 상황과는 오늘날의 상황이 판이하다는 인식을 판결문 속에서 시사했다. 정부가 상황변화에 대한 대응조처들을 취하고 있다는 외교·정치적 사실도 인정했다. 그러면서도 그와 같은 재판부의 건전한 인식을 본인이 알게 된 기쁨과는 달리, 그것들은 "법원의 판단대상이 될 수 없는 일종의 통치행위에 속하는 것으로서, 설령 피고인의 행위가 중공을 있는 그대로 소개함으로써 위 조처(통치행위)에 어느 정도 부응한 결과를 가져왔다 해도, 이를 가지고 사회상규에 부합하는 행위라고 단정지을 수 없고……"라고 유죄를 추인했으니, 이는 전적으로 부당한 판결이다.

본인은 중국연구가로서 북한과의 관계에서 이 문제를 논하는 것은 삼갔다. 깊은 지식이 없는 까닭이다. 그렇지만 남·북한 관계 역시 7·4성명, 6·23선언 등 소위 '통치행위'의 불가피성으로 미루어 반공법 제정 당시나 국토분단의 상황이 이미 아닌 것은 분명하다. 정부나 집권자만이 '통일문제'나 남북한의 새로운 생존양식에 관해서 결정을 내리려는 '독점적 통일론'이 아니라, 국민의 폭넓은 이해와 지지를 위해서도 통일론은 국민대중의 것이 되어야 할 것이다. 국민의 다양한 창의(創意)를 흡수하기 위해서도 이에 대한 반공법의 운용에는 변화가 요청된다.

결론

여기까지의 상고이유 진술을 총괄하여 본인은 다음과 같이 주장합니다.

① 본인에게 적용된 반공법은 그 입법정신에 어긋난다.

② 본인에게 적용된 반공법 제4조 2항 "국외 공산계열의 고무·찬양·동조는 저서의 내용 그 자체 때문이 아니라 계획적인 (어떤) 타목적(他目的)을 위해서임이 분명하다.

③ 설사 그렇지 않다 하더라도, 조문의 자의적(恣意的) 확대해석과 행정권력 대행관료들의 무식에서 결과된 부당한 것이다.

④ 재판에서는 차별적인 이중기준 법적용의 과오를 범했다.

⑤ 법원이, 부당하게 작성된 조서류를 전면적으로 받아들이면서 피고인 측의 많은 유리한 증거·증언·자료를 일절 거부한 것은 부당하다.

⑥ 헌법상의 학문·언론·출판의 자유와 권리의 전면적 침해다.

⑦ 대한민국의 국가이념이어야 할 민주주의의 일반원칙에 위반된다.

⑧ 본인의 대중공 정책 수립 과정에서의 정부사업에 대한 학문적 협력을 참작해야 한다.

⑨ 저서의 동기·목적을 전적으로 무시·왜곡했고, 내용을 거두절미하여 결론을 날조했다.

이상으로 상고이유를 마치고자 합니다. 이 서면에 의한 진술은, 본인을 이 나라의 최고·최후의 법적 권위 앞에 서게 하는 것으로 이해합니다. 간접적인 형식으로나마 국가 최고재판 앞에서 소견을 진술하고 나서 법정을 떠남에 앞서 다음과 같은 간절한 희망을 존경하는 대법관님들에게 말씀드리고자 합니다.

가장 효능적이고 적극적인 반(反)공산주의 방법은, 민주주의의 가치관과 생활양식을 국민 하나하나의 가슴속에 심도록 하는 것입니다. '반공주의'라는 것은 논리적으로 부정적 개념이며, 민주주의만이 긍정적·적극적 개념입니다.

반공은 조건이고 민주주의는 목적이자 이상입니다. '반공주의'가 국시(國是)가 될 수는 없는 것입니다. 논리적으로도 가령(또 그렇게 되기를 원하지만) 공산주의가 없어진다면, 그에 '반'대하는 것으로 존재가 조건지어졌던 반공주의도 같이 사라져야 한다는 이야기가 됩니다. 국시란 긍정적이고, 적극적이고, 그 자체의 근거로 존재할 수 있는 내용이어야 하는 것입니다. 인간도 사회도 국가도 그와 같은 독자적 이념을 국시로 해야 합니다. 그것이 민주주의임은 재언(再言)할 필요가 없습니다.

반공의 이유로 민주주의적 이념·권리·자유·생활방식을 억압하게 되면, 그 사회의 인간(시민)은 지적으로나 정서적으로 왜소·편협해지고 타락하여 발랄한 창의적 능력을 상실하게 됩니다. 언제나 잠재적 의존 상태·미개발 상태에 머물게 되며, 잠재적 공포감 때문에 정상적인 세계관을 배양할 수 없습니다. 그것은 결과적으로 국가의 타락을 초래합니다. 일본·독일·이탈리아를 비롯한 과거의 파쇼체제 국가의 전례와 교훈을 지루하게 인용한 것은 그것을 밝히기 위해서였습니다.

공산주의를 봉쇄하는 수단으로서 반공법이 다른 법률로 대체될 수 없다는 것이 대법원의 견해라면 군이 이견을 제시하지는 않겠습니다. 그렇지만 최소한 그 운용은 전적으로 개선되고 변화한 주·객관적 상황·조건에 적응하는 방향으로 바뀌어야 한다고 확신합니다.

그렇지 않고서는 조건과 수단이 목적과 존재 자체를 부정해버리는 불행한 상태가 예상됩니다. 실제로 반공주의만을 지상(至上)으로 하는 국가활동 탓으로, 한국을 '국제적 고아'로 부르는 세계적 칭호가 들려온 지도 벌써 오래되었습니다. 국내적으로는 모순과 부조리와 긴장과 불안을 억누르는 방법으로 정치권력은 무제한으로 집중되고, 외부에 공포의 대상을 설정하는 것을 능사로 삼고 있는 듯 보입니다.

나라의 어려움이 과연 민주주의를 추구하는 국민의 욕구 때문에 생기는 것인지, 그 욕구를 억제하는 것으로 이익을 삼는 사람들의 권력욕 때문에 생기는 것인지 장기적 안목으로 판단할 필요가 있습니다. 앞의 어딘가에서 언급한 바와 같이, 오늘의 현실은 오늘에 앞서는 30년간의 억압적 언론·출판정책의 '역사적 결과'입니다. 반공법의 근본적 운용 개선을 요구하는 것은 결코 '이상론'이 아닙니다. 반대로 그것은 역사·사회적 배경과 주·객관적 조건변화에 가장 현명하게 대처하기 위한 '현실주의'적 요청입니다.

그 모든 희망을 충족할 수 있는 만능약은 없겠습니다만, 적어도 많은 것을 치유할 수 있는 하나의 방법은 있습니다. 언론과 출판의 자유를 존중하고 보장하는 것이라고 확신합니다. 출판과 언론의 폭넓은 자유를 인정하려 하지 않는 사회는 언제까지나 반공법 또는 그와 같은 억압적 법률의 필요성에서 벗어나기 어려울 것입니다. 그런 법률과 운용에 개선을 원하지 않는다면 언론과 출판 등 민주적 내용이 개화하는 사회는 요원한 먼 꿈일 수밖에 없을 것입니다.

존경하는 대법원 판사님들의 현명한 판단을 기다리면서 이만 법정을 물러갑니다. 안녕하십시오.

1978년 11월 26일

여기에 찍은 무인(拇印)은 본인의 무인이 틀림없음

이영희

이를 확인함, 교도(矯導) 김동석

| 연보 |

1929.12.2	부친 이근국(李根國, 平昌 李)과 모친 최희저(崔晞姐, 鐵原 崔) 사이에서 평안북도 운산군 북진면에서 출생. 이후 이웃 삭주군 외남면 대관동에서 성장.
1936(8세)	대관공립보통학교 입학.
1942(14세)	일본인 위주로 소수의 조선인만 입학이 허용된 갑(甲)종5년제 중학교인 경성(京城)공립공업학교 입학.
1945(17세)	중학교 4학년 때 근로동원을 피해 귀향한 고향에서 해방을 맞음.
1946(18세)	다시 상경하여 국립한국해양대학에 입학(항해과 2기).
1947(19세)	부모와 동생 명희 이남으로 내려옴.
1950(22세)	해양대학 졸업 후 경북 안동의 안동공립중(고등)학교에서 영어교사로 근무.
	6·25전쟁이 발발하자 입대, 대한민국 육군중위로 '유엔군 연락장교단' 근무. 만 3년간 주로 (휴전선) 남북 동부 최전선 전투지에서 근무.
1953(25세)	휴전과 동시에 시행된 최전방 전투지 장기복무 장교의 후방 교류에 따라 마산 육군군의학교로 전속됨. 일반병과 장교는 휴전으로 예편되었으나 특수 병과장교의 제대는 전면 불허되어 3년을 강제로 더 복무함.
1954(26세)	부산의 육군 제5관구 사령부로 전속. 대민사업을 총괄하는 민사부(民事部)의 관재과(管財課)로 배속되어 미군과 유엔군이 사용하던 토지·시설·건물 등을 접수하는 업무를 맡음.

고등고시 합격자의 제대가 허용됨에 따라 군에서 나오기 위한 일념으로 고시 3부(외교) 준비에 몰두함.

1956(28세) 윤평숙(坡平 尹) 씨의 장녀인 영자(英子) 씨와 군산에서 결혼.

1957(29세) 만 7년의 군복무를 마치고 대한민국 육군 소령(보병)으로 예편. 예편과 동시에 해방 후 처음으로 실시된 언론계 공개입사 시험을 거쳐 서울의 합동통신사에 입사, 기자(외신부) 생활 시작.

1959(31세) 부친 고혈압으로 서울에서 별세(향년 65세).

1959~1960 풀브라이트 계획으로 미국 노스웨스턴대학에서 신문학 연수.

1959~1961 미국 『와싱톤 포스트』의 통신원으로 활동(익명으로 이승만 독재 비평·한국내정에 관한 평론 기고).

1960(32세) 4·19혁명으로 이승만정권이 붕괴되고 민주당 정부가 수립됨. 4·19혁명 당시 데모대와 계엄군 사이의 유혈충돌을 막기 위해 각방으로 노력.

1961(33세) 박정희 육군소장의 5·16쿠데타 발발, '국가재건최고회의'가 수립되고 군부정권이 들어섬. 박정희 국가재건최고회의 의장의 첫 미국방문에 수행기자로 지명되어 동행. 박정희-케네디 회담 합의 내용에서 군부정권에 불리한 내용의 특종보도로, 수행 도중 본국 소환당함.

장남 건일(建一) 출생.

미국의 진보적 평론지 『뉴 리퍼블릭』에 한국 사태 기고.

1962(34세) 정치부로 옮김. 중앙청과 외무부 출입.

장녀 미정(美晶) 출생.

1964(36세) 차남 건석(建碩) 출생.

『조선일보』 정치부로 옮김. 11월 필화사건(유엔총회 남·북한 동시 초청안 관계 기사)으로 구속·기소됨. 같은 해 12월 불구속으로 석방. 제1심에서 징역 1년 집행유예. 제2심에서 선고유예 판결 받음.

1965(37세) 『조선일보』 외신부장 발령.

1967(39세)	『창작과비평』과 『정경연구』 등에 본격적으로 국제 논평을 기고하기 시작.
1969(41세)	베트남전쟁과 국군 파병에 대한 비판적 입장 때문에 박정희 정권의 압력으로 조선일보에서 퇴사(제1차 언론사 강제해직).
1970(42세)	합동통신 재입사. 외신부장으로 근무.
1971(43세)	군부독재·학원탄압 반대 '64인 지식인 선언'으로 해직됨(제2차 언론사 강제해직).
1972(44세)	한양대학교 신문방송학과 조교수로 임용. 앰네스티 인터내셔널 한국지부 창설 발기인.
1974(46세)	한양대학교 부설 '중국문제연구소' 설립. 군부독재·유신체제반대 '민주회복국민회의' 이사. 『전환시대의 논리』(창작과비평사) 출간.
1976(48세)	제1차 교수재임용법에 의해 교수직에서 강제 해임(제1차 교수직 강제해직). 실업자가 됨.
1977(49세)	『우상과 이성』(한길사) 출간. 『8억인과의 대화: 현지에서 본 중국대륙』(편역·주해, 창작과비평사) 출간. 『전환시대의 논리』 『우상과 이성』 『8억인과의 대화』 내용의 반공법 위반혐의로 구속·기소되어 징역 2년형을 선고받음. 구속·기소된 날인 12월 27일 모친 별세(향년 86세).
1979(51세)	서울구치소·광주형무소에서 2년 복역. 박정희 대통령 피살.
1980(52세)	광주교도소에서 만기출소. 곧 사면 및 복권되어 해직 4년 만에 교수직 복직. 5월 16일 '광주민주화운동' 일어남. 5월 17일 '광주소요 배후 조종자'의 한 사람으로 날조되어 구속됨. 7월, 석방과 동시에 한양대학교 교수직에서 다시 해직(제2차 교수직 강제해직). 4년간의 제2차 실업자 생활 시작됨.

1982(54세) 『중국백서』(편역·주해, 전예원) 출간.

1983(55세) 『10억인의 나라: 모택동 이후의 중국대륙』(편역·주해, 두레) 출간.

1984(56세) '기독교사회문제연구원'(기사연) 주관 '각급학교 교과서 반통일적 내용 시정연구회' 지도 사건으로 다시 구속·기소되었다가 2달 만에 석방(반공법 위반혐의).
한양대학교에 해직 4년 만에 제2차 복직.
『분단을 넘어서』(한길사) 출간.
『80년대의 국제정세와 한반도』(동광) 출간.

1985(57세) 일본 도쿄대학교 사회과학연구소(社硏) 초빙교수(1학기).
하이델베르크대학교와 독일 연방교회 사회과학연구소(FEST) 공동초청 초빙교수(1학기).
『베트남전쟁: 30년 베트남전쟁의 전개와 종결』(두레) 출간.
일본어판 역서 『分斷民族の苦惱』(동경, 御茶の水書房) 출간.

1987(59세) 『역설의 변증: 통일과 전후세대와 나』(두레) 출간.
미국 캘리포니아 주 버클리대학교 아시아학과 부교수에 임용되어 '한민족 현대정치운동사' 3학점 강의(1987.8~1988.3).

1988(60세) 현대사 사료연구소 이사장, 『한겨레신문』 창간, 이사 및 논설고문 역임.
한국 군부의 광주대학살 사건 배후의 미국 책임문제로 릴리 주한 미국대사와 언론지상 공개 논쟁을 벌임.
「남북한 전쟁능력 비교연구」(월간 평론지 『사회와 사상』, 9월호) 발표.
'자전적 에세이' 『역정』(창작과비평사) 출간.
『반핵: 핵위기의 구조와 한반도』(공동 편저, 창작과비평사) 출간.

1989(61세) 주한 외국언론인협회 제2회 '언론자유상'(Press Freedom Award) 수상.
『한겨레신문』 창간기념 북한 취재기자단 방북기획건의 국가

보안법 위반 혐의로 안기부에 구속·기소. 제1심 징역 1년 6월, 자격정지 1년, 집행유예 2년 선고받고 160일 만에 석방. 추후 사면·복권됨.

회갑을 맞아 『華甲記念文集』을 받음.

1990(62세) 『自由人, 자유인: 리영희 교수의 세계인식』(범우사) 출간.

1991(63세) 『인간만사 새옹지마』(범우사) 출간.

1994(64세) 『새는 '좌·우'의 날개로 난다: '전환시대의 논리' 그후』(두레) 출간.

1995(67세) 한양대학교 정년퇴직(만65세). 동대학 언론정보대학원 대우교수로 강의.

한길사 '단재상' 수상(학술 분야).

1998(70세) 53년 전 헤어진 형님과 둘째 누님의 생사확인을 위해 북한 당국의 개별 초청으로 방문. 두 분 모두 사망하여 조카만 만남.

『스핑크스의 코』(까치) 출간.

1999(71세) '늦봄 통일상' 수상(통일맞이 늦봄 문익환 목사 기념사업회)

『동굴 속의 독백』(나남) 출간.

『반세기의 신화: 휴전선 남북에는 천사도 악마도 없다』(삼인) 출간.

2000(72세) '만해상' 수상(실천부문)

『반세기의 신화: 휴전선 남북에는 천사도 악마도 없다』의 일본어판 『朝鮮半島の新ミレニアム』(조선반도의 새로운 밀레니엄, 동경, 社會評論社) 출간.

11월 집필중 뇌출혈로 우측 반신마비. 모든 공적 활동·직책 및 집필활동 중단함. 이후 건강회복에 전념.

2005(77세) 자전적 대담 『대화: 한 지식인의 삶과 사상』(한길사) 출간.

2006(78세) 한국기자협회 제1회 '기자의 혼 상' 수상.

심산사상연구회 심산상(心山賞) 수상.

『리영희저작집』(전12권, 한길사) 출간.

2010(82세) 지병으로 타계.

| 찾아보기 |

ㅈ

ㅊ

ㅋ

ㅍ

ㅎ

리영희 李泳禧

1929년 평안북도 운산군 북진면에서 태어났다.
1950년 한국해양대학을 졸업한 뒤, 경북 안동시 안동중(고등)학교
영어교사로 근무중 6·25전쟁이 발발, 1950년 7월 군에
입대하여 1957년까지 7년간 복무했다. 1957년부터 1964년까지 합동통신 외신부 기자,
1964년부터 1971년까지 조선일보와 합동통신 외신부장을 각각 역임했다.
1960년 미국 노스웨스턴대학교 신문대학원에서 연수했다.
1972년부터 한양대학교 문리과대학 교수 겸 중국문제연구소(이후 중소문제연구소)
연구교수로 재직 중 박정희정권에 의해 1976년 해직되어 1980년 3월 복직되었으나,
그해 여름 전두환정권에 의해 다시 해직되었다가 1984년 가을에 복직되었다.
1985년 일본 동경대학교 초청으로 사회과학연구소에서 그리고 서독 하이델베르크 소재
독일 연방교회 사회과학연구소에서 각 한 학기씩 공동연구에 참여했다.
1987년 미국 버클리대학교의 정식 부교수로 초빙되어
'평화와 갈등' 특별강좌를 맡아 강의하였다.
1995년 한양대학교 교수직에서 정년퇴임한 후 1999년까지 동대학 언론정보대학원
대우교수를 역임했다. 2000년 말 뇌졸중으로 쓰러져 투병하다 회복하였고,
이후 저술활동을 자제하면서도 지속적인 사회참여와 진보적 발언을 해왔다.
불편한 몸으로 대담 형식의 자서전 『대화』(2005)를 완성했다.
2010년 12월 5일 지병의 악화로 타계했다.
지은 책으로 『전환시대의 논리』(1974), 『우상과 이성』(1977),
『분단을 넘어서』(1984), 『80년대의 국제정세와 한반도』(1984), 『베트남전쟁』(1985),
『역설의 변증』(1987), 『역정』(1988), 『自由人, 자유인』(1990),
『인간만사 새옹지마』(1991), 『새는 좌우의 날개로 난다』(1994), 『스핑크스의 코』(1998),
『반세기의 신화』(1999) 및 일본어로 번역된 『分斷民族の苦惱』(1985),
『朝鮮半島の新ミレニアム』(2000)이 있다. 편역서로는 『8억인과의 대화』(1977),
『중국백서』(1982), 『10억인의 나라』(1983)가 있다. 위의 주요 저서와 발표되지 않은
새 글을 모아 『리영희저작집』(전12권, 2006)을 펴냈다.